U0516594

聶石樵文集

第一卷

先秦兩漢文學史

（上）

中華書局

圖書在版編目(CIP)數據

聶石樵文集:全13冊/聶石樵著. —北京:中華書局,2015.9
ISBN 978-7-101-11226-9

Ⅰ.聶…　Ⅱ.聶…　Ⅲ.社會科學-文集　Ⅳ.C52

中國版本圖書館 CIP 數據核字(2015)第 211195 號

書　　　名	聶石樵文集(全十三冊)
著　　　者	聶石樵
責任編輯	俞國林
出版發行	中華書局
	(北京市豐臺區太平橋西里 38 號　100073)
	http://www.zhbc.com.cn
	E-mail:zhbc@zhbc.com.cn
印　　　刷	北京市白帆印務有限公司
版　　　次	2015 年 9 月北京第 1 版
	2015 年 9 月北京第 1 次印刷
規　　　格	開本/880×1230 毫米　1/32
	印張 179¼　插頁 27　字數 4200 千字
印　　　數	1-800 冊
國際書號	ISBN 978-7-101-11226-9
定　　　價	980.00 元

聶石樵先生近影（張哲 攝）

聶石樵文集
出版説明

　　聶石樵先生，1927 年 2 月 21 日（農曆丁卯年正月二十）生，山東蓬萊人。1949 年考入輔仁大學國文系，1952 年院系調整，輔仁大學與北京師範大學合併，1953 年畢業於北京師範大學中文系，留校任教，從事古代文學史教學和研究工作，後任教授、博士生導師。曾任中國屈原學會副會長、顧問，《詩經》學會顧問等職。

　　聶石樵先生主要以中國古代文學史撰述、古代作家研究、作品箋注爲學術方向，論述包括從先秦到清代，從詩歌、散文、戲曲到小説等各種體裁，著作豐贍。

　　我們此次編輯出版“聶石樵文集”，除收入《先秦兩漢文學史》、《魏晉南北朝文學史》、《唐代文學史》、《古代戲曲小説史略》、《屈原論稿》、《司馬遷論稿》、《玉谿生詩醇》、《楚辭新注》、《杜甫選集》、《宋代詩文選注》等專著外，另將學術論文分别輯爲《古代詩文論集》、《古代小説戲曲論集》兩部分。

　　北京師範大學文學院爲“聶石樵文集”的出版，作了許多收集與校對工作，謹致謝忱。

　　謹以此書的出版，慶祝聶石樵先生九十華誕。

中華書局編輯部

2015 年 10 月

總　目

目　録

自　序

　　這部古代文學史，是在對過去比較長期的中國文學史教學的認識的基礎上寫成的。我講授中國文學史始於一九五四年，先是在外系如教育、歷史、政教等系上課，然後在本系即中文系上課，其間除了文化大革命那十年動亂之外，從未間斷過。當時，經過各種風風雨雨，政治形勢的變幻，自然引起課程內容相應的變化，以符合一定時期思想鬥爭的需要。這種現象，今天回想起來雖然可笑，但在當時卻是非常認真地做的，認爲這即是所謂"古爲今用"，是作爲教師講授中國文學史的責任。

　　文化大革命結束之後，我們國家出現了新的局面，各個領域、各個方面的工作都在撥亂反正。在新的形勢下，我也對自己講授中國文學史的歷史進行反思，清理檢校之間，有不勝愧悔之感，數十年的文學史教學，並未真正貫徹唯物史觀，不僅自己走了彎路，而且貽誤了許多有爲的青年。一九七八年，我承擔了部分培養研究生的工作，這是新時期、新工作的起點，"悟已往之不諫，知來者之可追"。我重新認識到評述古代文學只能實事求是，一切從文學史的客觀實際出發，重史實，重證據，用事實說明問題，尊重文學史辯證的發展過程，不能從主觀願望、理論模式出發，更不能從現實鬥爭需要出發，經驗證明，那樣做只能歪曲文學史，並非"古爲今用"，不能達到述古鑒今的目的。在這種認識的基礎上，我着手寫這部古代文學史，這便是這部著作寫作的緣起。

　　從一九七八年起，伴隨着研究生的培養工作，逐年編寫，到現在已經十年有餘了。其間,我閱讀了這一歷史階段有關的古代文獻和文學典籍,參考近、現代出版的一些文學史著作和古代文學研究專著、論文等,那豐富的文史資料,有啓發性的見解和可參考的編寫體例,都給我的編寫工作以有益的滋養和幫助,形成了自己的體系和觀點。實際工作經歷教訓了我,我不想空談理論,孔子説:"我欲載之空言,不如見之於行事之深切著明也。"事實比空談更有説服力,我是力圖通過具體歷史事實的叙述、引證、分析,對文學史現象作唯物史觀的評價。我的主觀願望是蒐覽資料務求翔實,銓評史事務求確當,袪臧否褊私之見,存文學史實之真,但客觀效果由於自己學識固陋,難察古人之全;文思不敏,豈解一曲之蔽?不該不偏的現象在所難免,予取予奪的見解亦復存在,班彪評《史記》説:"采獲今古,貫穿經傳,一人之力,文重思煩,故刊落不盡,多不齊一。"賢哲如司馬遷尚且如此,況我魯鈍,寧無疵咎?深望專家、學者得覽教焉。

　　　　一九九二年仲夏寫於北京師範大學宿舍之紅四樓

第一章　上古傳疑之文學

我國的文學產生於何時？治文學史者當窮本溯源。這裏從上古談起。所謂"上古"，係指自伏犧、神農、黃帝至堯、舜這一歷史階段。這一時期的文學未盡可信，所以稱爲"傳疑"。我們以此爲開卷第一章，是爲了辨僞存真，探賾索隱，以見文學萌生之跡。

第一節　伏　犧

伏犧其人究竟是否存在？我們不敢遽作結論，但可以斷定，他代表着一個歷史時代。

《易‧繫辭傳下》云：

> 上古穴居而野處……上古結繩而治。

《易緯乾鑿度》卷上云：

> 方上古之時，人民無別，群物無殊，未有衣食器用之利。

班固《白虎通》卷一《號》云：

> 古之時……民人但知其母，不知其父……臥之詓詓，起之吁吁，飢即求食，飽即棄餘，茹毛飲血，而衣皮韋。

《尸子》卷上《君治》云：

> 宓羲之世，天下多獸，故教民以獵。

王符《潛夫論》卷八《五德志》云：

> 伏犧……結繩爲網以漁。

這些記載都説明伏犧氏當舊石器時代的原始社會，其時人民以漁獵爲生。

歷史上關於伏犧的傳説有三條：

其一，畫八卦。

《易·繫辭傳下》云：

> 古者包犧氏之王天下也，仰則觀象於天，俯則觀法於地，觀鳥獸之文與地之宜，近取諸身，遠取諸物，於是始作八卦。

伏犧作八卦，是自先秦以來相傳的説法，向無疑議。但當時尚無文字，是否史實，極可商量。我們只能肯定，八卦出現於遠古時代，相傳是伏犧所作。或曰八卦即原始文字，《易緯乾鑿度》卷上云："☰，古文天字。☷，古坤字。☴，古風字。☶，古山字。☵，古水字。☲，古火字。☳，古雷字。☱，古澤字。"然物以萬數，而字僅八形，豈足爲紀事之用？八卦既成，因而重之爲六十四卦。重卦者爲誰？或謂伏犧，或謂神農，或謂夏禹，或謂文王，亦疑莫能明。

其二，作十言之教。

《左傳·定公四年》，《正義》引《易》云：

> 伏犧作十言之教，曰：乾、坤、震、巽、坎、離、艮、兌、消、息。

"十言"中之"消"、"息"，皆抽象的觀念，絶非原始社會所能産生。所以，伏犧作十言之教的説法，亦難徵信，不過是傳説罷了。

其三，作瑟，造《駕辯》之曲。

《楚辭·大招》王逸注：

> 伏戲氏作瑟，造《駕辯》之曲。

伏犧所代表的是舊石器時代,當時只是産生了語言,文字還未見得出現,説他制作出樂器,創造歌曲,就更不可信了。

第二節　神　農

神農也是傳説中的人物。歷史上關於他的傳説有如下諸條:

其一,教民播種五穀。

《易·繫辭傳下》云:

> 神農氏作,斲木爲耜,揉木爲耒,耒耨之利,以教天下。

淮南王安《淮南子》卷十九《修務訓》云:

> 古者民茹草飲水,采樹木之實,食蠃蚘之肉,時多疾病毒傷之害,於是神農乃始教民播種百穀。

《白虎通》卷一《號》云:

> 古之人民,皆食禽獸肉,至於神農,人民衆多,禽獸不足,於是神農因天之時,分地之利,制耒耜,教民農作。

又《文子》記載有神農之法,《管子》卷二十三《揆度》記載有神農之教。但制作耒耜,播種五穀等,必須是文化發展到較高的時期才能出現的現象,在舊石器時代的原始社會,是不會産生的。

其二,制作草藥。

《淮南子》卷十九《修務訓》云:

> 神農……相土地宜燥濕肥墝高下,嘗百草之滋味,水泉之甘苦,令民知所避就。當此之時,一日而遇七十毒。

在原始社會文化極端落後的情況下,神農不可能制作草藥,這純屬傳說。

其三,以日中爲市。

《潛夫論》卷八《五德志》云:

> 神農是以……日中爲市,致天下之民,聚天下之貨,交易
> 而退,各得其所。

當時的人民尚處在"茹草飲水,采樹木之實,食贏蚨之肉"的階段,
不可能有剩餘的東西進行交換。這完全是漢人的説法。

其四,作蜡辭。

《禮記》卷八《郊特牲》云:

> 伊耆氏始爲蜡……曰:"土反其宅,水歸其壑,昆蟲毋作,
> 草木歸其澤。"

伊耆氏即神農。這是一首農祭歌,其中的"土"、"水"、"昆蟲"、
"草木"等都是具體的名詞,文化較高的人們才能有這種觀念,此
期尚不可能有。所以這首祭歌應當是後人的擬作。

至於女媧、祝融等的傳說,與文學産生的關係不大,故從略。

第三節　黄　帝

神農時代結束以後,黄帝、堯、舜相繼出現。特別是黄帝,被古
代學者尊爲華族的始祖,一切文物制度都推原到黄帝。黄帝時代
的社會情況,比伏犧、神農時代有很大變化。

《越絶書》卷十一《越絶外傳記寶劍》云:

> 軒轅神農赫胥之時,以石爲兵,斲樹木爲宫室……至黄帝
> 之時,以玉爲兵,以伐樹木爲宫室。

所謂"石"，指粗石器；所謂"玉"，指細石器。可見黄帝時已由舊石器時代進入新石器時代。

《國語》卷十《晉語第十》云：

> 黄帝之子二十五宗，其得姓者十四人，爲十二姓。

黄帝二十五子，其中十四人共得十二姓，可能指子孫繁衍，建立新的氏族。由此可以推測，黄帝時代社會大概已進展到族長宗法制。同時，據古書記載，黄帝並不像伏犧那樣"蛇身人首"（《帝王世紀一》）和神農那樣"人身牛首"（《帝王世紀一》），而基本上是人的形象。這也說明當時社會已進入了較爲文明的新石器時代。

古代典籍中記載有關黄帝的傳説很多。如他制作舟車，《易·繫辭傳下》云：

> 黄帝、堯、舜……刳木爲舟，剡木爲楫，舟楫之利，以濟不通。

又《漢書》卷二十八《地理志》云：

> 昔在黄帝，作舟車以濟不通。

如他的正妻養蠶，羅泌《路史·後記》卷二《黄帝》云：

> （黄帝）元妃西陵氏曰儽（嫘）祖……以其始蠶，故又祀先蠶。

如他的臣子伯余制造衣裳，《世本·作篇》云：

> 伯余作衣裳。

如他的史官倉頡造文字，皇甫謐《帝王世紀一》云：

> 其史倉頡又取象鳥跡，始作文字。

又《韓非子》卷十九《五蠹》云：

> 古者蒼頡之作書也，自環者謂之私，背私謂之公……

如他的史官容成、大撓始作曆和甲子，以干支紀日，《世本·作篇》云：

> 容成作曆，大撓作甲子。

如他的樂官伶倫作律，《呂氏春秋》卷五《古樂》云：

> 昔黃帝令伶倫作爲律。

這些傳說大都出於戰國、秦、漢時人的附會，但反映了那個時期人們對黃帝時代文化發展水平的推測。

至於蚩尤的傳說，馬繡《繹史》卷五云：“彼蚩尤，姜姓之諸侯，非異類也。”即他是一個部落的首領。相傳他制造兵器，《藝文類聚》卷六十《軍器部》引《管子》云：

> 葛天盧之山，發而出金，蚩尤受而制之，以爲劍鎧矛戟。

又馬縞《中華古今注》卷上《刀劍》引《河圖》云：

> （蚩尤）造立兵仗刀戟大弩，威震天下……

這說明蚩尤時已出現了金屬，並用金屬制作武器。《呂氏春秋》卷七《蕩兵》云：

> 未有蚩尤之時，民固剥林木以戰矣。

更證明蚩尤以前並無金屬兵器，而是“剥林木”作兵器。那麼可以推論，自蚩尤開始出現的金屬兵器中，必然有弓箭，即所謂“大弩”，弓箭的產生標誌着原始社會中，由母系氏族公社到父系氏族公社的轉變。由於弓箭的產生，才有吳、越《彈歌》的出現。《吳越春秋》卷九《勾踐陰謀外傳》記載云：

> 斷竹，續竹，飛土，逐宍（古肉字）。

歌辭很簡單，或可信爲原始時代的詩歌。這一時期其他方面的文學影跡便無從考察了。

第四節　堯、舜

黄帝之後，出現了堯、舜，相傳他們都是黄帝的後裔。堯是帝嚳之子，上距黄帝五世，舜是顓頊之七世孫，上距黄帝九世。春秋戰國時代，儒、墨都推崇堯、舜，因此歷史上關於他們的傳說更多一些。《韓非子》卷十九《顯學》云：

> 孔子墨子俱道堯舜，而取捨不同，皆自謂真堯舜，堯舜不復生，將誰使定孔墨之誠乎？

韓非的意見很透闢，儒、墨兩家既各有真堯舜，那末堯舜是否真有其人？若果真有其人，則又何必各有其所推想者？說明他們不過也是傳說中人物。

堯、舜時代的經濟情況，據《韓非子》卷十九《五蠹》記載云：

> 堯之王天下也，茅茨不翦，采椽不斲，糲粢之食，藜藿之羹，冬日麑裘，夏日葛衣，雖監門之服養，不虧於此矣。禹之王天下也，身執耒臿以爲民先，股無胈，脛不生毛，雖臣虜之勞不苦於此矣。

又《韓非子》卷三《十過》記載云：

> 堯禪天下，虞舜受之，作爲食器，斬山木而財之，削鋸修之跡，流漆墨其上，輸之於宮以爲食器……

從堯到舜雖然在經濟上有所變化,有所提高,比黃帝時代有進一步發展,然而生產技術還是非常幼稚的。在文化方面可以推斷也必然不高。在古代典籍中保存的這一時期的文學也不盡可信。散文方面,如《尚書》卷一之《堯典》、《舜典》。

《堯典》首句云:

> 曰若稽古,帝堯曰放勳,欽明文思安安,允恭克讓。

按“曰若稽古”四字,最成疑問。曰若,皆語詞;稽,考也;古,故也。很明顯這是後人追述的口吻,不是當時人的記錄。鄭玄以“稽古”爲“同天”,也是很牽強的。

《舜典》云:

> 肇十有二州,封十有二山,濬州。

據《史記》卷三《殷本紀》所載《湯誥》云:

> 古禹、皋陶久勞於外……東爲江,北爲濟,西爲河,南爲淮,四瀆已修,萬民乃有居。

禹原住在陽城(今河南省登封市),後都陽翟(今河南省禹州市),它的周圍的疆域是很小的,不可能有十二州大的版圖,因此也是不可信的。

我們認爲《堯典》、《舜典》很可能是周代史官所追記的,因周官外史掌三皇五帝之書。

韻文方面,如堯時的歌謠:

《帝王世紀》卷二之《擊壤歌》云:

> 日出而作,日入而息,鑿井而飲,耕田而食。帝力于我何有哉!

《列子》卷四《仲尼》之《康衢謠》云：

> 立我蒸民，莫匪爾極。不識不知，順帝之則。

《淮南子》卷十八《人間訓》之《堯戒》云：

> 戰戰慄慄，日謹一日。人莫躓于山，而躓于垤。

如舜時的歌謠：

《尚書大傳》卷一下《虞夏傳》之《卿雲歌》云：

> 卿雲爛兮，糺縵縵兮。日月光華，旦復旦兮。

《尚書》卷二《益稷》之《君臣賡歌》云：

> 股肱喜哉，元首起哉，百工熙哉。元首明哉，股肱良哉，庶事康哉。

《孔子家語》卷八《辯樂》之《南風歌》云：

> 南風之薰兮，可以解吾民之愠兮。南風之時兮，可以阜吾民之財兮。

《文心雕龍》卷二《祝盟》之《舜祠田歌》云：

> 荷此長耜，耕彼南畝，四海俱有。

這些歌謠皆屬傳説，不可置信。劉恕《資治通鑒外紀》卷一下云：

> 孔子時未有語三皇五帝，言者皆周末秦以後偽書耳。

劉恕的意見很中肯，三皇五帝之説，尚在懷疑之列，其他各種傳説，大抵為子虛烏有矣。對於這一時期的文學，我們都應當用劉恕這種觀點來看待。

第二章　夏代傳說之文學

　　夏朝是我國歷史上第一個朝代,這個朝代在古史上是否真正存在? 從《尚書》的不少篇章都談到夏,周人也尊夏爲"受天命"的正統。商以前確實有個夏朝,是確切不容置疑的。但戰國以前的書籍記載禹的事跡,都不稱夏禹,只稱禹、大禹,從啓開始居大夏,才稱夏啓,然而,夏朝實際上是從禹開始的。

　　自《竹書紀年》(卷上)始載夏代世系,《史記》卷二《夏本紀》亦詳載夏代世系,是父子相傳。茲列夏代世系表如下:

　　　禹→啓→太康→仲康→相→少康→帝杼→帝芬→帝芒→
　　　帝泄→帝不降→帝扃(不降弟)→帝胤甲→帝孔甲(不降子)
　　　→帝昊→帝發→帝(履)癸(桀)

《史記》卷三《殷本紀》所記載之殷代世系,已多爲殷墟出土的卜辭所證實,因此可以推測《夏本紀》所記之夏代世系,也應當是有根據的。相應地這一時期的文學也比較可信,所以稱之爲"傳説"。

第一節　夏代之生產與文化

　　夏代的生產技術比堯、舜時期有進一步的發展,文化思想也達到較高的程度。

　　生産技術方面如:

(一)大禹治水

大禹其人和關於洪水的傳說,可能是真實存在的。《尚書》卷十二《吕刑》云:

> 禹平水土,主名山川。

又銅器銘文中也記載禹平水土定九州之事,可見大禹治水是實有的。世界上許多古老的民族都有洪水泛濫的傳說,不同的是禹制服了洪水,戰勝了自然災害,造福人類。《路史·後紀》卷四即云:

> 古人云:"微禹之功,吾其魚乎!"

因此他受到後代人民的稱頌,成爲古帝中最被推崇之人。實際上,他大概是在原始水利工程中作出巨大貢獻的人。如《論語》卷七《憲問》云:

> 禹、稷躬稼而有天下。

又《論語》卷四《泰伯》云:

> 禹,吾無間然矣。……卑宫室而盡力乎溝洫。

就是指他在水利方面的工作而言。由於水利工程的修築,促進了農業生產的發展。

(二)伯益鑿井

《世本·作篇》云:

> 伯夷(《初學記》六作"益")作井。

井的開鑿,使人們可以離開江河岸邊,到遠方去耕作。

(三)奚仲造車

《世本·作篇》云:

> 奚仲作車。

又譙周《古史考》云：

> 禹時奚仲駕馬。

車的制作，減輕了人的勞力，促成了交通的發達，必然加强了文化的傳播。

由於生産力的提高，生産關係也發生了變化。夏代已經出現了城。《世本・作篇》云：

> 鯀作城郭。

也出現了酒。《世本・作篇》云：

> 儀狄作酒，醪變五味。

城和酒的出現是階級社會開始的標誌。如果鯀始造城、儀狄始釀酒的傳説有幾分真實性的話，那麼可以認爲禹時階級已經形成。又《論語》卷四《泰伯》云：

> 禹，吾無間然矣。……惡衣服而致美乎黻冕。

"黻"是古時祭祀穿的禮服，"冕"是古代大夫以上的人戴的帽子。禹講究禮冠禮服，説明當時已出現貴賤的區别。

文化思想方面如：

（一）禹傳"九疇"

《尚書》卷七《洪範》云：

> 天乃錫禹《洪範》九疇。彝倫攸叙。

《洪範》一篇是可信的，它説"九疇"傳自禹，諒亦可以爲據。"九疇"是禹治天下的九類大法，思想上屬於五行系統，説明當時五行觀念已經産生。

(二)曆書的出現

《禮記》卷七《禮運》云:

> 孔子曰:"我欲觀夏道,是故之杞,而不足徵也。吾得夏時焉。"

又《論語》卷八《衛靈公》云:

> 子曰:"行夏之時,乘殷之輅,服周之冕。"

又《史記》卷二《夏本紀》云

> 孔子正夏時,學者多傳《夏小正》云。

相傳《夏小正》是夏朝的曆書。同時又出現了以干支紀日法。夏帝有胤甲、孔甲、履癸等,始以天干為名。這都説明由於生産的發展,促進了農業知識的提高。

(三)禹鑄九鼎

《左傳·宣公三年》云:

> 昔夏之方有德也(應指禹之時),遠方圖物,貢金九牧,鑄鼎象物。百物而為之備,使民知神、姦。

這應是最早的金屬制品,且鼎上鑄有萬物的圖像,亦見當時文化已相當發達。

生産和文化的發達,必然促進語言的發達和文字的産生。雖然目前我國還未發現夏朝的文字,但從已發現的兩千多殷墟文字看,其數量和技術所達到的程度,都不可能是突然出現的,因此可以推斷夏朝應當已經有原始文字産生。文字的産生是人類社會由野蠻時代進入文明時代的標誌。如果我們上面的推斷不錯,那麽從夏朝開始我國便進入了文明時代。

第二節　夏代之文學

　　文學一般可分爲散文與韻文兩類,因爲語言原有"有韻"與"無韻"之分,所以自然形成文體的兩大體裁。但就世界各民族文學産生的過程看,往往韻文先於散文。這是因爲有韻者容易記憶,較早地得到保存,無韻者無此優長,則多數散佚。就我國文學産生的情況看,卻並非如此。我國的散文大都與政治有密切關係,從而保存下來的也相當早。因此,在我國散文與韻文是同時出現的。

一、夏代之散文

夏代的散文可供考釋者爲《尚書》中之《禹貢》和《甘誓》兩篇。

(一)《禹貢》

《禹貢》不是夏代的作品,這可以從其内容得到證明。

其一,《禹貢》云:

> 禹別九州,隨山濬川,任土作貢。

按夏代的疆域在今天河南西部和山西南部,沿黄河東至河南、河北和山東交界的地方,面積極小。《禹貢》中所列九州,包括了荆州、青州、揚州、徐州等地。這不是夏人所能有的地理觀念,可以推斷這是周人補充進去的。

　　主張《禹貢》所列九州爲可信的人們,舉少康封禹之後人無余於越爲證。按《吴越春秋》卷六《越王無余外傳》記載:"(禹)葬會稽之山……少康恐禹祭之絶祀,乃封其庶子於越,號曰無余。"他們認爲夏代的疆域既已達到遥遠的越地,則當時天下有九州也就無可置疑了。但他們不瞭解所謂"越",並非少康所封禹後人之地。

據《國語》卷二十一《越語下》云：

> 范蠡曰："王孫子，昔吾先君固周室之不成子也。"

又據《韓詩外傳》卷八云：

> 廉稽曰："夫越亦周室之列封也。"

這兩條記載都説明"越"是周室後代的封地，而不是禹後代的封地。周是姬姓，"不成子"可作"不是親信子弟"解。周室把不是親信的子弟遠封到南方的越地，這在古代貴族集團是通例。越則是羋姓。《國語》卷十六《鄭語》云：

> 融之興者，其在羋（音 mǐ）姓乎？羋姓夔越，不足命也。

夔屬楚，楚古時爲羋姓，越亦羋姓，則越與楚同姓。可見越絕非禹的後代。至於《尚書》卷十《立政》所謂"其克詰爾戎兵以陟禹之跡，方（同旁，橫也）行天下，至於海表，罔有不服"和《禹貢》所謂"朔南暨，聲教訖於四海"等廣大的疆土，則完全是周人的疆域觀念，夏代哪有如此大的領土呢？

其二，《禹貢》云：

> 淮海惟揚州……厥貢惟金三品。

又云：

> 華陽黑水惟梁州……厥貢璆、鐵、銀、鏤、砮、磬。

"金三品"，據王肅注，即金銀銅。又《越絕書》卷十一《越絕外傳記寶劍》云："禹穴之時，以銅爲兵，以鑿伊闕……"那末，夏代出現了銅，從殷墟中出土的許多銅器推測，這是可信的。但，鐵的產生卻很晚，大約在周初。《禹貢》說梁州（約當今四川省）貢物中有鐵，絕不可信，但可以說明四川最早發現鐵。"鐵"字出現也很遲，古文

"鐵"字作"銕",從夷。説明鐵發現於邊區,即四川,後來才傳到中原。禹時不可能有鐵。至於"鏤",即鋼,既然當時不可能有鐵,當然更不可能産生鋼了。

其三,《禹貢》還記載青州貢"織文"(即錦綺)、徐州貢"玄纖縞"(纖細的黑白色繒)。這類絲織品必須在文化程度發展到更高的階段才能産生,夏代不可能出現這類手工藝品。

這些内證都足以證明《禹貢》絶非夏代的作品。

(二)《甘誓》

《甘誓》,據《書》序説:"啓與有扈戰於甘之野,作《甘誓》。"是啓伐有扈之作。《墨子》卷八《明鬼》著録此篇作《禹誓》,以之屬禹,文字基本相同。且勿論屬禹或屬啓,夏伐有扈氏則是實有的史事。又僞《大禹謨》亦載此篇,但與《禹誓》比較,可以看出它完全是模仿《禹誓》而作,因此我們推斷此文應是可信的夏代散文。文字非常簡質,文義也很簡單。如:

> 大戰于甘,乃召六卿。王曰:"嗟! 六事之人,予誓告汝:有扈氏威侮五行,怠棄三正,天用劋絶其命。今予維恭行天之罰。左不攻于左,汝不恭命。右不攻于右,汝不恭命。御非其馬之正,汝不恭命。用命,賞于祖;不用命,戮于社。予則孥戮汝。

按"五行",即水火金木土。"三正",即建子爲天正,建丑爲地正,建寅爲人正。《左傳·文公七年》云:"九功之德,皆可歌也,謂之'九歌'。"所謂"九歌",即水、火、金、木、土、穀(此六者謂之"六府")、正德、利用、厚生(此三者謂之"三事")。此九者即殷代《洪範》九疇之原始形態。禹或啓所以伐有扈氏,因爲他違逆了禹治天下之大法。

二、夏代之韻文

夏代的韻文可供考釋者有以下諸篇。

(一)夏啓鑄鼎卜辭

《墨子》卷十一《耕柱》記載:

> 夏后開使蜚廉折金於山川,而陶鑄之於昆吾……又言兆之由(繇也)曰:"饗矣。逢逢白雲,一南一北,一西一東。九鼎既成,遷於三國。"

"遷於三國",指"夏后氏失之,殷人受之,殷人失之,周人受之"(《墨子‧耕柱》),這顯然是周人的追述,不然夏人怎能知道九鼎的傳失呢? 巫卜之事,在生產技術不發達的夏代肯定會有,但此段卜辭卻絕不可信。

(二)夏啓時的歌曲

《墨子》卷九《非樂》記載:

> 於武觀曰:"啓乃淫溢康樂,野于飲食,將將銘莧磬以力,湛濁于酒,渝食于野,萬舞翼翼,章聞于天,天用弗式。"

武觀是啓的後代,他以毀謗的口吻對待他的先人。哪有後人毀謗先人之理! 可見這首歌曲純是後人的偽託。

此外,《尚書大傳》卷二所載之《夏人歌》、《逸周書》卷三《文傳解》所載之《夏箴》,皆不可信。

(三)《九辯》與《九歌》

《楚辭》卷一《離騷》云:

> 啓《九辯》與《九歌》兮,夏(大也)康娛(無憂慮的娛樂)以自縱。

又《楚辭》卷三《天問》云：

> 啓棘(陳也)賓(列也)商(官商也)，《九辯》、《九歌》。

又《山海經》卷十六《大荒西經》云：

> 夏后開，上三嬪于天，得《九辯》與《九歌》以下。

這三條資料都說明《九辯》、《九歌》是夏代的歌曲。《離騷》、《天問》都是可信的作品，則《九辯》、《九歌》之爲夏代詩歌不容置疑。可惜今天已經見不到了。

(四)《破斧歌》與《候人歌》

《呂氏春秋》卷六《音初》篇記載：

> 夏后氏孔甲，田于東陽萯山，天大風晦盲，孔甲迷惑，入于民室。主人方乳。或曰："后來，是良日也，之子是必大吉。"或曰："不勝也，之子是必有殃。"后乃取其子以歸，曰："以爲余子，誰敢殃之？"之子長成人，幕動坼橑，斧斫斬其足，遂爲守門者。孔甲曰："嗚呼！有疾，命矣夫！"乃作爲破斧之歌，實始爲東音。禹行功，見塗山之女，禹未之遇，而巡省南土，塗山氏之女乃令其妾候禹于塗山之陽，女乃作歌，歌曰："候人兮猗！"實始作爲南音。

這段記載說明東音起於夏孔甲，南音起於塗山氏(禹妻)。夏孔甲所作之《破斧歌》，《呂氏春秋》未曾著錄，塗山氏所作之《候人歌》只有一句，這是我們今天所能見到的惟一的可信爲夏代詩歌的遺文。現在《詩經》中的《候人》和《破斧》是周人依曲填詞，已非夏人原作了。

從上文的考察中，我們可以看到夏代文學的影跡。

第三章　商代之文學

商部族是一個歷史悠久的部落，它的始祖契，相傳是簡狄吞玄鳥之卵而生。《史記》卷三《殷本紀》記載：

> 殷契，母曰簡狄，有娀氏之女，爲帝嚳次妃。三人行浴，見玄鳥墮其卵，簡狄取吞之，因孕生契。契長而佐禹治水有功。帝舜乃命契曰："百姓不親，五品（指父、母、兄、弟、子）不訓，汝爲司徒而敬敷五教（指五品之教），五教在寬。"封於商（今河南商丘市），賜姓子氏。契興於唐、虞、大禹之際，功業著於百姓，百姓以平。

這段記載説明，商部族在契以前尚處在只知有母不知有父的母系氏族社會，從契開始才進入父系氏族社會。契姓子，堯、舜時爲司徒，掌教化百姓，部落居商丘。

商部族自始祖契到湯建國凡十四代，從湯到紂凡十七代三十一王。兹根據《竹書紀年》和《史記·殷本紀》列商世系表如下（見下頁）：

表中的直綫表示父子相繼，并列表示兄弟相繼。從商代世系表中可以看出，湯的祖先有以昭明、昌若、冥、恒等天象爲名號者，有以上甲、報乙、報丙、報丁等天干爲名號者。夏帝胤甲、孔甲、履癸以天干爲名號，然時代在商君上甲之後。那麽可以推想，商人的曆法比夏人發展得要早，農業知識也比夏人要高。爲了發展農業，商人和水患做了艱苦的鬥爭。據《國語》卷四《魯語上》記載：

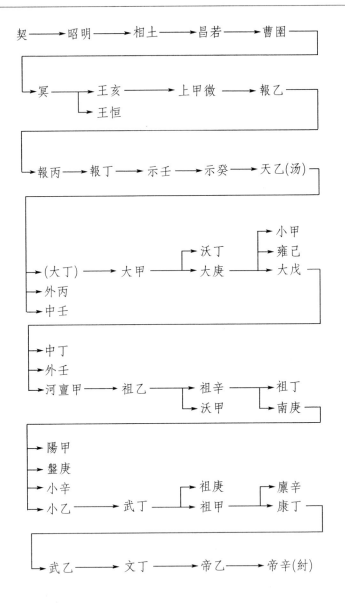

> 冥勤其官而水死。

契之五世孫冥,因盡力治水而溺死。同時商人又發明了用牛馬駕車,如《世本・作篇》記載:

> 胲作服牛(即駕牛)……相土作乘馬。

相土是契之孫。胲即王亥,是契的六世孫。所以《管子》卷二十四《輕重戊》説:

> 殷人之王,立帛牢,服牛馬,以爲民利,而天下化之。

相土與王亥繼夏人奚仲造車之後,又創造馬車和牛車,極大地提高了車的功用。

商代的畜牧業極其發達,根據箕子之《洪範》第八條"庶徵":

> 庶徵:曰雨,曰暘(即晴),曰燠(即悶熱),曰寒,曰風,曰時。五者來備,各以其叙,庶草蕃廡。

其中記述五種氣候合時,衆草木茂盛。這説明商人對畜牧業的重視。商代的農業比畜牧業更發達,《洪範》第四條"五紀"又云:

> 五紀:一曰歲,二曰月,三曰日,四曰星辰,五曰曆數。

這種對歲時的講究,説明當時農業已發展到極高的程度。又卜辭中關於農政的記録:

> 王大令衆人(各種身份的農人)曰:"劦田(劦同協,協田即共耕),其受年。"(《殷契粹編》866 片)
>
> 貞維小臣令衆黍。(《卜辭通纂》907 片)
>
> 王往,以衆黍于囧。(《卜辭通纂》473 片)

關於祈年的記録:

今歲商（指殷都）受年。（《殷契粹編》907片）

王占曰："吉。東土受年，南土受年，西土受年，北土受年。"（《殷契粹編》907片）

這些材料都説明商代農業的發展，遠遠超過畜牧業。又甲骨文中犁字作物，又作𤛿，很像牛拉犁翻土之形，證明當時確已出現牛耕。

商代的手工業更爲發達，從殷墟出土的文物看，青銅器制品是最多的。其中武器類有斧、鉞、戈、矛、刀、鏃等；禮器和用具類有鼎、鬲、甗、簋、爵、觚、觶、斝、尊、壺、卣、盤、瓿等；工具類有斧、斤、刀、鋸、鑿、鑽、鏟等。此外，還有用玉、石、骨制作的生産器具、生活用品、裝飾品等。還有見於甲骨文的皮革、釀酒、舟車、飼蠶、織帛、縫紉等。商代手工業之發達情況，可以概見。

商人最初可能是一個游牧部族，所以自契至湯遷居八次，湯又從商丘遷居亳（今山東曹縣），以此爲基地滅了夏桀，自稱武王。後傳到第五代中丁，發生了衆兄弟爭奪王位的鬥爭。政治紊亂，生活腐朽，社會動蕩不安。這種情況一直延續到第九代的陽甲。陽甲死，弟盤庚立。盤庚力圖革除商貴族的奢侈惡習，減輕對人民的剥削，便强迫貴族和人民一同渡河遷都於殷（今河南安陽市小屯村）。從此，商又稱殷，或稱殷商。

從一些文獻典籍的記載和殷墟出土的甲骨文來看，商是我國有文字傳下來的歷史的開始。

第一節　商代之政治制度與文化思想

商代的政治制度和文化思想是承襲着夏代而有所發展，即夏是奴隸制的産生期，商則是這一制度的形成期。其間雖然發生過所謂商湯革命，但基本制度未變。王靜安《觀堂集林》卷十《殷周制度論》説：

> 故夏、商二代文化略同。《洪範》九疇，帝之所以錫禹者，而
> 箕子傳之矣。夏之季世，若胤甲，若孔甲，若履癸，始以日爲名，而
> 殷人承之矣。文化既爾，政治亦然。周之克殷，滅國五十，又其遺
> 民或遷之雒邑，或分之魯、衛諸國。而殷人所伐，不過韋、顧、昆
> 吾，且豕韋之後仍爲商伯，昆吾雖亡，而己姓之國仍存於商、周之
> 世。《書·多士》曰："夏迪簡在王庭，有服在百僚。"當屬事實。
> 故夏、殷間政治與文物之變革，不似殷、周間之劇烈矣。

王靜安看到了商之政治制度和文化思想是沿襲着夏代的而無明顯
變化，可謂卓識。所謂夏禮、殷禮，孔子在《論語》卷二《爲政》中説：

> 殷因於夏禮，所損益，可知也；周因於殷禮，所損益，可知也。

他明確指出殷禮對夏禮、周禮對殷禮的繼承關係，不過有所增損罷
了。孔子在《論語》卷二《八佾》中又説：

> 夏禮，吾能言之，杞不足徵也；殷禮，吾能言之，宋不足徵
> 也。文獻不足故也。足，則吾能徵之矣。

孔子既能講夏禮，又能講殷禮，但他所講的具體內容我們今天已完
全不瞭解，我們只能根據典籍的記載作一些考察。

一、王室之强固

商代王室之强固表現在王位繼承制度上。夏代的王位和湯以
前殷人之先世一樣，都是父子相繼，兄弟相繼是例外。自成湯代
夏，有殷一代三十一帝，卻以弟繼爲主，子繼爲輔。王靜安《觀堂集
林》卷十《殷周制度論》説：

> 特如商之繼統法，以弟及爲主，而以子繼輔之，無弟然後

傳子。自成湯至于帝辛三十帝（湯子大丁早死，王氏不計在
內）中，以弟繼兄者凡十四帝，其以子繼父者，亦非兄之子，而
多爲弟之子。惟沃甲崩，祖辛之子祖丁立；祖丁崩，沃甲之子
南庚立；南庚崩，祖丁之子陽甲立，此三事獨與商人繼統法不
合。此蓋《史記·殷本紀》所謂中丁以後九世之亂，其當有爭
立之事，而不可考矣。故商人祀其先王，兄弟同禮，即先王兄
弟之未立者，其禮亦同。是未嘗有嫡庶之別也。

這是王靜安對夏、商繼統法的著名論斷。但是我們認爲夏、商之繼
統法，並無關乎嫡庶之別的問題。夏時尚處在部落式社會之中，各
部落皆有酋長，夏不過是部落聯盟的大酋長而已。隨着私有制的
發展，酋長實行世襲制，即父傳子，子傳孫等。父子相傳引起夷族
酋長后羿奪取夏帝位，寒浞奪取羿位的鬥爭。殷代有鑒於此，乃變
通而爲兄弟相傳，其間含有擇賢擇長的意思在。但同時卻產生了
兄弟之間爭位的鬥爭，以致有中丁以後九世之亂。爲了補闕救弊，
自武乙到帝辛四帝，又實行了父傳子制。商的繼統法是承襲着夏
代而有所變化，這種變化在於鞏固王室的地位，對"禪讓"來説，在
歷史上是一種進步。

商代帝位世襲，而對沒有承襲帝位的兒子便予以分封。《史
記》卷三《殷本紀》記載：

> 契爲子姓，其後分封，以國爲姓，有殷氏、來氏、宋氏、空桐
> 氏、稚氏、北殷氏、目夷氏。

商末之微子、箕子，據説微、箕也是國名。《世本·姓氏篇》還著録
有時氏、蕭氏、黎氏。這種措施確立了諸侯與王室的關係，強化了
奴隸制國家的政權，在奴隸制國家的壓迫、剝削的基礎上，產生了
相當高的文化。

二、奴隸制之確立

奴隸制産生於夏，而形成於商。奴隸主要來源於戰爭的俘虜。據典籍記載，上古部族間戰爭所獲得的俘虜，都用作食物。秦、漢時之"鼎鑊"之刑，即其遺跡。又《左傳·僖公十九年》記載：

> 宋公(指宋襄公)使邾文公用鄫子于次睢之社。

此"社"字即指社祭。"用"字是用作犧牲之意。亦足證明古時之以俘虜爲食物了。可見上古時確實存在過吃人的事實。後來，隨着社會的日漸開化，人們認識到以人作犧牲意義不大，便改變辦法，而以俘虜爲奴隸，以圖發展生産。

從文字上看，古時男子爲"虜"，女子爲"奴"——从女从手。又古文"民"字作𡭖，象械足形，也可以證明古代民衆都受着束縛。

奴隸制形成於商代，我們可以從《尚書·盤庚》篇得到證明。據《尚書》卷九《多士》記載周公對殷頑民説：

> 惟爾知，惟殷先人，有册有典，殷革夏命。

所謂"典册"，即指商代史官所藏之文獻典籍，而《盤庚》三篇無疑是這些典册之遺文(其中可能有後人的訓詁改字)。《尚書》卷五《盤庚上》記載盤庚對群臣説：

> 格汝衆，予告汝訓汝……古我先王，亦惟圖任舊人共政。

這裏所謂"衆"，指曾與殷先王共同掌管政治的舊人，即《盤庚下》所説之"百姓"，亦即"邦伯、師長、百執事之人(百官、百工)"。當時，只有貴族纔有姓，所以百姓即貴族。盤庚對群臣又説：

> 古我先王暨乃祖乃父，胥及逸勤(同甘苦也)，予敢動用非罰，世選爾勞，予不掩爾善，兹予大享于先王，爾祖其從與享之。

這是説群臣的先人，對商有功，商王大祭先王時，他們的祖先要配享商先王。也足以證明他們都是貴族。

又《盤庚中》記載盤庚對民衆的訓告，開篇史官首叙：

> 咸造勿褻在王庭。

即令民衆皆至王庭，不要褻慢。其中含有極其輕蔑的語氣。然後盤庚嚴厲地訓示説：

> 古我先后，即勞乃祖乃父，汝共作我畜民。

又説：

> 我先后綏乃祖乃父，乃祖乃父乃斷棄汝，不救乃死。

又説：

> 乃有不吉不迪，顛越不恭，暫遇姦宄。我乃劓殄滅之，無遺育，無俾易種于兹新邑。

其中稱民爲“畜民”，意爲民賤如牲畜，而且可以任意殺戮，至於斬盡殺絶。這明顯指的是奴隸。從文中看，這些“畜民”是從商已久的老奴隸，應是農奴的前身。

《盤庚》篇記録的盤庚所訓告的是兩種人，即百姓和畜民，亦即奴隸主貴族和奴隸，這是當時社會存在的兩大階級，構成奴隸制社會。

此外，從殷墟出土的大、小墓葬的不同葬式，手工藝製品的細緻以及其他大量精美的文化遺物看，商代奴隸制確實已經確立，原始社會不可能創造出如此高度的文化來。

三、思想體系之形成

隨着政治、經濟的發展，商代已經形成了比較完整的思想體系。這我們可以從《尚書·洪範》篇得到認識。據説《洪範》是周初史官記録箕子所説殷之政治文化綱要。此文篇首説：

> 天乃錫禹《洪範》九疇。

箕子自謂"九疇"傳自禹，説明夏、商文化思想是相承襲的。從《洪範》"九疇"中，可以知道商代思想已經形成一個系統，即五行系統。兹將"九疇"的内容列解如下：

九疇

初一五行——水、火、木、金、土
　　　　　（此五者爲構作世界的元素）

次二五事——貌、言、視、聽、思（此五者就人而言）

次三八政——食、貨、祀、司空（掌百工）、司徒（掌教育）、司寇（掌刑）、賓、師（掌外政）

次四五紀——歲、月、日、星辰、曆數。

次五皇極——

1）無偏無陂，遵王之義；
　無有作好，遵王之道；
　無有作惡，遵王之路。

2）無偏無黨，王道蕩蕩；
　無黨無偏，王道平平；
　無反無側，王道正直。
　（此皆言人民要服從帝王）

次六三德——正直（中）、剛克（左）、柔克（右）
　　　　　（此三者爲做人的道理，以中爲最好）

次七稽（考也）疑——雨、霽、蒙、驛、克、貞、悔
　　　　　　（此皆卜筮之法）

次八庶徵——雨、暘、燠、寒、風（此五者所以徵驗時之好壞）、時（應雨而雨，應風而風，是爲時，反之，則不爲時也）

次九
五福——壽、富、康寧、攸好德、考終命
六極（惡也）——凶短折、疾、憂、貧、惡、弱

上古人認爲，一切自然現象皆由五行演化出來。先有自然，然後有人事，即"五事"，一切人事也由五行演化出來。有了人事，然後有農政，即"八政"，便是國家的起源。農政產生了，就特別要考慮與農政有密切關係的曆數，也即"五紀"，所以紀歲時。而全部事項的中心是"皇極"，即一切都要服從于帝王。帝王要求人的行爲合乎中道，不偏不倚，所謂"三德"。對人事無可如何，便用卜筮"稽疑"，對天時無可如何，便以"庶徵"來徵驗。人們順從帝王，便能福、壽、康寧；反之，便短命、憂愁、貧病不堪。這一思想的根本體系是五行，由五行化生萬物，如篇中之五事、五紀、五卜、五徵、五福等，皆源于五行。五行是宇宙萬象之本。

商人特別崇拜鬼神，無論國家大政或生活瑣事，都要問諸鬼神，按鬼神的意旨行事。巫和史是傳達鬼神意旨的兩個重要人物。巫能歌舞、音樂和醫療疾病，傳達鬼神的意旨主要用筮（蓍）法。史能記人事、觀天象和熟諳舊典，傳達鬼神的意旨主要用卜（龜）法。國君的一切行動都要聽命於鬼神，即必須聽從巫、史的指導。《洪範》篇說：

> 汝（指國君）則有大疑，謀及乃心，謀及卿士，謀及庶人，謀及卜筮。

據考察，在國君、卿士、庶人和卜筮之間有分歧時，則寧從卜筮而捨國君、卿士、庶人。足見卜筮在指導國君的行動中所起的重要作用，亦說明巫、史有高於一般人的文化知識，所以能爲人信服。又《禮記》卷十七《表記》說：

> 殷人尊神，率民以事神，先鬼而後禮，先罰而後賞。

也說明商人之崇拜神，先鬼神而後人事，重刑罰輕賞賜。

商代的文化思想培育出巫和史，巫、史指導着社會的一切活動,從而形成巫官文化和史官文化兩大類。今天可供考察的商代史官文化的代表爲《尚書》中之《商書》,巫官文化的代表爲編定於周初的《周易》中之卦爻辭。

第二節　商代之文學

在商代社會生産、政治制度、文化思想發展的基礎上,産生了文字、文學、藝術、音樂、曆法、醫藥等,爲我國古代文化奠定了初步基礎。就文學而言,仍可從散文和韻文兩方面進行探討。

一、商代之散文

商代的散文,可從《商書》中窺見其雛形。按今文《尚書·商書》共五篇,即《湯誓》、《盤庚》、《高宗肜日》、《西伯戡黎》和《微子》。其中《湯誓》與《高宗肜日》有後人加入之訓詁字,已非本來面目。《西伯戡黎》與《微子》更明顯是經過了後人的潤飾,也非原作,惟《盤庚》是最古老最可靠爲殷人的作品。

《盤庚》分上中下三篇,記録盤庚要遷都於殷,世族百姓、人民都反對,他爲説服衆人而發表的訓辭。上篇是對世族百姓的勸告,中篇是對人民的脅迫,下篇是到殷後對世族百姓的慰勞。如上篇記述説:

> 盤庚遷于殷,民不適有居,率籲,衆慼(借爲戚,指貴族)出矢言。……盤庚斆于民,由乃在位(指當權者),以常(讀爲尚,崇尚)舊服,正法度,曰:"無或敢伏(借爲服,服從)小人之攸(所也)箴(批評)。"王命衆悉至于庭。王若曰:"格汝衆,予告汝訓汝,猷黜乃心,無傲從康(毋得傲上而懷安也)。……汝不和(宣也)吉言于百姓,惟汝自生毒。乃敗禍姦宄,以自

災于厥身。乃既先惡于民,乃奉其恫(禍也),汝悔身何及?
相時憸民(指勞動人民),猶胥顧于箴言,其發有逸口(過言
也),矧予制乃短長之命。汝曷弗告朕,而胥動以浮言,恐沈于
衆?若火之燎于原,不可嚮邇,其猶可撲滅?則惟汝衆,自作
弗靖,非予有咎。……予告汝于難,若射之有志(目標也)。
汝無侮老成人,無弱孤有幼。各長于厥居,勉出乃力,聽予一
人之作猷。無有遠邇,用罪伐厥死,用德彰厥善。邦之臧,惟
汝衆;邦之不臧,惟予一人有佚罰。凡爾衆其惟致告:自今至
于後日,各恭爾事,齊(嚴肅也)乃位,度(借爲斁,閉也)乃口,
罰及爾身,弗可悔。"

盤庚對群臣叙述自己的德政,訓示群臣要堅決遷殷。文字很古奧,
但比《甘誓》有明顯的進步。這是我國最早的記言文,是記言文之
祖,對後代文學影響很大,唐代古文運動所倡導的散文,其形成最
早即淵源於此。

二、商代之韻文

商代的韻文,可從《詩經·商頌》和《周易》卦爻辭中考見其
形跡。

(一)《商頌》

《商頌》共五篇,即《那》、《烈祖》、《玄鳥》、《長發》和《殷武》。
對其寫作時代,長期以來有兩種説法,一者認爲是商人所作,二者
認爲是宋人所作。分歧源於古今文經學家之不同見解。兹將兩家
之不同看法列舉如下,並辨析之。

其一,古文家之説。

關於《商頌》寫作時代之最早記載爲《國語》卷五《魯語》:

閔馬父……對曰："……昔正考父校商之名頌十二篇於周
大師,以《那》爲首。"

正考父爲周宣王、幽王、平王時宋國的大夫,孔子的七世祖,商亡之
後,他爲了審校商之名著十二篇頌歌,曾請教周之樂師。古文家即
以此爲根據,以《商頌》爲商代之頌歌。如《毛詩·商頌序》云:

微子至于戴公,其間禮樂廢壞。有正考甫者,得商頌十二
篇於周大師,以《那》爲首。

又鄭玄《商頌譜》云:

商德之壞,武王伐紂,乃以陶唐氏火正閼伯之墟封紂兄微
子啓爲宋公,代武庚商後。自從政衰,散亡商之禮樂,七世
至戴公,時當宣王。大夫正考父者,校商之名頌十二篇於周太
師,以《那》爲首,歸以祀其先王。孔子録詩之時,則得五篇
而已。

《毛詩序》將"校"改爲"得",與《魯語》原意相左。《商頌譜》仍復
用"校"字,乃爲貼切。然其基本觀點是一致的,即正考父校理者
爲商亡後所散佚之商代頌歌,原爲十二篇,孔子録詩,僅得五篇。
與今天《詩經》所存之篇目相符。

其二,今文家之説。

今文家之説法,主要爲《史記》卷三十八《宋微子世家》太史公
贊云:

襄公之時,修行仁義,欲爲盟主。其大夫正考父美之,故
追道契、湯、高宗,殷所以興,作《商頌》。

又《後漢書》卷六十五《曹襃傳》注云:

> 正考甫，孔子之先也，作《商頌》十二篇。

他們認爲《商頌》是正考父所作，爲了讚美宋襄公，並非校理商代之頌歌。

自此以後，歷代學者對《商頌》的寫作年代爭論很多。古文家如司馬貞在《史記·宋微子世家》之《索隱》中說：

> 《毛詩·商頌序》云正考父於周之太師"得《商頌》十二篇，以《那》爲首"。《國語》亦同此說。今五篇存，皆是商家祭祀樂章，非考父追作也。又考父佐戴、武、宣，則在襄公前且百許歲，安得述而美之？斯謬說耳。

此外，馬瑞辰、胡承珙、姚際恒等都主張商人作。

今文家如魏源、皮錫瑞、王先謙等，則堅決主張宋人作。王先謙在《詩三家義集疏》卷二十八《商頌》中引魏源十三證、皮錫瑞七證，凡二十證，以說明《商頌》爲宋人所作。

又王靜安在《觀堂集林》卷二《說商頌》上說：

> 而戴公之三十年，平王東遷。其時宗周既滅，文物隨之。宋在東土，未有亡國之禍，先代禮樂，自當無恙，故獻之周太師，以備四代之樂。

又《說商頌》下說：

> 《殷武》之卒章曰："陟彼景山，松柏丸丸。"毛、鄭於景山均無說。《魯頌》擬此章則云："徂徠之松，新甫之柏。"則古自以景山爲山名，不當如《鄘風·定之方中》傳"大山"之說也。案《左氏傳》"商湯有景亳之命"，《水經注·濟水篇》"黃溝枝流北逕己氏縣故城西，又北逕景山東"；此山離湯所都之北亳不遠，商邱、蒙亳以北惟有此山，《商頌》所詠當即是矣。而商

自般庚至於帝乙居殷虛，紂居朝歌，皆在河北，則造高宗寢廟，
不得遠伐河南景山之木。惟宋居商邱，距景山僅百數十里，又
周圍數百里内別無名山，則伐景山之木以造宗廟，於事爲宜。
此《商頌》當爲宋詩，不爲商詩之一證也。

古文家反對《商頌》爲宋人作之主要理由，即認爲正考父是宋戴公
時人，到宋襄公時他已一百餘歲，豈能作頌以贊美襄公？ 今文家雖
然用其他證據以駁之，然總謂"也許"是百餘歲，"也許"百餘歲尚
能作頌，等等，都不足爲據，沒有説服力。

王靜安在今古文家爭論的基礎上，提出自己的看法。他認爲
正考父是戴公時人，戴公適當平王東遷之時，正考父獻《商頌》很
在情理中。並解釋原"校"，應讀"效"，效者，獻也。正考父既爲獻
詩，則所獻必非自作。他又以景山之名稱及其地理位置證明《商
頌》爲宋人所作。王氏的見解，固爲卓識，然仍不能解決正考父活
到襄公時代年歲過長的疑難。

這個問題究竟如何解決？ 按《左傳》、《世本》、《宋微子世家》
和《孔子世家》記載，正考父之子孔父嘉在宣公弟穆公、子殤公朝
爲大司馬。殤公十年，孔父嘉被太宰華督所殺。孔父嘉死後，在華
督執政的二十八年中，其曾孫防叔"爲華氏所偪奔魯"。孔父嘉生
時已有曾孫，可以推論其死時當已年邁。怎能設想其父正考父在
防叔全家遷魯後三十年，仍留在宋，並作頌贊美襄公呢？ 又《魯
語》引《那》詩文之後説："先聖王之傳，恭猶不敢專。稱曰：自古，
古曰在昔，昔曰先民。"可見閔馬父認爲《那》是先聖之詩，並非正
考父自作。那末正考父並非襄公時人，而是戴公時人，其所校理之
頌歌是商人所作無疑義矣。

《商頌》五篇，從内容上看可分兩類，即《那》、《烈祖》、《玄鳥》
三篇爲一類，明顯是祭歌；《長發》、《殷武》兩篇爲另一類，祭祀意

味不多,可能是一種祝頌詩。前三篇主要寫歌舞娛神和對祖先的贊頌,後兩篇則寫商部族的歷史傳說和神話故事。茲舉《玄鳥》爲例:

> 天命玄鳥(或解爲燕或解爲鳳),降而生商。宅(居也)殷土(魯詩作社)芒芒(不定貌)。古(故也)帝命武湯,正(治也)域(封疆)彼四方。方(廣泛)命厥(其也)后(君也),奄有九有(即九域或九州)。商之先后,受命不殆(怠也),在武丁(小乙之子)孫子(對成湯而言)。武丁孫子,武王靡不勝(王引之謂此武丁與武王當互易)。龍旗十乘,大糦(即粢盛,祭祀用的蒸飯)是承(武丁後王,故曰承)。邦畿千里,維民所止(居也)。肇域彼四海,四海來假(即來賀)。來假祁祁(衆多貌),景(皆也)員(幅員)維河(大河)。殷受命咸宜,百祿(百福)是何(同荷,承當)。

此爲舞曲,舞表行事,歌稱盛德,所以歌頌殷高宗武丁的業績。武丁是殷代中興之賢君,起用奴隸傅說爲相,國家大治。

《商頌》五篇在形式上也不盡相同,前三篇各篇二十二句,不分章;後兩篇皆分章,且在敘述武功以頌聖方面,很近於二《雅》。可以推想,其比前三篇爲晚出,在技巧上有些許進步。在風格上,姚際恒《詩經通論》卷十八《商頌》中評云:"風華高貴,寓質樸于敷腴,運清緩于古峭,文質相宜,允爲至文。"可謂深有體味。

此外,《尚書大傳》卷二所載之《麥秀歌》,《史記》卷六十一《伯夷列傳》所載之《采薇歌》,只是一種傳說,並非商代之作。

(二)《周易》

《周易》是一部古老的占卜書,包括六十四卦和每卦之六爻以及說明這些卦爻的卦辭、爻辭共四百四十八則。在這些卦爻辭中蘊涵着萌芽性質的古樸詩歌。但這些卦爻辭作於何時？據《周易》卷八《繫辭下傳》云：

> 《易》之興也，其當殷之末世，周之盛德耶？當文王與紂之事耶？

這是《易傳》作者對卦爻辭之寫作時代極爲審慎而可取的推測。如卦爻辭中之"喪羊於易"（《大壯》六五）、"喪牛於易"（《旅》上九），即記殷祖先王亥被有易氏奪取牛羊之事；"帝乙歸妹"（《泰》六五），則記殷末帝乙嫁妹於文王父王季之事；"高宗伐鬼方"（《既濟》九三），乃記武乙對外用兵之事；此皆足以説明卦爻辭爲殷商時之作。至於《周易》之編定成書，則在西周初年。

卦爻辭在古代又稱"繇"，如《左傳·僖公十五年》記載史蘇爲晉獻公占《歸妹》之《睽》云：

> 不吉。其繇曰："士刲羊，亦無盍也；女承筐，亦無貺也。"

又《左傳·昭公七年》記載史朝論《屯》之《比》云：

> 且其繇曰："利建侯。"

又《國語》卷十《晉語》記載司空季子爲公子重耳占筮云：

> 其繇曰："元亨利貞，勿用有攸往，利建侯。"

"繇"，《説文》作"繇"。其所從之"䍃"旁，《説文》謂"徒歌也"。從"繇"字之形看，既從"系"從"䍃"（䍃亦聲），其本義必兼有"繫連"與"歌謠"兩重意思。要言之即指繫連在卦爻之下《周易》繫辭一類的謠諺形式。因此，我們可以推論《周易》之卦爻辭原是采取謠諺形式。不過卦爻辭的輯撰者並非以采集詩歌爲目的，而是爲了占筮時記誦的方便，因此其中雜有許多"占斷辭"，若捨去這些"占斷辭"，便是句法基本整齊、句尾諧韻的簡短古樸詩歌。據清理考析，這類詩歌在《周易》中有六七十首之多。

《周易》卦爻辭中的詩歌，無論内容、手法和用韻方面，都是《詩經》的先導。如有些記叙統治階級下層對統治者不滿的作品，即"怨上"詩，便類乎《小雅》，像《井・九三》爻辭：

> 井渫（去穢濁）不食，爲我心惻；可用汲，王明並受其福。

其中用着重号標誌者爲入韻字。此爻是用清淨的井水象徵賢者，謂賢人之不被重用，猶潔淨的井水被棄而不飲；君王聖明，當舉用賢人，可以共享福澤。《史記》卷八十四《屈原列傳》在叙述屈原放逐，懷王國破身亡時，引用此則爻辭並感嘆説："王之不明，豈足福哉！"便道出此爻辭的真正含義，即對統治者嫉賢妒能之不滿。

又《漸・九三》爻辭：

> 鴻漸于陸（高平地），夫征不復，婦孕不育。

此爻是"因物起興"，孕婦看到鴻雁飛向曠野，聯想到丈夫出征未歸，感傷自己懷了幼嬰無人養育。"征夫"可能是小官吏。這反映了小官吏的家屬對兵役、征徭的怨恨情緒。

又《明夷・初九》爻辭：

> 明夷（即鳴鷯）于飛，垂其翼；君子于行，三日不食。

從"鳴鷯"之飛，聯想到"君子"之行，"以彼喻此"。君子是統治階級中之下層，他由於對黑暗政治的不滿，便遠遁他方，三天三夜都顧不上飲食。

這些詩之格調怨恨悱惻，是《雅》詩之萌芽。

此外，還有不少是記叙下層人民的痛苦、哀傷、婚姻、勞動等作品，類乎《國風》。

記叙人民痛苦、哀傷者，如《離·六五》爻辭：

> 出涕沱若（淚多貌），戚（即感）嗟若。

這當是一個貧苦人民悽楚生活的寫照，他既悲戚感嘆，又痛哭流涕。

又《睽·六三》爻辭：

> 見輿曳（牽引），其牛掣（牛角一揚一抑），其人天且劓。

天，顚也，此指前額。用作動詞，指在前額上施黥刑。劓，是割鼻之刑。此寫受黥刑和劓刑的趕車夫之悲慘遭遇。

又《大過·九二》爻辭：

> 枯楊生稊，老夫得其女妻。

《大過·九五》爻辭：

> 枯楊生華，老婦得其士夫。

以"枯楊"卻能"生稊"、"生華"之反常現象，説明老夫強娶少女爲妻、老婦得青年男子爲夫之不合理。卦爻辭的撰輯者將其編入《大過》，意謂這未免太過分了。表示了對摧殘青年婚姻的奴隸主的嘲諷。

記叙婚姻愛情者，如《歸妹·初九》爻辭：

> 歸妹以娣，跛能履。

一個少女要出嫁，腳跛了也步履如飛。寫出了未婚女子急切求婚的心情。

又《中孚·九二》爻辭：

> 鳴鶴在陰（即蔭），其子和之。我有好爵（酒器），吾與爾靡（共也）之。

一對情侶由雙鶴之唱和，引起互相愛慕，以至共同傾杯飲酒。

又《賁·六四》爻辭：

> 賁(飾也)如，皤(白色)如，白馬翰(白貌)如；匪寇，婚媾。

此是寫迎親的禮俗。一個滿身素白裝飾的男子騎馬前來，待婚的女子初以爲是强盜，後來才認出是迎親。可能殷商時代各部族間有騎馬搶奪婦女的現象，所以女子有此誤解。

記叙勞動生活者，如《歸妹·上六》爻辭：

> 女承筐，無實(虛鬆之意)；士刲(剪剃也)羊，無血。

一對青年夫婦在剪羊毛，男子剪剃，女子用筐承受。寫出一個和睦的勞動場面。

又《大壯·上六》爻辭：

> 羝羊(牡羊)觸藩(籬笆)，不能退，不能遂(進也)。

一隻牡羊的角穿進籬笆，不能退，也不能進，進退維谷。此爲牧人放羊所見之生活片斷。

這些古樸簡短的詩歌，在内容上之怨上刺世，申訴痛苦，抒發愛情，歌詠勞動；在手法上之象徵、比興、白描、直叙、叠詠；在用韻上之每句入韻，偶句入韻，交錯用韻，參差用韻，換韻等。這都與後來之《詩經》一脈相承。不同的是《詩經》把卦爻辭之以象徵顯示一個哲學意義，發展爲以抒情或叙事反映社會生活；把卦爻辭之以每句入韻爲主，發展爲以偶句入韻爲主，成爲支配我國兩千多年來詩歌偶句用韻的方式。

卦爻辭中的詩歌，是我國有文字發現以來，最古老、最可信的詩歌。它顯示出我國古代詩歌在萌芽階段的特點和藝術水平。

總之，商朝之文學比夏朝有顯著的進步，《商書》和《周易》中之記載，便是有力的證明。就文學形式講，《商書》給後來散文的發展，特別是《春秋》的產生，奠定了基礎；《周易》給後來韻文的發展，特別是《詩經》的出現準備了條件。

夏、商是我國歷史上最早的兩個朝代。就社會情況講，它已由原始公社之逐漸解體轉變到奴隸制之正式確立；就文學情況講，它從古代幾乎完全是神之世界的神話逐漸轉變爲半神半人的傳說，再轉變爲具有巫術色彩之筆之於書的文學。這一文學發展過程，同時也比較準確地反映了此一時期社會發展的不同歷史階段。但是，必須明確，這一時期之文學仍然屬於萌芽狀態，其發展和壯盛時期之光輝燦爛成果到周朝封建制度形成才開始。

第四章　西周之文學

　　周是居住在我國西部陝西境內的部族,《左傳·昭公九年》
記載:

> 周甘人與晉閻嘉爭閻田。……王使詹桓伯辭(責讓也)
> 於晉,曰:"我自夏以后稷,魏、駘、芮、岐、畢,吾西土也。"

意謂周在夏代以后稷之功,受此五國,為西土之長,從此,便世居西
土。其所列舉之五國,大都在今天陝西境內,故"西土"即指陝西。
當東方之夏部族和商部族已進入階級社會之時,而西方之周部族
尚處在原始社會階段。

　　相傳周之始祖棄是有邰氏(今陝西武功縣)女姜原在曠野踐
巨人之足跡所生。大概從棄開始,周部族才由母系氏族社會過渡
到父系氏族社會。棄姓姬,發明種植稷、麥,堯、舜時做農官,被尊
為農神,號稱后稷。之後,后稷的子孫世代務農。后稷三傳到公
劉,便由有邰遷至豳(今陝西旬邑)。自公劉九傳到古公亶父都居
住於豳,在豳地改善農業,發展生產。《詩經》卷八《豳風·七月》
便是追述周先人居豳時從事農業耕作之情況的。後來古公亶父因
受戎狄之侵擾,被迫率其部族又由豳遷至岐山下之周原(今陝西岐
山縣),在那裏開草萊,立家室,築城郭,設官吏,形成了一個粗具規
模的周王國。《史記》卷四《周本紀》記載:

> 棄為兒時,屹如巨人之志。其游戲,好種樹麻、菽,麻菽
> 美。及為成人,遂好耕農,相地之宜,宜穀者稼穡焉,民皆法

之。……公劉雖在戎狄之間，復修后稷之業，務耕種，行地宜，
自漆、沮渡渭，取材用，行者有資，居者有畜積，民賴其
慶。……古公亶父復修后稷、公劉之業，積德行義，國人皆戴
之。……乃貶戎狄之俗，而營築城郭室屋，而邑別居之。作五
官有司。

這是對周先人重視並發展農業的詳細具體記述。由於農業生
產的發展，促進了社會的進步，經過王季、文王、武王的經營，周已
經形成爲足以滅商的強國。

西周農業生產取得如此大的成就，原因在於當時已經出現了
鐵，鐵已被用爲生產工具。儘管鐵字出現很晚，並且至今未發現出
土的西周鐵器，但並不能否認當時已經產生了鐵。《詩經》卷十七
《大雅·公劉》云：

　　　　取厲取鍛。

“鍛”是甚麼？《毛傳》：“鍛，石也。”郭沫若對此已表示懷疑，
“厲”是磨石，爲何又用“鍛”？《鄭箋》：“石所以爲鍛質。”那末這
種“鍛”質的石，應當就是鐵。朱熹《集傳》直訓爲“鐵”。又郭沫若
在其《中國古代社會研究》之《詩書時代的社會變革與其思想上之
反映》一文中，從《周禮》卷十一《冬官·考工記》上有“攻金之
工……段氏爲鑄器”的記載，推斷：

　　　　“鍛”不就是“取厲取鍛”的“鍛”字嗎？段氏既爲金工，而
　　　銅是不用以作鑄器的，世界各國均無銅犂或青銅犂出土。這
　　　尤證明段氏鑄器必以鐵。

儘管郭沫若後來在此段文字的“補注”中對這一推斷又認爲“無充
分根據”，但我們認爲如果西周初年未出現鐵，便不能説明當時農

業發達的原因，便不能説明當時社會産生重大變革的原因。《國語》卷六《齊語》記載管仲對齊桓公説：

> 美金（銅）以鑄劍戟，試諸狗馬；惡金（鐵）以鑄鉏、夷、斤、欘，試諸壤土。

可見西周晚期，即厲王、宣王、幽王時代已經使用鐵制農具了。可以推斷，鐵的最初出現必然遠在這之前，那就是西周初年了。正因爲鐵的發現，促進了農業的發展，引起了社會的重大變革。王靜安在《觀堂集林》卷十《殷周制度論》中説：

> 夏殷間政治與文物之變革，不似殷周間之劇烈矣。殷周間之大變革，自其表言之，不過一姓一家之興亡與都邑之移轉。自其裏言之，則舊制度廢而新制度興，舊文化廢而新文化興。又自其表言之，則古聖人之所以取天下及所以守之者，若無以異於後世之帝王。而自其裏言之，則其制度文物與其立制之本意，乃出於萬世治安之大計，其心術與規摹，迥非後世帝王所能夢見也。

王靜安考察到了殷周間之大變革，並具體論述了這些變革。儘管他的着眼點與我們不盡相同，但確是看到了問題之所在，揭示了這一時期歷史之本質。

第一節　西周之社會制度

一、封建制之完成

古公亶父自豳遷至岐山之下，隨他共同遷徙的人很多，不但是豳地人民，還有其他地區的人民。《史記》卷四《周本紀》記載：

豳人舉國扶老携弱,盡復歸古公於岐下。及他旁國聞古
公仁,亦多歸之。

面對如此多的民衆,古公怎麽辦呢? 范文瀾在《中國通史簡編》第
一編第三章《封建制度開始時代——西周》中分析説:

不難設想,古公不可能供給這些歸附人衣服食物,也不可
能迫令這些自由民充當奴隸。在戎狄威脅下,古公爲緩和内
部矛盾,采用商原有的助耕制,藉以抵抗戎狄,這也是很自然
的。這樣,新的生産關係即封建的生産關係在周國裏成爲主
要的生産關係了。

所謂"助耕制",即農民助耕公田的制度,也即井田制。《周禮·地
官·大司徒》、《考工記·匠人》和《孟子·梁惠王》等篇都有關於
井田制的記載,説法不同,互相矛盾。我們認爲井田制最初並非整
齊劃一的。如《國語》卷二《周語中》云:

王(襄王)弗許曰:"昔我先王之有天下也,規方千里以爲
甸服……其餘以均分公、侯、伯、子、男,使各有寧宇。"

當時的公、侯、伯、子、男都可以分得土地,一般卿大夫以至農民也
可以分得田地。《孟子》卷五《滕文公上》記述周文王推行的土地
制度説:

卿以下必有圭田,圭田五十畝,餘夫二十五畝。

"圭田"是零星不成井形的田地。"餘夫"應與《周禮·地官·大司
徒·遂人》"餘夫亦如之"之"餘夫"相同,指一般農家户主以外
諸子。這種所謂"分田",即劃分"井田"。而天子有田千畝,名
爲"籍田",取借民力而耕之意。《詩經》卷十四《小雅·大
田》云:

　　　雨我公田,遂及我私。

"公田"即"籍田","私"即"私田",爲了湊四字句,把田字省略了。

　　《孟子》卷五《滕文公上》記載周文王行仁政,先從劃分井田開始:

　　　夫仁政,必自經界始。經界不正,井地不鈞,穀禄不平。……請野九一而助,國中什一使自賦。……方里而井,井九百畝,其中爲公田。八家皆私百畝,同養公田;公事畢,然後敢治私事。

把每一方里的土地劃作一個井田,每井九百畝,中間爲公田,其餘八百畝平分給八家爲私田,農民助耕公田。又《孟子》卷二《梁惠王下》云:

　　　昔文王之治岐也,耕者九一,仕者世禄,關市譏不徵,澤梁無禁,罪人不孥。

這也應指井田制而言。謂對農民行九分抽一的税,官吏可以世襲俸禄,對商人只稽查、不收税,漁民捕魚不加禁止,犯罪的人妻子不連坐。孟子所説周文王推行的仁政,應當即是封建制度。當時之勞動者從牛馬生活的奴隸變爲經濟上的小私有者,農業奴隸變成了農奴。由於新的生產關係的建立,勞動者的生產積極性提高了,封建主從勞動者身上榨取更多的物品的願望暫時得到滿足。因此,西周初年出現所謂成康盛世,在政治、經濟上都得到很大的發展,《詩經·周頌》正是記述這一大發展時期的詩史。

二、社會關係之變化

　　初期的封建制形成於文王之時,擴大於武王、周公之際,發展於成王、康王之世。自昭王、穆王之後開始變化。這種變化表現爲公田制的崩潰和税畝制的産生，世卿世禄制的破壞和下層人民之取得官爵。《左傳·宣公十五年》記載魯國行"初税畝"，這説明其前尚有公田。作於西周後半期的《詩經》卷十二《小雅·大東》篇説：

> 舟人之子，熊羆是裘；私人之子，百僚是試（用也）。

"舟人"指舟楫之人，即所謂"賤人"。"私人"指私家的奴隸。這兩種人都可以衣裘出仕，就説明貴族世襲之封地、爵位制度之被打破。又《小雅·角弓》篇有云：

> 民之無良（善也），相怨一方，受爵不讓，至于己斯（此也）亡。

"民"指下民，下民本來是被統治者，現在互相怨恨受爵不讓，臨到自己身上，忘了責己之不讓。他們都取得了爵位，地位發生了變化。又同詩云：

> 毋教猱升木，如塗（泥土）塗附（沾着）。

"猱"所以喻下民，謂下民之躍居上位，如猱猴爬樹，後面還有追隨的，正如泥土上又附着泥土，已經不可遏制。

社會關係發生着劇烈的變動。封建領主爲了加强統治，除了規定在本階級内部用"禮"之外，還主張對人民用"刑"。《禮記》卷一《曲禮上》云：

> 禮不下庶人，刑不上大夫。

又《周禮》卷九《秋官·司寇上》云：

> 凡命夫命婦不躬坐訟，凡王之同族有罪不即市。

又《禮記》卷十四《祭法》云：

> 庶士、庶人無廟,死曰鬼。

又《禮記》卷四《王制》云：

> 三年之喪自天子達。庶人縣封,葬不爲雨止。

他們明確劃分了貴、賤的界綫以及對其應采取的不同辦法。在《詩經》卷十六《大雅・抑》中,直接勸告周王朝對人民要用刑：

> 女(汝也)雖("惟"之借字)湛(過度逸樂)樂從,弗念厥紹(繼也)。罔(不也)敷(讀爲"博")求先王,克共("拱"之借字,執也)明刑。

又同詩云：

> 質(定也)爾人民,謹爾侯(同"兮")度(法也),用戒不虞。

在這種嚴格的階級制度下,統治階級處於特殊的地位,過着養尊處優的生活,他們有暇承受一些歷史文化,因而富於學識;被統治階級處於被奴役的地位,無條件吸收豐富的歷史文化,因而寡於學識;士大夫是統治階級的下層,他們大都受過"六藝"的教育,因而嫻於文藝。這種嚴格的階級對立和士大夫對文藝的嫻熟,便產生了《詩經》之《小雅》、《大雅》中的不少怨刺詩。

三、敬天保民思想之產生

周之經濟制度變了,生產力得到發展,統治階級認識到"民"的重要性,和商人之把"民"看作是國王之私有財產,可以任意殺戮不同,而是講究怎樣治民。同時他們對"天"的信仰也減退了,和商人之一切聽從天命鬼神不同，而是敬天命，盡人事。《尚書》保存了不少周初之文誥，表現了這種思想。如《康誥》記述周公訓示康叔說：

> 惟命(天命)不于常，汝念哉！

又《詩經》中也有許多篇章表現了同類思想，如《周頌·敬之》記述周之群臣勸誠成王說：

> 敬之(指天)敬之，天維(是也)顯(明察)思(語詞)，命不易哉(謂天命不易常保不變)！無(毋)曰高高在上(指天、上帝)，陟降厥士(指上帝使者)，日監(察也)在茲(此也)。

成王答云：

> 維予小子(成王自稱)，不聰敬(讀爲警)止(語詞)。日就(前往)月將(進也)，學有緝熙(奮發前進)于光明(謂我將奮發學習，以期至於心明眼亮)！佛(通弼，大也)時(是也)仔肩(擔任)，示我顯(明也)德行(謂請群臣示我以光明之善德)。

這是比較完整的周初人之天道觀，即既敬重天，又不依賴天，強調人的作用。其精神與《康誥》所表現的完全一致。

敬天所以保民，周初人認爲天帝是人民的宗主，他選擇敬天有德之人代他治理天下，代天保民，稱爲天子。天子爲了保持自己的地位，就得講究治民。《尚書》卷六《泰誓》記述周武王說：

> 天視自我民視，天聽自我民聽。

天因民以視聽，把人民的思想願望作爲衡量政治經濟和社會制度好壞的標準。《詩經》卷十七《大雅·板》記載周之大臣諷諫當權者說：

我言維服(用也)，勿以爲笑。先民有言，詢于芻蕘(割草打柴之人)。

謂施政應當普遍徵詢意見，包括草野之人。

又《詩經》卷十七《民勞》云：

民亦勞止(語詞)，汔(庶幾)可小康(安居)。

人民太疲勞了，應當盡可能讓他們休息。

又《詩經》卷十七《大雅·假樂》贊美周天子説：

假(借爲嘉，喜也)樂君子(指周王)，顯顯(盛明貌)令(美也)德。宜民宜人，受禄于天。

這裏的"民"，指庶民，"人"，指群臣百官。説明周天子由於保民而受天禄。

這種敬天保民思想的産生，在當時有很大意義，它顯示了人民的地位提高了。這反映在文學上是殷商時期那種濃厚的巫術色彩減少了，而記述現實社會人的生活情況極大地增加了。

第二節　西周之散文

西周之散文，今天保存者爲《周書》中之《召誥》、《洪範》、《多士》、《無逸》、《君奭》、《多方》、《立政》、《顧命》、《康王之誥》諸篇。不外乎"誥"、"誓"兩種文體。其中主要記述了武王克商和周公東征兩件大事，中心是記述周征服商的過程。除了記述這段歷史外，還反映了西周之社會關係和周人之政治觀點、思想意識。如《康誥》記載周公教訓其弟康叔如何治理商民説：

王(指周公，周公攝政，權代王)曰："嗚呼，小子封！恫瘝

（皆痛意）乃身（民人有痛苦像在你身上），敬哉（小心）！天畏（讀爲威）棐（輔也）忱（信也），民情可大見（謂天威輔忱，即民情可見）。小人難保（治也），往盡乃心（要盡心去做）。無康（安也）好逸豫（不貪圖安逸玩樂），乃其乂（治也）民（才能把人民治好）。我聞曰：'怨不在大，亦不在小，惠（馴順）不惠，懋（勉也）不懋。'已！汝惟小子，乃服（職事）惟宏王（宏王大道）。應（受也）保殷民，亦惟助王宅天命（亦即輔助我王接受天命），作新民（做周之新民）。"……王曰："嗚呼，肆（今也）汝小子封！惟命不于常，汝念哉！無我殄（絕也）享（祭祀也）。明（章也）乃服命，高乃聽（無偏聽），用康（安也）乂（治也）民。"

這段文誥是周公告誡康叔對商民要施行裕民政治，把人民的痛苦看作自己的痛苦，要代天治民，所謂"天畏棐忱，民情可大見"，即"天聰明自我民聰明，天明威自我民明威"（《皋陶謨》）之意。他勸誡康叔當成王方受天命治民之時，要輔助成王接受天命。這種思想反映出封建領主對農奴不完全的占有制。周公不但教訓康叔應如何治民，還告誡商民應如何做周之順民。在《多方》中他對商民說：

今我曷敢多誥，我惟大降命（保存生命）爾四國（指管、蔡、商、奄）民命。爾曷不忱裕（優游也）之于爾多方？爾曷不夾介（治比也）乂（通作艾）我周王享天之命？今爾尚宅爾宅，畋爾田。爾曷不惠（順也）王熙（廣也）天之命。爾乃迪（爲也）屢不靜，爾心未愛（惠也）。爾乃不大宅天命（大不服從天命），爾乃屑播（播棄也）天命，爾乃自作不典（法也），圖（謀也）忱（隱也）于正（長官也）。我惟時其教告之，我惟時其戰

（當是單字，盡也）要囚之。至于再，至于三。乃有不用我降
爾命，我乃其大罰殛（誅殺也）之。非我周秉德不康寧（秉德不
好），乃惟爾自速（召也）辜（罪也）。……嗚呼！猷（誥命發語
詞）告爾有方（即多方）多士暨殷多士。今爾奔走臣我監五祀
（臣服於我周已五載），越（及也）惟有胥（徭役也）伯（當爲
賦，聲之誤也）小大多正（通政，貢賦也），爾罔不克臬（法也）。
自作不和，爾惟和哉。爾室不睦，爾惟和哉。爾邑克明（勉
也），爾惟克勤乃事。爾尚不忌（圖謀也）於凶德（指怨
惡）。……爾乃自時洛邑，尚（借爲當）永（長久也）力畋爾田，
天惟畀（與也）矜（憐也）爾。我有周惟其大介賚（賜也）爾，迪
（進也）簡（擇也）在王庭，尚（同上，尊重）爾事，有服（事也）
在大僚（官也）。

周公告誡商民：你們受天罰，當死，我保存了你們的生命，並分給你
們住房和耕地，你們就該感恩懷德做順民，如果再反叛，就將你們
殺掉。你們勉力耕作，就會受到上天的憐憫和周王朝的賞賜，而且
還會被提拔做官。既安撫，又威脅，又利誘，目的在降服這些商之
貴族，把他們變成周之庶民。在把商之貴族變成勞動者的過程中，
透露了新的生產關係的出現，即商民被分配有自己的生產資料和
生活資料，所謂“宅爾宅，畋爾田”；而且還要爲周人服勞役，向周
人交納貢賦等，所謂“越惟有胥伯小大多正”。這說明周人並非把
商民變成奴隸，而是變成附着在土地上的農奴。這在當時就是一
種裕民政治，所以最後降服了商之頑民。

　　《周書》諸篇即記述了西周初征服商民的歷史，反映了周初之
社會關係和周人之政治思想。這類“誓”、“誥”體之文章，文字古
奧、典雅，但都是當時的語言，是那一時期的重要文章。到春秋時
期，這類文體便趨向公式化了。當時一些貴族往往脫離自己的語

言,模仿"誓"、"誥"體爲文,喪失了原來文章的生氣。如《左傳·
僖公十二年》記載周惠王對齊桓公之使者管仲説的話:

> 舅氏!余嘉乃勳!應乃懿德,謂督不忘。往踐乃職,無逆
> 朕命!

這段話完全是模仿《尚書》的文體,和當時的語言不同,而是一種
官樣文章了。

第三節　西周之詩歌《詩經》

西周之詩歌,今天保存者主要是《詩經》。《詩經》又稱三百
篇,《論語》卷一《爲政》記載孔子評《詩》云:

> 詩三百,一言以蔽之,曰:思無邪。

詩三百篇即由此得名。事實上今本《詩經》不止三百篇,而是三百
十一篇。其中《南陔》、《白華》、《華黍》、《由庚》、《崇丘》、《由儀》
六篇爲笙詩,有聲無辭,實際是三百零五篇。和其他經書之真偽難
辨不同,《詩經》的全部篇章都是真實可信的,爲我們探討這一時
期的詩歌,提供了極爲有價值的資料。

一、《詩經》分類之解釋

《詩經》在孔子以前季札觀周樂時,已經初具今天所謂《風》、
《雅》、《頌》之規模了。據《左傳·襄公二十九年》記載:

> 吳公子札來聘……請觀於周樂。使工爲之歌《周南》、
> 《召南》、《邶》、《鄘》、《衛》、《王》、《鄭》、《齊》、《豳》、《秦》、
> 《魏》、《唐》、《陳》、《鄶》、《小雅》、《大雅》、《頌》。

所謂周樂,幾乎包括今本《詩經》的全部。到春秋末期,孔子對《詩經》又加重訂。《論語》卷五《子罕》記述孔子説:

> 吾自衞反於魯,然後樂正,《雅》、《頌》各得其所。

可見春秋時期,已經有《風》、《雅》、《頌》之分類了。

那末對《風》、《雅》、《頌》怎樣解釋呢? 如何解釋《風》、《雅》、《頌》,關係到對《詩經》内容的理解,因此很有探討之必要。舊時對《風》、《雅》、《頌》的解釋,多以《毛詩序》爲本,《毛詩正義》卷一《詩序》云:

> 《風》,風也,教也;風以動之,教以化之。
>
> 《雅》者,正也,言王政之所由廢興也。政有小大,故有《小雅》焉,有《大雅》焉。
>
> 《頌》者,美盛德之形容,以其成功告於神明者也。

這是從字義方面解釋,但意思很含混,究竟這三者區別何在? 《雅》是政治,難道《頌》不是政治? 《風》中没有政治? 況且何爲大政,何爲小政,也很難分。可見這種解釋是不科學的。我們認爲王靜安的意見最爲卓識,他在《觀堂集林》卷二《説周頌》中説:

> 竊謂《風》、《雅》、《頌》之別,當於聲求之。《頌》之所以異於《風》、《雅》者,雖不可得而知,今就其著者言之,則《頌》之聲較《風》、《雅》爲緩也。何以證之? 曰:《風》、《雅》有韻,而《頌》多無韻也。凡樂詩之所以用韻者,以同部之音間時而作,足以娱人耳也。故其聲促者,韻之感人也深;其聲緩者,韻之感人也淺。韻之娱耳,其相去不能越十言或十五言,若越十五言以上,則有韻與無韻同。即令二韻相距在十言以内,若以

歌二十言之時歌此十言，則有韻亦與無韻同。然則《風》、《雅》所以有韻者，其聲促也。《頌》之所以多無韻者，其聲緩，而失韻之用，故不用韻。此一證也。其所以不分章者亦然。《風》、《雅》皆分章，且後章句法多疊前章，其所以相疊者，亦以相同之音間時而作，足以娛人耳也。若聲過緩，則雖前後相疊，聽之亦與不疊同。《頌》之所以不分章，不疊句者，當以此。此二證也。《頌》如《清廟》之篇，不過八句，不獨視《鹿鳴》、《文王》，長短迥殊，即比《關雎》、《鵲巢》，亦復簡短。此亦當由聲緩之故。此三證也。……《肆夏》一詩，不過八句，而自始奏以至樂闋，所容禮文之繁如此，則聲緩可知。此四證也。然則《頌》之所以異於《風》、《雅》者，在聲而不在容。則其美盛德之形容者，亦在聲而不在容可知。

王靜安從聲調方面解釋《風》、《雅》、《頌》，認爲“《頌》多無韻”，因爲其聲調緩慢，失韻之用。這種以“聲”來區分的方法，十分可取。不過，王靜安的意見並非首創，早在宋代已有人談過。如鄭樵《通志》卷四十九《樂略·正聲序論》説：

> 凡律其辭，則謂之詩，聲其詩，則謂之歌，作詩未有不歌者也。

又説：

> 詩在于聲，不在于義，猶今都邑有新聲，巷陌競歌之，豈爲其辭義之美哉？直爲其聲新耳。

鄭樵的意見，詩是聲重於義的，其流傳是由於“聲新”，並非由於“義美”。這種意見實際上已開王靜安以聲調區別《風》、《雅》、《頌》之端緒。王靜安在此基礎上發展、完善並形成了自己的觀點和看法。我們根據王靜安的觀點和看法,推而廣之,對《風》、《雅》、《頌》作進一步解釋。

(一)風

何謂"風"? 簡單地說,即地方的樂調,這可以從以下諸例得到說明:

其一,《詩經》卷十三《鼓鐘》云:

> 以雅以南,以籥不僭。

《毛傳》:

> 南夷之樂曰南。

那末,"南"即南方的樂調。

其二,《左傳·成公九年》云:

> 鍾儀……操南音。……范文子曰:"樂操土風。"

此"土風",即地方樂調。

其三,《呂氏春秋》卷六《音初》記載塗山氏之女歌《候人》之後云:

> 實始作爲南音,周公及召公取風焉。

"取風",指取其聲調。

其四,《詩經》卷十八《大雅·烝民》云:

> 吉甫作誦,穆如清風。

"清風",應指極清的聲調。

其五,《詩經》卷十八《大雅·崧高》云:

> 吉甫作誦,其詩孔碩,其風肆好。

"其風"之"風",也指聲調。

由此可以得出結論,"風"是一種地方樂調,"國風"是各地區的樂聲,這是確切無疑的。特別是最後兩例,以《詩》三百篇證《詩》三百篇,更是有力的證據。

那麼,爲甚麼《周南》、《召南》這兩種樂調特別爲當時人所恭維呢? 歷來人們對此説法很分歧。按:《周南》的地望北起黃河,南至汝水、漢水;《召南》的地望北起終南山,南至長江。據典籍記載,文王在滅商之前曾經營過南國,後來即世尊此地爲王化之基,認爲此地樂歌都是"文王之道,被於南國"的産物。這一方面是贊美文王對周朝開國的功績,另一方面爲了感化這裏的蠻族,就以南方的聲調制定"二南"之樂。所以恭維"二南"者,包含有利用南夷之意。《尚書·牧誓》記載,當武王伐紂時,這裏有庸、蜀、羌、髳、微、盧、彭、濮八個蠻族相從,幫助周軍攻紂,便是這種用意所達到的政治效果。

關於"鄭聲",前人每謂多淫亂之聲。其實是錯誤的。問題在對"淫聲"如何解釋。《左傳·昭公元年》云:"於是有煩手淫聲,慆堙心耳。"孔穎達《正義》云:

> 手煩不已,則雜聲並奏,記傳所謂鄭衛之聲,謂此也。《樂記》……曰:"鄭音好濫淫志,衛音趨數煩志。"是言鄭衛之聲是煩手雜聲也。

這説明鄭聲樂調比較複雜,節奏性强,異於古樂之樸質。"淫"字作"過度"解,非淫亂之意也。

關於"王風"。"風"是指諸侯國之風,也可作諸侯之代詞。若"王風",則把"王"貶爲"諸侯"。這是采詩的周太師和正樂的孔子所不敢做的,也是他們所不能做的。我們若從聲調方面解釋,就迎

刃而解了。所謂“王風”，即洛陽之地方樂調。平王避犬戎之禍，
遷都洛陽，又周公時稱洛陽爲王城，因此這裏的樂調稱“王風”。

（二）雅

何謂“雅”？據梁啓超的意見是中原正聲。他在《釋四詩名
義》（見《小説月報》十七卷號外《中國文學研究》上册）中説：

> “雅”與“夏”古字相通。《荀子·榮辱》篇：“越人安越，
> 楚人安楚，君子安雅。”《儒效》篇則云：“居楚而楚，居越而越，
> 居夏而夏。”可見“安雅”之“雅”即“夏”字。荀氏《申鑒》、左
> 氏《三都賦》皆云：“音有楚夏”，説的是音有楚音夏音之別。
> 然則《風》、《雅》之“雅”，其本字當作“夏”無疑。《説文》：
> “夏，中國之人也。”雅音即夏音，猶言中原正聲云爾。

所謂中原正聲，即西都之樂調，《左傳·襄公二十九年》所云“爲之
歌《秦》，曰：‘此之謂夏聲。’”也。

至於《小雅》、《大雅》之區別，亦當於聲調求之。特將《小雅》
與《大雅》之全部組織列表比較如下：

《小雅》：什	篇	章	句
《鹿鳴》	一〇	五五	三一五
《南有嘉魚》	一〇	四六	二七二
《鴻雁》	一〇	三二	二三〇
《節南山》	一〇	七九	五五二
《谷風》	一〇	五四	三五六
《甫田》	一〇	三九	二九六
《魚藻》	一四	六二	三〇二
總　計：	七四	三六七	二三二三

“什”是十篇之專名，凡十篇即曰“什”。惟《雅》與《周頌》有此專

名,《魯頌》、《商頌》都没有。"章"如漢魏樂府之"解",猶音樂之
一節、一段之意也。

《大雅》:什	篇	章	句
《文王》	一〇	六六	四一四
《生民》	一〇	六五	四三三
《蕩》	一一	九二	七六九
總計:	三一	二二三	一六一六

從上表的比較中,我們可以看出《小雅》、《大雅》的組織大不相同,
《小雅》共七十四篇,只有三百六十七章;《大雅》則三十一篇,就有
二百二十三章之多。又《小雅》除《節南山》十篇有七十九章之外,
其餘多不過六十章;《大雅》卻率皆六十章以上。其原因蓋由於音
樂節奏的關係。章多,説明節奏繁;章少,説明節奏簡。那麽,我們
可以説:《小雅》章少節奏簡,《大雅》章多節奏繁。

(三)頌

何謂"頌"? 鄭樵《通志》卷七十五《昆蟲草木略·序》云:

> 宗廟之音曰"頌"。

又朱熹《詩集傳》卷十九《頌》注云:

> 頌者,宗廟之樂歌。

那末"頌"是一種祭祀宗廟的樂調。頌之中《周頌》最具特點,
它不同於其他詩之體例,由數章構成一篇。它共三十一篇,每
篇只一章。這一特點,也是由樂調促成的。王靜安在其《説周
頌》中説:

> 《大射儀》(《儀禮》卷七)自奏《肆夏》以至樂闋,中間容
> 賓主(禮文)凡三十四節,《肆夏》一詩不過八句……則聲緩

可知。

《肆夏》詩僅八句，卻演奏了三十四節禮文，時間之長，説明其聲調是十分緩慢的。

這樣，我們可以得出一個總認識，即《風》是地方的樂調，《雅》是中原正聲，《頌》是宗廟樂歌。《雅》之聲樂有簡繁之分，節奏簡者爲《小雅》，節奏繁者爲《大雅》。而《頌》之聲樂則特緩耳。

二、《詩經》之時代與内容

《詩經》包括的時代，除《商頌》爲商代所作外，其他諸作則起於周朝初年，止於春秋中葉，大約五百多年。包括的地域爲周、召、王、鄭、齊、魏、唐、秦、陳、檜、曹、豳、邶、鄘、衛十五國之地，相當於今天之陝西、山西、河南、河北、山東及湖北北部一帶。其包括時代之長，地域之廣，在我國歷史上是其他詩集、文集所不能比擬的。

我們探討《詩經》之時代，自然牽涉到今古文家的問題。《詩經》自漢即分爲今文家和古文家兩派。古文則毛詩，今存；今文則齊、魯、韓三家詩，已亡。此兩派對《詩經》的時代和内容的解釋完全不同。如對《關雎》篇，古文家認爲是王季、文王時代之正風，美文王后妃之德也。今文家則認爲是康王宴起，詩人諷刺之作也。又如《鹿鳴》篇，古文家認爲是文王時之正雅，燕群臣嘉賓也，乃最好時代之詩。今文家則認爲時當幽、厲，人多困窮不得食，因作《鹿鳴》，以象飢餓求食之哀鳴，諷刺其昏君也。至宋，加之宋儒之説，對《詩經》的解釋更分歧了。爲了統一起見，我們基本上以毛説爲本。儘管《漢書》卷三十《藝文志》論及毛詩時謂“又有毛公之學，自謂子夏所傳”，其云“自謂”，令人生疑，是否真出於子夏？但仍以毛説爲準，猶有一貫之長。

鄭玄據毛説，在《詩譜序》中對《詩經》的時代作如下的叙述：

周自后稷播種百穀，黎民阻飢，茲時乃粒，自傳於此名也。陶唐之末中葉，公劉亦世修其業，以明民共財。至於大王、王季，克堪顧天。文、武之德，光熙前緒，以集大命於厥身，遂爲天下父母，使民有政有居。其時詩：風有《周南》、《召南》，雅有《鹿鳴》、《文王》之屬。及成王、周公致太平，制禮作樂，而有頌聲興焉，盛之至也。本之由此風雅而來，故皆錄之，謂之詩之正經。後王稍更陵遲，懿王始受譖亨齊哀公，夷身失禮之後，邶不尊賢。自是而下，厲也，幽也，政教尤衰，周室大壞。《十月之交》、《民勞》、《板》、《蕩》勃爾俱作，衆國紛然，刺怨相尋。五霸之末，上無天子，下無方伯，善者誰賞，惡者誰罰，紀綱絕矣！故孔子錄懿王、夷王時詩，訖於陳靈公淫亂之事，謂之變風變雅。以爲勤民恤功，昭事上帝，則受頌聲，弘福如彼；若違而弗用，則被劫殺，大禍如此。吉凶之所由，憂娛之萌漸，昭昭在斯，足作後王之鑒，於是止矣。

鄭玄從社會、政治、道德、風俗方面解釋《詩經》的時代，認爲《詩經》的内容與社會政治緊密聯繫着，不同的時代産生不同的篇章，政治的良窳決定了作品的美刺内容。從而從詩歌與政治的關係着眼，劃分了《詩經》具體篇什的寫作時代。我們也以毛説爲準，適當參照其他各家説法，結合《詩經》的内容，將其篇章分爲五個時期來論述。

（一）王季、文王、武王周室經營締構時期之詩

這一時期是周民族的發育時期，一切社會制度、政治思想等正在締構，生産關係開始改變，奴隸逐漸蜕變爲農奴，獲得半人身的自由，社會上各種現象都呈現着積極向上的精神。這反映在文學上則有所謂"正風"，即《周南》、《召南》；與所謂"正雅"，即《小雅》之前十六篇、《大雅》之前十八篇。

《大雅》之前十八篇,主要是祭祀、祝頌周先王的業績和周王燕飲群臣的詩。此類詩的重要價值在於它們反映了周部族産生、發展之歷史。如《生民》是贊揚周始祖后稷對農業的貢獻,是農業的發明者。其首章云:

> 厥初生民,時維姜嫄。生民如何? 克禋克祀,以弗無子。履帝武敏歆,攸介攸止。載震載夙,載生載育。

后稷是感天而生的聖者,這説明周部族在姜嫄時期尚處在母系氏族社會。

全詩集中寫后稷是農業的創始人,生下來即很靈異,即懂耕作,種甚麼,甚麼都長得好。如第四、五章云:

> 誕實匍匐,克岐克嶷,以就口食。蓺之荏菽,荏菽旆旆,禾役穟穟,麻麥幪幪,瓜瓞唪唪。

> 誕后稷之穡,有相之道。茀厥豐草,種之黃茂。實方實苞,實種實褎,實發實秀,實堅實好,實穎實栗,即有邰家室。

從全詩的記述看,周人以農業生産爲主,農業爲男子所主持,因而也説明周人從后稷開始從母系氏族社會進入父系氏族社會。

自后稷傳至其曾孫公劉,可能由於生産發展的需要,作了一次由邰(今陝西武功縣)至豳(今陝西旬邑縣)的大遷徙。這次遷徙在周部族的發展史上很重要,因爲從此周人開始定居下來。反映這一歷史進程的作品是《公劉》。它記述了公劉從準備起程,到觀測地形、經營宮室、分配田畝等一系列的開拓工作。其首章云:

> 篤公劉,匪居匪康。迺場迺疆,迺積迺倉。迺裹餱糧,于橐于囊。思輯用光,弓矢斯張。干戈戚揚,爰方啓行。

公劉率領周人出發,旗幟招展,干戈戚揚,其形象已經不是一個部

落首領,而儼然是一個君主了。第四章云:

> 篤公劉,于京斯依。蹌蹌濟濟,俾筵俾几。既登乃依,乃
> 造其曹。執豕于牢,酌之用匏。食之飲之,君之宗之。

他召集族人,燕飲慶賀,受族人"君之宗之"。可見他此時既爲君長,又爲族長。又第五章云:

> 篤公劉,既溥既長。既景迺岡,相其陰陽,觀其流泉。其
> 軍三單,度其隰原,徹田爲糧。度其夕陽,豳居允荒。

所謂"徹田",歷來解釋不同。《鄭箋》認爲是什一之税,不確,實際上是指治理田畝。又"其軍三單",謂分軍爲三。按:軍隊是階級社會的産物,是階級壓迫的工具。那麼公劉之世已經出現了階級,並形成了國家。《史記·周本紀》於記述公劉業績之後説:"周道之興自此始,故詩人歌樂思其德。"即説明公劉在周部族發展史上的重要地位。

由公劉傳八世至古公亶父(太王),由於戎狄之入侵,被迫作第二次大遷徙,即自豳遷至岐(今陝西岐山縣)。這次遷徙對周部族的發展作用也很大,從此周室更强盛起來,爲滅商準備了條件。記述這段歷史的詩歌是《緜》,作品描寫了古公亶父到岐山之下,劃定土地疆界,開溝築壟,進一步經營農業。如第四章云:

> 迺慰迺止,迺左迺右;迺疆迺理,迺宣迺畝。自西徂東,周
> 爰執事。

同時,他還召司空、司徒,立百官,建造宗廟、太社等,如第五、七章云:

> 乃召司空,乃召司徒,俾立室家。其繩則直,縮版以載,作
> 廟翼翼。

迺立皋門,皋門有伉;迺立應門,應門將將;迺立冢土,戎醜攸行。

這些官司的設置,宗廟、祭壇的建立,城郭居室的建築,並以邑爲單位安置歸附者等,說明古公亶父時代周人的國家機器更完善了,已經形成了一個粗具規模的國家了。《史記·周本紀》記載古公亶父對周部族的歷史作用說:"營築城郭室屋,而邑別居之。作五官有司。民皆樂歌之,頌其德。"人民頌其德之歌,應即《魯頌·閟宮》所謂"后稷之孫,實維太王,居岐之陽,實始翦商",說明古公亶父對周室的經營實始開滅商之端緒。

古公亶父有三子,即太伯、仲雍、季歷。古公亶父死,少子季歷即位,是爲王季。關於王季的事跡,《大雅》也有所反映。如《皇矣》第三章云:

帝省其山,柞棫斯拔,松柏斯兌。帝作邦作對,自大伯王季。維此王季,因心則友。則友其兄,則篤其慶。載錫之光。受祿無喪,奄有四方。

其中之"維此王季,因心則友。則友其兄,則篤其慶"四句當指王季兄太伯、仲雍讓位於王季,王季友愛其兄之事。據《史記·吳太伯世家》記載:"於是太伯、仲雍二人乃奔荆蠻,文身斷髪,示不可用,以避季歷。"此現象說明周人傳長子之繼統法當時尚未確立。"受祿無喪,奄有四方"二句說明王季行仁義而奄有天下。又《大明》第二章云:

摯仲氏任,自彼殷商,來嫁于周,曰嬪于京。乃及王季,維德之行。

此謂王季娶摯國國君任氏之女爲妻,婚成之後惟行德事。摯是商之屬國,王季能與其聯親,可見其國勢之强大。所以,《史記·周本紀》説:"公季修古公遺道,篤於行義,諸侯順之。"

王季之子文王,是西周典章制度的締造者,武王伐紂事業的奠基人。《周頌·武》云:"於皇武王,無競維烈,允文文王,克開厥後。嗣武受之,勝殷遏劉,耆定爾功。"可見周人對此有足够的認識。因此,他們對文王極盡贊美之能事,一切以文王爲法,所謂"儀刑文王,萬邦作孚"。《詩經》中有不少歌頌文王的詩歌,《大雅》中即有《文王》、《大明》、《緜》、《皇矣》、《靈臺》、《文王有聲》等。從這些詩歌的記載中可以看出,文王自即位之日起,即謀劃將周之國勢向東方擴展。如他與有莘國國君結親之事,據《大明》第四、六章記述説:

> 天監在下,有命既集。文王初載,天作之合。在洽之陽,在渭之涘。

> 有命自天,命此文王,于周于京。纘女維莘,長子維行,篤生武王。保右命爾,燮伐大商。

莘在今陝西合陽縣,於岐山之東方,文王與其結親,説明周人勢力之向東發展。這爲後來消滅商之屬國崇開了方便之路。在周人國勢向東發展的形勢下,虞(今山西平陸縣)、芮(今山西芮城縣)兩國也相繼歸服了。《緜》第九章云:

> 虞芮質厥成,文王蹶厥生。予曰有疏附,予曰有先後,予曰有奔奏,予曰有禦侮。

文王能"斷虞芮之訟"(《史記·周本紀》),感化了虞芮,虞芮服周,並願爲之效力。虞芮是東西交通的要衝,周人控制了虞芮,説明其國勢又向東邁出關鍵的一步。此年應即周脱離對商臣服關係的一年,史稱文王受命之元年。《史記·周本紀》張守節《正義》云:"二國(即虞與芮)相讓後,諸侯歸西伯者四十餘國,咸尊西伯爲王。蓋此年受命之年稱王也。"

文王受命之三年,爲了進一步向東發展,須先穩定西方,便伐密(今甘肅靈臺縣西),《皇矣》記載:

> 密人不恭,敢距大邦,侵阮徂共。王赫斯怒,爰整其旅,以按徂旅。以篤于周祜,以對于天下。

滅密之後,解除了後顧之憂,於受命之六年便伐東方大國崇(在今陝西西安灃水西)。《皇矣》又記載:

> 帝謂文王,詢爾仇方,同爾弟兄;以爾鈎援,與爾臨衝,以伐崇墉。

同年,爲了伐商的方便,便把國都由岐遷至原屬崇地的豐(在今陝西西安灃水西)。文王遷豐意義重大,使天下人都同心歸周,所謂"四方攸同",成爲西方諸侯的共主。《大雅》所反映的周國在文王之世已經極其強大,滅商的條件已經成熟了。

文王之子武王,是西周開國之君。《大雅》中着重記述其伐紂的業績。如《大明》即描寫了牧野大戰的情況,其第七、八章云:

> 殷商之旅,其會如林。矢于牧野:維予侯興,上帝臨女,無貳爾心。
>
> 牧野洋洋,檀車煌煌,駟騵彭彭。維師尚父,時維鷹揚。涼彼武王,肆伐大商,會朝清明。

牧野大戰是決定商紂滅亡的一次重要戰役,這次戰役周之所以能取勝,乃由於周代表新的生產方式和商兵在戰陣上的起義。《史記·周本紀》記載:"紂師皆倒兵以戰,以開武王。武王馳之,紂兵皆崩畔紂。"這説明商紂的殘暴統治造成奴隸制的嚴重危機,雖然紂王兵力大於武王數倍,但一觸即潰,不堪一擊。

此外,還有若干篇反映宣王中興時的史跡的詩歌,如《崧高》寫申伯,《烝民》寫仲山甫,《韓奕》寫韓侯,《江漢》寫召虎,《常武》寫南仲等。

這些篇章爲我們提供了探討西周社會歷史的重要根據,它們反映了西周開國的歷史,是西周時代的史詩。長期以來人們認爲《大雅》是廟堂文學,從而便不重視它,甚而否定它,這都是片面的、不正確的。其實就歷史價值看,它遠遠超過《國風》。這是爲歷代有識者所認識的。大詩人李白就有"《大雅》久不作,吾衰竟誰陳"(《古風》五十九首其一)之慨嘆,即表現了其對《大雅》的無限推崇。

《小雅》之前十六篇,主要是周朝國君宴享諸侯、親朋、故舊和諸侯、親朋、故舊贊美周國君之歌。同時還有些是征夫、役夫之詠。此類詩的內容似乎無多大意義,實際上也反映了當時的社會狀況。西周初年,國家制度尚處在締構時期,周君主對天下有相當強的統攝權力,諸侯都服從周君。《論語·季氏》記載孔子説:"天下有道,則禮樂征伐自天子出;天下無道,則禮樂征伐自諸侯出。"所謂"天下有道",即指西周的政治制度。當時的君臣關係比較融洽,群臣朝見國君,向國君納貢,國君宴會群臣,賞賜群臣,成爲一種習慣的典禮儀式。《小雅》第一篇《鹿鳴》即集中地反映這種情況:

> 呦呦鹿鳴,食野之苹。我有嘉賓,鼓瑟吹笙。吹笙鼓簧,承筐是將。人之好我,示我周行。
>
> 呦呦鹿鳴,食野之蒿。我有嘉賓,德音孔昭。視民不恌,君子是則是傚。我有旨酒,嘉賓式燕以敖。
>
> 呦呦鹿鳴,食野之芩。我有嘉賓,鼓瑟鼓琴。鼓瑟鼓琴,和樂且湛。我有旨酒,以燕樂嘉賓之心。

全詩三章疊詠,内容基本一致,即寫國君對群臣的贊揚,贊揚其"人之好我,示我周行"、"德音孔昭,視民不恌"等,因此以旨酒相待,並"承筐是將",即以筐盛幣帛送給他們。詩歌音調之委婉優美達到極致了。同樣内容的詩,還有《天保》、《魚麗》、《南有嘉魚》、《南山有臺》、《蓼蕭》、《湛露》、《彤弓》等。這些詩儘管内容相同,但吟詠的側重點卻各異。如《天保》、《蓼蕭》主要是對君主的祝頌,《天保》之第三、六章表現最集中:

> 天保定爾,以莫不興。如山如阜,如岡如陵。如川之方至,以莫不增。
>
> 如月之恒,如日之升,如南山之壽,不騫不崩。如松柏之茂,無不爾或承。

其中反映了西周時期產生的"敬天保民"思想,它以一系列具體的比喻把代天治民的周君推崇備至。其技巧之高,在當時是難能可貴的。又如《魚麗》主要是詠宴會上魚、酒之豐美,《南有嘉魚》除了詠魚、酒之豐美外,兼詠與群臣宴飲之情。《南山有臺》則重點詠得賢臣之樂,《湛露》詠宴飲時之歡暢,《彤弓》詠宴會中對有功之臣之賞賜等。這些都從不同角度、不同側面反映了當時的君臣關係。

此外,還有一些以吟詠君主宴請親朋、故舊和兄弟爲内容的詩篇,如《伐木》、《常棣》等。宴請親友者爲《伐木》,其第一章云:

> 伐木丁丁,鳥鳴嚶嚶。出自幽谷,遷于喬木。嚶其鳴矣,求其友聲。相彼鳥矣,猶求友聲;矧伊人矣,不求友生! 神之聽之,終和且平。

全詩三章反覆吟詠團結親友的重要性,所謂"相彼鳥矣,猶求友聲;矧伊人矣,不求友生",因此要以宴享來敦睦親友,所謂"既有肥

羜,以速諸父"、"既有肥牡,以速諸舅";所謂"籩豆有踐,兄弟無
遠。民之失德,乾餱以愆",認爲親朋、故舊只要能互相友愛,神也
會賜和平之福。宴請兄弟者爲《常棣》,其一、二、三、四章云:

> 常棣之華,鄂不韡韡。凡今之人,莫如兄弟。
> 死喪之威,兄弟孔懷。原隰裒矣,兄弟求矣。
> 脊令在原,兄弟急難。每有良朋,況也永歎。
> 兄弟鬩于牆,外御其務。每有良朋,烝也無戎。

詩歌以在死喪禍亂與和平安寧不同的環境下,妻子、朋友與兄弟對
自己的關係對比,説明"凡今之人,莫如兄弟"。

　　周朝國君與諸侯、群臣之關係和商朝國君與諸侯之關係不同,
商之"侯"、"甸"、"男"、"邦伯"一類諸侯,其多數原先是獨立國
家,被商征服後,即屬商直接管轄。周之諸侯、群臣大都是其同姓
子弟或姻戚,周國君要加强自己的統治,必須利用宗族間相親相愛
的關係。《大雅》中所記述之周君宴饗群臣、故舊等,正是發揮這
種宗族間的親親之道、宗法之義,反映了當時歷史的真實情况。這
種宗族的君臣關係,是建立在封建領主制經濟基礎之上的。其間
對群臣的讚揚爲能屏藩周室的諸侯,對國君的歌頌爲能敬天保民
的天子,這在封建社會上升期,應該説都具有一定的積極意義。

　　《小雅》之前十六篇中,還有一部分是役夫、征夫之詞,記述服
役者、出征者的思想情緒,如《四牡》、《皇皇者華》、《采薇》、《出
車》、《杕杜》等。《四牡》是寫出使官吏由於公務纏身不能回家之
悲傷。其第一、二章云:

> 四牡騑騑,周道倭遲。豈不懷歸,王事靡盬,我心傷悲。
> 四牡騑騑,嘽嘽駱馬。豈不懷歸,王事靡盬,不遑啓處。

全詩三用"豈不懷歸"、四用"王事靡盬"以表示思歸之心切和對王

事了無窮盡之怨憤。《皇皇者華》寫使者之出外查訪，"駪駪征夫，每懷靡及"，"載馳載驅，周爰咨諏"也表現了其勤於王事，無暇他顧之情。同時，這類詩也爲周初的政治情況留下了印記。

《采薇》以下三篇，據《毛詩》序説："《采薇》，遣戍役也。文王之時，西有昆夷之患，北有玁狁之難，以天子之命，命將率遣戍役以守衛中國。故歌《采薇》以遣之，《出車》以勞還，《杕杜》以勤歸也。"儘管其所論述三篇詩歌之寫作目的並不可取，但其謂三篇俱寫戍役之事，則是正確的。《采薇》是出征玁狁之士兵於歸途中所賦。其第一章云：

> 采薇采薇，薇亦作止。曰歸曰歸，歲亦莫止。靡室靡家，玁狁之故。不遑啓居，玁狁之故。

作者疾呼"靡室靡家，玁狁之故"，説明其所怨恨者爲玁狁，而非周天子。此爲全詩之基調，整個詩篇即貫穿着這一基調。如"我戍未定，靡使歸聘"、"豈敢定居，一月三捷"等，怨憤所向，皆在玁狁。又第五章云：

> 駕彼四牡，四牡騤騤。君子所依，小人所腓。四牡翼翼，象弭魚服。豈不日戒，玁狁孔棘。

進一步抒發了對玁狁之怨恨。由於玁狁之未被制服，自己竟無一日不戒備着。末章抒寫自己歸來的悲哀：

> 昔我往矣，楊柳依依；今我來思，雨雪霏霏。行道遲遲，載渴載飢。我心傷悲，莫知我哀。

此章以物態慰人情，表現了自己的孤獨、寂寞和不被人理解之情，成爲人們千古傳誦的佳句。《出車》是士兵凱旋歸來所賦，是寫南仲伐玁狁之事，其第三、五章云：

　　王命南仲，往城于方。出車彭彭，旂旐央央。天子命我，
城彼朔方。赫赫南仲，玁狁于襄。

　　喓喓草蟲，趯趯阜螽。未見君子，憂心忡忡。既見君子，
我心則降。赫赫南仲，薄伐西戎。

詩中既説伐玁狁，又説伐西戎，然則此次出征是平兩寇了？王靜安
在《觀堂集林》卷十三《鬼方昆夷玁狁考》中舉此詩爲例説：“西戎
即玁狁，互言之以諧韻，與《孟子》之昆夷獯鬻錯舉以成文，無異
也。《不娶敦》以玁狁與戎錯舉，正與《出車》詩同。”其所見極是。
西戎既即爲玁狁，可見《出車》與《采薇》所咏爲同一史實，應是同
時所作。此詩主要是贊揚南仲平玁狁之功，同時也流露出士兵征
戍之悲：“王事多難，不遑啓居。”“豈不懷歸，畏此簡書。”戰爭勝利
了，難道不給人們造成家庭離散之苦？《杕杜》是戍役未歸的士兵
所賦，正面地抒寫與父母妻子離散之情，寫士兵對父母妻子之思
念。其第一章云：

　　有杕之杜，有睆其實。王事靡盬，繼嗣我日。日月陽止，
女心傷止，征夫遑止。

又説：“王事靡盬，憂我父母。”最後寄希望於未來：“會言近止，征
夫邇止。”相會之期不遠了，征人很快就會回家。以美滿的願望作
結，並以這種美滿的願望反襯現實之不美滿。

　　這些役夫、征夫之詞，雖然表現了他們對自己的處境之不滿，
但還是勤於王事、忠心盡職的。這説明當時的社會矛盾並不尖鋭。
從這些役夫、征夫之詞中，還可以瞭解，周初平定四夷、調查民情，
是當時重要的政治、軍事措施。這便是此類詩文之重要價值。

　　《周南》、《召南》之寫作時代，據《毛詩》序説，此二十五篇皆文
王時所作。《齊詩》遺説之可考者，幾乎與《毛詩》全同。此二十五

篇中多數是寫男女之戀愛、婚姻和夫妻離別相思之情等。這種戀愛、婚姻等問題，更能反映一個時代之習俗和社會狀況。關於描寫男女間愛慕之情的作品，如《關雎》、《漢廣》是寫男子對女子的追求。《關雎》云：

> 關關雎鳩，在河之洲。窈窕淑女，君子好逑。
> 參差荇菜，左右流之。窈窕淑女，寤寐求之。
> 求之不得，寤寐思服。悠哉悠哉，輾轉反側。
> 參差荇菜，左右采之。窈窕淑女，琴瑟友之。
> 參差荇菜，左右芼之。窈窕淑女，鐘鼓樂之。

詩中之“君子”，在封建社會初期君主政體下，是對各級君主子弟之通稱。可見他是貴族。那末，此詩是寫一個貴族青年對一個采集荇菜女子之追求。詩之中心在表現他“求之不得”的心情，而“悠哉悠哉，輾轉反側”最能見其“求之不得”之精神。詩之末兩章，是想象若能求得，便當“琴瑟友之”，“鐘鼓樂之”，反映了當時貴族婚嫁之習俗。與此詩內容相似者爲《漢廣》，詩云：

> 南有喬木，不可休思。漢有游女，不可求思。漢之廣矣，不可泳思。江之永矣，不可方思。
> 翹翹錯薪，言刈其楚。之子于歸，言秣其馬。漢之廣矣，不可泳思。江之永矣，不可方思。
> 翹翹錯薪，言刈其蔞。之子于歸，言秣其駒。漢之廣矣，不可泳思。江之永矣，不可方思。

對其中之“游女”，朱熹《詩集傳》解釋説：“江漢之俗，其女好游，漢魏以後猶然，如大堤之曲可見也。”“大堤曲”出自《襄陽樂》，爲樂府名。可見此詩反映了江漢流域青年男女之游樂生活，寫一個男子對女子的追求，其中心仍在表現“不可求思”。詩中寫男子對女子反復作了殷勤、誠摯的承諾："之子于歸,言秣其馬。""之子于歸,言秣其駒。"但如漢水之廣,不可游泳而過,長江之長,不可乘舟而過一樣,仍然是不可求的,流露了無限的惆悵和悲哀。

此外,《摽有梅》和《野有死麕》是寫女子對男子的追求。如《摽有梅》云:

> 摽有梅,其實七兮。求我庶士,迨其吉兮。
> 摽有梅,其實三兮。求我庶士,迨其今兮。
> 摽有梅,頃筐塈之。求我庶士,迨其謂之。

其中之"士",據《荀子》卷三《非相篇》云:"處女莫不願得以為士。"楊倞注:"士者,未娶妻之稱。《易》曰:'老婦得其士夫。'"然則此詩是寫一個女子見梅子隕落聯想到青春易逝,因此希望男子及時來求婚。又《野有死麕》云:

> 野有死麕,白茅包之。有女懷春,吉士誘之。
> 林有樸樕,野有死鹿。白茅純束,有女如玉。
> 舒而脱脱兮,無感我帨兮,無使尨也吠。

此寫一個女子為獵人所引誘,愛上了獵人,並約請他在家中相會。這兩首詩在感情上與上兩首之宛轉、曲折不同,而是坦率、熱烈、奔放,保持着民歌的風格。

關於描寫婚姻問題的作品,如《葛覃》、《樛木》、《桃夭》、《鵲巢》、《行露》、《何彼襛矣》等。《桃夭》云:

> 桃之夭夭,灼灼其華。之子于歸,宜其室家。
> 桃之夭夭,有蕡其實。之子于歸,宜其家室。
> 桃之夭夭,其葉蓁蓁。之子于歸,宜其家人。

這是爲女子出嫁時所唱之歌,祝願她出嫁後要善於處理家室、家人的關係。這種和睦家庭的思想,反映了周初以"家庭"爲社會單位之出現。同樣,在《葛覃》中寫一個女子回娘家要告訴師傅並徵得公婆、丈夫的同意,也反映了這種"家庭"觀念。其末章云:

> 言告師氏,言告言歸。薄污我私,薄澣我衣。害澣害否,歸寧父母。

這是對一個已婚女子"宜其室家"的具體描述,其中包含着明顯的倫理觀念。因爲出現了包含着倫理觀念的社會單位"家庭",所以人們對强迫婚姻、掠奪婚姻便堅決反對,《行露》即寫一個女子拒絕那已有妻室的男子要脅她成婚的行爲:

> 厭浥行露,豈不夙夜?謂行多露!
>
> 誰謂雀無角,何以穿我屋?誰謂女無家,何以速我獄?雖速我獄,室家不足!
>
> 誰謂鼠無牙,何以穿我墉?誰謂女無家,何以速我訟?雖速我訟,亦不女從!

詩中女主人公之反抗行動,反映了她堅持一夫一妻制的婚姻要求。西周之政治制度是分封制,受封者在其封地裏建立宗族,以宗族爲其社會活動單位,反之,下層人民無封地,因而亦無宗族,是以家庭爲單位被役使。這裏既反復提及"室家"、"家人"等,説明此類詩産生於下層人民。此外,《樛木》是對一個貴族男子新婚之祝賀:"樂只君子,福履綏之。"《鵲巢》是對一個貴族女子出嫁之祝賀:"之子于歸,百兩御之。"《何彼穠矣》是歌詠王姬結婚時車服之侈麗:"何彼穠矣,唐棣之華。曷不肅雝,王姬之車。"都反映了貴族婚嫁的禮俗。

關於描寫夫妻離別相思之詩歌,如《卷耳》、《汝墳》、《草蟲》、

《殷其雷》、《江有汜》等。其中以婦女思念丈夫者爲最多。《汝墳》云：

> 遵彼汝墳，伐其條枚。未見君子，惄如調飢。
> 遵彼汝墳，伐其條肄。既見君子，不我遐棄。
> 魴魚赬尾，王室如燬。雖則如燬，父母孔邇。

此即思婦懷念遠役丈夫者。"王室"，《三家詩》皆説指紂王之統治機構。"王室如燬"指紂王的統治如火燒之暴虐。"雖則如燬，父母孔邇"意謂雖然紂王之統治極端暴虐，但因父母貧困，也就不得不遠出應差了。《后漢書》卷六十九《周磐傳》云："（磐）居貧，養母儉薄不充，嘗誦《詩》至《汝墳》之卒章，慨然而嘆，乃解韋帶就孝廉之舉。"周磐也作同樣的理解。歷代同此解釋，應當是正確的。那麼此詩是寫一個女子未見到她丈夫時是"惄如調飢"，想象見到之後是"不我遐棄"，最後説明她丈夫之離家遠去是迫不得已。與此詩相同，寫未見時之憂傷和既見後之喜悦者，如《草蟲》，其第一章云：

> 喓喓草蟲，趯趯阜螽。未見君子，憂心忡忡。亦既見止，亦既覯止，我心則降。

全詩三章，一唱三嘆，把離別之情發揮得淋漓盡致。又《殷其雷》單寫未見時之思念，其第一章云：

> 殷其雷，在南山之陽。何斯違斯，莫敢或遑。振振君子，歸哉歸哉！

三章疊言"歸哉歸哉"，表現了她思念之殷、盼望之切。《江有汜》寫一個棄婦之哀怨。她對丈夫喜新厭舊的行爲不滿，幻想他能回心轉意，所謂"不我以，其後也悔"等。而《卷耳》則是寫一個男子對妻子之懷念：

> 采采卷耳，不盈頃筐。嗟我懷人，寘彼周行。
>
> 陟彼崔嵬，我馬虺隤。我姑酌彼金罍，維以不永懷。
>
> 陟彼高岡，我馬玄黃。我姑酌彼兕觥，維以不永傷。
>
> 陟彼砠矣，我馬瘏矣，我僕痡矣，云何吁矣。

詩之作者應是在外服役的小官吏，他登山歷險，馬疲僕病，思念妻子，雖然以酒澆愁，但是"云何吁矣"，終不能擺脫憂傷，正見其憂傷之深。

此類寫夫妻離散之詩，不僅反映了他們的相思之情，更重要的是反映了當時力役、徭役給人們帶來的哀傷，反映了當時以"家庭"爲單位的下層人民被役使的情況。

《周南》、《召南》在《詩經》中占有特殊之地位，爲歷代人們所推崇。孔子在《論語》卷二《八佾》中説："《關雎》，樂而不淫，哀而不傷。"又在同書卷四《泰伯》中説："師摯之始，《關雎》之亂，洋洋乎盈耳哉！"此皆以《關雎》代表二《南》。對二《南》可謂推崇備至。孔子又曾對伯魚説："女爲《周南》、《召南》矣乎？人而不爲《周南》、《召南》，其猶正牆面而立也與！"（《論語》卷九《陽貨》）朱熹《論語集注》云："言即其至近之地，而一物無所見，一步不可行。"這種評價未免有過譽之嫌，然而二《南》之重要性和特殊成就確被他道着了。

（二）成王、康王極盛時期之詩

成、康兩世是周朝社會發展之最高階段，此時之封建制度不止在上升，而且已經鞏固，一切國家機構、社會秩序都臻於完善，封建階級的政權趨於穩定。《史記》卷四《周本紀》云："故成康之際，天下安寧，刑錯四十餘年不用。"民不犯法，不必用刑，階級矛盾比較緩和，出現了周初的"太平盛世"，因而"頌聲大作"。這正是新的經濟制度作用的結果。爲這一時代唱頌歌並反映這一時代社會面貌者是《周頌》和《豳風》。

《周頌》三十一篇都是宗廟祭祀之樂歌，它與《風》、《雅》之清唱不同，而是伴之以舞蹈。其中以《大武樂章》之六篇和《臣工》、《噫嘻》、《載芟》、《良耜》諸篇爲最有價值。而《大武樂章》之寫作年代最早。

《大武樂章》乃寫武王伐紂、經營南國以及周、召二公分陝而治之事。武王伐紂是決定商、周之際歷史轉變的關鍵事件，對社會發展起過進步作用，其經營南國和周、召二公分陝而治則是周初開國的兩件大事，關係周之基業者至爲重要。《大武樂章》具體地記述了這些事件，因而有其重要意義。

關於《大武樂章》所包括的篇目、次第和內容，歷代學者們的意見很分歧。他們主要的根據是《毛詩序》、《禮記·樂記》和《左傳·宣公十二年》中關於《武》舞歌的記載，而得出不同的結論。《禮記·樂記》關於《武》舞的記載和《左傳·宣公十二年》關於《武》歌的記載，是今天保存之《大武樂章》最重要、最珍貴的資料。《禮記》卷十一《樂記》記述孔子對賓牟賈談《武》舞說：

> 夫樂者，象成者也（表現成功之事）：總干（持盾）而山立（正立），武王之事也；發揚蹈厲，太公之志也；《武》亂（樂舞之尾聲）皆坐（跪下），周、召之治也。且夫《武》始而北出，再成而滅商，三成而南，四成而南國是疆，五成而分周公左召公右，六成復綴（舞者原來位置），以崇天子。

"成"即奏，每奏《武》曲一遍爲一成。此"六成"即《武》舞之六遍。那麼，其詩亦當爲六篇。據《左傳·宣公十二年》記述楚莊王談

《武》歌説：

> 楚子曰："……武王克商，作《頌》曰：'……載戢干戈，載
> 櫜弓矢。我求懿德，肆于時夏，允王保之。'又作《武》，其卒章
> 曰：'耆定爾功。'其三曰：'鋪時繹思，我徂維求定。'其六曰：
> '綏萬邦，屢豐年。'夫《武》，禁暴、戢兵、保大、定功、安民、和
> 衆、豐財者也。故使子孫無忘其章。"

其所引之《武》詩，"耆定爾功"屬《武》篇，"鋪時繹思，我徂維求
定"屬《賚》篇，"綏萬邦，屢豐年"屬《桓》篇。《毛詩序》於《酌》云：
"告成《大武》也。"可見《酌》亦《武》之一篇。那末其餘兩篇是甚
麼？其六篇之次第又如何呢？歷代論述這些問題的學者及文章，
有魏源《詩古微》卷十七《詩序集義》、龔橙《詩本誼》、王靜安《觀
堂集林》卷二《周大武樂章考》、高亨《文史述林·周代大武樂考
釋》、孫作雲《詩經與周代社會研究·周初大武樂章考實》。我們
綜合以上諸家的説法，認爲其餘兩篇爲《昊天有成命》和《般》，其
次第是《昊天有成命》、《武》、《賚》、《般》、《酌》、《桓》。現在依次
論述之。

《昊天有成命》據王靜安的考證，《禮記·樂記》關於《大武》有
《宿夜》一篇的記載，認爲《宿夜》即《夙夜》，此詩中應有"夙夜"二
字，《周頌》中有"夙夜"二字者四篇，他確認《昊天有成命》即
《武·宿夜》。按：《昊天有成命》《毛詩序》説："郊祀天地也。"不確，
實際上是歌詠文王、武王盡心於國，並終於安定國家之事。詩云：

> 昊天有成命，二后受之。成王不敢康，夙夜基命宥密。於
> 緝熙，單厥心，肆其靖之。

"二后受之"，指文王、武王之受天命。此與《毛公鼎》所云"丕顯文
武，皇天私厭厥德，配我有周，膺受大命"（見郭沫若《兩周金文辭大系

圖錄考釋》第七册,頁 134—139)完全一致。至於"成王",並非周君成王,《鄭箋》云"成此王功",可謂確解。按文王晚年脱離商朝獨立稱王之後,便作伐商的準備。據《史記》卷四《周本紀》記載:"明年,伐犬戎。明年,伐密須。明年,敗耆國。……明年,伐邘。明年,伐崇侯虎。而作豐邑,自岐下而徙都豐。"形成了對殷紂的進逼形勢。可見伐紂之事,實始自文王,武王繼承了文王的遺志,完成了伐紂的事業。此詩歌咏文、武之德,皆就伐紂而言。於舞,則是"始而北出"。

《武》據《左傳·宣公十二年》引楚莊王的話説"耆定爾功"是《武》之"卒章",似有誤。高亨先生在其《周代大武樂考釋》(見《文史述林》)中認爲"卒"爲"次"字古文之形誤,是可取的。詩云:

> 於皇武王,無競維烈。允文文王,克開厥後。嗣武受之,勝殷遏劉,耆定爾功。

據《左傳·宣公十二年》、《荀子·儒效》、《吕氏春秋·古樂》記載,此詩是武王伐紂之後所作,是極可信的。詩中雖有"於皇武王"之句,並不能説它出於後人之手,據王静安、郭沫若的考證,周代尚無謚法,文、武、成、康都是生時稱號。"耆定爾功",謂"勝殷遏劉",完成文王未竟之功。此詩集中歌頌武王伐紂的業績。《大雅·大明》寫牧野大戰的場面:"牧野洋洋,檀車煌煌,駟騵彭彭。維師尚父,時維鷹揚。"可與此詩相印證。於舞爲"再成而滅商"。

《賚》據《左傳·宣公十二年》記楚莊王引《武》詩説"鋪時繹思,我徂維求定"是《武》之第三章,是極可信的。此詩是寫武王征伐南國之事。詩云:

> 文王既勤止,我應受之。敷時繹思,我徂維求定。時周之命,於繹思。

意謂文王勤勞經營的事業，武王承受之並推廣發揚。"我徂維求定"，《鄭箋》："今我往以此求定，謂安天下也。"是説武王去征伐南國，爲了中國的統一，天下安定。所謂南國，指在紂都之南，未服周的諸侯，皆在今天河南省境内。周據有南國，可以鞏固南部邊境，以震懾東方，關係周朝基業之發展甚大，因此亟攻取之。"時周之命，於繹思"謂周之受天命，永無止境。於舞爲"三成而南"。

《般》之命名，與《酌》、《桓》、《賚》相同，都以一字名篇。《鄭箋》云："般，樂也。"是寫武王征服了南國並經營南國的喜悦，所謂"四成而南國是疆"。詩云：

> 於皇時周，陟其高山，嶞山喬嶽，允猶翕河。敷天之下，裒
> 時之對，時周之命。

極寫周朝山川之美和幅員之遼闊。登上高山一望，見小山大山都匯合於黄河。"敷天之下，裒時之對，時周之命"謂天下都來朝周，以對揚我周朝之受天命。此即《小雅·北山》所謂"敷天之下，莫非王土；率土之濱，莫非王臣"之意也。很明顯是寫征服了南國之後，天下一統的景象。按經營南國之事，應指伐紂後，改封周公於魯，其初在今河南魯山；封姜尚於吕，即今河南南陽；改封召公於南邼，即今河南郾城。因爲是武王的事績，所以《大武樂章》爲之歌舞。

《酌》之爲題與其表現的内容不符。詩中無"酌"字，亦無"酌"意。《毛詩序》云："能酌先祖之道。"不確。按："酌"之本字爲"灼"，當爲"灼"字之誤。"灼"即"於鑠王師"之"鑠"，皆火意。果然如此，則與詩中所寫武王伐紂的内容是一致的。詩云：

> 於鑠王師，遵養時晦。時純熙矣，是用大介。我龍受之，蹻蹻王之造。載用有嗣，實維爾公允師。

意謂武王伐紂，是相機而動，即"時純熙矣，是用大介"。按：《史記》卷四《周本紀》記載：武王即位之第九年，會於盟津的八百諸侯皆曰："'紂可伐矣'。武王曰：'女未知天命，未可也。'……居二年，聞紂昏亂暴虐滋甚，殺王子比干，囚箕子。太師疵、少師彊抱其樂器而奔周。於是武王徧告諸侯曰：'殷有重罪，不可以不畢伐。'乃遵文王，遂率戎車三百乘，虎賁三千人，甲士四萬五千人，以東伐紂。"與此詩所寫若合符節。"載用有嗣，實維爾公允師"，高亨先生解釋爲："任用將帥，統兵人是你們二公。"認爲"嗣"，讀爲司，有司即文武官吏；"爾公"，指周公、召公；"允"，當作"充"，形近而誤，充借爲統，統師，謂統帥王師。意思是當時伐紂的總指揮是呂望，而士兵分兩隊，分別由周公、召公統領。周公、召公因有戰功，又是武王的親族，便令其分陝而治。《大武舞》"五成而分周公左召公右"，正表現這個意思。

《桓》據《左傳・宣公十二年》記楚莊王引《武》詩說"綏萬邦，婁豐年"，是《武》之第六章。是歌詠武王誅滅殷紂平定南國班師回朝的太平景象。詩云：

> 綏萬邦，婁豐年。天命匪解。桓桓武王，保有厥士。于以四方，克定厥家。於昭于天，皇以間之。

"綏萬邦，婁豐年"謂武王滅商，平定天下，國泰年豐。《左傳・僖公十九年》記載寧莊子說："昔周饑，克殷而年豐。"有助於理解這兩句詩的含義。武王已經奄有四方，安定國家，受天命，君臨天下，這正是統一了全國的景象。"六成復綴，以崇天子"，歌舞結束，表示對周天子的崇敬。這是《大武樂章》之政治意義。

這六首詩歌把周初開國的歷史輪廓描繪出來，前後呼應，語意一貫，皆以文武受命爲脈絡，以武王伐紂爲中心，構成一組完整的歌舞。這是古代流傳至今的最完備的樂舞,儘管其詞語比較板滯,又缺乏韻律,但它具有着研究古代歷史、文學、藝術的重要價值。

《大武樂章》之外,《周頌》中最佳之作當推《臣工》、《噫嘻》、《載芟》、《良耜》等。這些作品不僅文學價值較高,而且反映了當時社會農奴的生活狀況。《臣工》、《噫嘻》都是周成王耕種籍田,舉行典禮時,樂工們所唱的樂歌。所謂籍田,即借民力而耕之意,亦即公田。周天子每年春天率領百官群臣去耕籍田,每人扶犁推幾下,謂之行籍田禮,以表示對農業的重視。《臣工》云:

> 嗟嗟臣工,敬爾在公。王釐爾成,來咨來茹。嗟嗟保介,維莫之春。亦又何求?如何新畬。於皇來牟,將受厥明。明昭上帝,迄用康年。命我眾人,庤乃錢鎛,奄觀銍艾。

意謂成王告誡農官,要盡心於公田,對國王賜給的耕作法,要考慮鑽研,要認真對待熟田。麥籽圓潤,即將發芽。上天一直賜給我們豐收年,吩咐農夫準備好鏟子、鋤頭,不久要看他們收割了。又《噫嘻》云:

> 噫嘻成王,既昭假爾。率時農夫,播厥百穀。駿發爾私,終三十里。亦服爾耕,十千維耦。

意謂成王告誡農官,率領農夫播種百穀,迅速開發私田,直到三十里的盡頭,也從事農官田地的生產,上萬人齊耕作。案周天子於始耕時舉行籍田典禮之事,西周銅器《令鼎銘》記載說:"王大耤農于諆田……王歸自諆田,王馭,溓仲僕……"(見郭沫若《兩周金文辭大系圖錄考釋》第六冊,頁30)"諆田",即籍田。意謂周天子去耕諆田,回來時自己駕着車。又《國語》卷一《周語》上記載:"宣王即位,不藉千畝。虢文公諫曰:'不可……王耕一墢(即發),班三之,庶人終於千畝……耰穫亦如之……'"虢文公所講的即籍田禮。又《禮記》卷五《月令》云："孟春之月……天子乃以元日祈穀于上帝,乃擇元辰,天子親載末耜,措之于参保介之御間,帥三公九卿諸侯大夫躬耕帝藉,天子三推,三公五推,卿諸侯九推。"這些有關行籍田禮的記載,與這兩首詩所寫完全符合。天子既有籍田,則農夫必有私田。《臣工》之"敬爾在公",《噫嘻》之"駿發爾私",即指公田與私田。《臣工》、《噫嘻》中之"衆人"、"農夫",即《周語》中之"庶人"。其"臣工",即《月令》中之"三公九卿諸侯大夫"。其"保介",即農官,乃督耕之人。其"終三十里",與《周語》中"庶人終於千畝"之意同。這兩首詩真實地反映出周初的公田、私田制度,反映出當時農夫的勞動、生活狀況。當時農夫是在農官監督下勞動的,並自備農具,有錢、鎛、銍等,而且勞動規模很大,爲"十千維耦"、"千耦其耘"。從詩中的表現看,其時周天子不僅重視公田,同時鼓勵開發私田。他指定三十里荒地,讓農夫去開闢作爲私田。周初公田、私田並存和先"公"後"私"的生產關係與生產力發展的水平是相適應的,因此一定程度上能刺激農夫的勞動積極性,使農業屢獲豐收。《豐年》篇即説:

> 豐年多黍多稌,亦有高廩,萬億及秭。

這種關於周初農業豐收的描寫,《詩經》中屢見不鮮。這説明當時新的生產方式促進了農業經濟的發展。

《載芟》、《良耜》是兩篇祭祀社(土神)稷(穀神)之樂歌。前者歌於春耕籍田之時,後者詠於秋收祭祀宗廟之際。這兩首詩同樣反映了當時農業生產和農奴生活的狀況。如《載芟》云:

> 載芟載柞,其耕澤澤。千耦其耘,徂隰徂畛。侯主侯伯,侯亞侯旅,侯彊侯以。有嗿其饁,思媚其婦,有依其士。……

周天子的公田裏有數千人勞動,他們都是來服役的農民。農民每家出一人，其中有主（家長）、伯（長子）、亞（次子）、旅（衆，指晚輩）、彊（强壯有餘力助耕之人）、以（傭傭的勞動力）等。而且有美妻幼子擔囊送飯。他們各有其身份，並自供飲食。這說明當時的農民有自己的經濟。又《良耜》爲同一意旨與作法：

> 畟畟良耜，俶載南畝。播厥百穀，實函斯活。或來瞻女，載筐及筥，其饟伊黍。其笠伊糾，其鎛斯趙，以薅荼蓼，荼蓼朽止，黍稷茂止。……

也是描寫農奴在公田裏勞動的情況。他們用的是新的生產工具耜、鎛。耜，即犁鏵。《載芟》云：“有略其耜。”《豳風·七月》又云：“三之日于耜。”鎛，即鋤。《臣工》云：“庤乃錢、鎛。”可見這兩種新工具在當時已被普遍使用。同時，農民已經懂得使用綠肥，所謂“荼蓼朽止，黍稷茂止”。農民在南畝翻土地，施用綠肥，並運用新農具進行耕作，說明當時生產力發展的水平。

西周初年，封建主滅商建立武功之後，願意偃武修文，《時邁》所謂“載戢干戈，載櫜弓矢”。農民經過一段戰亂，願意從事生產，《噫嘻》所謂“亦服爾耕，十千維耦”，從而成康之世在政治、經濟等方面，都取得了很大進步，《周頌》正是反映這種進步的可信詩史。

《豳風》七篇是國風中比較早的詩歌。由於豳地是周祖先所居，因此其詩多反映周部族的農業生活。《漢書》卷二十八下《地理志》云：“昔后稷封斄，公劉處豳，大王徙邠，文王作酆，武王治鎬，其民有先王遺風，好稼穡，務本業，故《豳詩》言農桑衣食之本甚備。”正道出《豳風》的特點。而《七月》最能體現這一特點。《七月》篇應是周初人追述周先公居豳從事農業生產之作。全詩共八章，其一、二、七章云：

> 七月流火，九月授衣。一之日觱發，二之日栗烈。無衣無

褐，何以卒歲？三之日于耜，四之日舉趾。同我婦子，饁彼南
畝，田畯至喜。

　七月流火，九月授衣。春日載陽，有鳴倉庚。女執懿筐，
遵彼微行，爰求柔桑。春日遲遲，采蘩祁祁。女心傷悲，殆及
公子同歸。

　九月築場圃，十月納禾稼，黍稷重穋，禾麻菽麥。嗟我農
夫！我稼既同，上入執宮功：晝爾于茅，宵爾索綯，亟其乘屋，
其始播百穀。

通篇詩歌描寫農民一年間的艱苦勞動生活，他們種田、養蠶、紡織、
染繒、釀酒、打獵、鑿冰等，冬天農事完了，還要爲封建主修築宮室。
而其勞動成果卻要大部歸封建主所有，所謂“爲公子裳”、“爲公子
裘”、“獻豜于公”、“以介眉壽”等等。自己則無衣無褐、吃苦菜、燒
惡木、住陋室，嚴冬降臨，還要填地洞、熏耗子、塞窗隙、塗門縫，以
禦寒風，苦度新年，而且人格得不到保障，隨時有被搶掠的危險。
這些描寫可與《周語》的記載相闡發，《國語》卷二《周語》中云：
“故先王之教曰：‘雨畢而除道，水涸而成梁，草木節解而備藏，陰
霜而冬裘具，清風至而修城郭宮室。故夏令（韋昭注：夏后氏之令，
周所因也。）曰：九月除道，十月成梁。其時儆曰：收而（爾）場功
（場圃上脫粒風糠之事），偫而（爾）畚梮（抬土工具），營室（星名）
之中（謂昏時正中，即十月），土功其始。’”正與《七月》所寫相同。
詩中的農夫處於被壓迫、被役使、被掠奪的地位，但他們有自己的
居室和家庭，他們的身份應當是農奴而不是奴隸。全詩以十二月
爲序，從周正一月（夏曆十一月）至周正十二月（夏曆十月），依照
時令把風俗景物與農奴生活結合起來，寫得生動而逼真。這篇詩
歌全面、真實、深刻地反映了周先民的農奴生活，這在我國文學史
上是僅見的，是第一流的作品。

此外,《豳風》中還有描寫周公東征的詩歌,如《破斧》、《東山》。武王誅滅了殷紂,但並未完全征服殷之貴族,因此便封紂子武庚爲諸侯去轄治他們,又令自己的兄弟管叔、蔡叔、霍叔分領殷土之一部分,以監視武庚。武王死後,成王年幼,由周公攝政。武庚便聯合管、蔡和東方屬國奄、蒲姑及徐夷、淮夷等部族反周。周公率兵東征,殺武庚、管叔,放蔡叔,滅熊、盈等十七國,歷經三年,終於平定了叛亂。《破斧》是參加東征的士兵所唱,其第一章云:

> 既破我斧,又缺我斨。周公東征,四國是皇。哀我人斯,亦孔之將。

全詩三章疊詠,反復唱嘆戰爭之激烈,以至於將斧、斨、錡、銶都斫壞了。自己身經百戰,九死一生,此身還在,足爲慶幸。

《東山》篇,據《毛詩》序云:"周公東征也。"也是寫周公東征之作。玩詩意是出征士兵在歸途中所唱。全詩四章,其二、三、四章云:

> 我徂東山,慆慆不歸。我來自東,零雨其濛。果臝之實,亦施于宇。伊威在室,蠨蛸在户。町疃鹿場,熠燿宵行。不可畏也,伊可懷也!
>
> 我徂東山,慆慆不歸。我來自東,零雨其濛。鸛鳴于垤,婦歎于室。灑掃穹窒,我征聿至。有敦瓜苦,烝在栗薪。自我不見,于今三年!
>
> 我徂東山,慆慆不歸。我來自東,零雨其濛。倉庚于飛,熠燿其羽。之子于歸,皇駁其馬。親結其縭,九十其儀。其新孔嘉,其舊如之何?

詩歌是抒寫士兵在歸途中想象其久別後家鄉的景況和回家後的心情。三年後的庭院可能已經荒蕪了,土鼈、蜘蛛滿屋盤旋,麋鹿游蕩,螢火蟲閃爍飛動。但是,這些現象"不可畏也,伊可懷也",懷念家鄉的心情勝於一切。抬頭看到掛在栗薪上的苦瓜,感到分外親切,不禁感嘆:"自我不見,于今三年!"他想象當年和妻子新婚時繁禮縟節的情景,而今天呢?"其新孔嘉,其舊如之何",感到新婚不如重會。此詩不僅反映了出征士兵遠離家鄉的悲傷,更重要的反映了其重返家園的歡欣和喜悦。

《豳風》中還有一篇體裁別致的詩歌《鴟鴞》。這是一篇禽言詩,通過一隻大鳥的口吻訴說自己的幼雛被鴟鴞抓走之後,爲了防禦外侮,保護其他幼雛,不辭辛勞地修築巢窩之事。全詩共四章,其一、二、三章云:

> 鴟鴞鴟鴞! 既取我子,無毀我室。恩斯勤斯,鬻子之閔斯!
>
> 迨天之未陰雨,徹彼桑土,綢繆牖户。今女下民,或敢侮予!
>
> 予手拮据,予所捋荼,予所蓄租,予口卒瘏,曰予未有室家!

禽鳥盡情傾訴着自己育子築巢的勞瘁和對危險處境的擔憂。這是一首以寫鳥爲寄託的詩歌,其所寄託者是甚麼? 據《尚書》卷八《金滕》記載:"武王既喪,管叔及其群弟乃流言於國曰:'公(周公)將不利於孺子(指成王)。'周公乃告二公(召公奭、太公望)曰:'我之弗辟(避),我無以告我先王。'周公居東二年,則罪人斯得。于後,公乃爲詩以貽王,名之曰《鴟鴞》。"根據這條記載,則此詩乃周公所作。周公以大鳥自喻,以"鴟鴞"喻殷之武庚,以"既取我子"之"子"喻管叔、蔡叔,以"鬻子"之"子"喻成王,以"室家"喻周王朝。與詩意相合。也是《詩經》中之上乘。

周先公自公劉到古公亶父凡十代，都居住在豳地。《豳風》七篇爲他們這一段歷史中的政治、經濟生活留下了珍貴的記録。

（三）昭王、穆王極盛而衰時期之詩

昭王、穆王時期，周朝社會由極盛轉向衰落。貴族階級的統治地位開始動摇，廣大人民的反抗力量逐漸增强，歷史面臨着一個轉折點。據《左傳·僖公四年》記載："昭王南征而不復。"又《史記》卷四《周本紀》轉述這段記載之後，其《正義》引《帝王世紀》云："昭王德衰，南征，濟于漢，船人惡之，以膠船進王，王御船至中流，膠液船解，王及祭公俱没于水中而崩。其右辛游靡長臂且多力，游振得王，周人諱之。"説明昭王南巡時，船夫以膠船渡他，膠解船沉，便被溺死。這反映了人們對他的憎惡與仇恨。又《國語》卷一《周語》上記載："内史過……對曰：'昔昭王娶於房，曰房后。實有爽德，協（合）于丹朱，丹朱馮（依）身以儀（匹偶）之，生穆王焉。實臨照周之子孫而禍福之。夫神壹不遠徙遷焉，若由是觀之，其丹朱乎！'"丹朱爲堯之不肖子，把穆王説成爲丹朱之神所生，其説法雖屬荒誕，但卻反映了當時人民對穆王的怨恨情緒。又《尚書》卷十二《吕刑》記載穆王時的刑法説：

> 墨辟（用刀刻面塗墨）疑（嫌疑）赦，其罰百鍰（銅六兩曰鍰）……劓辟（割鼻）疑赦，其罰惟倍（二百鍰）……剕辟（割腳）疑赦，其罰倍差（謂倍之又半，爲五百鍰）……宮辟（男子割生殖器，女子禁閉宮中當奴隸）疑赦，其罰六百鍰……大辟（斬頭）疑赦，其罰千鍰……墨罰之屬千，劓罰之屬千，剕罰之屬五百，宮罰之屬三百，大辟之罰其屬二百。五刑之屬三千。

他們制定了五種刑法，五種刑法共三千條。當時的獄官貪贓枉法，賄賂公行，穆王要化公爲私，便規定了許多贖刑條例。這段記載有

力地説明了穆王時期統治地位的動搖，爲了鞏固自己的統治，設立了各種嚴刑峻法以鎮壓人民。這從反面也説明了人民反抗力量之增長。

這一時期在西周的歷史上是重要的，但《詩經》中可以確定爲此期之詩歌卻極少。這或者與編詩者、傳詩者的政治思想有關，他們多保存周初之詩，爲了見周之所以興，多保存周末之詩，爲了見周之所以敗。而周中期之詩，與周之興衰關係不大，因此被刪節了。今天可以考知爲此期的作品，有《周頌》中之少數篇章和"變雅"中之若干篇。

《周頌》中之《執競》應即昭王初年祭祀武王、成王、康王的詩歌。詩云：

> 執競武王，無競維烈。丕顯成康，上帝是皇。自彼成康，奄有四方，斤斤其明。鐘鼓喤喤，磬筦將將，降福穰穰。降福簡簡，威儀反反。既醉既飽，福祿來反。

"成康"，《毛傳》以爲"成大功而安之"，不確。按其既與"武王"并列，則當爲成王、康王。周天子之祭成王、康王，其最早者應是昭王。魏源《詩古微》卷六《周頌篇次發微》上（《皇清經解續編》本）亦云："此篇作於成、康之後，當昭王即位初年。"所見極當。詩歌是贊揚武王滅商的功績之無與倫比和成王、康王之明察而統一天下。

又《載見》云："率見昭考，以孝以享。"《訪落》云："訪予落止，率時昭考。""昭考"，《毛傳》以爲"武王"，不確。以《雝》之"亦右文母"爲例，"文母"指文王妻太姒，因文王而稱之。則此"昭考"，自當指昭王。王靜安《觀堂集林》卷十八《遹敦跋》云："《詩》稱'率見昭考'、'率時昭考'。《書》稱：'乃穆考文王'……則昭、穆之爲美名，亦古矣。此美名，死稱之，生亦稱之。"也認爲此"昭考",是指昭王。那麼,此兩首詩便與一般説法認爲是成王致祭武王廟所唱不同,而應該是穆王祭祀昭王和朝昭王廟時所作。《載見》云:

> 載見辟王,曰求厥章。龍旂陽陽,和鈴央央。鞗革有鶬,休有烈光。率見昭考,以孝以享。以介眉壽,永言保之,思皇多祐。烈文辟公,綏以多福,俾緝熙于純嘏。

這是寫諸侯來朝,助祭周昭王,祈求昭王降福,並保佑周王朝天命長久。又《訪落》云:

> 訪予落止,率時昭考。於乎悠哉,朕未有艾。將予就之,繼猶判渙。維予小子,未堪家多難。紹庭上下,陟降厥家。休矣皇考,以保明其身。

寫穆王初即位,朝昭王廟,和臣屬議論國政,表示願繼承先父的事業。這些都是宗廟祭祀之作,所以儘管昭、穆時期的政治已萌衰朽之象,詩中亦未見有譏諷捨擊之辭。

"變雅"中屬於昭、穆二世之詩,據魏源《詩古微》卷四《變小雅幽王詩發微》中説:"以今考之,《小雅》前什於成王之後直接宣王,其中隔絶數世,今《瞻洛》、《裳華》、《桑扈》、《鴛鴦》、《瓠葉》五篇,皆成周盛事,當爲成、康、昭、穆東都朝會政教之詩,而《鼓鐘》次之。"在其所列圖表中,徑以前五篇爲康、昭、穆時詩,以最後一篇爲昭王時詩。詩中所詠之"朝會政教"應當都是"成周盛事",昭、穆時期吟誦這類詩歌,是懷古所以傷今,即以周朝極盛時期的政治標準,批判現實中政教的紊亂。這六首詩的基調就是如此。如《瞻彼洛矣》之第一章云:

> 瞻彼洛矣,維水泱泱。君子至止,福祿如茨。韎韐(皮制

蔽膝)有奭,以作六師。

意謂宗周的洛水既深且廣,諸侯都來此朝見周王。周王爵之以福,賞之以禄。諸侯世子來到京師,周王以其賢,命他作六師之將。詩之二、三章結句云:"君子萬年,保其家邦。"謂諸侯賢能,可以保其國家永無危亡之禍。詩歌讚揚君明臣良、賞罰得當的休明政治,這種政治今天卻見不到了。《裳裳者華》也表現了對古代明王的讚美,其一、四章云:

　　裳裳者華,其葉湑兮。我覯之子,我心寫兮。我心寫兮,是以有譽處兮。
　　左之左之,君子宜之。右之右之,君子有之。維其有之,是以似之。

詩中之"左",指文事、吉事,如政治、祭祀等。"右",指武事、凶事,如兵戎、死喪等。意謂我得見明王,心中的憂愁便宣泄了,從而可以安居樂處。我的先世對文武之事都遵禮行之,所以明王令我繼承祖業,而今則遇讒見絕。《桑扈》寫古代君臣之禮,其二、三章云:

　　交交桑扈,有鶯其領。君子樂胥,萬邦之屏。
　　之屏之翰,百辟爲憲。不戢不難,受福不那。

意謂周王樂得才智之臣爲天下的屏障,並作諸侯的典範。天下人民皆聚集而歸順周王,周王受福很多。而今之周王卻不如此。《鴛鴦》是思念古代明王奉養有度,其一、三章云:

　　鴛鴦于飛,畢之羅之。君子萬年,福禄宜之。
　　乘馬在廐,摧之秣之。君子萬年,福禄艾之。

意謂古之明王奉養有節,不奢侈,祝福他長壽萬年,安享福禄。今

之周王則暴殄萬物,驕奢淫逸。《瓠葉》是思念古人行飲宴之禮,其一、二章云:

> 幡幡瓠葉,采之亨之。君子有酒,酌言嘗之。
> 有兔斯首,炮之燔之。君子有酒,酌言獻之。

意謂古代一般人於農事畢,尚酌酒與父兄家人共飲,以示親愛之意,今之周王卻棄其養賓之禮而不行。《鼓鐘》則是批判昭王之荒亂,其一、二章云:

> 鼓鐘將將,淮水湯湯,憂心且傷。淑人君子,懷允不忘。
> 鼓鐘喈喈,淮水湝湝,憂心且悲。淑人君子,其德不回。

意謂昭王會諸侯於淮水之上,奏淫樂,賢者爲之憂傷,從而懷念古代周王行禮樂之得宜。這些詩歌都是以對古代周王、政治、禮儀的正面描寫,來貶斥現實。寫古代周王之賞罰分明、任用賢能、奉養有度、禮樂有節等,而今之周王呢?完全相反,他們奢侈荒亂、濫施賞罰、奸佞當權、禮崩樂壞,整個社會政治一片混亂,猶江河日下,不可收拾。《史記》卷四《周本紀》云:"昭王之時,王道微缺。""穆王即位……王道衰微。"這類詩歌所譏刺的正是昭、穆二世政治衰微的社會現實。

(四)懿、夷、厲、宣、幽諸王衰落時期之詩

這一時期階級矛盾加深了。厲王貪暴,采納榮夷公的意見,設法"專利",即霸占全部山林川澤,使廣大人民不得采樵漁獵。人民的反抗便一天天地發展起來,統治者對人民的統治也日益加強。《國語》卷一《周語》記載:

> 厲王虐,國人謗王。召公告王曰:"民不堪命矣!"王怒,得衛巫,使監謗者。以告,則殺之。國人莫敢言,道路以

目。……三年，乃流王于彘。

厲王想用斧鉞政策推行"專利"，結果卻被人民趕跑了。這應當是我國最早的見於文字記載的農民起義。所謂"國人"，應指以農民爲主體，包括城市平民和工商業者在內的廣大人民。由於農民聲勢浩大的反抗鬥爭，統治者爲了維持自己的統治地位，不但不能推行"專利"措施，而且在一定程度上要減輕對農民的剝削。所以，到宣王之世，便"不藉千畝"，即不借用民力耕作了。也即取消力役地租，改行"徹法"，就是實物地租。這在歷史上是一大進步，是我國封建社會地主制的起源。宣王在位四十六年，征伐外族入侵屢次取得勝利，便是這種進步性在政治、軍事上的表現。《國語》卷一《周語》記載：宣王三十九年"戰于千畝，王師敗績于姜氏之戎"，"喪南國之師"。"南國"即江漢流域諸國，此乃周王朝主要經濟力量所在。南國之師既已喪失，爲了補充兵力和財物，"乃料民于太原"，即要調查太原地區之戶口。仲山父諫阻，擔心如此則會引起禍亂。宣王不聽，從而造成農民負擔過重的現象，因此農民都不願出力維護周室。到幽王時，剝削更重，西周便被犬戎所滅。《國語》卷一《周語》記載內史過評論說：

> 國之將亡，其君貪冒辟邪，淫佚荒怠，粗穢暴虐；其政腥臊，馨香不登；其刑矯（枉也）誣，百姓（貴族）携貳，明神弗蠲，而民（平民）有遠志。

此乃對西周末年政治情況的總結。在此情況下，產生了許多怨刺詩，即《詩經》中之"變風"和"變雅"。

據《史記》卷四《周本紀》記載："懿王之時，王室遂衰，詩人作刺。"那麼此期之詩有哪些呢？孔穎達《正義》云："懿王時詩，《齊風》是也。夷王之詩，《邶風》是也。"然而，實際上《齊風》十一篇，其前五篇是寫於齊哀公時,約當懿王之世,後六篇是寫於齊襄公時,則已是東周初年。但,爲了見《齊風》之全貌,一同論述於此。

《齊風》卷首《雞鳴》篇,據《毛詩序》說:"思賢妃也。哀公荒淫怠慢,故陳賢妃貞女夙夜警戒相成之道焉。"朱熹《詩集傳》附《辨說》謂"此序得之"。其說大體不誤。但細玩詩意,其主旨不在"思賢妃",而在譏刺齊哀公之迷戀女色、怠慢朝政。詩云:

> 雞既鳴矣,朝既盈矣。匪雞則鳴,蒼蠅之聲。
>
> 東方明矣,朝既昌矣。匪東方則明,月出之光。
>
> 蟲飛薨薨,甘與子同夢。會且歸矣,無庶予子憎。

通篇用問答方式,一方面哀公的妻子催促哀公早朝,一方面哀公以種種借口戀床不起。最後,其妻勸勗説,朝會的人都要回去了,希望你不要惹人討厭。詞婉而諷。

《還》與《盧令》是兩首諷刺統治者田獵之詩,《還》以刺哀公,《盧令》以刺襄公。他們都因爲喜好田獵,而荒廢政事。齊哀公之喜好,影響所及,一般士大夫都以善田獵爲榮。詩云:

> 子之還兮,遭我乎猺之間兮。並驅從兩肩兮,揖我謂我儇兮。
>
> 子之茂兮,遭我乎猺之道兮。並驅從兩牡兮,揖我謂我好兮。
>
> 子之昌兮,遭我乎猺之陽兮。並驅從兩狼兮,揖我謂我臧兮。

寫田獵者二人,於猺山之間相遇,並馬追逐兩隻野獸,互相贊揚武藝之高强。齊襄公由於自己之所好,而不修民事,他冶容飾貌,顧影自憐。詩云:

　　盧令令,其人美且仁。

　　盧重環,其人美且鬈。

　　盧重鋂,其人美且偲。

勾勒出他美姿容、從獵犬的形象。這兩首詩都是以正爲反,以美爲刺。

　　《齊風》中還有兩篇是寫貴族男女的婚姻愛情生活的,即《著》和《東方之日》。這兩篇一正一反,正寫他們行"親迎"之禮,反寫他們的幽會。《著》屬正,詩云:

　　俟我於著乎而,充耳以素乎而,尚之以瓊華乎而。

　　俟我於庭乎而,充耳以青乎而,尚之以瓊瑩乎而。

　　俟我於堂乎而,充耳以黃乎而,尚之以瓊英乎而。

寫一位貴族女子看到來迎娶她的男子等待於著、於庭、於堂,帽子兩邊的充耳用白、青、黃三股絲編成,其上又綴以玉瑱,顯得特別光彩奪目。詩人是從待聘的女子眼中寫來迎娶的男子,因此就特別傳神。《東方之日》屬反,詩云:

　　東方之日兮。彼姝者子,在我室兮。在我室兮,履我即(就也)兮。

　　東方之月兮。彼姝者子,在我闥兮。履我發(行去也)兮。

寫一個美貌的女子到男子家幽會、留宿。《詩經》的作者顯然要以迎娶之禮刺當世男女之"荒亂",即以正刺反。然而,世風如此,已不可挽回了,《甫田》之作,可資爲證。其一、三章云:

　　無田甫田,維莠驕驕。無思遠人,勞心忉忉。

　　婉兮孌兮,總角丱兮。未幾見兮,突而弁兮。

此詩應是女子懷念男子之作。詩歌以甫田無人耕作而荒蕪爲比,說明思念遠方之人，其人不至，更令人痛苦。原來年少美貌的兒童，不多幾年便冠戴成人，可以成家了。這位女子的内心活動，與"娶妻如之何？匪媒不得"的觀念相反，它反映了西周東周之際禮崩樂壞的社會情況。《東方未明》是寫一個小官吏爲公務所累，早晚不得休息。對妻子還不放心，引起妻子的怨恨：

> 東方未明，顛倒衣裳。顛之倒之，自公召之。
> 東方未晞，顛倒裳衣。倒之顛之，自公令之。
> 折柳樊圃，狂夫瞿瞿。不能辰夜，不夙則莫。

妻子埋怨他，天未明即被召去服公役，慌張得把衣裳都穿顛倒了。他從來不能守夜之正時，不是早出，就是晚歸。臨走時把籬笆插好，對妻子存戒惕之意。此詩客觀地揭露了齊哀公時雜役的繁重。

《齊風》中之《南山》、《敝笱》、《載驅》是諷刺齊襄公與其同父異母妹文姜淫亂之事。據《左傳》記載，魯桓公娶文姜爲妻，《桓公十八年》："公（魯桓公）將有行……會齊侯于濼，遂及文姜如齊。齊侯通焉。公謫之。以告。夏四月丙子，享公。使公子彭生乘公，公薨于車。"魯桓公既娶文姜爲妻，又和文姜去齊國，文姜和齊襄公兄妹私通。桓公斥責文姜，文姜將此事告知襄公。襄公宴請桓公，於其回去之時，令公子彭生駕車，將其害死於車上。齊人作《南山》詩，以諷刺襄公和文姜：

> 南山崔崔，雄狐綏綏。魯道有蕩，齊子由歸。既曰歸止，
> 曷又懷止？
> 葛屨五兩，冠緌雙止。魯道有蕩，齊子庸止。既曰庸止，
> 曷又從止？
> 藝麻如之何？衡從其畝。娶妻如之何？必告父母。既曰
> 告止，曷又鞠止？

> 析薪如之何？匪斧不克。娶妻如之何？匪媒不得。既曰
> 得止，曷又極止？

詩人指責文姜既然嫁給魯桓公，爲甚麼又回娘家？指責魯桓公既然與文姜成了夫妻，爲甚麼又放縱她去齊國？詩乃齊人所作，對當時的統治者不能不有所忌諱，因此藉責問文姜和桓公以指斥齊襄公。

魯桓公既死，魯立文姜所生之子莊公爲君。文姜此時更其放縱，經常回齊國和襄公幽會。據《春秋》記載，莊公“二年……冬十有二月，夫人姜氏會齊侯于禚”，“四年春王二月夫人姜氏享齊侯于祝丘”，“五年……夏，夫人姜氏如齊師”，“七年春，夫人姜氏會齊侯于防……冬，夫人姜氏會齊侯于穀”。這些淫亂的行爲，引起齊人的疾恨，作《敝笱》、《載驅》以刺之。《敝笱》三章疊詠，其第一章云：

> 敝笱在梁，其魚魴鰥。齊子歸止，其從如雲。

寫文姜回齊國時僕從盛多。《載驅》四章疊詠，其第一章云：

> 載驅薄薄，簟茀朱鞹。魯道有蕩，齊子發夕。

寫文姜回齊國，早晨出發，晚間留宿。這類詩采取純叙事手法，在叙述中見諷刺。文姜經常回齊國與襄公相會，其子莊公不但不制止，而且也隨之到齊，在齊國炫耀自己的箭術和舞技。齊人作《猗嗟》以諷刺之。其二、三章云：

> 猗嗟名兮，美目清兮，儀既成兮。終日射侯，不出正兮。
> 展我甥兮！
> 猗嗟孌兮，清揚婉兮，舞則選兮。射則貫兮，四矢反兮。
> 以禦亂兮！

莊公眉清目秀，能舞善射，可以防禦暴亂，不愧爲齊國的外甥。他完全忘了齊國的殺父之仇。在寫作方法上，亦以美爲刺。

《邶風》與《鄘風》都屬《衛風》，因爲二風皆叙衛事、記衛地。《左傳·襄公二十九年》記載吳公子季札到魯國觀周樂，聞歌《邶》、《鄘》、《衛》，而贊嘆説：“美哉淵乎！憂而不困者也。吾聞衛康叔、武公之德如是，是其《衛風》乎！”可見三國之風，連而不分。又《左傳·襄公三十一年》記載北宮文子引《衛詩》云：“威儀棣棣，不可選也。”即《邶風·柏舟》之句。是邶、鄘、衛之爲國名，與稱殷商、荊楚相同，名三實一也。關於《邶》、《鄘》、《衛》的寫作年代，崔述在《讀風偶識》卷二中説：“《邶風》十九篇，而‘毖彼泉水，亦流于淇（泉水、淇，皆衛地水名）’，在第十四篇中。《衛風》僅十篇，而言‘淇’其四，至第九篇猶云：‘在彼淇梁’，其爲渡河（指懿公時被狄人所滅，戴公東渡黄河都漕邑）以前之詩明甚。考衛渡河之日，在魯閔公二年（即公元前六六〇年），上距春秋之初僅六十年，然則其詩在春秋以前者多矣。”所論極當。《詩譜序》云：“夷身失禮之後，《邶》不尊賢。”而《柏舟》所寫爲“衛頃公之時，仁人不遇，小人在側”（《柏舟》序），是不尊賢一類詩歟！詩云：

　　汎彼柏舟，亦汎其流。耿耿不寐，如有隱憂。微我無酒，以敖以游。

　　我心匪鑒，不可以茹。亦有兄弟，不可以據。薄言往愬，逢彼之怒。

　　我心匪石，不可轉也。我心匪席，不可卷也。威儀棣棣，不可選也。

　　憂心悄悄，愠于群小。覯閔既多，受侮不少。靜言思之，寤辟有摽。

　　日居月諸，胡迭而微？心之憂矣，如匪澣衣。靜言思之，不能奮飛。

詩歌寫一個賢能之士，由於不被君主重用，並見侮於群小，而無可告訴的痛苦。這位賢者雖然遭國君之惱怒，受群小之誣陷，仍不忍心離職他去，表現了一種堅貞不屈的性格。《簡兮》是寫一個有志之士，在政治上不得其用而屈就伶官，來諷刺當時統治者之不重賢：

> 簡兮簡兮，方將萬舞。日之方中，在前上處。碩人俁俁，公庭萬舞。
>
> 有力如虎，執轡如組。左手執籥，右手秉翟。赫如渥赭，公言錫爵。
>
> 山有榛，隰有苓。云誰之思，西方之人。彼美人兮，西方之人兮。

"碩人"即賢者，他雜於俳優之間，以舞技、顏色取悅於君，以見自己玩世不恭之意。"美人"所以喻聖君，意謂自己既不被當朝重用，因而懷念西周之聖王再現。《北門》是一個忠貞之士對自己所受之不平待遇的直接陳訴：

> 出自北門，憂心殷殷。終窶且貧，莫知我艱。已焉哉！天實為之，謂之何哉！
>
> 王事適我，政事一埤益我。我入自外，室人交徧讁我。已焉哉！天實為之，謂之何哉！
>
> 王事敦我，政事一埤遺我。我入自外，室人交徧摧我。已焉哉！天實為之，謂之何哉！

他辛勤奉職，勞於政事，生活卻窶貧不堪，且又無人過問，無奈何而怨蒼天。怨蒼天者，乃對當朝君主之控訴。在此政治黑暗、姦佞當

權之情況下,一些有識之士便相繼出走了。《北風》即具體地描寫了這種現實:

> 北風其涼,雨雪其雱。惠而好我,携手同行。其虛其邪,
> 既亟只且!
> 北風其喈,雨雪其霏。惠而好我,携手同歸。其虛其邪,
> 既亟只且!
> 莫赤匪狐,莫黑匪烏。惠而好我,携手同車。其虛其邪,
> 既亟只且!

詩歌以狐、烏比當權之官吏。意謂天下烏鴉一般黑,衛國之文臣武將没有一個好的,政治腐朽之極,禍亂迫在眉睫,只有出走。這種行爲,實際上乃是對衛國黑暗政治之批判。

和這種政治上排斥賢能之士相一致,衛國統治者在家庭生活上則是遺棄賢慧的妻子而另尋新歡。由於妻子被遺棄而產生的棄婦之詞,其意義亦猶賢者不得其用而產生的誹怨之詞然,皆從不同角度譏諷當時的統治者。如《緑衣》、《燕燕》、《日月》、《終風》、《碩人》諸篇所寫,即衛莊公惑於嬖妾,將夫人莊姜抛棄,莊姜憂愁幽思而抒發的怨憤之詞。《緑衣》云:

> 緑兮衣兮,緑衣黄裏。心之憂矣,曷維其已。
> 緑兮衣兮,緑衣黄裳。心之憂矣,曷維其亡。
> 緑兮絲兮,女所治兮。我思古人,俾無訧兮。
> 絺兮綌兮,悽其以風。我思古人,實獲我心。

詩歌以緑衣黄裳起興。緑爲閒色,黄爲正色,以興嬖妾尊顯而莊姜卑微。莊姜憂憤已極,想象古人定尊卑之禮不亂,實合自己心意,因而惟古人是念。全詩純是抒發感傷和對古人的想往,並未道及其他。《日月》則進一步指責衛莊公之道德敗壞和忘恩負義。其

一、三、四章云：

> 日居月諸，照臨下土。乃如之人兮，逝不古處。胡能有定？寧不我顧？
>
> 日居月諸，出自東方。乃如之人兮，德音無良。胡能有定？俾也可忘。
>
> 日居月諸，東方自出。父兮母兮，畜我不卒。胡能有定？報我不述。

她指責莊公不顧道德名譽之喪失，把正當之夫妻關係全忘掉。埋怨父母不育養自己終生，出嫁給這個毫無情義之人。呼喚父母，以見其憂患疾痛之極。《終風》更具體地寫她被戲弄被遺棄的過程，其一、二章云：

> 終風且暴，顧我則笑。謔浪笑傲，中心是悼。
>
> 終風且霾，惠然肯來。莫往莫來，悠悠我思。

莊公為人狂暴，經常對其以言相戲，然皆出於侮慢之意，而無敬愛之心，時而肯來，但終竟永遠不來。這種欺侮和調戲，使她感到莫大的侮辱和悲痛。《碩人》是衛人贊美莊姜之作，《左傳·隱公三年》記載："衛莊公娶于齊東宮得臣之妹，曰莊姜，美而無子，衛人所為賦《碩人》。"詩人通過寫莊姜之美，以貶斥莊公對她的遺棄。其一、二章云：

> 碩人其頎，衣錦褧衣。齊侯之子，衛侯之妻，東宮之妹，邢侯之姨，譚公維私。
>
> 手如柔荑，膚如凝脂，領如蝤蠐，齒如瓠犀，螓首蛾眉，巧笑倩兮，美目盼兮。

第一章寫其族屬之貴，第二章寫其容貌之美。贊美莊姜之華貴和美麗，所以諷刺莊公之昏惑，他不但不與莊姜相親愛，反而拋棄了她。這些詩歌主要是莊姜自己抒憤之作，是棄婦之詞。她以自己之哀傷與痛苦完成了具有貴族風範的怨而不怒之貴夫人形象。她雖然是衛君之夫人，但由於她之被遺棄，她對衛國統治者的認識就清醒些。通過她的沉痛陳述，揭露了衛莊公之狂暴跋扈、忘恩負義、道德淪喪等階級本質。

此外，《衛風》中還有一些棄婦之詞，乃是當時社會勞動婦女被丈夫遺棄後所抒發的憤懣和不平。此類詩歌因爲是勞動者所作，其所抒發的情感、悲憤、願望就更具有深刻的意義。《氓》和《谷風》即是此類題材之姊妹篇、代表作。《氓》云：

> 氓之蚩蚩，抱布貿絲。匪來貿絲，來即我謀。送子涉淇，至于頓丘。匪我愆期，子無良媒。將子無怒，秋以爲期。
>
> 乘彼垝垣，以望復關。不見復關，泣涕漣漣。既見復關，載笑載言。爾卜爾筮，體無咎言。以爾車來，以我賄遷。
>
> 桑之未落，其葉沃若。于嗟鳩兮，無食桑葚。于嗟女兮，無與士耽。士之耽兮，猶可説也。女之耽兮，不可説也。
>
> 桑之落矣，其黃而隕。自我徂爾，三歲食貧。淇水湯湯，漸車帷裳。女也不爽，士貳其行。士也罔極，二三其德。
>
> 三歲爲婦，靡室勞矣。夙興夜寐，靡有朝矣。言既遂矣，至于暴矣。兄弟不知，咥其笑矣。靜言思之，躬自悼矣。
>
> 及爾偕老，老使我怨。淇則有岸，隰則有泮。總角之宴，言笑晏晏。信誓旦旦，不思其反。反是不思，亦已焉哉！

此詩以一個普通婦女的口吻敘述自己從戀愛、結婚到被遺棄的過程。初戀時男子的熱情追求，並終於成婚；婚後，她勤勞操持家務，維持窮困的生活；到老年色衰，男子卻虐待她，竟將她拋棄。她追

憶過去,詛咒現在,憎恨丈夫,慨嘆自己,在如怨、如慕、如泣、如訴
的悲憤之中批判丈夫之負心。《谷風》表現同樣的內容,全詩六
章,其一、二、四、五章云:

> 習習谷風,以陰以雨。黽勉同心,不宜有怒。采葑采菲,
> 無以下體。德音莫違,及爾同死。

> 行道遲遲,中心有違。不遠伊邇,薄送我畿。誰謂荼苦?
> 其甘如薺。宴爾新昏,如兄如弟。

> 就其深矣,方之舟之。就其淺矣,泳之游之。何有何亡,
> 黽勉求之。凡民有喪,匍匐救之。

> 不我能慉,反以我為讎。既阻我德,賈用不售。昔育恐育
> 鞫,及爾顛覆。既生既育,比予于毒。

這位婦女初出嫁時家境貧困,經過辛勤的操作逐漸富裕起來,而其
丈夫卻變了心,另有所娶,竟將其趕走。通篇抒發其對丈夫的控
訴、怨恨和責難。

《衛風》中有不少篇章是諷刺衛國統治者荒淫無恥生活之詩
和與此相反的贊美一般人民愛情生活之詩。這類反映男女關係之
詩歌,在邶、鄘、衛三國風中占有很大分量。諷刺統治者荒淫之作,
如《新臺》、《二子乘舟》、《牆有茨》、《君子偕老》、《鶉之奔奔》等。
其中尤以諷刺衛宣公和宣姜之淫亂生活為多。《新臺》,據《毛詩
序》說:"刺衛宣公也。納伋之妻,作新臺于河上而要之。國人惡
之,而作是詩。"衛宣公與其後母夷姜私通而生子伋。後來為伋迎
娶齊國之女,聞齊女甚美,便於其經過之黃河邊上築新臺,將其截
下,據為己有,是為宣姜。詩即為此而作:

> 新臺有泚,河水瀰瀰。燕婉之求,籧篨不鮮。
> 新臺有洒,河水浼浼。燕婉之求,籧篨不殄。

> 魚網之設，鴻則離之。燕婉之求，得此戚施。

意謂齊女原想與伋結爲燕婉之好，但得到者卻是醜惡的宣公。所得非所求，因以爲刺。《二子乘舟》雖非直接揭露宣公之淫亂，然而其所寫者，也是其淫亂行爲產生的惡果。宣公納宣姜而生子壽及朔，宣姜欲立己子爲衛君，宣公聽信之，遣伋出使齊國，並派人圖謀於險隘處殺伋。壽將此事告訴伋，勸伋逃走。伋不肯，堅決從父命使齊。壽竊取伋使齊之旌節先去齊，以圖代伋死。衛人爲伋、壽之生命擔憂，因作此詩：

> 二子乘舟，汎汎其景。願言思子，中心養養。
> 二子乘舟，汎汎其逝。願言思子，不瑕有害。

結果壽先被殺，伋後至，也被殺。演成一齣宮廷爭權奪利的慘劇。宣公死後，其妻宣姜又與其庶長子頑私通，生三子齊子、戴公、文公，二女宋桓夫人、許穆夫人。這類荒淫無恥的生活，爲衛人所疾恨，因作《牆有茨》以刺之：

> 墙有茨，不可埽也。中冓之言，不可道也。所可道也，言之醜也。
>
> 墙有茨，不可襄也。中冓之言，不可詳也。所可詳也，言之長也。
>
> 墙有茨，不可束也。中冓之言，不可讀也。所可讀也，言之辱也。

意謂宮中之事皆醜惡不堪言，古代淫亂之君，自以爲密於閨門之中，世人不知，不過自欺欺人，其實沒有隱而不彰者也。《君子偕老》則是以正面描寫宣姜之美麗來諷刺其行爲之卑污：

> 君子偕老，副笄六珈。委委佗佗，如山如河。象服是宜。

子之不淑,云如之何!

　珈兮珈兮,其之翟也。鬒髮如雲,不屑髢也。玉之瑱也,
象之揥也,揚且之皙也。胡然而天也? 胡然而帝也?

　瑳兮瑳兮,其之展也。蒙彼縐絺,是紲袢也。子之清揚,
揚且之顏也。展如之人兮,邦之媛也。

詩人極力描寫她服飾之華麗、容貌之端莊,以見其徒具美色,而無
人君之德。首章之末所謂"子之不淑,云如之何"是對她的指責;
次章之末所謂"胡然而天? 胡然而帝"是對她的質問;三章之末所
謂"展如之人兮,邦之媛也"是對她的怨恨。辭婉而意深。《鶉之
奔奔》是對宣姜與其長子頑淫亂行爲的直接申斥:

　鶉之奔奔,鵲之彊彊。人之無良,我以爲兄。
　鵲之彊彊,鶉之奔奔。人之無良,我以爲君。

詩人指斥説,鶉鶉、喜鵲尚且有正常的配偶,他們則禽鳥之不如,把
禮儀廉耻都喪盡了。《相鼠》便進一步地詛咒説:

　相鼠有皮,人而無儀。人而無儀,不死何爲?
　相鼠有齒,人而無止。人而無止,不死何俟?
　相鼠有體,人而無禮。人而無禮,胡不遄死?

詩人深刻地揭露了衛國統治者表面講禮儀,實際上不過是衣冠
禽獸。人而無異於禽獸,不死又有何用? 衛詩所寫衛國統治者
之淫亂無耻行爲到此境地,則衛國之亡勢在必然,其爲狄人所
滅不亦宜乎!

　與此相反,邶、鄘、衛三國風中還有一些寫一般人民愛情的詩
歌。這些詩歌或寫他們之幽期密約,或寫他們之互相餽贈,或寫他
們要求婚姻自由等。此類題材之多,在國風中尤爲明顯。如《桑

中》是寫一個男子想象和情人幽會之詩：

> 爰采唐矣？沫之鄉矣。云誰之思？美孟姜矣。期我乎桑
> 中，要我乎上宫，送我乎淇之上矣。
> 爰采麥矣？沫之北矣。云誰之思？美孟弋矣。期我乎桑
> 中，要我乎上宫，送我乎淇之上矣。
> 爰采葑矣？沫之東矣。云誰之思？美孟庸矣。期我乎桑
> 中，要我乎上宫，送我乎淇之上矣。

這位男子采女蘿於沫，而與其所思念之人相期、相邀並相迎送。詩歌以問答的方式，表述男子之柔情蜜意。音節優美，一唱三嘆，被後人尊爲“無題”詩之祖。同樣描寫幽會之作如《靜女》：

> 靜女其姝，俟我于城隅。愛而不見，搔首踟躕。
> 靜女其孌，貽我彤管。彤管有煒，説懌女美。
> 自牧歸荑，洵美且異。匪女之爲美，美人之貽。

詩歌寫一位男子在城之一隅等待其情人，心情急躁而搔首徘徊。情人既來，並以彤管、茅荑相贈，他珍惜玩摩愛不釋手，非特這些禮物美，乃因爲是美人所贈。表現了這個男子感情的真摯、細膩。至於青年男女情意相投，互以信物相贈，莫如《木瓜》描寫之集中：

> 投我以木瓜，報之以瓊琚。匪報也，永以爲好也。
> 投我以木桃，報之以瓊瑤。匪報也，永以爲好也。
> 投我以木李，報之以瓊玖。匪報也，永以爲好也。

意謂人家贈給自己以微小的禮物，自己則當回贈之以重禮，並不是報答，而是結永久之愛的表示。這是男女互相贈答的定情詩。《有狐》則是寫一個女子對男子的追求：

> 有狐綏綏,在彼淇梁。心之憂矣,之子無裳。
> 有狐綏綏,在彼淇厲。心之憂矣,之子無帶。
> 有狐綏綏,在彼淇側。心之憂矣,之子無服。

她看到一個男子在淇水邊徘徊,心中爲其擔憂:誰能爲他做衣裳呢? 關心他,即所以愛憐他。但是,在那"匪媒不得"的社會條件下,女子對自由婚姻的追求,必然遭到父母的干涉。《柏舟》即是寫一個女子在要求婚姻自主遭到父母干涉時所發出的誓辭:

> 汎彼柏舟,在彼中河。髧彼兩髦,實維我儀;之死矢靡它。
> 母也天只! 不諒人只!
> 汎彼柏舟,在彼河側。髧彼兩髦,實維我特;之死矢靡慝。
> 母也天只! 不諒人只!

表現了這個女子對愛情頑强的追求精神,寧肯以死殉情。

《邶風》、《衛風》中還描寫了征戰之役給人們造成的悲劇和痛苦。這些戰役主要是攻打鄭國的。衛與鄭世代結爲怨仇,因此戰爭頻仍,代有發生。詩歌通過夫妻間之相思、懷念、哀怨以表示對這類戰爭之不滿。如《擊鼓》是衛公子州吁殺死衛桓公,立爲衛君,乃使衛國之大夫孫子仲爲將,聯合陳、宋伐鄭之事。衛人怨其用兵暴亂,故作此詩:

> 擊鼓其鏜,踴躍用兵。土國城漕,我獨南行。
> 從孫子仲,平陳與宋。不我以歸,憂心有忡。
> 爰居爰處,爰喪其馬。于以求之,于林之下。
> 死生契闊,與子成説。執子之手:"與子偕老。"
> 吁嗟闊兮,不我活兮! 吁嗟洵兮,不我信兮!

詩歌寫一個思歸不得的戍卒,他回憶當初與妻子執手盟約,而今天意必死亡,不得與妻子實踐前約,因而悲痛不已的心情。通過對這個戍卒思歸而不得的描寫,批判了這次戰爭之不義。《伯兮》據《鄭箋》説:"衛宣公之時,蔡人衛人陳人從王伐鄭伯也。爲王前驅久,故家人思之。"是寫衛宣公之時對鄭用兵,婦女對服兵役而不歸的丈夫之思念:

> 伯兮朅兮,邦之桀兮。伯也執殳,爲王前驅。
> 自伯之東,首如飛蓬。豈無膏沐,誰適爲容?
> 其雨其雨,杲杲出日。願言思伯,甘心首疾。
> 焉得諼草,言樹之背。願言思伯,使我心痗。

這位婦女由於思念遠戍的丈夫而痛苦不堪。爲了解除自己的痛苦,想借忘憂草忘憂,然而終不忍心忘懷,雖至於"心痗"而在所不辭。《雄雉》表現了同樣的內容,其所寫之戰爭也可能是攻伐鄭國的。戍卒久役,妻子陷入深沉的思念:

> 雄雉于飛,泄泄其羽。我之懷矣,自詒伊阻。
> 雄雉于飛,下上其音。展矣君子,實勞我心。
> 瞻彼日月,悠悠我思。道之云遠,曷云能來。
> 百爾君子,不知德行。不忮不求,何用不臧。

寫這位婦女思念丈夫心切。日月之往來,象從役之久,然而仍不見歸來,因以古代君子不損人不貪財,無往而不利,勉勵丈夫,希望他善處而保身。這些詩歌都是寫戰爭給人們帶來夫妻離散之苦,通過夫妻間的思念,批判這類戰爭之非正義性,《毛詩序》所謂"勇而無禮也"。

此外這三國風中,還有一些是寫思念故國之作,即許穆夫人之歌。許穆夫人是衛宣姜和公子頑私通所生,嫁許穆公。《左傳·閔公二年》記載:"冬十二月,狄人伐衛。……衛師敗績,遂滅衛。……許穆夫人賦《載馳》。"詩云：

　　載馳載驅，歸唁衛侯。驅馬悠悠，言至于漕。大夫跋涉，
我心則憂。

　　既不我嘉，不能旋反。視爾不臧，我思不遠。既不我嘉，
不能旋濟。視爾不臧，我思不閟。

　　陟彼阿丘，言采其蝱。女子善懷，亦各有行。許人尤之，
衆穉且狂。

　　我行其野，芃芃其麥。控于大邦，誰因誰極？大夫君子，
無我有尤！百爾所思，不如我所之。

這是衛國被狄人所滅，許穆夫人要求回國弔問衛君之詞。狄人之
亂，懿公已死，其後寄住在漕邑者是戴公。《左傳・閔公二年》：
"衛之遺民……立戴公以廬于曹。"杜預注："其年卒，而立文公。"
其時間雖短，然衛已三易其主。許穆夫人歸弔當已至僖公元年二
三月間。詩歌寫許穆夫人要回衛國的主要目的，在"控于大邦"，
向大邦求援。但，卻遭到許國大夫的反對和阻攔。她告訴許國的
大夫，不要干涉她，讓她盡心意而爲之。通篇作品表現了許穆夫人
要向大國求援而不知將何所因並何所至的悲憤情緒。此外，《泉
水》、《竹竿》也應該是許穆夫人之作。魏源《詩古微》卷八《邶鄘衛
答問》有明晰的分析："問曰：序言許穆夫人所作者，祇此一詩（指
《載馳》），而《泉水》、《竹竿》則皆但云'衛女思歸'，乃何楷并屬之
許穆夫人者何？曰：…… 蓋《載馳》初聞衛難，欲控大邦，而未知
'誰因誰極'，此篇（指《泉水》）則所因所極之國歷歷有之矣。至
《竹竿》則作於衛難已定之後，故其詞多與《泉水》出入，而較不迫
切。彼曰'毖彼泉水，亦流于淇'，此曰'泉源在左，淇水在右'。且
二詩皆曰'女子有行，遠父母兄弟'。末章皆曰'駕言出游，以寫我

憂’。”其中除了認爲《泉水》所寫爲“所因所極之國歷歷有之”，在作品中得不到明顯的印證外，其他皆可爲依據。爲了作進一步的比較，兹將此兩首詩並録於下。《泉水》云：

> 毖彼泉水，亦流于淇。有懷于衛，靡日不思。孌彼諸姬，聊與之謀。
>
> 出宿于沛，飲餞于禰。女子有行，遠父母兄弟。問我諸姑，遂及伯姊。
>
> 出宿于干，飲餞于言。載脂載舝，還車言邁。遄臻于衛，不瑕有害？
>
> 我思肥泉，兹之永歎。思須與漕，我心悠悠。駕言出游，以寫我憂。

《竹竿》云：

> 籊籊竹竿，以釣于淇。豈不爾思，遠莫致之。
>
> 泉源在左，淇水在右。女子有行，遠兄弟父母。
>
> 淇水在右，泉源在左。巧笑之瑳，佩玉之儺。
>
> 淇水滺滺，檜楫松舟。駕言出游，以寫我憂。

這兩首詩都抒發了許穆夫人思歸而終不能歸的哀傷。她思念父母兄弟，思念故國山川城鎮，然而卻不得見，滿懷愁緒無法排遣。但是，前者情緒迫促，盼望乘嫁來之車急速回衛，以償救衛之願。後者心情舒緩，回憶當年游戲於淇水、百泉之間，恨舊游之不能再得。緩急之情，宛然有別。魏源《詩古微》卷八《邶鄘衛答問》評《竹竿》云：“蓋衛自渡河徙都以後，其河北故都胥淪戎狄。山河風景，舉目蒼涼。是以泉源、淇水，曩所游釣于斯，笑語于斯，舟楫于斯者，望克服以何時，思舊游兮不再！一篇之中，三致意焉。詞出一人，悲同隔世。”然而如何才能出游故國以寫自己的憂愁？即誰因誰極？

劉向《列女傳》卷三《仁智》篇云："齊桓往而存之，遂城楚丘，以君衛侯。"衛國終於得救，許穆夫人的願望得以實現。許穆夫人之詩歌，勿寧是衛國人民希望復國心理之體現。

這一時期的詩歌還有"變雅"，"變雅"中包括《大雅》自《民勞》以下十三篇，《小雅》自《六月》以下五十二篇。這些詩歌主要是屬王、宣王、幽王時代之作。屬王時代之詩，以見其時政治之腐朽、黑暗；宣王時代之詩，以見周室之中興；幽王時代之詩，以見西周之敗亡。這些詩歌大都是當時人寫當時事，是可靠的信史。

《大雅》中屬屬王時代的詩歌有《民勞》、《板》、《蕩》、《桑柔》等。這些詩歌反映了屬王時代賦稅苛重、徭役繁多、邪僻驕妄、政治黑暗、民不聊生的現實。如《民勞》是召穆公（名虎）諫屬王之詩，全詩五章疊詠，其第一、五章云：

　　　民亦勞止，汔可小康。惠此中國，以綏四方。無縱詭隨，以謹無良。式遏寇虐，憯不畏明。柔遠能邇，以定我王。
　　　民亦勞止，汔可小安。惠此中國，國無有殘。無縱詭隨，以謹繾綣。式遏寇虐，無俾正反。王欲玉女，是用大諫。

詩之前四句謂人民勞苦必須安撫，中四句謂殘害人民者應當制止，末二句謂君王當行德政，以安定人民。篇中五言"民亦勞止"，又言"無俾民憂"、"俾民憂泄"。其勸諫屬王的中心旨意在除奸安民。《板》是凡伯刺屬王之作，內容與《民勞》相似，不同者是他對屬王不僅是勸諫，而是進一步諷刺了。全詩八章，其第一、二、三章云：

　　　上帝板板，下民卒癉！出話不然，爲猶不遠。靡聖管管，不實于亶。猶之未遠，是用大諫。
　　　天之方難，無然憲憲。天之方蹶，無然泄泄。辭之輯矣，民之洽矣。辭之懌矣,民之莫矣。

　　我雖異事,及爾同寮。我即爾謀,聽我囂囂。我言維服,勿以爲笑。先民有言:"詢於芻蕘。"

諷刺厲王愚蠢昏憒,邪僻驕妄,陷人民於深重災難之中。規勸厲王諸事要徵詢人民的意見,對人民和悦,人民才能勉力爲國。其重民、安民的思想與《民勞》相同。《蕩》也是召穆公刺厲王之詩,此詩與上兩篇之含有規諫之意不同,而全是諷刺。八章詩除第一章爲直接譴責厲王外,其餘七章都是託文王指斥殷紂王之口吻以諷刺厲王,是借古諷今。如其第一、二、八章云:

　　蕩蕩上帝,下民之辟。疾威上帝,其命多辟。天生烝民,其命匪諶。靡不有初,鮮克有終。

　　文王曰咨,咨女殷商! 曾是彊禦,曾是掊克,曾是在位,曾是在服。天降慆德,女興是力。

　　文王曰咨,咨汝殷商! 人亦有言:"顛沛之揭,枝葉未有害,本實先撥。"殷鑒不遠,在夏后之世。

指責厲王强横暴虐,聚斂剥削,高爵厚禄,濫用威權,政令無常,怎能有好下場呢? 最後告誡厲王,殷鑒在夏,夏桀之亡國是殷紂的一面鏡子,那麼周鑒亦在殷,殷紂之亡國不也是厲王的一面鏡子嗎?《桑柔》是周厲王的臣子芮良夫諷刺厲王之作。《左傳·文公元年》記載秦穆公説:"周芮良夫之詩曰:'大風有隧,貪人敗類。聽言則對,誦言如醉。匪用其良,覆俾我悖。'是貪故也,孤之謂矣。"又《潛夫論》卷一《遏利》云:"昔周厲王好專利,芮良夫諫而不入,退賦《桑柔》之詩以諷。言是大風也,必將有遂;是貪民也,必將敗其類。"這不但證明《桑柔》確爲芮良夫所作,而且説明其內容是刺厲王之貪暴,是厲王好專利導致人民陷入苦難,從而引起人民的不

滿和反抗。全詩十六章,作者懷着無限憤慨和憂傷的感情書寫了
首兩章:

> 菀彼桑柔,其下侯旬。捋采其劉,瘼此下民。不殄心憂,
> 倉(愴)兄(怳)填(久也)兮。倬彼昊天,寧不我矜!

> 四牡騤騤,旟旐有翩。亂生不夷,靡國不泯。民靡有黎,
> 具禍以燼。於乎有哀,國步斯頻!

衆庶萬民像柔桑一樣被盤剝得精盡,天下到處發生禍亂,國運艱
危,未來不堪設想。應當説此即周厲王任用榮夷公推行專利政策
的結果。所謂"倬彼昊天,寧不我矜"是人們在這種暴虐政策下,
無可奈何的呼喚! 在統治階級這種敲骨吸髓的搜刮之下,人民自
然起來反抗。其第十五、十六章即揭示了這種情況:

> 民之罔極,職涼善背。爲民不利,如云不克。民之回遹,
> 職競用力。

> 民之未戾,職盜爲寇。涼曰不可,覆背善詈。雖曰匪予,
> 既作爾歌。

統治者妄行、背善,幹了許多有害於人民的事,人民就會鋌而走險,
用暴力解除自己的苦難。這是芮良夫勸諫厲王之本意,但卻反映
了當時具體的歷史情況。此詩是《詩經》中篇章最長者,結構極爲
嚴謹,先寫民瘼、國頻之狀況,次嘆自己之生不逢辰,次述對國君之
忠告,次論"惠君"與"不順"、"聖人"與"愚人"、"良人"與"忍心"
之區別,末叙禍亂之由與作詩之旨。首尾層次分明,一氣貫通,是
《雅》詩中之傑作。

《大雅》中屬於宣王時代之詩歌有《雲漢》、《崧高》、《烝民》、
《韓奕》、《江漢》、《常武》諸篇。其内容又可以分爲寫宣王之文治、
武功兩方面。其寫宣王之文治者如《雲漢》,是周宣王親政之初,

天大旱,所作向天祈禱之歌。據歷史記載,共和十四年(公元前八
二八年),天大旱,厲王死,共伯和篡位;立秋,又大旱,卜曰:“厲王
爲祟”。此詩所寫當即這一歷史事實。全詩八章,主要是贊美周宣
王於大亂之後,撥亂反正,爲了解除人民的苦難而求神祈雨的事。
然而客觀上卻反映了嚴重的自然災害造成的社會凋蔽和民不聊生
的狀況。如第三、八章云:

> 旱既大甚,則不可推。兢兢業業,如霆如雷。周餘黎民,
> 靡有孑遺。昊天上帝,則不我遺。胡不相畏? 先祖于摧。
> 瞻卬昊天,有嘒其星。大夫君子,昭假無贏。大命近止,
> 無棄爾成。何求爲我,以戾庶正。瞻卬昊天,曷惠其寧!

寫嚴重的自然災害使周之餘民死亡殆盡,宣王及其群臣竭其精誠
求神祈雨,以安定天下民衆。詩歌所寫是祈禱天神,同時對天神卻
充滿了怨恨和不滿。這種對天神的怨憤情緒,正是此詩的積極意
義所在。《烝民》是宣王之大臣尹吉甫所作。宣王派其臣屬仲山
甫築城於齊,臨行時尹吉甫作此詩相送。詩歌贊揚了仲山甫之美
德及其輔佐宣王的政績。其第四、五章云:

> 肅肅王命,仲山甫將之。邦國若否? 仲山甫明之。既明
> 且哲,以保其身。夙夜匪解,以事一人。
> 人亦有言:“柔則茹之,剛則吐之。”維仲山甫,柔亦不茹,
> 剛亦不吐;不侮矜寡,不畏彊禦。

謂仲山甫明於理,察於事,對國家政治之好與壞,瞭若指掌。他爲
人剛直不阿,不侮鰥寡,不畏强暴,未嘗枉道以徇人。全詩八章都
是贊揚仲山甫人品之高,以見宣王之善於任賢使能。《崧高》是尹
吉甫贈給宣王母舅申伯之作。詩歌寫宣王時申伯來朝,宣王對他
倍加優待,增封謝地給他,並派召虎帶領人員先去謝爲他修築城

池,治理田地、邊界,儲備糧食,然後申伯回國之事。作者之意在稱揚宣王建邦國、親諸侯,褒賞得宜的措施。《韓奕》是尹吉甫所作歌頌韓侯之詩。寫韓侯來朝,受周天子册命,並賞賜他許多物品。韓侯離開鎬京後,路過屠邑,抵達蹶里,娶韓姞爲妻。韓國物産豐富,韓姞樂得其所。後來,周天子册命韓侯爲北方之方伯。贊揚韓侯,亦以見宣王賞賜之得當。

其寫宣王之武功者,如《江漢》是宣王命召虎領兵討淮夷之作。其第一章云:

> 江漢浮浮,武夫滔滔。匪安匪游,淮夷來求。既出我車,既設我旟。匪安匪舒,淮夷來鋪。

其中寫出了出征士卒的英武。他們不辭辛勞,很快就平定了淮夷,並班師回朝。宣王册命召虎,賞賜他土地、圭瓚、秬鬯等。召虎“對揚王休,作召公考”,“召公考”應即召公簋。郭沫若《青銅時代》中之《周代彝器進化觀》云:“考乃簋之假借字。”簋,古銅器銘文多作𣪘,是古代食器,像今天之飯盒,圓口,圈足。作召公簋,謂召虎作祭祀召公的簋器,以資紀念。又《常武》是寫宣王命其大將南仲征伐徐國之事,當亦召虎所作。此詩集中歌頌了王師的威力,如其第五章云:

> 王旅嘽嘽,如飛如翰。如江如漢,如山之苞,如川之流,綿綿翼翼,不測不克,濯征徐國。

寫王師之行進迅猛異常,勢不可當。用一連串的形象比喻,將其聲威、氣概具體地顯現出來。這幾首詩爲宣王中興時的政治、軍事狀況留下真實的記録。

《大雅》中屬於幽王時代之詩是《瞻卬》和《召旻》。這兩首詩的内容都是寫幽王之所以亡。《瞻卬》是諷刺幽王寵幸褒姒,任用奄人，以致亂政病民，國運瀕危。全詩七章，其第一、二、三章云：

> 瞻卬昊天，則不我惠。孔填不寧，降此大厲。邦靡有定，
> 士民其瘵。蟊賊蟊疾，靡有夷屆。罪罟不收，靡有夷瘳。
>
> 人有土田，女反有之。人有民人，女覆奪之。此宜無罪，
> 女反收之。彼宜有罪，女覆說之。哲夫成城，哲婦傾城。
>
> 懿厥哲婦，爲梟爲鴟。婦有長舌，維厲之階。亂匪降自
> 天，生自婦人。匪教匪誨，時維婦寺。

詩人揭露出當時奸邪作惡，罪犯逞兇，統治者魚肉人民，逮捕無辜，包庇歹徒，以至於禍亂四起，民不聊生。值得注意的是他看到了這些禍亂之產生全在人爲，而非天命，可謂慧眼卓識；但他認爲"婦有長舌，維厲之階"則未免流露出對婦女的偏見。《召旻》是諷刺幽王任用奸邪，以致朝政昏亂，外患嚴重，國土日削。全詩亦七章，其第二章云：

> 天降罪罟，蟊賊內訌。昏椓靡共，潰潰回遹，實靖夷我邦。

意謂此類蟊賊昏椓，都是潰亂邪僻之輩，而幽王卻任用他們來治國，因而把國家導至即將覆亡的境地。此類詩歌反映出幽王之所亡，在寵女色，近奄人，親奸佞。這也是詩人認爲可爲歷代統治者鑒戒者。

《大雅》中這些作於厲王、宣王、幽王時代之詩，對那一歷史時期政治、經濟、軍事情況，做了具體、生動的寫照。

《小雅》自《六月》以下五十二篇也是此期的作品。其中大體可分爲作於宣王時者和作於幽王時者。作於宣王時者，其內容也可以分爲文治、武功兩類。寫文治者如《鴻雁》，是歌詠宣王遣使臣救濟難民之作。厲王之時，萬民離散，不安其居。宣王招撫之，令其返回故土，鰥寡各得其所。全詩三章疊詠，其第一、二章云：

> 鴻雁于飛，肅肅其羽。之子于征，劬勞于野。爰及矜人，
> 哀此鰥寡。
>
> 鴻雁于飛，集于中澤。之子于垣，百堵皆作。雖則劬勞，
> 其究安宅。

詩歌以"鴻雁于飛"比喻使臣辛勞奔波於野，其所救濟者皆鰥寡可哀憐之人。使臣起屋舍築牆百堵，窮苦之人終得安居。極力贊揚宣王的安民措施。《庭燎》是歌詠宣王早起將要視朝之作。諸侯早朝，宣王不安於寢，而問夜之早晚。全詩亦三章疊詠，其第一、二章云：

> 夜如何其？夜未央，庭燎之光。君子至止，鸞聲將將。
> 夜如何其？夜未艾，庭燎晰晰。君子至止，鸞聲噦噦。

夜尚未盡，宮廷的火炬燒得正旺，那早朝的諸侯將到，其車鈴聲隱隱可聞。贊揚宣王之勤於政事。據《史記》卷四《周本紀》記載："宣王即位，二相（指召公、周公）輔之，脩政，法文、武、成、康之遺風，諸侯復宗周。"此詩所寫即諸侯朝周之史實。宣王勤於政事，因此國家強盛。然而安當思危，治應憂亂，詩人作《沔水》以規勸之。其第一、三章云：

> 沔彼流水，朝宗于海。鴥彼飛隼，載飛載止。嗟我兄弟，
> 邦人諸友，莫肯念亂，誰無父母。
>
> 鴥彼飛隼，率彼中陵。民之訛言，寧莫之懲。我友敬矣，
> 讒言其興。

詩中之邦人諸友，謂異姓諸侯；兄弟，謂同姓諸侯；父母，應當指父母之邦。意思是同姓諸侯、異姓諸侯都没有爲國家命運擔憂者，其獨無家邦之念乎！君王若能警惕以自持，則讒言流語便無法產生。

這都是規勸宣王所應當儆戒者。《斯干》據《毛詩序》説:"宣王考室也。"宣王爲何修築宮室呢? 朱熹《詩集傳》云:"舊説:厲王既流于彘,宮室圮壞,故宣王即位,更爲宮室,既成而落之。"朱熹雖然對這一説法表示懷疑,但卻未提出確鑿的反駁證據。我們仍據舊説,認爲是國人起義反抗厲王時破壞了宮室,宣王即位重新建築。此詩即新宮落成之後,所作的頌歌。全詩九章,其第一、二、三、四章云:

> 秩秩斯干,幽幽南山。如竹苞矣,如松茂矣。兄及弟矣,式相好矣,無相猶矣。
>
> 似續妣祖,築室百堵,西南其户。爰居爰處。爰笑爰語。
>
> 約之閣閣,椓之橐橐。風雨攸除,鳥鼠攸去,君子攸芋。
>
> 如跂斯翼,如矢斯棘,如鳥斯革,如翬斯飛,君子攸躋。

詩歌之前五章是寫宮室所在之地形,規模之宏大,工程之細密,格局之巍峨,等等。自第六章以下全是祝頌之詞。在手法上多用比喻。例如用一連串的"如"字,形容宮室之形象生動,又多用"維"字,以傳其莊嚴高峻之神。《無羊》據《毛詩序》説:"宣王考牧也。"是贊頌牛羊之蕃息,猶《魯頌·駉》贊頌馬之蕃息一樣。其第一、二、三章云:

> 誰謂爾無羊? 三百維群。誰謂爾無牛? 九十其犉。爾羊來思,其角濈濈。爾牛來思,其耳濕濕。
>
> 或降于阿,或飲于池,或寢或訛。爾牧來思,何蓑何笠,或負其餱。三十維物,爾牲則具。
>
> 爾牧來思,以薪以蒸,以雌以雄。爾羊來思,矜矜兢兢,不騫不崩。麾之以肱,畢來既升。

詩歌生動地描繪出宣王時期畜牧業發展的狀況,對牛羊的毛色、體態、飲食以及和樂群居的情景等，都進行了精雕細琢的刻畫，甚至將牛羊偃息時所發出的"呿"叫聲也傳達出來。這種對畜牧業如此具體描寫的詩篇，在文學史上是僅見的。

此外，還有部分描寫農業生產的詩篇，堪稱佳構，如《楚茨》、《信南山》、《甫田》、《大田》等。據《毛詩序》這些詩都是"刺幽王"的，然而幽王時代可能產生這類詩嗎？朱熹《詩集傳》引呂氏評《楚茨》云："非德盛政修，何以致之!"又自評《大田》云："上下之情，所以相賴而相報者如此，非盛德其孰能之!"幽王時代的政治不能稱爲盛德，因此，這應當是宣王時代的作品。《楚茨》是周王祭祀祖先的樂歌，詳細、具體地記載了西周王朝祭祖的儀式。全詩六章，前四章寫祭祀的禮節，後兩章寫祭禮之後舉行的家宴。祭禮中有尸有祝，其間繁文縟節循序進行，犧牲美酒交錯奉獻；時間既久，筋力已盡，而禮儀分毫不差；極寫其用心之誠。禮成則設家宴，宴飲"諸父兄弟"，以盡私恩，並親骨肉。其末章云：

> 樂具入奏，以綏後祿。爾殽既將，莫怨具慶。既醉既飽，小大稽首。神嗜飲食，使君壽考。孔惠孔時，維其盡之。子子孫孫，勿替引之。

意謂祖先盡其仁慈、善良之德，爲子孫創業，子孫應當不廢棄祖業，世世代代傳下去。詩歌章句之間，次序井然，結構完整，爲周人祭祖的儀式留下了珍貴的記錄。《信南山》也是周王祭祀祖先的樂歌，內容與《楚茨》基本相同，不同的是其着力描寫了農業生產。全詩六章，其第一、二、三章云：

> 信彼南山，維禹甸之。畇畇原隰，曾孫田之。我疆我理，南東其畝。
>
> 上天同雲，雨雪紛紛。益之以霡霂，既優既渥。既霑既

足,生我百穀。

　　疆場翼翼,黍稷彧彧,曾孫之穡,以爲酒食。畀我尸賓,壽
考萬年。

詩中之"我疆我理,南東其畝",據朱熹《詩集傳》説:"疆者,爲之大
界也。理者,定其溝塗也。"又《左傳·成公二年》記載,晉郤克伐
齊,齊敗,晉要挾齊,"使齊之封内盡東其畝"。賓媚人對曰:"先王
疆理天下,物土之宜,而布其利。故《詩》曰:'我疆我理,南東其
畝。'今吾子疆理諸侯,而曰'盡東其畝'而已,唯吾子戎車是利,無
顧土宜,其無乃非先王之命也乎?"這説明周人已經懂得按照地勢、
劃定疆界、掘通溝洫的治田法。詩中記述周人用這種方法從事耕
作、灌溉,再加上冬有瑞雪,春有細雨,土地潤澤饒洽,五穀因而生
長茂盛,秋天得以豐收。然後,用這些收穫物製酒做飯,奉獻給神
靈及賓客。從這些描寫看,這應當是秋收之後,周王向祖先薦新
之歌。

　　《甫田》和《大田》是周王祭祀土地神、四方神和農神之歌。
《國語》卷一《周語上》記載虢文公謂籍田之禮(始耕典禮)曰:
"耨、穫亦如之。"可見當時鋤地、收穫時也要舉行儀式。從這兩首
詩的内容看,《甫田》應即在鋤地時,周王到公田裏舉行"耨"禮的
樂歌,《大田》則應是秋收時,周王到公田裏舉行"穫"禮的樂歌。
《甫田》之第一、二、三章云:

　　倬彼甫田,歲取十千。我取其陳,食我農人。自古有年。
今適南畝,或耘或耔,黍稷薿薿。攸介攸止,烝我髦士。

　　以我齊明,與我犧羊,以社以方。我田既臧,農夫之慶。
琴瑟擊鼓,以御田祖,以祈甘雨,以介我稷黍,以穀我士女。

　　曾孫來止,以其婦子,饁彼南畝。田畯至喜,攘其左右,嘗

　　　　其旨否。禾易長畝，終善且有。曾孫不怒，農夫克敏。

詩歌是寫了農奴在田裏勞動。具體做甚麽？從"今適南畝，或耘或籽，黍稷薿薿"看，他們是在鋤地。《周禮》卷一《天官·甸師》云："甸師，掌帥其屬，而耕、耨王藉（即藉田），以時入之，以共齍盛（祭祀所用穀也）。"可見周人對鋤地之重視。周王來田間巡視的是農奴鋤地，妻與子來送飯，其享用者是鋤地的農奴。農奴是農業生產的主要勞動力。詩歌寫農奴是在田官監督下勞動的，儘管如此，"曾孫不怒，農夫克敏"，只要周王對他們的態度好些，他們就勤勉幹活。這説明當時的生產關係與生產力的發展還是相適應的。至於第四章之"曾孫之稼，如茨如梁。曾孫之庾，如坻如京。乃求千斯倉，乃求萬斯箱"等，乃祈禱之詞，並非當時的實際收穫。然而這種祈禱之詞只有在當時生產關係與生產力相適應的情況下才能產生。又《大田》之第一、二、三章云：

　　　　大田多稼。既種既戒，既備乃事。以我覃耜，俶載南畝，播厥百穀。既庭且碩，曾孫是若。

　　　　既方既皁，既堅既好，不稂不莠。去其螟螣，及其蟊賊，無害我田稚。田祖有神，秉畀炎火。

　　　　有渰萋萋，興雨祁祁。雨我公田，遂及我私。彼有不穫穉，此有不斂穧；彼有遺秉，此有滯穗，伊寡婦之利。

詩歌描寫了周人從耕作、播種、育苗、滅蟲、收割到最後祭祀的過程。從中可以看到當時耕作之細微，他們既重視選種，"既種既戒，既備乃事"；又重視滅蟲，"去其螟螣，及其蟊賊"；而且采取用火誘燒害蟲的方法，"秉畀炎火"。其農業生產技術已經發展到較高的水平。詩歌還描寫了農奴先公田後私田的耕作程序，以及既不能種公田，又無私田，只能撿遺穗、遺秉以維持生活的寡婦的悲慘境遇。這些詩歌爲宣王時期農業生産的發展和農奴的生活狀況作了生動、具體的寫照，是那個時期社會生活情景的再現。

宣王號稱中興，然而盛之始，衰之漸也。當其極盛之時，社會弊端也已經在滋生。《小雅》中的一部分詩歌即反映了這種現象。如《祈父》是通過一個武士對執掌都城禁衛的長官祈父的指責，來譏刺宣王用人之不當。詩云：

> 祈父，予王之爪牙。胡轉予于恤？靡所止居。
> 祈父，予王之爪士。胡轉予于恤？靡所底止。
> 祈父，亶不聰。胡轉予于恤？有母之尸饔。

詩人本是個王宫的衛士，現在卻被遣到遠方征戍，落得流離失所，無家可歸，老母不得奉養。他滿腔怨憤，融成詩歌。指責祈父，是表面文辭，實則譏諷所向，皆在宣王。宣王末年社會弊端進一步發展，以至於百業凋弊，民不聊生，周都鎬京一帶尤甚。《黄鳥》即寫一個流亡到王畿來的遠方人，深感王畿的生活更難維持，想返回家鄉的願望。詩云：

> 黄鳥黄鳥，無集于穀，無啄我粟。此邦之人，不我肯穀。
> 言旋言歸，復我邦族。
> 黄鳥黄鳥，無集于桑，無啄我粱。此邦之人，莫可與明。
> 言旋言歸，復我諸兄。
> 黄鳥黄鳥，無集于栩，無啄我黍。此邦之人，不可與處。
> 言旋言歸，復我諸父。

此詩類乎《魏風·碩鼠》，以逃亡來擺脱痛苦和剥削。其中三言"此邦之人"，乃對王畿人情世態之詛咒，三言"言旋言歸"，表明自己還鄉心情之迫切。

《小雅》中寫宣王時代之武功者有《六月》、《采芑》、《車攻》、

《吉日》諸篇。當時嚴重的外患是北方游牧民族的侵擾,宣王的武功主要在討伐玁狁、西戎,其次是征服蠻荊。《六月》是寫尹吉甫奉宣王之命,北伐玁狁並取得勝利的事跡。《漢書》卷九十四上《匈奴傳》云:"宣王興師,命將以征伐之,詩人美其大功曰:'薄伐玁允,至于太原。'"又《漢書》卷七十三《韋玄成傳》云:"周室既衰,四夷並侵,玁狁最彊⋯⋯至宣王而伐之。詩人美而頌之曰:'薄伐玁狁,至於太原。'"皆指此詩。全詩六章,其第一、四、五章云:

> 六月棲棲,戎車既飭。四牡騤騤,載是常服。玁狁孔熾,我是用急。王于出征,以匡王國。

> 玁狁匪茹,整居焦穫。侵鎬及方,至于涇陽。織文鳥章,白斾央央。元戎十乘,以先啓行。

> 戎車既安,如輊如軒。四牡既佶,既佶且閑。薄伐玁狁,至于太原。文武吉甫,萬邦爲憲。

寫玁狁入侵,逼近京邑,形勢緊迫。尹吉甫奉命出征,指揮戰車衝破敵陣,將敵人追逐至太原,取得勝利而歸。詩之主旨是贊頌尹吉甫的功績,所謂"文武吉甫,萬邦是憲"即説尹吉甫能文能武,爲安定國家做出了貢獻,堪爲天下諸侯效法。《采芑》是寫大臣方叔征伐蠻荊之事。全詩四章,其第一、四章云:

> 薄言采芑,于彼新田,于彼菑畝。方叔涖止,其車三千,師干之試。方叔率止,乘其四騏,四騏翼翼。路車有奭,簟茀魚服,鉤膺鞗革。

> 蠢爾蠻荊,大邦爲讎。方叔元老,克壯其猶。方叔率止,執訊獲醜。戎車嘽嘽,嘽嘽焞焞,如霆如雷。顯允方叔,征伐玁狁,蠻荊來威。

寫方叔所率隊伍車馬之美,軍容之盛,號令嚴明,賞罰有信。他雄才大略,指揮若定,曾以北伐玁狁而著稱,荆蠻因此聞風喪膽,皆來畏服。詩之主旨也是贊揚方叔之軍事才能,寫他有所不戰,戰則必勝。宣王內修政事,外攘夷狄,天下大治,因而便具車馬,備器械,會同諸侯舉行田獵。《車攻》《吉日》即寫宣王田獵之作。《車攻》寫其會諸侯狩獵於東都洛陽,《吉日》寫其率士卒狩獵於西都鎬京附近。其寫諸侯來會,朝於東都云:"駕彼四牡,四牡奕奕。赤芾金舄,會同有繹。"其寫選擇狩獵場所於西都云:"吉日庚午,既差我馬。獸之所同,麀鹿麌麌。漆沮之從,天子之所。"宣王會獵諸侯的舉動,當亦含有對其示威懾服之意。

周宣王東征徐淮,南平蠻荆,北伐玁狁,以及其對周圍部族采取之示威懾服行爲,對保護華夏文化起着重要的作用,因此歌頌這些戰爭勝利的詩篇也是有積極意義的。

《小雅》中作於幽王時代的詩歌,其內容大都爲諷刺政治的腐朽黑暗、徭役的繁重和社會的各種弊端。這類作品主要有《節南山》、《正月》、《十月之交》、《雨無正》、《大東》、《北山》,等等。《節南山》是家父所作,諷刺周王用太師尹氏,以致天下大亂。全詩十章,其第一、二、三、六章云:

> 節彼南山,維石巖巖。赫赫師尹,民具爾瞻。憂心如惔,不敢戲談。國既卒斬,何用不監!
>
> 節彼南山,有實其猗。赫赫師尹,不平謂何! 天方薦瘥,喪亂弘多。民言無嘉,憯莫懲嗟!
>
> 尹氏太師,維周之氏。秉國之均,四方是維。天子是毗,俾民不迷。不弔昊天,不宜空我師!
>
> 不弔昊天,亂靡有定。式月斯生,俾民不寧。憂心如酲,誰秉國成? 不自爲政,卒勞百姓。

寫太師尹執掌國柄,卻爲政不善,做事不公,不親臨國事,而委之於姻亞,欺君罔民,無所忌憚,以致天怒人怨,禍亂迭起,民情沸騰。然而他卻仍不監察和警戒。詩歌的内容是專咎尹氏,但末章説"家父作誦,以究王訩。式訛爾心,以畜萬邦",其規諷所向又在幽王。詩人是把太師尹之亂政與幽王之昏憒聯繫起來了。《正月》是失意的官吏所作,揭露當時政治的腐朽、貧富的對立和統治階級内部的矛盾等。全詩十三章,其指責政治之腐朽黑暗云:

> 謂天蓋高?不敢不局。謂地蓋厚?不敢不蹐。維號斯言,有倫有脊。哀今之人,胡爲虺蜴?

謂今天的統治者皆有如虺蜴,人們處處須謹慎行事,否則便有被殘害的危險。其怨恨上天之昏憒云:

> 瞻彼中林,侯薪侯蒸。民今方殆,視天夢夢。既克有定,靡人弗勝。有皇上帝,伊誰云憎!

謂上天對小人充斥朝廷,人民處於危難絶境的現象,熟視無睹,則其福善禍淫的作用何在?其悲悼王朝之淪亡云:

> 心之憂矣,如或結之。今兹之正,胡然厲矣?燎之方揚,寧或滅之?赫赫宗周,褒姒威之!

謂今天之政治暴虐已極,煊赫之宗周王朝以幽王寵幸褒姒,而知其必亡。其揭露階級之對立云:

> 佌佌彼有屋,蔌蔌方有穀。民今之無禄,天夭是椓。哿矣富人,哀此惸獨。

謂鄙陋小人都有吃有住,而人民卻受摧殘剝削,富者享樂,貧者卻孤獨無助。此詩乃憤世疾邪之作。從憂國哀民的角度,對西周末年的社會作了深刻的揭露。《十月之交》是周國都附近大地震後，王朝官吏叙事抒情之作，諷刺貴族統治者擾亂朝政，以致災異迭起，民不聊生，國運已盡的情景。作者把自然災害作爲政治腐敗、國家將亡的徵兆來寫。如其第一、二章寫日蝕之災異：

> 十月（周曆十月是夏曆八月）之交，朔日辛卯，日有食之；亦孔之醜（可惡也）！彼月而微（虧也），此日而微；今此下民，亦孔之哀！
>
> 日月告凶，不用其行（軌道也）。四國無政，不用其良。彼月而食，則維其常；此日而食，于何不臧（一何不善之甚耶）！

關於幽王時之日蝕，《唐書》卷二十五《曆志》記載："高祖受禪，將治新曆，東都道士傅仁均善推步之學……周幽王六年十月辛卯朔，入蝕限，合于詩。"這次災異發生在幽王六年，即公元前七七六年。災異象徵着朝政的紊亂，故《後漢書》卷九十一《左雄傳》記載，左雄上疏言："幽厲昏亂，不自爲政，褒豔用權，七子（皆褒姒之親黨）黨進，賢愚錯緒，深谷爲陵。故其詩云：'四國無政，不用其良。'"這些記載將天災與人禍聯繫起來，因此，詩人有"此日而食，于何不臧"之嘆。其第三章則寫地震的禍變：

> 爗爗震電，不寧不令。百川沸騰，山冢崒崩，高岸爲谷，深谷爲陵。哀今之人，胡憯（即"曾"之雙聲字，憯莫，猶云"不曾"或"從不"）莫懲！

關於幽王時之地震，《國語》卷一《周語上》記載："幽王二年，西周三川皆震……是歲也，三川竭，岐山崩。十一年，幽王乃滅。"同樣的記載，又見於《史記》卷四《周本紀》。意謂山谷崩裂，江河橫流，是國家危亡之兆，統治者卻不知警戒。第四章具體寫"四國無政，不用其良"：

　　皇父卿士，番維司徒，家伯爲宰，仲允膳夫，聚子內史，蹶
維趣馬，楀維師氏，豔妻煽方處。

這段史實，據《國語》卷十六《鄭語》記載："桓公爲司徒（在幽王八
年），甚得周（指西周）衆與東土（指陝以東）之人。問於史伯（周太
史）曰：'王室多故，余懼及焉（謂及於難），其何所可以逃死……周
其弊（敗也）乎？'對曰：'殆（近也）於必弊者。《太誓》曰：民之所
欲（謂惡幽王，欲其亡），天必從之。今王（指幽王）棄高明昭顯（所
謂"不用其良"），而好讒慝暗昧；惡角犀（頂角有骨，當髮際隱起如
伏犀）、豐盈（頰輔豐滿者。此二者皆賢明之面相），而近頑童窮固
（窮鄙固陋者）；去和（調和也）而取同（同黨也）。……聲一，無聽；
物一，無文；味一，無果（美也）；物一，無講（講論比較也）。王將棄
是類而與剸（同"專"，謂專一）同，天奪之明，欲無弊得乎！夫虢石
父（即皇父。皇，大也；石同"碩"，亦大也）讒諂巧從之人也，而立
以爲卿士，與剸同也。棄聘后（即申后）而立內妾（即褒姒），好窮
固也。侏儒（矮小之人）、戚施（醜疾曲背之人。此兩類皆優笑之
人，當即"蹶""楀"——《潛夫論》作"踽"——之流），實御在側，近
頑童也。周法不昭，而婦言是行，作讒慝也。不建立卿士（皇父遷
往向都，仍遥制朝政，不復建立卿士，故下文云："不憖遺一老"），
而妖試（妖人是用）、幸措（佞幸之臣安置于側），行暗昧也。'"《國
語·鄭語》此段記載，可以闡發這章詩之內容，以見當朝奸臣進用，
而褒姒以內寵勾結奸臣，聲勢大熾於天下，所謂"豔妻煽方處"也。
此詩用更多的筆墨揭露皇父之亂政殃民。其第五章寫皇父自鎬京
遷都至向（今河南省濟源市），拆毀民宅，强占民田。第六章寫他
建立新都並專權、聚斂。第七章寫他操縱奸黨，在朝廷撥弄是非、
傾陷忠良。通過這些描寫，揭露了幽王統治下的自然災異和政治
情況，是我國古代文學中的重要篇章，也爲我國古代史和天文學史

提供了珍貴的資料。《雨無正》是侍御官所作，諷刺幽王昏憒，倒行逆施，群臣皆不盡職，但求保身的史實。如其第二、四章云：

> 周宗既滅，靡所止戾。正大夫離居，莫知我勩。三事大夫，莫肯夙夜。邦君諸侯，莫肯朝夕。庶曰式臧，覆出爲惡。
>
> 戎成不退，飢成不遂。曾我暬御，憯憯日瘁。凡百君子，莫肯用訊。聽言則答，譖言則退。

意謂當此天災人亡之際，三司、諸侯並不盡心用事，群臣百官亦皆畏罪不肯進諫，都因爲幽王惡忠直而好諛佞。人們望其改惡從善，他卻爲惡不悛。要之，世亂主昏，不可匡扶。此詩人所以憤慨並深切悲嘆之也。《大東》據《毛詩序》説：“東國困於役而傷於財，譚大夫作是詩以告病焉。”譚國在東方，其大夫正被徭役之苦，因作此詩以揭發幽王及其貴族對東方諸侯臣民的剝削和奴役。全詩七章，其第一、二章寫東方人民被榨取之痛苦：

> 有饛簋飧，有捄棘匕。周道如砥，其直如矢。君子所履，小人所視，睠言顧之，潸焉出涕。
>
> 小東大東，杼柚其空。糾糾葛屨，可以履霜？佻佻公子，行彼周行，既往既來，使我心疚。

“周道”是通往西周京畿之大道，西周的貴族奔走往來於此，徵斂賦税不絶，以至於把東方大小諸侯國機軸上卷着的布帛都搜刮一空。這兩章所詠之史實，可以引宣王時之銅器《兮甲盤》銘文作印證。王靜安在其《兮甲盤跋》（見《觀堂別集補遺》）一文中考證，認爲此件銅器是當時之名臣尹吉甫所作。此人以“兮”爲氏，名“甲”，字“吉父”，“尹”是其官職。他於宣王五年三月，從宣王北伐玁狁有功，奉命駐守陪都成周，執掌成周周圍地區的米穀布帛徵收之事。銘文云：“王（宣王）令甲政𤔲（征司）成周四方積（米穀），至于南淮夷。淮夷舊我員（帛）畮（畝）人，母（毋）敢不出其員、其積。其進人、其貯，母敢不踈（次）、即□。敢不用令，則即井（刑）𢼊（撲）伐。"意謂淮夷古來即臣屬於我，他們每年要向我進貢米穀、布帛。他們貢獻之奴隸、穀物，須立即送至陪都，若不遵命，即征伐他們。這是宣王時期的史實。宣王號稱中興，尚且如此，則幽王時期對東方諸侯的剝削就更可想而知了。這兩章詩就真實地記錄了當時的歷史情況。詩之第五、六、七章以描寫太空星宿徒具虛名而無實用爲喻，説明西周統治者徒居高位而不能幹實事的本相：

> 或以其酒，不以其漿；鞙鞙佩璲，不以其長。維天有漢，監亦有光。跂彼織女，終日七襄。
>
> 雖則七襄，不成報章。睆彼牽牛，不以服箱。東有啓明，西有長庚。有捄天畢，載施之行。
>
> 維南有箕，不可以簸揚。維北有斗，不可以挹酒漿。維南有箕，載翕其舌。維北有斗，西柄之揭。

指責西周貴族有其名而無其實，並且其詠箕星伸其舌，像有所噬，北斗星柄西舉，像有所挹取於東，乃象徵着西周貴族仍要榨取、搜刮東方人民，這是此詩卒章所揭示的客觀意義。《北山》是一位士子所作，抒發其被繁重的徭役壓迫之不平和憤慨。其第一章寫徭役之繁重：

> 陟彼北山，言采其杞。偕偕士子，朝夕從事。王事靡盬，憂我父母。

謂王朝的徭役没完没了，自己從早上忙到晚間，連父母都顧不上照看。其第四、五、六章是申述第三章"大夫不均，我從事獨賢"之意：

> 或燕燕居息，或盡瘁國事。或息偃在牀，或不已于行。
> 或不知叫號，或慘慘劬勞。或棲遲偃仰，或王事鞅掌。
> 或湛樂飲酒，或慘慘畏咎。或出入風議，或靡事不爲。

詩歌連用了十二個"或"字，揭露了大夫分配徭役不均的現象，以及士在當時的處境和地位，可謂淋漓酣暢。其他寫人們受徭役之苦的詩歌，其重要章句如《四月》：

> 四月維夏，六月徂暑。先祖匪人，胡寧忍予？
> 滔滔江漢，南國之紀。盡瘁以仕，寧莫我有。

《小明》：

> 昔我往矣，日月方除。曷云其還？歲聿云莫。念我獨兮，我事孔庶。心之憂矣，憚我不暇。念彼共人，睠睠懷顧。豈不懷歸？畏此譴怒。

《漸漸之石》：

> 有豕白蹢，烝涉波矣。月離于畢，俾滂沱矣。武人東征，不皇他矣。

《何草不黃》：

> 何草不黃，何日不行。何人不將，經營四方。
> 匪兕匪虎，率彼曠野。哀我征夫，朝夕不暇。

這些詩歌都反映了幽王時期役政對人們的役使和壓迫，以及人們對這種役政的不滿和怨恨。又揭露當時政治腐朽、黑暗的詩歌是《小旻》，它抨擊幽王政策的錯誤，指責他不采用善謀，而聽信奸計。如其第一章云：

> 旻天疾威，敷于下土。謀猶回遹，何日斯沮？謀臧不從，

不臧覆用。我視謀猶,亦孔之邛!

又批評他制定策略不師法古人,不遵循正道,只聽信那些膚淺之論,如其第四章云:

> 哀哉爲猶,匪先民是程,匪大猶是經;維邇言是聽,維邇言是爭! 如彼築室于道謀,是用不潰于成。

國家制定策略的各種人才都具備,君王若不重用,則國運"如彼泉流,無淪胥以敗"。《苕之華》據《毛詩序》說:"幽王之時,西戎東夷交侵中國,師旅並起,因之以饑饉。君子閔周室之將亡,傷己逢之,故作是詩也。"詩歌描寫了在統治者殘酷的剝削下,荒年饑饉,人民無以果腹,生機幾乎斷絕的情景:

> 苕之華,芸其黃矣。心之憂矣,維其傷矣!
> 苕之華,其葉青青。知我如此,不如無生!
> 牂羊墳首,三星在罶。人可以食,鮮可以飽!

朱熹《詩集傳》解此詩云:"言饑饉之餘,百物雕耗如此;苟且得食足矣,豈可望其飽哉!"可謂探得此詩的底蘊。又《巧言》是諷刺幽王聽信讒言而禍國殃民之作,《巷伯》是寺人孟子被讒受害而抒發憤懑之詩。《白華》是幽王得褒姒、黜申后之後,申后所作之悲歌,《小弁》是幽王黜申后,又廢太子宜臼之後,宜臼所作之怨詩。《蓼莪》悔恨父母之不得奉養,《谷風》是指責朋友之忘恩負義,《都人士》是感傷今人無復古人衣服容儀之美,等等。這些詩歌從各方面反映出幽王時代政治的腐朽、倫理的敗壞、道德的淪喪等。《詩譜序》所謂"自是而下,厲也,幽也,政教尤衰,周室大壞。《十月之交》、《民勞》、《板》、《蕩》,勃爾俱作,衆國紛然,刺怨相尋"者也。

(五)平王東遷衰落延續時期之詩

幽王時期，政治大壞，剥削嚴重，西周終於被犬戎所滅。平王東遷至洛陽，賴齊、晉之助，王朝得以幸存。然而國土已極爲狹小，加之諸侯兼併，稱霸一方，打破了王室獨尊的局面。社會更其動蕩，戰爭十分頻繁，加重了人民的痛苦。在此基礎上産生了《魯頌》及"變風"之大部分。這些本爲東周時期之詩歌，爲了見《詩經》之全貌，在這裏一並論述之。

《魯頌》之寫作時代及作者，據《毛詩·駉序》説："僖公能遵伯禽之法，儉以足用，寬以愛民，務農重穀，牧于坰野。魯人尊之，於是季孫行父請命于周，而史克作是頌。"《毛詩序》的作者認爲《魯頌》皆史克所作。又《文選》卷一《兩都賦序》李善注引薛君《韓詩章句》解《閟宫》中之"新廟奕奕，奚斯所作"兩句云："奚斯，魯公子也。言其新廟奕奕然盛。是詩公子奚斯所作也。"韓詩又認爲《閟宫》是奚斯所作。奚斯約當公元前七世紀中葉，史克約當公元前七世紀末六世紀初，時代幾乎相同，皆平王東遷之後。那麼究竟怎樣解釋才合理呢？段玉裁在其《奚斯所作解下》（見《經韻樓集》卷一）説："而詩篇義'史克作是頌'係之'牧於坰野'之下，則'是'者是《駉》篇也，安見可爲四篇所共乎？"所見極是。《魯頌》並非一人所作，《駉》、《有駜》應爲史克所作，而《泮水》、《閟宫》當是奚斯所作。《泮水》、《閟宫》似有意摹拟《商頌》之《長發》、《殷武》，歌頌武功，記述歷史，體裁近乎二《雅》。如《泮水》乃贊美魯僖公戰勝淮夷，在泮宫祝捷慶功之情景。全詩八章，其第一、七章云：

> 思樂泮水，薄采其芹。魯侯戾止，言觀其旂。其旂茷茷，
> 鸞聲噦噦。無小無大，從公子邁。

> 角弓其觩，束矢其搜。戎車孔博，徒御無斁。既克淮夷，
> 孔淑不逆。式固爾猶，淮夷卒獲。

贊頌魯僖公的才略和美德，其軍旅勇敢英武，征伐淮夷，勢如破竹，淮夷歸服之後，都來朝貢。《閟宮》則是歌頌魯僖公振興祖業、恢復疆土、建立新廟的情景。全詩九章，其第一、五章云：

> 閟宮有侐，實實枚枚。赫赫姜嫄，其德不回。上帝是依，無災無害。彌月不遲，是生后稷。降之百福：黍稷重穋，稙稚菽麥。奄有下國，俾民稼穡。有稷有黍，有稻有秬。奄有下土，纘禹之緒。

> 公車千乘，朱英綠縢，二矛重弓。公徒三萬，貝冑朱綅，烝徒增增。戎狄是膺，荊舒是懲，則莫我敢承。俾爾昌而熾，俾爾壽而富，黃髮臺背，壽胥與試。俾爾昌而大，俾爾耆而艾，萬有千歲，眉壽無有害。

敘述周氏族之起源，魯國之受封，荊舒之歸服等，是一篇魯國的開國史。這類詩歌皆頌聖之作。《駉》、《有駜》體裁近乎《國風》，重章疊句，只換幾個字，便可自然吟詠。《駉》寫魯僖公養馬之多，形式上像一篇馬頌，實際上是贊揚魯僖公治國之深謀遠慮。如其第一章云：

> 駉駉牡馬，在坰之野。薄言駉者：有驈有皇，有驪有黃，以車彭彭。思無疆，思馬斯臧。

在古代，馬是增強國防力量的重要因素，魯僖公之養馬，不在於他喜好馬，而在於爲國家的未來考慮。所謂"思無疆，思馬斯臧"即表示這個意思。《鄘風·定之方中》稱贊衛文公之深謀，養良馬以備戰云："秉心塞淵，騋牝三千。"可以與此詩互相闡發。《有駜》是寫魯僖公宴飲群臣之作，其第一章云：

> 有駜有駜，駜彼乘黃。夙夜在公，在公明明。振振鷺，鷺

于下。鼓咽咽,醉言舞。于胥樂兮。

寫魯僖公於魯國多年饑荒之後,采取措施,克服了自然災害,獲得豐收的喜悦。贊揚了魯僖公之勤於政事,並希望其子孫後代相傳不絕。這是一篇頌禱之辭。

《魯頌》之兩篇具有二《雅》的特點,另兩篇具有《國風》的特點,可見頌詩演變之跡。王柏《詩疑》卷一云:"《魯頌》四篇有《風》體,有《小雅》體,有《大雅》體,頌之變體也。"即説明了頌詩發展、變化的現象。

《王風》十篇都作於平王東遷之後。其内容可以分爲寫貴族、大夫離亂之悲和青年男女相思之情兩方面。寫貴族、大夫離亂之悲者如《黍離》,據《毛詩序》説:"周大夫行役至於宗周,過故宗廟宮室,盡爲禾黍。閔周室之顛覆,彷徨不忍去,而作是詩也。"詩云:

> 彼黍離離,彼稷之苗。行邁靡靡,中心摇摇。知我者謂我心憂,不知我者謂我何求。悠悠蒼天,此何人哉!
>
> 彼黍離離,彼稷之穗。行邁靡靡,中心如醉。知我者謂我心憂,不知我者謂我何求。悠悠蒼天,此何人哉!
>
> 彼黍離離,彼稷之實。行邁靡靡,中心如噎。知我者謂我心憂,不知我者謂我何求。悠悠蒼天,此何人哉!

詩人憑弔故國,哀傷悲痛,因而咎責促使國家敗亡者爲誰? 詩中三言"悠悠蒼天,此何人哉"説明其怨之深、恨之切也。《揚之水》寫平王派遣其境内人民幫助申、吕、許三國守邊,以抵抗楚國對他們的侵犯,戍守的士卒,久役不歸,因此作詩以抒憤:

> 揚之水,不流束薪。彼其之子,不與我戍申。懷哉懷哉! 曷月予還歸哉!
>
> 揚之水,不流束楚。彼其之子,不與我戍甫。懷哉懷哉!

曷月予還歸哉？

　　揚之水，不流束蒲。彼其之子，不與我戍許。懷哉懷哉！
曷月予還歸哉？

“彼其之子”謂統治階級那般人，他們都在家鄉，不和我共戍三國，
而我卻久役不得歸，不得和家人團聚。這實際上是抒發了對勞役
不均之役政的不滿。和此詩之以士卒的口吻吟詠不同，《君子于
役》是以士卒妻子的口吻抒發着同樣的情緒：

　　君子于役，不知其期。曷至哉？雞棲于塒，日之夕矣，羊
牛下來。君子于役，如之何勿思！

　　君子于役，不日不月。曷其有佸？雞棲于桀，日之夕矣，
羊牛下括。君子于役，苟無飢渴？

黃昏時候，羊牛等禽畜都按時回家，而自己的丈夫卻不能回來。即
景生情，因情寓意。“不知其期”、“不日不月”，謂其服役不知期
限，不可以日月計。也表示了對役政之不滿。《兔爰》是一個沒落
貴族之作，他在平王東遷之後，失去了爵位和土地，階級地位發生
了變化，因此懷戀西周之盛世，而厭惡東周之多難：

　　有兔爰爰，雉離于羅。我生之初尚無為，我生之後逢此百
罹。尚寐無吪。

　　有兔爰爰，雉離于罦。我生之初尚無造，我生之後逢此百
憂。尚寐無覺。

　　有兔爰爰，雉離于罿。我生之初尚無庸，我生之後逢此百
凶。尚寐無聰。

在動亂的社會中，他痛不欲生，但願長眠不醒，以擺脫現實中的痛
苦。這種思想自然是消極、落後的，但也反映了當時這一階層人們

的精神狀態。《葛藟》是一個在社會動亂中流離失所之人所作,抒寫他流散異鄉,向人求助而不可得的悲哀:

> 縣縣葛藟,在河之滸。終遠兄弟,謂他人父。謂他人父,
> 亦莫我顧!
>
> 縣縣葛藟,在河之涘。終遠兄弟,謂他人母。謂他人母,
> 亦莫我有!
>
> 縣縣葛藟,在河之漘。終遠兄弟,謂他人昆。謂他人昆,
> 亦莫我聞!

爲了祈求異鄉人的幫助,稱他人之父爲己父,稱他人之母爲己母,稱他人之兄爲己兄,卑躬屈膝之情如此,也得不到任何人的同情和恩賜。把動亂時期窮困者的可憐相及其悲慘境遇寫盡了。

其寫男女相思之情者如《采葛》,這是寫一個男子對一個采葛、采蕭、采艾的女子的思念:

> 彼采葛兮,一日不見,如三月兮。
> 彼采蕭兮,一日不見,如三秋兮。
> 彼采艾兮,一日不見,如三歲兮。

其思念之深,一天不見,有如三月之久,不止三月,而是三秋,不止三秋,而是三歲。思念越深,則感到不相見的時間越久。逼真地顯示了一個男子對女子的熱戀心情。《大車》則寫一個女子對男子的熱戀:

> 大車檻檻,毳衣如菼。豈不爾思? 畏子不敢。
> 大車啍啍,毳衣如璊。豈不爾思? 畏子不奔。
> 穀則異室,死則同穴。謂予不信,有如皦日!

這個女子很想和其所愛戀的男子同居,但不知男子的心意,所以不

敢私奔。但她對天發誓，表示對男子的愛情生死不渝。《中谷有蓷》是一篇棄婦之詞。這位婦女於饑饉之年，被丈夫遺棄，自己走投無路，而呼號、哭泣：

> 中谷有蓷，暵其乾矣。有女仳離，嘅其嘆矣。嘅其嘆矣，遇人之艱難矣。

> 中谷有蓷，暵其脩矣。有女仳離，條其歗矣。條其歗矣，遇人之不淑矣。

> 中谷有蓷，暵其濕矣。有女仳離，啜其泣矣。啜其泣矣，何嗟及矣。

她慨嘆嫁給一個無情之人，一個負心漢，但後悔莫及，只有啜泣而已。《王風》十篇雖然所寫的内容不同，但都帶有亂離悲凉的情調，即使寫男女相思之作，也往往具有離亂時代的烙印。

《鄭風》二十一篇，其中有時代可考者僅《清人》一篇。據《左傳·閔公二年》記載："鄭人惡高克，使帥師次于河上，久而弗召，師潰而歸，高克奔陳。鄭人爲之賦《清人》。"此事約當公元前六六〇年左右，是鄭文公時之事。由此可以推斷，《鄭風》都是東周至春秋時期之作。《鄭風》中大部分是寫男女愛情及婚姻生活的，而且主要是寫女子對男子的追求和想往，這是《鄭風》所寫愛情詩不同於其他諸國風同類題材之作的一大特點。這可能是由於鄭國商業比較發達，男女交往比較自由，民間也流傳着游春的習俗所促成的吧！如《溱洧》據《韓詩》說："《溱洧》，說（悦）人也。鄭國之俗，三月上巳之辰，於兩水上，招魂續魄，拂除不祥，故詩人願與所説者俱往觀也。"（王先謙《詩三家義集疏》）又《漢書》卷二十八《地理志下》引此詩，顔師古注："謂仲春之月，二水流盛，而士與女執芳草於其間，以相贈遺；信大樂矣，惟以戲謔也。"可見鄭國之風習，男女之大防並不嚴。詩云：

> 溱與洧，方渙渙兮，士與女，方秉蕑兮。女曰："觀乎！"士
> 曰："既且。""且往觀乎！洧之外，洵訏且樂。"維士與女，伊其
> 相謔，贈之以勺藥。
>
> 溱與洧，瀏其清矣。士與女，殷其盈矣。女曰："觀乎！"
> 士曰："既且。""且往觀乎！洧之外，洵訏且樂。"維士與女，伊
> 其將謔，贈之以勺藥。

此正寫春天上巳節男男女女在溱、洧二水邊游樂。他們互相調笑、互相餽贈，並以勺藥表示自己的情意。形象鮮明生動，逼真地再現了鄭國當時的習俗。與此內容相似者是《蘀兮》，它描寫了一對男女歡樂歌舞之情景：

> 蘀兮蘀兮，風其吹女。叔兮伯兮，倡予和女！
> 蘀兮蘀兮，風其漂女。叔兮伯兮，倡予要女！

一個女子要求男子和她一起唱歌，女子先唱，男子後和。這種男女唱和的和樂氣氛，只能產生在鄭國那種特定的環境中。《鄭風》描寫了這些男女之相互唱和、調笑和戲謔，但更多的是寫女子對男子單方面之思念與追求。如《東門之墠》云：

> 東門之墠，茹藘在阪。其室則邇，其人甚遠！
> 東門之栗，有踐家室。豈不爾思，子不我即。

詩歌用"室邇人遠"來表現這個女子思念男子而不可得之苦，然而她仍盼望男子能來見她。《子衿》也寫女子對男子之思念：

> 青青子衿，悠悠我心。縱我不往，子寧不嗣音？
> 青青子佩，悠悠我思。縱我不往，子寧不來？
> 挑兮達兮，在城闕兮。一日不見，如三月兮！

這個女子在城闕等待情人，終未見來，便獨自踟躕徘徊，發出"一日不見，如三月兮"之嘆。《風雨》則寫女子思念男子終於如願以償之喜悅：

> 風雨淒淒，雞鳴喈喈。既見君子，云胡不夷！
> 風雨瀟瀟，雞鳴膠膠。既見君子，云胡不瘳！
> 風雨如晦，雞鳴不已。既見君子，云胡不喜！

在一個風雨如晦，雞鳴不已的夜晚，她與情人相會了，一切憂愁、疾病都因此烟消雲散。表現了一種歡欣鼓舞、興高采烈之情。

《鄭風》描寫女子追求男子的熱情執著，似乎有不達到目的決不甘休之意。但他們並非沒有自己選擇之標準，決不遷就、敷衍。如果男子不合己意或中途變心，她們就加以嘲謔並與之決絕。如《山有扶蘇》云：

> 山有扶蘇，隰有荷華。不見子都，乃見狂且。
> 山有橋松，隰有游龍。不見子充，乃見狂童。

她希望找到一個美男子，結果事與願違，自己見到的不過是個惡少。又如《狡童》云：

> 彼狡童兮，不與我言兮。維子之故，使我不能餐兮。
> 彼狡童兮，不與我食兮。維子之故，使我不能息兮。

對那個遺棄自己的男子，雖然還有依戀之情，但卻稱之爲小滑頭。又《褰裳》云：

> 子惠思我，褰裳涉溱。子不我思，豈無他人。狂童之狂也且！
> 子惠思我，褰裳涉洧。子不我思，豈無他士。狂童之狂也且！

對那個負心的男子表示決絕之態度,並嘲謔之爲瘋顛之人。這些詩歌簡截短小,皆即興抒情之作,表現了明朗的風格和真摯的感情。當然,《鄭風》中也寫到女子在追求愛情過程中受到家庭、社會輿論之阻撓和壓力的悲哀。如《將仲子》云:

> 將仲子兮,無踰我里,無折我樹杞。豈敢愛之? 畏我父母。仲可懷也,父母之言,亦可畏也。
>
> 將仲子兮,無踰我墙,無折我樹桑。豈敢愛之? 畏我諸兄。仲可懷也,諸兄之言,亦可畏也。
>
> 將仲子兮,無踰我園,無折我樹檀。豈敢愛之? 畏人之多言。仲可懷也,人之多言,亦可畏也。

這個女子想與所愛之男人相見,但卻畏懼父母、諸兄之阻攔,以及鄰里間的閒話。寫出這個女子要愛又不敢愛的矛盾心理。

《鄭風》中也有少數篇章寫男子對女子的追求,如《有女同車》即寫一個男子對一個貴族女子的仰慕:

> 有女同車,顏如舜華。將翱將翔,佩玉瓊琚。彼美孟姜,洵美且都!
>
> 有女同行,顏如舜英。將翱將翔,佩玉將將。彼美孟姜,德音不忘!

這個姜姓女子不但容貌美麗、裝飾華貴,而且品德、聲譽都高尚,使男子爲之傾倒。又《野有蔓草》寫一個男子在田野間遇見一個美女,對她流露了愛悅之情:

> 野有蔓草,零露漙兮。有美一人,清揚婉兮。邂逅相遇,適我願兮。
>
> 野有蔓草,零露瀼瀼。有美一人,婉如清揚。邂逅相遇,

與子偕臧。

對這個不期而會、眉目清秀的女子，自己感到十分稱心如意。《出其東門》則是寫一個男子對女子忠貞不渝的愛情：

　　　　出其東門，有女如雲。雖則如雲，匪我思存。縞衣綦巾，聊樂我員。

　　　　出其闉闍，有女如荼。雖則如荼，匪我思且。縞衣茹藘，聊可與娛。

這個男子在城東門外及外城，見到了眾多的美女，想到的卻是自己"縞衣綦巾"的妻子，並不爲這些美女所動心。與此詩內容相似，但不僅寫了男子對女子的忠貞、尊重，而且寫了女子對男子的關懷、體貼者，如《女曰雞鳴》：

　　　　女曰"雞鳴"，士曰"昧旦"。"子興視夜，明星有爛"。"將翱將翔，弋鳧與雁"。

　　　　"弋言加之，與子宜之。宜言飲酒，與子偕老。琴瑟在御，莫不靜好。"

　　　　"知子之來之，雜佩以贈之！知子之順之，雜佩以問之！知子之好之，雜佩以報之！"

這對夫妻情投意合，互相警誡，互相尊重，互相體貼，並期以白頭偕老。寫了他們之間美好和樂的生活。這與《遵大路》所寫男子將妻子遺棄的現象是全異其趣的。

《鄭風》中除了大部分寫男女愛情及婚姻生活之外，還有少部分其他題材的作品。例如《羔裘》，據朱熹《詩集傳》說："蓋美其大夫之詞。"是贊美鄭國大夫之正直節操：

　　　　羔裘如濡，洵直且侯。彼其之子，舍命不渝。

羔裘豹飾,孔武有力。彼其之子,邦之司直。

羔裘晏兮,三英粲兮。彼其之子,邦之彦兮。

鄭國這個大夫爲人正直有毅力,主持公道,於生死關頭不變節,所以是國家的俊傑。《叔于田》、《大叔于田》,據《毛詩序》説:"刺莊公也。叔處于京,繕甲治兵,以出于田,國人説而歸之。"意謂鄭莊公之弟共叔段,多才而好勇,莊公封之於京。他修治甲兵,外出狩獵,擁護他的人作此兩首詩贊美他。《叔于田》側重贊美他之爲人:

叔于田,巷無居人。豈無居人,不如叔也,洵美且仁。

寫共叔段外出狩獵,里中好像空巷無人,然並非真正無人,而是没有像共叔段那樣之"美且仁者"。三章疊詠,突出了共叔段之形貌、品德皆在衆人之上。《大叔于田》則側重寫其射藝之高超:

叔于田,乘乘黄。兩服上襄,兩驂雁行。叔在藪,火烈具揚。叔善射忌,又良御忌。抑磬控忌,抑縱送忌。

寫共叔段狩獵時馭馬雁行前進,放火燒草以截斷野獸的逃路,忽而勒馬慢行,忽而縱馬馳騁,舒緩自如,任其奔騰。寫出了狩獵時的生動場面。

《鄭風》中無論寫男女相愛或寫其他内容的詩歌,都很少表現出纏綿哀傷的情緒,而呈現着明快、爽朗和剛健的格調,此亦與其他諸國風不同之處。

《魏風》共七篇。魏於周惠王十六年(公元前六六一年)爲晉獻公所滅,那末全部魏詩都應作於魏亡之前,即春秋初年。《魏風》内容的特點是多數爲諷刺統治階級和揭露社會矛盾之作。這種内容之形成,與魏國的社會環境密切相關。朱熹《詩集傳》云:

"其地陿隘,而民貧俗儉。"即説明這類詩歌産生於土地貧瘠、國君儉嗇、人民窮困的現實基礎之上。其中反映社會矛盾最深刻者,莫過於《伐檀》、《碩鼠》、《葛屨》諸篇。《伐檀》云:

> 坎坎伐檀兮,寘之河之干兮,河水清且漣猗。不稼不穡,胡取禾三百廛兮? 不狩不獵,胡瞻爾庭有縣貆兮? 彼君子兮,不素餐兮!
>
> 坎坎伐輻兮,寘之河之側兮,河水清且直猗。不稼不穡,胡取禾三百億兮? 不狩不獵,胡瞻爾庭有縣特兮? 彼君子兮,不素食兮!
>
> 坎坎伐輪兮,寘之河之漘兮,河水清且淪猗。不稼不穡,胡取禾三百囷兮? 不狩不獵,胡瞻爾庭有縣鶉兮? 彼君子兮,不素飧兮!

這些勞動者在河邊伐木,以備造車。他們看到剥削者不勞而獲的現象,甚爲憤慨,提出質問,並通過質問揭露了他們的寄生本質。作者明確地表明了自己的觀點,即不耕者不可以得禾,不獵者不可以得獸。要之,不勞動者不得食。這是勞動者的觀點,是勞動者高尚道德情操的表現。又《碩鼠》據王符《潛夫論》卷四《班禄》云:"履畝税,而《碩鼠》作。"桓寬《鹽鐵論》卷七《鹽鐵取下》云:"周之末塗,德惠塞而嗜欲衆,君奢侈而上求多,民困於下,怠於公乎(應爲"事"誤寫),是以有履畝之税,《碩鼠》之詩作也。"這兩條材料都説明《碩鼠》産生於"履畝之税"。所謂"履畝之税",即農民除種公田,作爲勞役地租外,還要繳納十分之一私田的税。足見當時賦斂之嚴重。詩云:

> 碩鼠碩鼠,無食我黍! 三歲貫女,莫我肯顧。逝將去女,適彼樂土,樂土樂土,爰得我所!

> 碩鼠碩鼠,無食我麥! 三歲貫女,莫我肯德。逝將去女,
> 適彼樂國,樂國樂國,爰得我直!
>
> 碩鼠碩鼠,無食我苗! 三歲貫女,莫我肯勞。逝將去女,
> 適彼樂郊,樂郊樂郊,誰之永號!

詩人把魏君比作大老鼠,他們的貪殘使人民陷入窮困的絕境,爲了擺脱這種絕境,人民不得不逃亡他方。詩歌反映了魏國政治的暴虐。《葛屨》則是寫一個裁衣女工對一個貴族婦女之傲慢、心胸狹窄的批判:

> 糾糾葛屨,可以履霜? 摻摻女手,可以縫裳? 要之襋之,
> 好人服之。
>
> 好人提提,宛然左辟,佩其象揥。維是褊心,是以爲刺。

這個女工疲弱受凍,爲貴婦人製成衣裳,那貴婦人卻閃在一旁,大模大樣,不予理睬。詩人並未正面譴責貴婦人之傲慢,而全是叙述,寓諷刺於叙述之中。《汾沮洳》乃是一篇贊美勞動者品德之作:

> 彼汾沮洳,言采其莫。彼其之子,美無度。美無度,殊異
> 乎公路。
>
> 彼汾一方,言采其桑。彼其之子,美如英。美如英,殊異
> 乎公行。
>
> 彼汾一曲,言采其藚。彼其之子,美如玉。美如玉,殊異
> 乎公族。

這個在汾水邊采菜的勞動者,其美好的品德與那般“公路”“公行”“公族”等官僚者輩是全異其趣的,是那些坐享其成的剝削者無法比拟的。詩歌以對勞動者的贊揚蘊寓着對剝削者的貶斥。《園有

桃》是一篇士階層對統治階級不滿之作：

> 園有桃，其實之殽。心之憂矣，我歌且謠。不知我者，謂
> 我士也驕。彼人是哉？子曰何其。心之憂矣，其誰知之？其
> 誰知之，蓋亦勿思！

> 園有棘，其實之食。心之憂矣，聊以行國。不知我者，謂
> 我士也罔極。彼人是哉？子曰何其。心之憂矣，其誰知之？
> 其誰知之，蓋亦勿思！

這個士階層人物對時政不滿，便以歌謠抒憤，然卻不被人理解，反被認爲是驕傲和目無法紀。他質問道：當朝的政策正確嗎？沒有人能認真思考一下，若人們能認真思考，則不但不會責怪我，連他們自己也必然陷入憂慮之中了。進一步抒發了憂國傷時之意。《陟岵》是征人在遠方服役思念家人之作：

> 陟彼岵兮，瞻望父兮。父曰：“嗟！予子行役，夙夜無已！
> 上慎旃哉，猶來無止！”

> 陟彼屺兮，瞻望母兮。母曰：“嗟！予季行役，夙夜無寐！
> 上慎旃哉，猶來無棄！”

> 陟彼岡兮，瞻望兄兮。兄曰：“嗟！予弟行役，夙夜必偕！
> 上慎旃哉，猶來無死！”

詩人不着重寫自己對父、母、兄長的思念而側重在想象父、母、兄長對自己的關懷和叮囑，這更能表現親子之間的親切感情，和對拆散這種親子感情的徭役制度之不滿。《十畝之間》的意旨是甚麼？各家説法很分歧。朱熹《詩集傳》云：“政亂國危，賢者不樂仕於其朝，而思與其友歸於農圃。”其説可取。詩云：

> 十畝之閒兮，桑者閑閑兮。行與子還兮！

> 十畝之外兮,桑者泄泄兮。行與子逝兮!

仕宦於朝者,見采桑人采摘自得,其樂融融。因而與同伴相邀一同回家,享受這種農桑之樂的生活,這不是消極的歸隱,而是對昏亂朝政的批判。

《魏風》所反映的這些社會政治狀況,不見於史書的記載,可以補史文之不足。

《唐風》共十篇,時代多不可考。惟《揚之水》一篇,據《毛詩序》說:"刺晉昭公也。昭公分國以封沃,沃盛强,昭公微弱,國人將叛而歸沃焉。"按晉昭公封其弟成師(即桓叔)於曲沃之事,在魯惠公二十四年,據《左傳·桓公二年》記載:"惠之二十四年,晉始亂,故封桓叔于曲沃。"魯惠公二十四年,即周平王之二十六年,春秋前二十三年。那麼《唐風》之作皆在東周和春秋時期。《唐風》之內容多表現及時行樂、消極失望的情緒。這也與其社會環境密切相關。朱熹《詩集傳》云:"其地土瘠民貧,勤儉質樸,憂深思遠。"即指出這種內容產生的根源。其描寫及時行樂的代表作如《蟋蟀》、《山有樞》等。《蟋蟀》可能是士階層的人歲暮述懷之作,其首章云:

> 蟋蟀在堂,歲聿其莫。今我不樂,日月其除。無已大康,職思其居。好樂無荒,良士瞿瞿。

三章疊詠,反復抒發其光陰易逝,當及時行樂的思想。同時又考慮到自己的職責,警戒自己不能過度行樂,否則將自取危亡。此即所謂"憂深思遠"也。《山有樞》據朱熹《詩集傳》說:"蓋以答前篇之意而解其憂。"是進一步勸說其要及時行樂,不應有所顧忌。其首章云:

> 山有樞,隰有榆。子有衣裳,弗曳弗婁。子有車馬,弗馳

弗驅。宛其死矣，他人是愉。

亦三章疊詠，説明人生即應盡情享樂，不要吝惜財物，否則，死後一切財物便被他人所據有。此比前一首更進一層，其情緒也更消極了。《唐風》中也有一些思想意義較高的作品，如《鴇羽》、《采苓》、《綢繆》、《葛生》等。《鴇羽》是一篇人民反抗徭役制度之作：

> 肅肅鴇羽，集于苞栩。王事靡盬，不能藝稷黍，父母何怙？
> 悠悠蒼天！曷其有所！
> 肅肅鴇翼，集于苞棘。王事靡盬，不能藝黍稷，父母何食？
> 悠悠蒼天！曷其有極？
> 肅肅鴇行，集于苞桑。王事靡盬，不能藝稻粱，父母何嘗？
> 悠悠蒼天！曷其有常？

由於從征日久，人民不得耕作以奉養其父母，怨恨之極而呼蒼天，何時全家始得團聚？揭示出繁重的徭役是人民苦難、離散的根源。《采苓》是一篇勸誡人們不要聽信讒言之作：

> 采苓采苓，首陽之顛。人之爲言，苟亦無信。舍旃舍旃，
> 苟亦無然。人之爲言，胡得焉！
> 采苦采苦，首陽之下。人之爲言，苟亦無與。舍旃舍旃，
> 苟亦無然。人之爲言，胡得焉！
> 采葑采葑，首陽之東。人之爲言，苟亦無從。舍旃舍旃，
> 苟亦無然。人之爲言，胡得焉！

對那些讒諂之人，都應置之不理，對其讒言，亦不要相信。只要對其不理、不信，則進讒者無所得，其讒言也無流傳之場所，就必然自生自滅。詩人提出了一個止讒彌謗的方法，這一方法之提出，從側面反映出當時社會造謠扯謊現象之普遍。《綢繆》是寫一個女子

在新婚之夜對男子表示的熱戀之情景：

> 綢繆束薪，三星在天。今夕何夕？見此良人！子兮子兮，
> 如此良人何！
>
> 綢繆束芻，三星在隅。今夕何夕？見此邂逅！子兮子兮，
> 如此邂逅何！
>
> 綢繆束楚，三星在戶。今夕何夕！見此粲者！子兮子兮，
> 如此粲者何！

女子在洞房，歡樂之極，而呼今夜不知是甚麼夜晚，得見良人於此。面對這一美男子，自己將如之何呢？是慶幸自己得到這樣一個可心的情人。《葛生》是一篇婦女悼念丈夫之詞：

> 葛生蒙楚，蘞蔓于野。予美亡此，誰與獨處！
> 葛生蒙棘，蘞蔓于域。予美亡此，誰與獨息！
> 角枕粲兮，錦衾爛兮。予美亡此，誰與獨旦！
> 夏之日，冬之夜。百歲之後，歸于其居！
> 冬之夜，夏之日。百歲之後，歸于其室！

面對牀上粲爛的角枕、錦衾，自己則獨守空房，悼念之情不言而喻。特別是在時光漫長的夏之日、冬之夜，獨居憂思，倍增愁緒。發誓但願生則同室，百年後死則同穴。《鄭箋》云：“婦人專一，義之至，情之盡。”所論極當。此外，《杕杜》寫一個孤獨無兄弟者，生活窮困，求助於人而不可得的哀傷。《羔裘》應是寫一個地位卑賤者對其貴族好友傲慢氣燄之不滿。《有杕之杜》則是寫一個女子對其所喜愛者的歡迎等等。這都是《唐風》中有意義的作品。

《秦風》亦十篇，其中《終南》所詠是終南山，乃寫周之遺民勸誡秦文公不要忘記這裏是周之領土。據《史記》卷五《秦本紀》記載：“周避犬戎難，東從雒邑，襄公以兵送周平王。平王封襄公爲諸

侯,賜之岐以西之地。曰:'戎無道,侵奪我岐、豐之地,秦能攻逐戎,即有其地。'與誓,封爵之……十二年,伐戎,而至岐,卒。生文公……十六年,文公以兵伐戎,戎敗走。於是文公遂收周餘民有之,地至岐,岐以東獻之周。"秦據有岐以西之地,是在敗戎之後,即文公十六年,也即公元前七五一年,又《黃鳥》是寫秦穆公以人殉葬之事。據《左傳・文公六年》記載:"秦伯任好(穆公名)卒,以子車氏之三子奄息、仲行、鍼虎爲殉,皆秦之良也。國人哀之,爲之賦《黃鳥》。"穆公卒於魯文公六年,即公元前六二一年。可見《秦風》亦皆西周之末至春秋時期之作。

《秦風》的特點是慷慨尚武,這與秦之社會環境也密切相關。《漢書》卷二十八下《地理志》云:"天水、隴西,山多林木,民以板爲室屋。及安定、北地、上郡、西河,皆迫近戎狄,脩習戰備,高上氣力,以射獵爲先。故《秦詩》曰'在其板屋',又曰'王于興師,脩我甲兵,與子偕行'。及《車鄰》、《駟驖》、《小戎》之篇,皆言車馬田狩之事。"即説明《秦風》之特點形成於秦地民俗土壤之中。如《小戎》是寫秦穆公帥士卒出征西戎之作:

> 小戎俴收,五楘梁輈,游環脅驅,陰靷鋈續,文茵暢轂,駕我騏馵。言念君子,温其如玉。在其板屋,亂我心曲。
>
> 四牡孔阜,六轡在手,騏駵是中,騧驪是驂,龍盾之合,鋈以觼軜。言念君子,温其在邑。方何爲期?胡然我念之。
>
> 俴駟孔群,厹矛鋈錞,蒙伐有苑,虎韔鏤膺,交韔二弓,竹閉緄縢。言念君子,載寢載興。厭厭良人,秩秩德音。

此爲從征士卒之妻子所作,抒發其對丈夫的懷念。每一章先寫軍容之盛,次寫思想丈夫之切。意謂雖然勇於抗敵乃理所應當,但久離故鄉,凱旋無期,怎不令人心煩意亂?顯示了複雜矛盾的心境。

《無衣》應是寫秦國幫助周天子抵禦外族入侵之作：

> 豈曰無衣？與子同袍。王于興師，脩我戈矛，與子同仇。
> 豈曰無衣？與子同澤。王于興師，脩我戈戟，與子偕作。
> 豈曰無衣？與子同裳。王于興師，脩我甲兵，與子偕行。

此爲出征的士兵所作，他表示只要君王起兵，自己便修整甲兵，與之同生共死，表現了同仇敵愾的精神。《黃鳥》是對秦國"三良"之哀悼：

> 交交黃鳥，止于棘。誰從穆公？子車奄息。維此奄息，百夫之特。臨其穴，惴惴其慄。彼蒼者天，殲我良人！如何贖兮，人百其身！
> 交交黃鳥，止于桑。誰從穆公？子車仲行。維此仲行，百夫之防。臨其穴，惴惴其慄。彼蒼者天，殲我良人！如何贖兮，人百其身！
> 交交黃鳥，止于楚。誰從穆公？子車鍼虎。維此鍼虎，百夫之禦。臨其穴，惴惴其慄。彼蒼者天，殲我良人！如何贖兮，人百其身！

這段史實，除上文所引《左傳·文公六年》的記載外，《史記》卷五《秦本紀》有同樣記載："三十九年，繆(通"穆")公卒，葬雍。從死者百七十七人，秦之良臣子輿氏三人名曰奄息、仲行、鍼虎，亦在從死中。秦人哀之，爲作歌《黃鳥》之詩。"此詩雖云挽"三良"，實則是揭露穆公殉葬制度之殘酷及其殺人之不忌。所謂"臨其穴，惴惴其慄"正見"三良"非自殺相從，而是慘遭活埋，是強迫納之於墳壙中的。詩歌描寫了一個驚心動魄的場面，對統治者的暴行表示強烈的控訴。《權輿》是一個沒落貴族自述悲傷：

於我乎夏屋渠渠，今也每食無餘。于嗟乎不承權輿。

於我乎每食四簋，今也每食不飽。于嗟呼不承權輿。

這個貴族留戀從前所住之廣廈，所吃之美餐，今天這一切都喪失了，當初的盛況得不到承襲。這可能是春秋時期世襲制遭破壞封建領主沒落下來的歷史變革的投影。以上這些都是記述秦國政治情況的詩歌，皆具慷慨悲壯的格調。此外，還有少數篇章純是抒情之作，如《蒹葭》是寫對理想中人之追求：

蒹葭蒼蒼，白露爲霜。所謂伊人，在水一方。溯洄從之，道阻且長。溯游從之，宛在水中央。

蒹葭淒淒，白露未晞。所謂伊人，在水之湄。溯洄從之，道阻且躋。溯游從之，宛在水中坻。

蒹葭采采，白露未已。所謂伊人，在水之涘。溯洄從之，道阻且右。溯游從之，宛在水中沚。

這個理想中人，可望而不可即，可求而不可得，然而詩人仍鍥而不舍。這一方面表現了詩人的頑強、執著精神，一方面升華了理想中人的思想品德。《晨風》應是寫一個棄婦之哀怨：

鴥彼晨風，鬱彼北林。未見君子，憂心欽欽。如何如何？忘我實多！

山有苞櫟，隰有六駮。未見君子，憂心靡樂。如何如何？忘我實多！

山有苞棣，隰有樹檖。未見君子，憂心如醉。如何如何？忘我實多！

此棄婦於久未見到丈夫時思念難忘，愁悶不樂，喪魂失魄，憂思日甚一日，而其丈夫如何將其忘得如此徹底呢？埋怨之情溢於言表。

另外,《駟驖》乃寫秦襄公之狩獵場面,《渭陽》寫秦穆公子太子罃送晉文公重耳回國之情景,《車鄰》寫秦君及時行樂的思想。這些都從不同角度反映出秦國統治者生活的一個側面。

《陳風》十篇,時代可考者僅《株林》一篇,此詩是詠夏南(即夏徵舒)之作。據《左傳·宣公九年》記載:"陳靈公與孔寧、儀行父通于夏姬,皆衷其衵服,以戲于朝。"又《宣公十年》記載:"陳靈公與孔寧、儀行父飲酒於夏氏。公謂行父曰:'徵舒似女。'對曰:'亦似君。'徵舒病之。公出,自其厩射而殺之。"靈公被夏徵舒殺於魯宣公十年,即公元前五九七年。那末此詩應作於陳靈公被殺之前。其他諸篇多不可考,大抵作於東周之後。《陳風》之内容特點是多寫男女愛情婚姻生活。這與陳地崇信巫風有關。《漢書》卷二十八下《地理志》云:"周武王封舜後嬀滿於陳,是爲胡公。妻以元女大姬,婦女尊貴,好祭祀,用史巫,故其俗巫鬼。《陳詩》曰:'坎其擊鼓,宛丘之下。亡冬亡夏,值其鷺羽。'又曰:'東門之枌,宛丘之栩。子仲之子,婆娑其下。'此其風也。"即從民風、習俗方面説明《陳風》特點之形成。那麼,我們就看看《宛丘》與《東門之枌》的具體描寫吧。《宛丘》云:

> 子之湯兮,宛丘之上兮。洵有情兮,而無望兮。
> 坎其擊鼓,宛丘之下。無冬無夏,值其鷺羽。
> 坎其擊缶,宛丘之道。無冬無夏,值其鷺翿。

這是寫一個女巫不顧嚴寒酷暑都在宛丘跳舞,爲人們祝禱的情景。詩人爲其舞容所傾倒,"洵有情兮,而無望兮",他真心地愛慕她,但卻没有希望。《東門之枌》也是寫同類内容:

> 東門之枌,宛丘之栩。子仲之子,婆娑其下。
> 穀旦于差,南方之原。不績其麻,市也婆娑。

　　　　穀旦于逝，越以鬷邁。視爾如荍，貽我握椒。

這是進一步寫由於陳地巫風極盛，影響所及，青年男女也多以歌舞
相樂。這個子仲氏之女兒，可能是個女巫，巫者以椒降神，"視爾如
荍，貽我握椒"，説明她在跳舞時把用以降神的花椒贈給意中之人。
又《月出》是一篇跳月舞歌：

　　　　月出皎兮，佼人僚兮。舒窈糾兮，勞心悄兮！
　　　　月出皓兮，佼人懰兮。舒憂受兮，勞心慅兮！
　　　　月出照兮，佼人燎兮。舒夭紹兮，勞心慘兮！

青年男女在月光之下邊跳邊唱，女子舞姿之輕盈、身段之窈窕，使
男子無限向往，並爲勞心幽思。全詩三章一韻到底，這種體裁在
《國風》中是少見的，而且其中二十一個字都有聲韻上的關係，音
調和諧動人。與此詩大旨相似之《澤陂》云：

　　　　彼澤之陂，有蒲與荷。有美一人，傷如之何！寤寐無爲，
　　　涕泗滂沱。
　　　　彼澤之陂，有蒲與蕳。有美一人，碩大且卷。寤寐無爲，
　　　中心悁悁。
　　　　彼澤之陂，有蒲菡萏。有美一人，碩大且儼。寤寐無爲，
　　　輾轉伏枕。

一個男子在澤邊看到一個美貌的女子，深深地愛上了她，但不知怎
麼辦才好。他日夜相思，至於涕泗滂沱、心中憂悶、伏枕不寐，然而
終於無可奈何！極寫其相思之深且久也。《東門之池》也是寫男
子對女子愛慕之歌：

　　　　東門之池，可以漚麻。彼美淑姬，可與晤歌。
　　　　東門之池，可以漚紵。彼美淑姬，可與晤語。

　　　　東門之池,可以漚菅。彼美淑姬,可與晤言。

這個男子於東門城池見到一個美女,希望與其相對而歌,進而願與
其相對説話,終至於做到與其相對談心。步步深入,節節進逼,表
現了這個男子之一往情深。《東門之楊》則是寫男女約會一方負
約而不至之詩:

　　　　東門之楊,其葉牂牂。昏以爲期,明星煌煌。
　　　　東門之楊,其葉肺肺。昏以爲期,明星晢晢。

男女雙方約定黄昏時候在東門相會,而一方卻長久不來,直等到啓
明星出現在東方,天將亮時,還不見人影。詩歌只用時辰的轉移來
表明時間之久,等待者那種急切無奈的心情自現。《防有鵲巢》是
寫男子擔心有人離間其與情人關係之詩:

　　　　防有鵲巢,邛有旨苕。誰侜予美? 心焉忉忉!
　　　　中唐有甓,邛有旨鷊。誰侜予美? 心焉惕惕!

這個男子質問道:是誰離間我所愛之人,使我陷入憂傷煩惱之中?
全詩八句,而表現詩之主旨者僅“誰侜予美”一句,簡截明快,意思
豁然,是另一種風格。
　　除了描寫男女戀愛婚姻生活之作外,還有一部分是描寫社會
政治狀況的詩。如《衡門》是寫安於貧賤的隱士的思想:

　　　　衡門之下,可以棲遲,泌之洋洋,可以樂飢。
　　　　豈其食魚,必河之魴? 豈其取妻,必齊之姜?
　　　　豈其食魚,必河之鯉? 豈其取妻,必宋之子?

這個隱士悠閒自樂而無所求,雖居住於簡陋之衡門,仍可以游
息,臨泌丘之泉水,還可供玩樂,不以吃不到黄河之魴鯉爲憾,
不以娶不到齊姜、宋子爲妻爲不榮耀。這應當是一個没落貴

族,此詩即表露了他自寬自慰的心理。《墓門》是諷刺一個品德敗壞的統治者:

　　墓門有棘,斧以斯之。夫也不良,國人知之。知而不已,
誰昔然矣。
　　墓門有梅,有鴞萃之。夫也不良,歌以訊之。訊予不顧,
顛倒思予。

這個當權者道德敗壞,是人們所共知的,人們以詩歌責罵他,他積習日久,不聽,也不改。到了動亂來臨,後悔卻來不及了。通篇敘事,於敘事中見諷刺。《株林》是諷刺陳靈公之淫於夏姬:

　　胡爲乎株林,從夏南? 匪適株林,從夏南!
　　駕我乘馬,說于株野。乘我乘駒,朝食于株。

詩歌並未正面說明陳靈公與夏姬的淫亂之事,只是說陳靈公到夏姬之子夏南的封邑株林去游玩,他駕着馬車停息於株林,在株林吃早飯,最後說然而他的本意不是找夏南,如此而已。言外之意找夏姬去了。詞婉而諷,揭露了陳靈公的可恥的行徑。

　　《檜風》僅四篇,其寫作年代當在檜被鄭所滅之前。據《國語》卷十六《鄭語》記載:"桓公爲司徒,甚得周衆與東土之人,問於史伯曰:'王室多故,余懼及焉,其何所可以逃死?'史伯對曰:'……其濟、洛、河、潁之間乎? 是(是四水也)其子男之國,虢、鄶爲大。虢叔恃勢,鄶仲恃險(謂此二國君依賴地勢險要而不脩德也),是皆有驕侈怠慢之心,而加之以貪冒。若君以周難之故,寄孥(妻也)與賄(財也)焉,不敢不許。周亂而弊,是驕而貪,必將背君。君若以成周之衆,奉辭伐罪,無不克矣。若克二邑(虢、鄶也),鄢、蔽、補、丹、依、𪌭、歷、莘,君之土也。'……公説,乃東寄孥與賄,虢、鄶愛之,十邑皆有寄地(寄止也)。"韋昭注:"後桓公之子武公,竟

取十邑之地而居之。"鄭桓公爲司徒在周幽王八年，即公元前七七四年。鄭武公即位在周平王元年，即公元前七七〇年。鄭滅檜雖無確切年代可考，但大致可以推斷是在西周之末、平王東遷之際。那麼《檜風》應爲西周末年所作。

《檜風》四篇所詠都與檜國的腐朽政治相關。如《羔裘》是寫檜君好修飾衣服，逍遥游宴，不理國政之事：

> 羔裘逍遥，狐裘以朝。豈不爾思？勞心忉忉！
> 羔裘翱翔，狐裘在堂。豈不爾思？我心憂傷！
> 羔裘如膏，日出有曜。豈不爾思？中心是悼！

檜君身着羊皮襖以翱翔游宴，穿狐皮袍以升堂上朝，先游宴後上朝，正見其不脩政事。檜君這種行爲，怎不令人憂傷呢！抒發了對檜君荒於朝政之不滿。《隰有萇楚》是寫在政治腐朽、賦稅繁重情況下，人們痛不欲生的情緒：

> 隰有萇楚，猗儺其枝。夭之沃沃，樂子之無知！
> 隰有萇楚，猗儺其華。夭之沃沃，樂子之無家！
> 隰有萇楚，猗儺其實。夭之沃沃，樂子之無室！

詩人以萇楚抒情，萇楚那種無知無覺、無家室之累而至於枝條柔美、花朵俊俏、果實累累的景象，誠堪羨慕，自愧弗如。俗謂"人生難得糊塗"正反映了一種憤世嫉俗的思想。《匪風》是感傷周王朝之衰微：

> 匪風發兮，匪車偈兮。顧瞻周道，中心怛兮！
> 匪風飄兮，匪車嘌兮。顧瞻周道，中心弔兮！
> 誰能亨魚？溉之釜鬵。誰將西歸，懷之好音。

詩人目睹周道往來之車馬，産生周室衰微之感，謂誰要到西方去，

我願慰之以好的信息。表現了深沉的悲悼情緒。《素冠》是贊美
檜人之能守喪禮的詩,意義不大,故從略。

《曹風》亦四篇,其中《候人》是刺曹共公之作,據《左傳·僖公
二十八年》記載:"晉侯將伐曹……三月丙午,入曹。數之以其不
用僖負羈,而乘軒者三百人也。"此應即《候人》詩中之"三百赤
芾"。魯僖公二十八年,即公元前六三二年,那麼此詩應作於這之
前。又《下泉》是贊美晉大夫荀躒納周敬王於成周之詩。此事見
於《左傳》昭公時期的記載,説明其發生在春秋之末年。可見《曹
風》皆作於春秋時期。

曹是小國,迫脅於大國之間,其統治者治國無方,又好奢侈而
任用奸佞之人,國家因而瀕於危亡。故《曹風》多諷刺貴族統治者
和憂念國家之作。如《蜉蝣》是咒罵曹之貴族只貪圖眼前的享樂
而無遠慮:

> 蜉蝣之羽,衣裳楚楚。心之憂矣,於我歸處。
> 蜉蝣之翼,采采衣服。心之憂矣,於我歸息。
> 蜉蝣掘閲,麻衣如雪。心之憂矣,於我歸説。

詩人把那些貴族比作朝生暮死的蜉蝣,他們只貪求奢侈富貴,而忘
記了生命之短促,更不爲國家前途着想,從而他擔心國家覆亡,自
己無所歸依。其所憤恨在貴族統治者,其所憂慮在國家社稷。《候
人》是諷刺那些貴族官僚之不稱其職:

> 彼候人兮,何戈與祋。彼其之子,三百赤芾。
> 維鵜在梁,不濡其翼。彼其之子,不稱其服。
> 維鵜在梁,不濡其味。彼其之子,不遂其媾。
> 薈兮蔚兮,南山朝隮。婉兮孌兮,季女斯飢。

詩人一方面指責那些貴族官僚不配穿貴族服裝,不應該受優寵,一

方面把同情寄託在小官吏身上，對他們荷戈負殳，勤於王事，幼女反遭飢餓表示不滿。詩歌描寫了當時社會兩種對立的不平現象。《下泉》是慨嘆周王朝之動亂並贊美荀躒平定這次動亂之功績：

> 冽彼下泉，浸彼苞稂。愾我寤嘆，念彼周京。
> 冽彼下泉，浸彼苞蕭。愾我寤嘆，念彼京周。
> 冽彼下泉，浸彼苞蓍。愾我寤嘆，念彼京師。
> 芃芃黍苗，陰雨膏之。四國有王，郇伯勞之。

春秋末年，周景王死，王子猛立，王子朝作亂，攻殺猛，尹氏立王子朝。其後晉文公派大夫荀躒攻王子朝，而立王子匄，是爲敬王。此詩所詠即這一歷史事件。詩歌之前三章是寫對周京動亂的憂慮，最後一章寫荀躒平定動亂，憂慮解除。前三章所寫，是爲了表現最後一章，即集中贊美了荀躒的功績。《鳲鳩》是歌頌貴族統治者用心專一之作，無多大意義。

“變風”、“變雅”中各有一部分以個人爲主體的抒情詩，是失勢、沒落之士子、貴族所作，抒發作者自己之不平和憤慨。這部分作品是不同於太史、公卿所作之“三頌”、“正風”、“正雅”以及人民集體創作的民歌之新體詩。如《大雅》中之《瞻卬》、《召旻》、《小雅》中之《節南山之什》和《國風》中之許多篇章皆然。這種個人抒情發憤之作，是西周末年、東周時期社會變革，政治腐朽，內憂外患的政治環境所產生的。發展到戰國，爲大詩人屈原所繼承。淮南王劉安在《離騷章句序》中說：“《國風》好色而不淫，《小雅》怨誹而不亂，若《離騷》者可謂兼之！”他認爲《離騷》兼具《國風》、《小雅》的傳統。所謂“《國風》好色而不淫”，當指《離騷》中求女一段。屈原用追求神女象徵追求賢君或賢臣，是他批判昏君佞臣的必然結果。所以，可以說整個《離騷》以及屈原全部作品都是《國風》、《小雅》中這部分新體詩的繼承和發展。

三、《詩經》之語言形式及其他

(一)詩句

早期之詩歌,其形式並不受句子長短之限制,完全是任其抒情、敘事之需要而成句。所謂四言、五言、七言等等,乃後人根據前人之創作總結出來的,初民原無意於專作某一類型之詩。《詩》三百篇絕大多數是四言句,此是本於當時之自然形態,並非凡作詩必須四言。綜合考察《詩經》之句式,以四言爲主,四言獨立成章,其間雜有二言至八言不等。兹分別敘述之。

二言:

　　《小雅‧魚麗》:"魚麗于罶,鱨鯊。"

　　《小雅‧祈父》:"祈(《尚書》作圻)父,予王之爪牙。"

　　《周頌‧維清》:"肇禋,迄用有成。"

《詩經》中二言句最少,僅此三例。

三言:

　　《周南‧螽斯》:"螽斯羽,詵詵兮。宜爾子孫,振振兮。"

　　《召南‧江有汜》:"江有汜,之子歸,不我以。"

　　《秦風‧車鄰》:"阪有漆,隰有栗。"

　　《小雅‧青蠅》:"營營青蠅,止于樊。"

　　《小雅‧庭燎》:"夜如何其?夜未央。"

　　《大雅‧公劉》:"篤公劉,匪居匪康。"

　　《魯頌‧有駜》:"振振鷺,鷺于下。鼓咽咽,醉言舞。"

　　《周頌‧桓》:"綏萬邦,婁豐年。"

《詩經》中這種三言句,約三十餘例。漢高祖唐山夫人所作之《房中歌》即本於此。《房中歌》凡十七章,其中四言者十三章,三言者三章,七言無全篇,與三言相雜者一章。歷史上三言詩之成章者,最早是《安世房中歌》,其淵源則出於《詩經》之三言句。

四言:

　　《周南·關雎》:"關關雎鳩,在河之洲。窈窕淑女,君子好逑。"

　　《召南·鵲巢》:"維鵲有巢,維鳩居之。之子于歸,百兩御之。"

　　《邶風·柏舟》:"汎彼柏舟,亦汎其流。耿耿不寐,如有隱憂。微我無酒,以遨以游。"

　　《小雅·皇皇者華》:"皇皇者華,于彼原隰。駪駪征夫,每懷靡及。"

　　《大雅·旱麓》:"瞻彼旱麓,榛楛濟濟。豈弟君子,干祿豈弟。"

　　《周頌·振鷺》:"振鷺于飛,于彼西雝。我客戾止,亦有斯容。在彼無惡,在此無斁。庶幾夙夜,以永終譽。"

《詩經》中四言句最多,而且大部分獨立成章,是《詩經》的基本句式,形成所謂四言詩。漢高祖唐山夫人所作《房中歌》之十三章四言詩,皆源於此。影響所及產生了曹操《觀滄海》、《龜雖壽》、《短歌行》,嵇康《贈秀才入軍》,陶淵明《停雲》、《榮木》、《酬丁柴桑》、《勸農》諸作。

五言:

　　《鄭風·女曰雞鳴》:"知子之來之,雜佩以贈之!知子之順之,雜佩以問之!知子之好之,雜佩以報之!"

　　《魏風·十畝之間》:"十畝之間兮,桑者閑閑兮。行與子還兮！十畝之外兮,桑者泄泄兮。行與子逝兮！"

《檜風·素冠》:"庶見素冠兮,棘人欒欒兮。勞心博博兮！"

《小雅·北山》:"或燕燕居息,或盡瘁國事。或息偃在牀,或不已于行。"

《大雅·緜》:"虞芮質厥成,文王蹶厥生。予曰有疏附,予曰有先後,予曰有奔奏,予曰有禦侮。"

《召南·行露》:"誰謂雀無角,何以穿我屋？誰謂女無家,何以速我獄？"

《衛風·木瓜》:"投我以木瓜,報之以瓊琚。"

《小雅·天保》:"如松柏之茂,無不爾或承。"

《小雅·斯干》:"唯酒食是議,無父母詒罹。"

《大雅·板》:"民之方殿屎,則莫我敢葵。"

其中之上五例爲獨立成章者,是《詩經》中所僅有。下五例爲雜於其他諸言之間者,在《詩經》中數量很多,不勝枚舉。這類五言句影響於後世者極大。劉勰《文心雕龍》卷二《明詩篇》云:"五言流調,則清麗居宗。"作爲我國詩歌中堅之五言詩的形成,與《詩經》中之五言句有密切關係。

六言:

《周南·卷耳》:"我姑酌彼金罍,維以不永懷。"

《邶風·北門》:"王事適我,政事一埤益我。我入自外,室人交徧讁我。"

《鄭風·褰裳》:"子不我思,豈無他人。狂童之狂也且。"

《魏風·園有桃》:"不知我者,謂我士也罔極。"

《豳風·七月》:"五月斯螽動股,六月莎雞振羽。"

《豳風·鴟鴞》："迨天之未陰雨，徹彼桑土。"

《小雅·雨無正》："謂爾遷于王都，曰予未有家室。"

《小雅·小旻》："如匪行邁謀，是用不得于道。"

《大雅·蕩》："女炰烋于中國，斂怨以爲德。"

《詩經》中六言句也很多，約五十餘例。其影響於後世者，有孔融之《六言詩》三首，曹丕之《董逃行》、《黎陽作詩》、《寡婦詩》、《令詩》等作産生。

七言：

《鄘風·桑中》："期我乎桑中，要我乎上宮，送我乎淇之上矣。"

《鄭風·緇衣》："適子之館兮，還予授子之粲兮。"

《齊風·還》："子之還兮，遭我乎猕之間兮。"

《齊風·著》："俟我於著乎而，充耳以素乎而，尚之以瓊華乎而。"

《魏風·伐檀》："不稼不穡，胡取禾三百廛兮。"

《豳風·七月》："二之日鑿冰冲冲，三之日納于凌陰。"

《小雅·鹿鳴》："我有旨酒，以燕樂嘉賓之心。"

《小雅·小旻》："如彼築室于道謀，是用不潰于成。"

《大雅·召旻》："維昔之富不如時，維今之疚不如兹。"

《周頌·我將》："儀式刑文王之典，日靖四方。"

《周頌·敬之》："日就月將，學有緝熙于光明。"

《周頌·小毖》："予其懲而毖後患，莫予荓蜂。"

《詩經》中七言句比較少，約二十例。但其影響於後代詩歌也極大。古人認爲《柏梁臺詩》是七言詩之始，顧炎武雖考證其爲僞作（見《日知録》卷二十一），然其來源出處應當其爲古老，《詩經》中七言句應即其源。至西漢出現了董仲舒之《七言琴歌》、劉向之《七言》，東漢則出現了七言歌謠和七言鏡銘等，其後形成了與五言詩並駕齊驅的七言詩。

八言：

> 《王風·黍離》："知我者謂我心憂，不知我者謂我何求。"
> 《魏風·伐檀》："不狩不獵，胡瞻爾庭有縣狟兮。"
> 《豳風·七月》："九月在戶，十月蟋蟀入我床下。"
> 《小雅·十月之交》："天命不徹，我不敢傚我友自逸。"

《詩經》中八言句很少，僅此數例。其對後代的影響也極少。

據《藝文類聚》卷五十六引晉摯虞《文章流別論》云："古之作詩者……有三言、四言、五言、六言、七言、九言。古詩率以四言爲體，而時有一句兩句雜在四言之間，後世演之，以爲篇。古詩之三言者，振振鷺，鷺於飛之屬是也。漢郊廟歌多用之。五言者，誰謂雀無角，何以穿我屋之屬是也。於俳諧倡樂多用之。六言者，我姑酌彼金罍之屬是也。樂府亦用之。七言者，交交黃鳥止於桑之屬是也。於俳諧倡樂世用之。九言者洞酌彼行潦挹彼注茲之屬是也。不入歌謠之間，故世稀爲之。"其論叙頗全面，但以"洞酌彼行潦挹彼注茲"爲一句，當有誤。實則此句語氣應在"潦"字處一逗，故不能看作是九言。總之，《詩經》中之詩句，最少者爲二言，最多者爲八言，一言不成句，故無一言詩。《詩經》中諸種語言句式對後世各種詩體的形成都產生很大的影響。當時只是單句，後世演之，遂以成篇。

（二）語言

古代之詩歌以長言詠嘆見長，不像今天之急管繁弦。這就形成了《詩經》語言之特點，即多用重言和雙聲疊韻。其用重言者

例如:

《周南·關雎》:"關關雎鳩。"

《鄘風·君子偕老》:"委委佗佗。"

《衛風·淇奧》:"綠竹猗猗。"

《王風·黍離》:"行邁靡靡。"

《小雅·伐木》:"伐木丁丁。"

《小雅·采薇》:"楊柳依依。"

《大雅·緜》:"周原膴膴。"

《大雅·大明》:"檀車煌煌。"

這類例子非常之多,不勝其舉。此外,還有雖僅一言,卻仍含有重言之意思在。如:

《衛風·氓》:"咥其笑矣。"《毛傳》:"咥咥然笑。"

《王風·中谷有蓷》:"條其歗矣。"《毛傳》:"條條然歗也。"

《陳風·宛丘》:"坎其擊鼓。"《毛傳》:"坎坎,擊鼓聲。"

《大雅·韓奕》:"爛其盈門。"《鄭箋》:"爛爛,粲然鮮明且眾多之貌。"

這類例子也很多。重言之用,不僅有字義上的意義,更重要的是有樂章音節上的作用,演唱或吟詠時,能使節奏舒緩而悠揚。

其用雙聲疊韻者,例如雙聲:

《周南·關雎》:"參差荇菜。"

《召南·行露》:"厭浥行露。"

《邶風·谷風》:"黽勉同心。"

《邶風·擊鼓》:"踴躍用兵。"

《鄘風·蝃蝀》:"蝃蝀在東。"

《衛風·氓》:"泣涕漣漣。"

《豳風·七月》:"二之日栗烈。"

《豳風·東山》:"町畽鹿場。"

《大雅·生民》:"誕實匍匐。"

《大雅·雲漢》:"饑饉薦臻。"

又如疊韻:

《周南·卷耳》:"我馬虺隤。"

《召南·羔羊》:"委蛇委蛇。"

《邶風·新臺》:"籧篨不鮮。"

《邶風·燕燕》:"差池其羽。"

《齊風·載驅》:"齊子豈弟。"

《唐風·綢繆》:"綢繆束薪。"

《陳風·衡門》:"可以棲遲。"

《檜風·隰有萇楚》:"猗儺其枝。"

又雙聲兼疊韻:

《邶風·凱風》:"睍睆黃鳥。"

《小雅·車舝》:"閒關車之舝兮。"

有雙聲在二、四字者:

《衛風·淇奧》:"如切如磋。"

《小雅·角弓》:"如蠻如髦。"

《大雅·生民》:"于豆于登。"

《大雅·公劉》:"廼積廼倉。"

《周頌·敬之》:"日就月將。"

有雙聲在一、三字者：

> 《小雅·瓠葉》：“炮之燔之。”
>
> 《小雅·常棣》：“儐爾籩豆。”

有疊韻在二、四字者：

> 《邶風·擊鼓》：“爰居爰處。”
>
> 《小雅·賓之初筵》：“載號載呶。”
>
> 《小雅·黍苗》：“我徒我御。”
>
> 《周頌·我將》：“我將我享。”
>
> 《商頌·殷武》：“是斷是遷。”

有疊韻在一、三字者：

> 《王風·中谷有蓷》：“啜其泣矣。”
>
> 《齊風·甫田》：“婉兮孌兮。”
>
> 《豳風·鴟鴞》：“恩斯勤斯。”
>
> 《小雅·鴛鴦》：“摧之秣之。”

《詩經》之語言用雙聲疊韻者很多，而且變化多端，這裏只就其主要方面論列之，以見其富於節奏感和音調美。

《詩經》之語言基本上是四言句。但《雅》、《頌》與《國風》也有所不同，《雅》、《頌》保持着嚴整的四言體，絶少長短句。偶爾有三言、四言、五言、六言、七言、八言雜於其中，也不能看作是長短句。《國風》則長短句比較多，如《邶風·式微》：

> 式微式微，胡不歸？微君之故，胡爲乎中露？

《魏風·汾沮洳》：

> 彼汾沮洳，言采其莫。彼其之子，美無度；美無度，殊異乎

公路。

這是很典型的例子。此外,如《王風》之《君子陽陽》、《揚之水》、《兔爰》,《鄭風》之《緇衣》、《大叔于田》、《溱洧》,《齊風》之《著》、《盧令》,《魏風》之《伐檀》,《唐風》之《山有樞》、《無衣》、《葛生》,《秦風》之《權輿》等,都是這類長短句之詩歌,而在《雅》、《頌》中絕少見。

又《國風》中采用了很多語氣詞,如"兮""之""止""思""乎""而""矣""也"等,這類語氣詞在《雅》、《頌》中也出現過,但不像《國風》那樣多。《國風》中采用語氣詞的例子如《鄘風·君子偕老》:

> 玼兮玼兮,其之翟也。鬒髮如雲,不屑髢也。玉之瑱也。象之揥也。揚且之皙也。胡然而天也?胡然而帝也?

《齊風·猗嗟》:

> 猗嗟昌兮,頎而長兮,抑若揚兮,美目揚兮,巧趨蹌兮,射則臧兮。

《齊風·南山》:

> 葛屨五兩,冠緌雙止。魯道有蕩,齊子庸止。既曰庸止,曷又從止?

這些都是句句用語氣詞的例子,而且都用在語尾。此外,則有的用於句首,有的用於句中,有隔字用,如"其虛其邪",有的兩個語氣詞連用,如"俟我於著乎而"、"上慎旃哉",有的三個語氣詞連用,如"亦已焉哉"、"于嗟乎不承權輿",等等。其用法多種多樣,極盡變化。這種對語氣詞的驅遣妙用,增強了詩歌的形象性和生動性,以至於能達到傳神的境地。這是《雅》、《頌》所不及的。

《雅》、《頌》和《國風》在語言上這種不同和變化，反映了當時社會的變化。《大雅》、《小雅》和《商頌》、《周頌》都是西周或其以前所作，《國風》除了《周南》、《召南》、《豳風》諸國風之外，大部分是春秋時期所作。西周時貴族階級所推崇和演奏者都是"雅樂"，講求威儀典重，到了東周，貴族階級開始沒落，地主階級逐漸興起，隨之社會上便出現了"新聲"。這種"新聲"在形式上擺脫了典禮歌的束縛，要求自由奔放，用更接近口語的語言表達思想情感。這種"新聲"興起於春秋時期，到戰國便取代"雅樂"的地位而成為主流。所以，《雅》、《頌》和《國風》在語言上之不同，反映了從封建領主到封建地主的遞代變化。

（三）詩歌之作者

《詩經》中之詩歌，大部分是士大夫所作，真正民間的歌謠很少。《國語》卷一《周語上》記載邵公云："為民者宣之使言，故天子聽政，使公卿至于列士獻詩。"又《國語》卷十二《晉語》記載范文子云："在列（位也）者獻詩，使勿兜（惑也）。"所謂"列士"，即指一般士大夫；所謂"在列者"，也包括一般士大夫。可見當時采詩，主要采自士大夫。

從詩歌反映的實際生活看，像《周南》中之《關雎》寫的是男女結婚時所用之琴、瑟、鐘、鼓，《葛覃》寫的是婦女"歸寧"時要告訴"師氏"，《樛木》寫的是新婚女子祝賀男子"福履綏之"，《兔罝》寫的是"武夫"為"公侯干城"，《召南》中之《鵲巢》寫的是女子出嫁時"百兩御之"，《采蘩》寫的是女子采蘩為"公侯之事"，《羔羊》寫的是眾官吏"退食自公"，《小星》寫的是小官吏之"夙夜在公"，等等。這些都不是勞動人民的生活。

從詩歌反映的思想感情看，像《小雅》中之《十月之交》描寫了對西周末年自然災害給人民造成的苦難之不滿，《北山》是傾訴了

"士子"對勞逸不均現象之怨恨。《國風》中之《考槃》是申述隱逸
之樂趣,《兔爰》、《隰有萇楚》是抒發悲觀厭世之思想,《園有桃》是
寫"士"以長歌當哭,《蟋蟀》是寫人生應及時行樂,《蒹葭》是寫對意
中人的追求,《衡門》是寫"士"之安貧樂道,《蜉蝣》是寫人生短促之
慨嘆,等等。這些也都不是勞動人民的思想感情。

　　當然,《詩經》確有一部分是民間歌謠,像《伐檀》、《碩鼠》、
《鴇羽》等等,從其思想意識看,應是勞動人民所作。但也大都爲
士大夫所潤飾,至少在配樂時爲樂師修潤過。因爲這些詩歌在描
寫技巧上所達到的高度,不是當時普通勞動者所能做到的,而應當
是有相當高文化修養的士大夫。例如《文選》卷二十七所載曹丕
《燕歌行二首》其二,共十三句,但在《宋書》卷二十一《樂志》中即
敷演爲十六句,成六解,而且調換了詩句的前後次序,增加並改變
了一些章節。又《文選》卷二十三所載曹植《七哀詩》,爲十六句,
但在《宋書》卷二十一《樂志》中則敷演爲二十八句,成七解,不但
增加了章節,而且詞句之間也有所變動。這都是爲了合樂的需要,
說明詩歌爲合樂必然要有所增删。準此,則《周南·芣苢》被認爲
是勞動婦女所唱之歌謠。全詩三章,十二句,結構語言完全相同,
只將"采"字換作"有"、"掇"、"捋"、"袺"、"襭"諸字。這類例子很
多。又《衛風·氓》是一篇民間歌謠,篇幅很長,然分六章,章十
句;《陳風·澤陂》是一篇男子求偶之作,篇幅短小,分三章,章六
句。這類例子也很多。這,全是爲了合樂。這種換字和分章斷句,
其間必有樂師的增删、潤飾。所以說,《詩經》中之詩歌大部分是
士大夫所作,雖然也有一部分民間歌謠,但都是經過文人、樂師修
潤、加工,已非本來面目了。

　　總之,西周是封建社會形成之初期,由於施行封建宗族制度,

生産得到長足的發展,社會相對比較安定。文化思想由商朝的重巫,轉變爲重史。史官既記事也作詩,因此出現了《周書》中"誥""誓"一類散文和三百篇(其中不少是史官所作)之四言詩。這類作品之内容不再像商朝之惟天命是從,而是敬天命重人事,其形式則古奥典雅,條理細密。《論語》卷二《雍也》記載孔子説:"質勝文則野,文勝質則史。"即説明史官之作,多精心文飾。這類詩歌之内容《頌》則祭祀宗廟,《雅》則美刺時政,《風》則吟詠性情,然則都反映了周朝之社會、政治、道德和風尚,其形式基本上是四字句,並多用重言和雙聲疊韻,成爲文學價值很高之作品。其所表現之美刺原則和所采用之比興手法,成爲其後兩千多年人們創作詩歌所遵循的準則。

第五章　東周之文學

　　西周滅亡，平王東遷至洛邑，王室衰微。諸侯兼併，打破了王室獨尊的局面，出現了一些大國；諸侯大夫兼併，打破了公室獨尊的局面，出現了一些强宗。周王朝即依賴這些大國、强宗得免於覆亡。《國語》卷二《周語中》云：

　　　　凡我周之東遷，晉鄭是依。

又《國語》卷十《晉語》云：

　　　　吾先君武公(指鄭)與晉文侯戮力一心，股肱周室，夾輔平王。

鄭、晉是當時之大諸侯，由于他們的維護，周天子纔得遷都洛邑。這説明周王朝不亡的原因之一是諸侯的扶助。

　　平王東遷之後，隨着農業生産力的提高，商業在各諸侯國之間也蓬勃發展。商業的發展，就需要交易的媒介物，貨幣因此産生。《國語》卷三《周語下》記載，景王二十一年將鑄大錢，單穆公諫曰：

　　　　古者天災降戾，於是乎量資幣、權輕重，以振救民。民患輕，則爲之作重幣以行之，於是乎有母權子而行，民皆得焉。若不堪重，則多作輕而行之，亦不廢重，於是乎有子權母而行，小大利之。今王廢輕而作重，民失其資，能無匱乎……且絶民用以實王府，猶塞川原而爲潢污也，其竭也無日矣。

單穆公不瞭解社會發展的需要，以固有的觀念看待新事物，所以持反對態度。事實上錢幣的産生，給人們以很大的便利，《左傳》稱之爲"民便"，可謂一語破的。由於商業的發展，商人在社會上的地位也十分顯赫，能够交通諸侯卿相，起着左右政局的作用。《左傳·昭公十六年》記載鄭子産云：

> 昔我先君桓公與商人皆出自周……世有盟誓，以相信也，曰："爾無我叛，我無强賈，毋或匄奪，爾有利市寶賄，我勿與知。"

鄭子産的話，説明鄭商人與鄭君的密切關係，他們訂立盟約：鄭君不侵犯商人的利益，商人不遷移到別國去。而鄭與其商人都出於周，指鄭始封之君桓公乃周厲王之少子，幽王之亂，桓公自西都畿内棫林之地，遷至今河南新鄭市，並與商人俱。因此，鄭君對商人之依賴情况，也可以説明周對商人的依賴情况。那麽，我們可以説周朝不亡的原因之二是依賴商人的力量。

東周時期與西周之比較安定不同，而是處於劇烈的動蕩之中，在動蕩中孕蘊着各階級、階層的變化。最主要的是宗子世襲的宗族土地所有制向個人私有的家族土地所有制的轉變，開始出現了家族制度的地主階級，因之此時的政治、經濟、文化也逐漸爲這個階級所支配。

第一節　東周新舊制度之演變

一、税畝、田賦制之出現

東周時期，由於諸侯、宗族之兼併，出現了大國、强宗。西周時所實行的井田制，這時已經不能適應戰爭頻繁、軍費龐大的需要，

稅畝制便相應的産生了。所謂"稅畝"，即按田畝之多少徵稅。據
《左傳・宣公十五年》記載：

> 初稅畝，非禮也。穀出不過藉，以豐財也。

《左傳》的作者以保守的觀點看問題，認爲施行"初稅畝"與舊制度
不合，按舊制度，國君只能收公田所産之穀物。其實魯國實行稅畝
制，是對古代土地制度之重大改革，即承認土地私有權。魯國既實
行稅畝制，可以想象，其他諸侯國之土地制度也不會不變。齊桓公
即廢除了公田。隨着公田之廢除，同時私田也就不復存在了。

田地既按畝收稅，農田面積大小不同，自然便不能像公田制那
樣繳納相同之軍賦。如《左傳・成公元年》即記載：

> 爲齊難故，作丘甲。

魯國爲了防禦齊國之入侵而作丘甲。"丘"爲地方組織之名。"丘
甲"即一丘出軍賦若干，丘中之人按所耕田數公攤。又《左傳・哀
公十二年》記載：

> 十二年春王正月，用（以）田賦。

這裏的田賦，即指丘賦，按田畝徵發軍賦。

魯國這種對田賦制之改革，也必然影響到其他諸侯國。楚國
令尹子木即按土田定軍賦，據《左傳・襄公二十五年》記載：

> 蒍掩書土田……量入修賦，賦車籍馬，賦車兵、徒兵、甲楯
> 之數。

即根據收入多少徵集軍賦。鄭國子産也改革田賦，《左傳・昭公四
年》記載：

> 鄭子産作丘賦。

這都説明魯國所實行之田賦，其他各國相繼采用，成爲當時普遍的
賦税制度。税畝、田賦制度之實行，封建領主只向土地占有者徵收
税和賦，並不干涉他們對土地的買賣。如此則民間土地兼併便成
爲公開的現象，貧與富劇烈分化。占土地多者，開始形成爲地主階
級，占土地少或失掉土地者，開始形成爲農民階級。

二、農、工、商業之發展

這種土地所有制之變化，由於鐵制農具的出現而加速了。鐵
制農具爲深耕田地、開闢草萊創造了十分有利的條件。春秋中葉
齊靈公時的叔尸鐘銘文中有"造戠徒四千"之句，"戠"應是鐵字之
初形或省文。可見齊靈公已經有采鐵冶煉的官徒了。即春秋之
末，鐵已經被用來製作各種器具。據《管子》卷二十二《海王》篇
記載：

> 今鐵官之數曰："一女必有一鍼一刀……耕者必有一耒一
> 耜一銚……行服連（輦名）、軺、輂者必有一斤一鋸一錐一鑿，
> 若（猶然後）其事立。不爾而成事者，天下無有。

這説明用鐵制作各種工具，對促進社會生産發展的重要意義。農
業生産力的提高，使農產品比過去更豐富了，因而剩餘的生産物也
相應地增多。這就刺激了封建統治者的奢侈享受慾。當時之諸侯
卿大夫除了飲食講究外，還要精製各種供玩賞的器物，這也促進了
手工業的發達。我們從已出土的代表周文化的青銅器制作之精巧
玲瓏、工細輕便看，可以得到有力的證明。諸侯卿大夫並不滿足於
本國的物質享受，還渴求他國的珍奇寶物，這又促進了各國間商業
的發展。東周王朝之重視工商業，史書記載很多，如《史記》卷六
十九《蘇秦列傳》云：

> 周人之俗,治産業,力工商,逐什二以爲務。

蘇秦是東周時人,這裏所說正是東周之史實。由於重視工商業,齊桓公、晉文公纔得稱霸。齊桓公任用管仲爲相,改革内政,分全國爲二十一鄉。據《國語》卷六《齊語》記載:

> 制國以爲二十一鄉:工商之鄉六,士鄉十五(《管子》卷八《小匡》作"士農之鄉十五")。

其中工商六鄉,士農十五鄉。平時農夫耕田,士食田,戰時都要服兵役。工商免服兵役,得專心本業。這種對工商業之優待,促使工商業更發達了。管仲又設鹽官煮鹽,並以此鼓勵商人。《國語》卷六《齊語》記載:

> 通齊國之魚鹽于東萊,使關市幾而不征,以爲諸侯利。

對往來鹽商只稽查不徵稅,所以利諸侯。這對鹽商也是一種優待。齊國還通過工商業品,傾覆他國。《國語》卷六《齊語》又記載:

> 皮幣玩好,使人鬻之四方,以監(觀也)其上下(君臣也)之所好,擇其淫亂者先征之。

這就是以工商業品作爲征服別國的政治手段了。齊國之所以能稱霸諸侯並長期保持强國的地位,關鍵在於重視發展工商業。

晉文公也重視工商業的發展。他治國之方法,據《國語》卷十《晉語》記載:

> 輕關易道,通商寬農……利器明德,以厚民性。

即減輕關稅,平治道路,方便商旅,不奪農時,工肆利器,加强教育。如此,則國内經濟基礎穩固,國勢因而强大。由於重視工

商業,大商人的地位提高了,《國語》卷十四《晉語》記載叔向之言云:

> 夫絳(晉都)之富商……而能金玉其車,文錯其服,能行諸侯之賄(言其財賄足以交於諸侯)。

這些大商人乘金鑲玉飾之車,著文綉華彩之衣,以交通諸侯卿大夫。這都說明家族制商人地主階級之興起,相應的領主制則逐漸衰亡了。這種家族制商人地主階級之不斷發展、壯大,到戰國時期便成爲秦併六國的社會基礎。

三、世卿制度之破壞與士階層之産生

西周以來,維持國政的是世卿制度,即世襲的由卿大夫把持國家政權。到東周後半期,隨着王室的衰微,這種制度開始瓦解了。當時一般平民也可以憑自己的學識才能升官拜相,蘇秦、張儀、范雎等皆身爲平民,終於成爲各諸侯國卿相之事實,便是這種現象之生動說明。世卿制度之破壞,促進了知識文化傳播於平民。這之前,知識文化爲貴族所壟斷,如《左傳·閔公二年》記載:"初,(閔)公傅奪卜齮田,公不禁。"其時閔公才八九歲,即就讀於傅。又《國語》卷十《晉語》記載:"文公學讀書於臼季。"文公即位之後,即從臼季學習。又《左傳·桓公二年》記載:"靖侯之孫欒賓傅之。"晉封桓叔於曲沃時,以欒賓爲其師。這些學生和教師都是大貴族,說明當時之知識文化爲貴族所專有。這之後,私家講學開始,我國文化之光芒才得照耀於陋巷之民,士作爲一個階層也隨之産生了。

"士"在春秋之前主要指武士,即車戰之甲士。春秋之末,出現了專門以思想、教育爲職業的文士。孔子即這類文士之代表。孔子是從舊貴族中没落下來的人物,他一生是以教授學生、收取學

費爲生。《論語》卷四《述而》記載孔子云：

> 自行束脩以上，吾未嘗無誨焉。

此即所謂"有教無類"。孔子這種做法，擴大了受教育者的領域。又《史記》卷四十七《孔子世家》記載：

> 孔子以詩書禮樂教，弟子蓋三千焉，身通六藝者七十有二人。

這三千弟子中，除了子貢爲富商，孟獻子爲貴族外，其餘皆貧困之士。可見孔子在培植貧困士階層方面的重要作用。況且不但孔子自己招收門徒、傳授六藝，他的弟子也是這樣做的。《史記》卷六十七《仲尼弟子列傳》記載：

> 孔子既没，子夏居西河教授，爲魏文侯師。
> 澹臺滅明……既已受業，退而修行……南游至江，從弟子三百人。

孔子弟子及再傳弟子如此之多，並身受六藝之教，便形成了社會上一個有力的"士"階層。對這一階層之形成起重要作用者，還有少正卯、墨子等。關於少正卯，《論衡》卷十六《講瑞》記載：

> 少正卯在魯與孔子並，孔子之門，三盈三虚。

少正卯與孔子同時講學，孔子的弟子曾三次跑到少正卯那裏聽講。說明少正卯的學說也很有吸引力。

關於墨子，《吕氏春秋》卷二《當染》記載：

> 桓王使史角（周之史官）往，惠公止之。其後在於魯，墨子學焉。此二士者（指孔子、墨子）……皆死久矣，從屬彌衆，弟子彌豐，充滿天下。

墨子就學於周之史官,並且自己也講學授業,其門徒之多,足與孔子抗衡,甚或超過孔子。這種普遍的私家講學風氣,促進了文化的傳播,產生了許多有政治、軍事才能之士。孔子對"士"有一段很重要的評價。《論語》卷七《子路》記載:

> 子貢問曰:"何如斯可謂之士矣?"子曰:"行己有恥,使於四方,不辱君命,可謂士矣。"曰:"敢問其次。"曰:"宗族稱孝焉,鄉黨稱弟焉。"曰:"敢問其次。"曰:"言必信,行必果,硜硜然小人哉!抑亦可以爲次矣。"

孔子把士的身份提得如此之高,以至於把他們看作某種道德標準的象徵,說明士在當時社會中地位的重要。士階層之形成,是當時社會關係的新變化。正是在這一士階層中產生了我國古代的許多思想家、文學家。

四、儒、墨、道三家思想之形成

周代文化之傳播集中於三個地區,即東周王國、宋和魯。東周王城是京都所在,宋是殷商之後裔,魯是周公之舊封,都是保存商周文化最多的地區。公元前五二〇年,周景王死,其長庶子子朝聯合一些失職舊官僚、百工與靈王、景王之子孫,共同起兵爭奪王位。戰爭進行了四年,子朝兵敗。據《左傳·昭公二十六年》記載:

> 王子朝及召氏之族、毛伯得、尹氏固、南宮嚚奉周之典籍以奔楚。

王子朝率召氏、毛氏、尹氏、南宮氏諸舊宗族,攜帶王室全部典籍逃奔楚國之事,說明從此楚國取東周王國的地位而代之,與宋、魯形成三個文化中心。在這三個文化中心,魯國形成了孔子的儒家學說,宋國形成了墨子的墨家學說,楚國形成了老子的道家學說。

　　孔子是從封建領主階級到封建地主階級的過渡性人物，因此他的學說既有積極進步的方面，也有消極落後的方面。他的最高政治理想是"道之以德，齊之以禮"（《論語》卷一《爲政》）。德指仁愛，禮指等級。他主張爲政必須以仁愛爲基礎，但仁愛必須有等次，即統治階級所規定的一切封建秩序，如尊卑、貴賤、親疏、長幼、男女差别等，用以區别人與人之間的相互關係。這種等次觀念，是孔子學說的根本内容，是維護封建等級制度的。

　　墨子是庶民階級的代表人物，他自謂"農與工肆"之人，即財產小私有者。《墨子》卷十二《貴義》記載楚人穆賀稱墨子之言論是"賤人之所爲"。《荀子》卷七《王霸》中批評墨子是"役夫之道也"。都説明他的學說是代表庶民階級的觀點。他的生活理想是"飢者得食，寒者得衣，勞者得息"（《墨子》卷九《非命下》）。他的根本思想是講"兼愛""非攻"。這種主張的實質是反對侵犯財產私有權，要求互相尊重私有權。

　　老子是沒落領主階級的代表人物，其著作完成的年代應不至晚於戰國之初。他講論"人君南面之術"，力圖用清靜無爲之手段治民。他主張"愚民"，提倡"絶聖棄智"、"絶仁棄義"（《老子》第十九章），以此來求得社會的安定。他的學說之精神，不是積極前進的，而是消極阻止前進或維持原狀，甚至是倒退的。這正是沒落領主階級思想的反映。

　　這三家進一步發展，便産生了旁支别派。從儒家中産生了陰陽家。司馬遷在《孟子荀卿列傳》中把鄒衍附於孟子之後，即説明陰陽家與儒家之淵源關係。不管陰陽家的學說"其語閎大不經"，何等玄妙，"然要其歸，必止乎仁義節儉"，其學說之核心仍屬儒家。不同的是他們强調"五德"，即"五行"。這種包含着"五行"意味的學說，孟子已開其端緒，《孟子》卷八《離婁下》云："君子之澤五世而斬,小人之澤五世而斬。"又其卷四《公孫丑下》云:"五百年必有王者興。"即這種陰陽五行家學説之表現。

從墨家中産生了名家。《莊子》卷十《天下》篇記載墨子之徒"相謂别墨",互相指責對方違背墨子之教義,而自稱"鉅子",聲明自己是真墨派。正是從這類墨家的别派中産生了名家。據《晉書》卷九十四《隱逸傳》記載魯勝之《墨辯叙》云:"墨子著書,作辯經以立名本。惠施、公孫龍祖述其學,以正刑名顯于世。"實際上惠施、公孫龍學説之基本内容仍是墨家的"非攻""尚同"。當然,名家也吸收了道家某些思想因素,道家也講"名",但它主要是墨家的别派。

從道家中産生了法家。道家講"術",法家也講"術"。韓非子十分推崇老子,其書多引用老子之《道德經》,《解老》、《喻老》兩篇,闡發道德本意,極其詳備。這都説明法家是道家之旁支。當然,墨家也講"法",但法家之學説是明顯出於道家。

總之,東周經濟的變化,影響到政治、階級關係的變化。影響到思想領域,則形成了儒、墨、道三大派,此三大派進一步發展,派生出陰陽五行家、名家和法家。

第二節　儒家經傳中之散文與韻文

所謂儒家經傳,指《易》、《書》、《詩》、《禮》、《樂》、《春秋》、《左氏傳》、《公羊傳》、《穀梁傳》、《論語》諸書。對這些經傳的評價,近代以來有兩種完全相反的意見:一種認爲"經"極其神秘,是聖賢遺教,不可冒犯;一種認爲"經"是封建文化,記載的是封建道德,應該徹底否定。這兩種意見都是不正確的。我們認爲"經"是我國古代極其珍貴的文化遺産,它在我國整個封建社會的政治生活和精神生活中具有重要作用,對我國整個封建時代文學的産生、發展,發揮着積極的影響。《文心雕龍》卷一《宗經》有明確的論述:

> 故論説辭序,則《易》統其首;詔策章奏,則《書》發其源;賦頌歌贊,則《詩》立其本;銘誄箴祝,則《禮》總其端;紀傳銘檄,則《春秋》爲根:並窮高以樹表,極遠以啓疆,所以百家騰躍,終入環内者也。

《顔氏家訓》卷上《文章篇》也持同樣的見解,認爲“文章者,原出五經”。他們的意見雖然未免拘泥,但確是道出了古代文學與儒家經典之密切關係,道出了古代文學源於儒家經典之事實。因此,我們研究古代文學,有必要從儒家經典入手。

一、儒家之創始人孔子

孔子名丘,字仲尼,生於公元前五五一年,卒於公元前四七九年,七十三歲。其生平事跡俱見《史記》卷四十七《孔子世家》。他的祖先是西周時宋國之貴族,到他曾祖孔防叔始遷至魯國。父親叔梁紇曾做過魯國陬邑(今山東泗水縣東南)之邑宰。他小時“貧且賤”,及長操賤職,“嘗爲委吏”,“嘗爲乘田”(《孟子》卷十《萬章下》),即管理倉庫和管理牲畜之小吏。後來,他雖曾做過魯國的中都宰、司空、司寇,但任職時間很短,他的一生總的來説是落魄潦倒而不得意的。

孔子是一個有政治理想的人物。爲實現自己的政治理想,他周游列國,游説諸侯,最後終於失敗了。一篇《孔子世家》正是他一生經歷失敗的實録。孔子的政治理想是推行“禮”。司馬遷在論述孔子一生之行跡時,是以“禮”爲中心綫索的。孔子幼年時

"爲兒嬉戲,常陳俎豆,設禮容","年少好禮","懿子與魯人南宮敬叔往學禮焉"。他還和南宮敬叔"適周問禮"。齊景公問政,他答以"君君,臣臣,父父,子子",講的也是禮。夾谷之會,他輔助魯定公黜敗齊景公,也是憑借"會遇之禮"。他勸定公墮三都,根據的是"臣無藏甲,大夫毋百雉之城"的禮。他由曹去宋,"與弟子習禮大樹下"。衛靈公問兵陣,他説:"俎豆之事則嘗聞之,軍旅之事未之學也"。他"追跡三代之禮"説:"夏禮吾能言之,杞不足徵也,殷禮吾能言之,宋不足徵也。""周監二代,鬱鬱乎文哉!"他既熟知夏殷之禮,又盛贊周禮,所以"《書傳》、《禮記》自孔氏"。他删詩,"取可施於禮義"者。他教弟子"以詩書禮樂",顏淵因而有"博我以文,約我以禮,欲罷不能"之贊嘆。"魚餒、肉敗,割不正,不食。席不正,不坐。食於有喪者之側,未嘗飽也",是他恪守的禮。"禮失則昏,名失則愆"則是他的名言。他死後,"諸儒亦講禮鄉飲大射於孔子冢",是根據他一生之行跡對他的悼念。可見孔子一生把"禮"作爲安身立命之根本,他企圖以"禮"鞏固、維護封建階級所規定的一切秩序。

　　然而,他的學説迂闊而不切實際,不爲各諸侯國所采納。他終於失敗了,理想幻滅了,退而從事文獻的整理和著述。《孔子世家》記載説:"孔子之去魯凡十四歲而反乎魯。""然魯終不用孔子,孔子亦不求仕。"然後陳述孔子撰述之過程:

　　　　孔子之時,周室微而禮樂廢,《詩》、《書》缺。追跡三代之禮,序《書傳》,上紀唐虞之際,下至秦繆,編次其事。

　　　　孔子語魯大師:"樂其可知也。始作翕如,縱之純如,皦如,繹如也,以成。""吾自衛反魯,然後樂正,《雅》、《頌》各得其所。"

　　　　古者《詩》三千餘篇,及至孔子,去其重,取可施於禮義,上采契后稷，中述殷周之盛，至幽厲之缺，始於衽席，故曰：
"《關雎》之亂以爲《風》始，《鹿鳴》爲《小雅》始，《文王》爲《大
雅》始，《清廟》爲《頌》始。"三百五篇孔子皆弦歌之，以求合
《韶》、《武》、《雅》、《頌》之音。禮樂自此可得而述，以備王
道，成六藝。

　　孔子晚而喜《易》，序《彖》、《繫》、《象》、《説卦》、《文言》。
讀《易》，韋編三絶。曰："假我數年，若是，我於《易》則彬
彬矣。"

但是，孔子最重要的著作是《春秋》，《春秋》的寫作目的在正名分，
有褒有貶，以爲後世之法：

　　弗乎弗乎，君子病没世而名不稱焉。吾道不行矣，吾何以
自見於後世哉？乃因史記作《春秋》，上至隱公，下迄哀公十
四年，十二公。據魯，親周，故殷，運之三代。約其文辭而指
博。故吳楚之君自稱王，而《春秋》貶之曰"子"；踐土之會實
召周天子，而《春秋》諱之曰"天王狩于河陽"：據此類以繩當
世。貶損之義，後有王者舉而開之。《春秋》之義行，則天下
亂臣賊子懼焉。孔子在位聽訟，文辭有可與人共者，弗獨有
也。至於爲《春秋》，筆則筆，削則削，子夏之徒不能贊一辭。
弟子受《春秋》，孔子曰："後世知丘者以《春秋》，而罪丘者亦
以《春秋》。"

《春秋》是孔子政治理想之最高標準，是孔子全部精神之寄託。孔
子寫作時之不苟與認真，子夏也不能有所修潤，是孔子一生功罪之
所繫。

　　孔子删《詩》，序《易》，修《書傳》，正《雅》、《頌》，著《春秋》，企
圖用著述達到他對當時社會撥亂反正之目的。實際政治上所做不

到的,他則要通過著述來達到。這表現了他堅持理想的頑强精神。由于孔子的著述,保存了三代舊典,孔子的儒學理想形成了我國封建時代文化之核心,孔子的學説之某些部分,表現了我們民族在文化特點上之某些精神形態。

二、《周易》

《周易》是一種占卜之書。其基本構成因素是"—"與"--"兩個符號,"—"爲陽,"--"爲陰。用這兩個符號,連疊三層,組成八卦。此八卦又互相重疊,演成六十四卦。六十四卦,每卦六爻,自下而上,第一爻稱"初"爻,第二、三、四、五爻仍用原名,最上一爻稱"上"爻。那一爻若是陽爻"—",便稱作"九";是陰爻"--",便稱作"六"。初爻稱"初九"或"初六"。最上一爻稱"上九"或"上六"。以此類推,則是"九二"或"六二"、"九三"或"六三"、"九四"或"六四"、"九五"或"六五"。每卦有卦辭,説明本卦之性質;每爻有爻辭,説明此爻在本卦中之性質。這些卦辭和爻辭,是《周易》中之"經"。

《周易》除了"經"之外,還有"傳",稱《易傳》。《易傳》分七部分,即《彖傳》、《象傳》、《文言》、《繫辭》、《説卦》、《序卦》、《雜卦》。其中《彖傳》、《象傳》、《繫辭》都分上下篇,其他每一部分各一篇。如此則共十篇,稱"十翼",意謂"經"之羽翼。

"十翼"中應當特別重視者是《文言》。《文言》只解説《乾》、《坤》兩卦之卦辭和爻辭,其解説《乾》卦之卦辭和爻辭者稱《乾·文言》,其解説《坤》卦之卦辭和爻辭者稱《坤·文言》。共兩章,數百字,多偶句,重用韻。此應是最早之駢體文。清阮元《揅經室三集》卷二《文言説》云:

　　孔子於《乾》、《坤》之"言",自名曰"文",此千古文章之祖也……《文言》數百字，幾於句句用韻。孔子於此發明乾坤之蘊，詮釋四德之名，幾費修詞之意，冀達意外之言，要使遠近易誦，古今易傳，公卿學士皆能記誦，以通天地萬物，以警國家身心。不但多用韻，抑且多用偶。

阮元的意見可謂卓識，如《乾·文言》云：

> 元者，善之長也；亨者，嘉之會也；利者，義之和也；貞者，事之幹也。君子體仁足以長人，嘉會足以合禮，利物足以和義，貞固足以幹事。君子行此四德者，故曰：“《乾》：元、亨、利、貞。”

這段文字是解釋元、亨、利、貞的。共九句，前四句是解釋四字之含義，後四句是申明前四句之意，最後一句作總結。前四句是一種句式，用四言，後四句是另一種句式，用六言，句句相銜，是駢體文之雛形。又云：

> 九三曰：“君子終日乾乾，夕惕若，厲無咎。”何謂也？子曰：“君子進德脩業，忠信所以進德也。脩辭立其誠，所以居業也。知至至之，可與言幾也。知終終之，可與存義也。是故居上位而不驕，在下位而不憂。故乾乾因其時而惕，雖危無咎矣。”
>
> 九四曰：“或躍在淵，無咎。”何謂也？子曰：“上下無常，非爲邪也。進退無恒，非離群也。君子進德脩業，欲及時也。”
>
> 九五曰：“飛龍在天，利見大人。”何謂也？子曰：“同聲相應，同氣相求。水流濕，火就燥。雲從龍，風從虎。聖人作而萬物覩。本乎天者親上，本乎地者親下。則各從其類也。”

文中幾乎句句用韻，以比偶法，錯綜其言，駢詞儷句，連綴成篇。又

《坤·文言》云：

> 坤至柔而動也剛，至靜而德方，後得主而有常，含萬物而化光。坤道其順乎，承天而時行。積善之家必有餘慶，積不善之家必有餘殃。臣弒其君，子弒其父，非一朝一夕之故，其所由來者漸矣。由辯之不早辯也。

這段文字不但音韻相諧，而且奇偶相生，儼然是一篇駢體文了。阮元在其《文言說》中遍舉《文言》全篇之偶對云：

> 即如樂行、憂違，偶也；長人、合禮，偶也；和義、幹事，偶也；庸言、庸行，偶也；閑邪、善世，偶也；進德、修業，偶也；知至、知終，偶也；上位、下位，偶也；同聲、同氣，偶也；水濕、火燥，偶也；雲龍、風虎，偶也；本天、本地，偶也；無位、無民，偶也；勿用、在田，偶也；潛藏、文明，偶也；道革、位德，偶也；偕極、天則，偶也；隱見、行成，偶也；學聚、問辨，偶也；寬居、仁行，偶也；合德、合明、合序、合吉凶，偶也；先天、後天，偶也；存亡、得喪，偶也；餘慶、餘殃，偶也；直內、方外，偶也；通理、居體，偶也。

阮元最後總結說：“凡偶，皆文也。於物，兩色相偶而交錯之，乃得名曰文，文即象其形也。”並且認爲“千古之文，莫大於孔子之言《易》”，即《易·文言》，給予《文言》以極高的評價。又其在《書梁昭明太子文選序後》（見《揅經室三集》卷二）云：

> 言必有文。專名之曰文者，自孔子《易·文言》始。傳曰：“言之無文，行之不遠。”故古人言貴有文。孔子《文言》，實爲萬世文章之祖。此篇奇偶相生，音韻相和，如青白之成文，如《咸》《韶》之合節，非清言質說者比也，非振筆縱書者比

也,非佶屈聱牙語者比也……一篇之中,偶句凡四十有八,韻語
凡三十有五,豈可以爲非文之正體而卑之乎?

阮元以駢體文爲文章之正統,因此特別推崇《文言》,認爲是千古
文章之祖。又他在《揅經室四集》卷二之《四六叢話序》和《揅經室
續集》卷三之《文韻說》中,都是立論倡導應當寫駢體文。又清汪
中、凌廷堪、劉師培等都持同樣的觀點。可見這種文體在文學發展
中之重要性,然而遠在孔子時代已經萌生了。

三、《禮》《樂》

(一)《禮》

周朝尚文,長時期積累了文繁事富之禮制。記載周代禮制者
有《周禮》、《儀禮》和《禮記》三書,合稱"三禮"。

《周禮》是一部有條理的關於官制之書,其中還記載有田制、
兵制、學制、刑法、祀典等,因此也可謂一部關於政治制度之書。其
成書年代與作者,歷來眾說紛紜。近人洪誠從語法角度論證,認爲
文中十數與零數之間,皆用"有"字連接,是春秋以前之用法,戰國
中期以後不見使用,足證其非戰國時期所作,判斷爲"成書最晚不
在東周惠王之後"(見其《孫詒讓研究》中之《讀〈周禮正義〉》)。從書中
的語言看,文字多用古體,文辭比較古雅,不像是戰國時期所作,而
應該是東遷之後,儒者采集西周王室之檔案,再增入自己的政治理
想,編排而成的。全書以六官區分爲六部分。六官,即天官、地官、
春官、夏官、秋官、冬官。每一官之前,都冠以"惟王建國,辨方正
位,體國經野,設官分職,以爲民極"數語,然後各敘其官名、爵次、
人員數,再分敘各自之職掌。冬官全亡,漢人以《考工記》補之。
從其所記"有虞氏上(猶尚)陶,夏后氏上匠,殷人上梓,周人上輿,
故一器而工聚焉者,車爲多。車有六等之數……"看,應是周人所

作,否則便不會記述車的構造如此詳備了。

　　《周禮》之主要内容是構思了我國古代的一個理想王國。這個理想王國具有空想的社會主義因素,例如其中最重視平均,《春官宗伯·大宗伯》云:

　　　　大均之禮,恤衆也。

行大均之禮,是爲了憐恤人民。這是《周禮》的中心思想。從這一思想出發,强調平均分配耕地,《地官司徒·小司徒》云:

　　　　乃均土地,以稽其人民,而周知其數。上地家七人,可任
　　　　(指丁壯任力役之事)也者家三人;中地家六人,可任也者二
　　　　家五人;下地家五人,可任也者家二人。

意謂稽查人民,按其確切數目,調配土地。一户七人,其中三人體力可以勝任勞役者,分配給上等土地;一户六人,除家長外,其中一半可以勝任勞役者,分配給中等土地;一户五人,其中兩人體力可以勝任勞役者,分配給下等土地。其奉養者多,便授之以上地,其奉養者少,便授之以下地。這是以平均分配耕地,作爲社會經濟基礎。同時也主張平均分配糧食,《地官司徒·司稼》云:

　　　　掌均萬民之食,而賙其急而平其興。

意謂掌管調節民間所需之糧食,不足之時,要予以救濟,並平均頒發以前所徵聚而貯積之穀粟。又主張平均貢賦,《地官司徒·大司徒》云:

　　　　以土均之法,辨五物九等,制天下之地征,以作民職,以令
　　　　地貢,以斂財賦,以均齊天下之政。

即是説以平均土地貢賦之法則,制訂天下之地税,達到公平劃一天

下之税政。還主張平均勞役，《地官司徒·閭師》云：

> 凡任民：任農以耕事，貢九穀；任圃以樹事，貢草木；任工
> 以飭材事，貢器物；任商以市事，貢貨賄；任牧以畜事，貢鳥獸；
> 任嬪以女事，貢布帛；任衡以山事，貢其物；任虞以澤事，貢其
> 物。凡無職者出夫布，凡庶民不畜者祭無牲，不耕者祭無盛，
> 不樹者無槨，不蠶者不帛，不績者不衰。

即所謂"制其職各以其所能，制其貢各以其所有"，也就是各盡所
能，各貢所得，不勞動者不得食。其中閃爍着古代空想社會主義思
想的光輝，它反映了奴隸制時代階級剝削和階級壓迫下人們的思
想和願望。這是《周禮》中最可寶貴的思想，是我們古代民族精神
的體現。就文章講，運用排比句比較多，文辭比較古雅，是早期的
散文形式。

《儀禮》原稱《禮》，漢人稱《士禮》，至東晉始稱《儀禮》。《禮
記》卷十二《雜記下》云："恤由之喪，哀公使孺悲之孔子，學士喪
禮，《士喪禮》於是乎書。"孔子教孺悲士喪禮，周人因此將其記錄
下來。可見《儀禮》成書於東周時代。但是書中記載的那些繁縟
的登降之禮，趨詳之節，並不是孔子杜撰的，而是孔子采集周、魯各
國即將失傳的禮儀加以整理而成的。《儀禮》十七篇，全是關於禮
儀之詳細記錄，只記禮的儀節，不講禮的意義。其中《喪服》最重
要，具有特殊的歷史文獻價值，子夏特爲之作傳。它表現封建制度
之尊尊、親親、長長、男女有別的思想極其具體、鮮明。總之，《儀
禮》反映了周代貴族冠、婚、喪、祭、飲、射、燕、聘、覲等諸般生活習
俗。自然，這些生活習俗不全始於周代，有些是從上古沿襲下來
的，因此它也保存了一些上古的禮俗。《儀禮》之文辭枯燥、難讀，
這是人們深有感觸的，但其中關於名物禮器之記載，對後代文學也

産生了一定的影響。如《鄉射禮》記載云：

> 凡侯：天子熊侯，白質；諸侯麋侯，赤質；大夫布侯，畫以虎
> 豹；士布侯，畫以鹿豕；凡畫者丹質。

這是記述古代貴族定期舉行射箭比賽時，所規定的天子、諸侯、大
夫、士各自箭靶之不同顏色和形狀。《山海經》中關於異禽怪獸之
描寫，韓愈《畫記》中所寫之馬、牛、驢、羊、犬、駱駝、狐兔、麋鹿等
動物和餅、盂、簦、笠、筐、莒、錡、釜等器物，都淵源於這等文字。

　　《禮記》一書是儒學雜編，沒有統一之體例。西漢禮學家戴
德、戴聖，博采七十子後學者所記講禮之文字，戴德輯成八十五篇
，戴聖輯成四十九篇。前者篇數多，稱《大戴禮記》，後者篇數少，稱
《小戴禮記》，即《禮記》。所謂"記"，指對《儀禮》經文的解釋和補
充，因此，其內容不同於經文之只講儀節，而側重在闡明"禮"的作
用和意義。《禮記》中大部分篇章是記述喪祭之禮，文章之特點與
《儀禮》相似，是瑣碎、枯燥、難懂。也有一些篇章記述了儒家理想
中的國家模型、社會制度，如《王制》、《禮運》；記述了儒家對修身
做人的講求，如《大學》《中庸》《儒行》；記述了儒家的教育理論，
如《學記》；記述了儒家的音樂理論，如《樂記》。這些篇章大都是
結構完整的論文，就文章講，遠勝於前者，如《禮運》篇記載託名孔
子之言論云：

> 大道之行也，天下爲公。選賢與能，講信修睦。故人不獨
> 親其親，不獨子其子，使老有所終，壯有所用，幼有所長，矜寡
> 孤獨廢疾者皆有所養。男有分，女有歸。貨惡其棄於地也，不
> 必藏於己；力惡其不出於身也，不必爲己。是故謀閉而不興，
> 盜竊亂賊而不作，故外戶而不閉，是謂大同。

文章的作者所提出的大同世界，也具有空想社會主義的性質，與

《周禮》所構思的理想社會相同。不過《周禮》是從經濟制度方面着眼，這裏是從社會政治方面懸想，二者有異曲同工之妙。句法排比自然，奇偶相間，開縱橫家文章之先河。又《檀弓下》記載孔子過泰山側云：

> 孔子過泰山側，有婦人哭於墓者而哀。夫子式而聽之，使子路問之曰：“子之哭也，壹似重有憂者。”而曰：“然。昔者吾舅死於虎，吾夫又死焉，今吾子又死焉。”夫子曰：“何爲不去也？”曰：“無苛政。”夫子曰：“小子識之，苛政猛於虎也！”

這本來是記述喪事的，但客觀上卻表現了孔子對苛政的批評，成爲千古傳誦之名篇。這種帶寓言性質的諷刺文字，影響所及，產生了戰國諸子文章中以抨擊時政爲内容的寓言和唐代古文中如柳宗元之《三戒》、《捕蛇者説》等犀利的短篇。

（二）《樂》

《樂》在六經中最先亡佚。據《禮記》卷十一《樂記》記載，魏文侯云：“吾端冕而聽古樂，則惟恐臥；聽鄭、衛之音，則不知倦。”魏文侯不喜歡聽古樂，而喜歡聽鄭、衛之音。鄭、衛之音是新樂，新樂如此迷人，那麼新樂之興，古樂之亡，乃勢在必然。一説，《周禮》中之《大司樂章》即儒家所傳之《樂經》。儒家極其重視“樂”的作用，不僅以“樂”配禮，也以“樂”配詩，因此影響於文學者也甚大。《春官宗伯·大司樂》記載：

> 大司樂掌成均之法，以治建國之學政，而合國之子弟焉。凡有道者，有德者，使教焉，死則以爲樂祖，祭於瞽宗。以樂德教國子，中、和、祗、庸、孝、友。以樂語教國子，興、道、諷、誦、言、語。以樂舞教國子，舞雲門、大卷、大咸、大磬、大夏、大濩、大武。以六律、六同、五聲、八音、六舞大合樂，以致鬼神示。

以和邦國，以諧萬民，以安賓客，以悅遠人，以作動物。乃分樂而序之，以祭，以享，以祀。乃奏黃鍾（通"鐘"，下同），歌大呂，舞雲門，以祀天神。乃奏大蔟，歌應鍾，舞咸池，以祭地示。乃奏姑洗，歌南呂，舞大磬，以祀四望。乃奏蕤賓，歌函鍾，舞大夏，以祭山川。乃奏夷則，歌小呂，舞大濩，以享先妣。乃奏無射，歌夾鍾，舞大武，以享先祖。凡六樂者，文之以五聲，播之以八音。凡六樂者，一變而致羽物及川澤之示，再變而致臝物及山林之示，三變而致鱗物及丘陵之示，四變而致毛物及墳衍之示，五變而致介物及土示，六變而致象物及天神。凡樂，圜鍾爲宮，黃鍾爲角，大蔟爲徵，姑洗爲羽，雷鼓雷鼗，孤竹之管，雲和之琴瑟，雲門之舞，冬日至，於地上之圜丘奏之，若樂六變，則天神皆降，可得而禮矣。凡樂，函鍾爲宮，大蔟爲角，姑洗爲徵，南呂爲羽，靈鼓靈鼗，孫竹之管，空桑之琴瑟，咸池之舞，夏日至，於澤中之方丘奏之，若樂八變，則地示皆出，可得而禮矣。凡樂，黃鍾爲宮，大呂爲角，大蔟爲徵，應鍾爲羽，路鼓路鼗，陰竹之管，龍門之琴瑟，九德之歌，九磬之舞，於宗廟之中奏之，若樂九變，則人鬼可得而禮矣。凡樂事：大祭祀，宿縣，遂以聲展之。王出入，則令奏王夏；尸出入，則令奏肆夏；牲出入，則令奏昭夏。帥國子而舞。大饗，不入牲，其他，皆如祭祀。大射，王出入，令奏王夏，及射，令奏騶虞，詔諸侯以弓矢舞，王大食，三宥，皆令奏鍾鼓，王師大獻，則令奏愷樂。凡日月食，四鎮五嶽崩，大傀異烖，諸侯薨，令去樂。大札，大凶，大烖，大臣死，凡國之大憂，令弛縣。凡建國，禁其淫聲、過聲、凶聲、慢聲。大喪，涖廞樂器，及葬，藏樂器，亦如之。

此章《大司樂》所記是儒家所講求的音樂教育，即以"樂德"、"樂語"、"樂舞"把整個人生都置於藝術環境之中，創造一個乖聲不起,逆氣不作,人我不分,同心協力的盡善盡美的音樂理想王國。
然而,其中所記述的六樂、五聲、八音等,在今天我國傳統的戲曲中
仍然被運用着,可以説今天傳統戲曲演唱之"宮呂調",即《樂經》
之遺文。

四、《春秋》

《春秋》是各諸侯國歷史的通名,如《墨子》卷八《明鬼》稱"周
之《春秋》"、"燕之《春秋》"、"宋之《春秋》"、"齊之《春秋》",又稱
"吾見百國《春秋》"。説明墨子讀過各國的史書,這些史書通名
《春秋》。但各國史書又有其專名,如《孟子》卷八《離婁下》稱:
"晉之《乘》,楚之《檮杌》,魯之《春秋》。"《春秋》又是魯國史書之
專名。然而,這些史書自秦火之後,已蕩然無存。今天保存者僅魯
之《春秋》和西晉初在魏襄王墓中發現之魏、晉史書,後人名之爲
《竹書紀年》的拼凑殘本而已。

《春秋》所記自魯隱公元年至魯哀公十四年,歷十二君,凡二
百四十二年,是編年史的開端。孔子因魯史而作《春秋》,這是事
實,不容懷疑。據司馬遷《史記》卷十四《十二諸侯年表序》云:

> 故西觀周室,論史記舊聞⋯⋯約其文辭,去其煩重,以制
> 義法,王道備,人事浹。

孔子校魯史佚文,有襲用舊史者,有修飾文辭者,有删繁就簡者。
其襲用舊史者,如《禮記》卷十五《坊記》云:"故魯《春秋》記晉喪
曰:'殺其君之子奚齊及其君卓。'"這段史實,《春秋》於僖公九年
書云:"冬,晉里克殺其君之子奚齊。"於僖公十年書云:"晉里克殺
其君卓及其大夫荀息。"完全襲用魯史之舊。其修飾文辭者,如
《公羊傳·莊公七年》云:"《不修春秋》曰:'雨星,不及地尺而

復。'君子修之曰:'星霣如雨。'""《不修春秋》",指未經修改之魯
史舊文。"君子修之",指孔子所修之《春秋》。這是對魯史之潤
色、加工。其删繁就簡者,如《韓非子》卷四《姦劫弑臣》云:"故《春
秋》記之曰:'楚王子圍將聘於鄭,未出境,聞王病而反,因入問病,
以其冠纓絞王而殺之,遂自立也。'"這段文字,《春秋》於昭公元年
僅書云:"楚子麇卒。"對其作了很大的删節。可見孔子修《春秋》
不直接鈔襲魯史,而是"筆則筆,削則削"。他把一個時代的天下
大事,以魯國爲主作了全面的記載,不像以前之《春秋》,其記述範
圍只限於某一國家,這是孔子的創作。

　　《春秋》之主旨是甚麼?《孟子》卷八《離婁下》云:

> 王者之跡熄而《詩》亡,《詩》亡然後《春秋》作。……其事
> 則齊桓、晉文,其文則史。孔子曰:"其義則丘竊取之矣。"

這是説孔子作《春秋》,與其他各國《春秋》之只用一般修史之筆法
不同,而且還采取了《詩》三百篇中之"義"。《詩》三百篇中之
"義",即寓褒貶。孔子吸收了這種"義",説明《春秋》的意旨也是
寓褒貶,在褒善貶惡。《左傳·成公十四年》記載君子之論也與此
相同:

> 《春秋》之稱,微而顯,志而晦,婉而成章,盡而不汙,懲惡
> 而勸善,非聖人,誰能脩之?

這段話之前四句是評《春秋》之文辭,末一句説明《春秋》之主旨,
是"懲惡而勸善"。又《史記》卷一百三十《太史公自序》引董仲舒
論《春秋》之"義"云:

> 貶天子,退諸侯,討大夫,以達王事而已矣。

他的論述更具體了。然而爲甚麼對天子、諸侯、大夫要加以貶斥、

誅伐呢？司馬遷强調説：“爲人君父而不通於《春秋》之義者，必蒙首惡之名。爲人臣子而不通於《春秋》之義者，必陷篡弑之誅、死罪之名。”説明《春秋》對作爲君、臣、父、子者之重要性。他進一步申述説：

> 夫不通禮義之旨，至于君不君，臣不臣，父不父，子不子。夫君不君則犯，臣不臣則誅，父不父則無道，子不子則不孝。此四行者，天下之大過也。以天下之大過予之，則受而弗敢辭。故《春秋》者，禮義之大宗也。

司馬遷這段話明確地闡述《春秋》之“義”，即君君、臣臣、父父、子子，這是《春秋》的基本精神。司馬遷可謂深得孔子之本意。據《論語》卷六《顔淵》記載：“齊景公問政於孔子。孔子對曰：‘君君、臣臣、父父、子子。’”這是孔子治國的出發點，也是《春秋》勸善懲惡的標準。《莊子》卷十《天下》篇云：

> 《春秋》以道名分。

以更簡括的語言概括出《春秋》之“義”的内容。一部《春秋》從天子貶起，都是爲了正名，使亂臣賊子懼。他以名分辨别是非、善惡，以名分立法而繩天下。

《春秋》的寫作特點是甚麽？《禮記》卷十五《經解》云：

> 屬辭比事，《春秋》教也。……屬辭比事而不亂，則深於《春秋》者也。

“屬辭”即遣詞造句。“比事”即排比史事。這便是《春秋》的文章。孔子把春秋一代劃分爲三個階段，他在《論語》卷八《季氏》中説：

> 天下有道，則禮樂征伐自天子出；天下無道，則禮樂征伐自諸侯出。自諸侯出，蓋十世希不失矣；自大夫出，五世希不

失矣；陪臣執國命，三世希不失矣。

這是孔子考察歷史、特別是春秋時期之歷史所得出的結論。"天下有道"，指堯、舜、禹、湯及西周時期。"天下無道"，則指他所處的春秋時期。整個春秋時期又可分爲"自諸侯出"、"自大夫出"、"陪臣執國命"三個階段。"自諸侯出"，造成了"政在大夫"；"自大夫出"，帶來了"陪臣執國命"。最後還是大夫制服了陪臣，大夫掌握了國家的最高權力，春秋因而變成戰國。孔子寫《春秋》，排比史事，即以這三個歷史階段爲綱，這三個階段是其屬辭述事的主要根據。

但是，《春秋》之屬辭比事，更具體地說則如前文所舉《左傳》中君子之論是：微而顯，志而晦，婉而成章，盡而不汙四個方面。

"微而顯"，即言辭不多而意義顯豁。孔子往往用簡括的語言記述一段史事。如《春秋·桓公二年》經云：

> 春，王正月戊申，宋督弑其君與夷及其大夫孔父。……三月，公會齊侯、陳侯、鄭伯于稷，以成宋亂。……夏四月，取郜大鼎于宋。戊申，納于大廟。

文字簡截，一者寫宋之太宰華父督殺宋殤公及孔父；二者寫魯桓公會合齊侯、陳侯、鄭伯支持華父督之叛亂；三者寫魯桓公從宋國得到郜之大鼎，並納之於周公廟中。從文章記述的次序看，明顯地是揭露魯桓公等納賄助亂之醜行。

"志而晦"，即記述史實而意義幽深。文章通過排比史事而顯示其內涵。如《春秋·文公八年》經云：

> 秋八月戊申，天王崩。冬十月壬午，公子遂會晉趙盾盟于衡雍。乙酉，公子遂會雒戎盟于暴。公孫敖如京師，不至而復。丙戌，奔莒。

這是寫周襄王死後，魯文公之使臣公子遂能够去與晉大夫、雒戎盟會，公孫敖到周京弔喪，卻半途而返，携帶喪禮奔莒。文章好像是純客觀的記述，没有甚麼褒貶。然而，意在言外，魯君對此不加責問和誅伐，則其侮慢周天子之意自見。

“婉而成章”，即叙述婉轉屈曲而順理成章。對一些重要史事，孔子則曲盡本意，將其表達出來。如《春秋·僖公二十八年》經云：

> 夏四月己巳，晉侯、齊師、宋師、秦師及楚人戰于城濮，楚師敗績。楚殺其大夫得臣。……五月癸丑，公會晉侯、齊侯、宋公、蔡侯、鄭伯、衛子、莒子，盟於踐土。陳侯如會，公朝于王所。

此即有名的踐土之會，寫晉文公率諸侯之師，敗楚人於城濮，然後與諸侯結盟於踐土。僖公二十八年一年之中，集中寫這一歷史事件。孔子是反對“禮樂征伐自諸侯出”的，爲甚麼對晉文公一戰而稱霸傾注了這樣多的筆墨呢？蓋時當南夷、北狄交互入侵之際，晉文公之霸可以制止落後部族之攻掠，所以他以較多的記述表示自己嘉許之情。文筆於委婉中見精神。

“盡而不汙”，即將史事寫盡而無所屈曲。對關鍵性事件，孔子則直書其事，窮其本末。如《春秋·桓公十八年》經云：

> 春王正月，公會齊侯于濼。公與夫人姜氏遂如齊。夏四月丙子，公薨于齊。

又《莊公元年》經云：

> 三月，夫人孫（同遜，奔也）于齊。

又《莊公二年》經云：

> 冬十有二月，夫人姜氏會齊侯于禚。

又《莊公八年》經云：

> 齊無知弒其君諸兒。

此數條皆寫齊襄公淫於其妹文姜之事。魯桓公娶齊襄公之妹文姜爲妻，文姜原與齊襄公私通，婚後仍屢次回齊與襄公幽會。桓公怒責文姜，文姜將此事告訴襄公，襄公設計將桓公殺死。桓公死後，文姜往返齊國與襄公幽會不絕。莊公忘其殺父之讎縱母淫奔。這些描寫都盡其事實而不曲折回旋，齊襄公與文姜之淫亂無恥的面目暴露無遺。

《春秋》之作，受簡策之限制，因而文辭簡約，又其寫作目的爲寓褒貶，則其意旨自然豐富。司馬遷評論說：“約其文辭而指博”（《史記》卷四十七《孔子世家》），是推崇此書在寫作上的貢獻。《春秋》之出現標誌着私人撰述之開始，是我國記事文之祖。

儒家之六經，除了《易》、《禮》、《樂》、《春秋》之外，還有《書》與《詩》，然而此二經前數章已經論述過，玆從略。

從以上的論述中，我們可以得到這樣的認識，即儒家的經書對後代文學的發展產生過很大的作用，後代一些主要文學思想、寫作方法和文學體裁都源於儒經。這是治文學史者必須注意研究的問題。黃宗羲《金石要例》附《論文管見》（見《梨洲遺書彙刊》）云：

> 文必本之六經，始有根本。唯劉向、曾鞏多引經語，至于韓、歐，融聖人之意而出之，不必用經，自然經術之文也。

他扼要地指出“經”與後代文學的密切關係，其影響於後代文學者主要有兩種情況：一種情況像劉向、曾鞏那樣只采經書中之虛詞浮語，這只是形式上吸取儒經；一種情況像韓愈、歐陽修那樣，把儒家的經義融匯爲自己的思想,寫起文章來自然表現儒學精神。情況不同,然而就其向儒經學習一點講,則是一致的。他們都把儒經看作一切學問之根本,看作爲文之根本。儒經對後代文學的影響之大是可以想見的了。

五、《論語》

《論語》是記載孔子及其少數弟子言語行事之書。《漢書》卷三十《藝文志》云:

> 《論語》者,孔子應答弟子、時人及弟子相與言,而接聞於夫子之語也。當時弟子各有所記,夫子既卒,門人相與輯而論篹,故謂之《論語》。

《論語》中所記孔子之言語行事,大都近真,是研究孔子的重要依據。

《論語》之名,最早見於《禮記》卷十五《坊記》。《坊記》云:"《論語》曰:三年無改於父之道,可謂孝矣。"這説明在漢武帝之前已出現了此書之名。《論語》在漢代並不被看作是"經",而被看作"傳"或"記"。《漢書》卷八十七《揚雄傳贊》云:"傳莫大於《論語》。"《後漢書》卷六十九《趙咨傳》引其遺書,謂"記……又曰:喪與其易也,寧戚",這是《論語·八佾》中的話。可見漢人是把《論語》看作羽翼"經書"的"傳"或"記"。《論語》成書當在戰國初年,其中記載了曾參與魯大夫孟敬子一段對話,據考證孟敬子確是死於戰國初年,由此推斷《論語》之編輯成書亦在同一時期,而其着筆應當更早。

《論語》一書鮮明地體現了孔子的思想。孔子之思想,淵源於殷商及西周、東周的社會思潮,而更多地吸收了春秋時期鄭之子

産、齊之晏嬰等思想家、政治家的言行。春秋時期人們重"禮",鄭
子産即云:"夫禮,天之經也,地之義也,民之行也。"(《左傳·昭公二
十五年》)孔子當時也重視"禮",他講禮、習禮,把推行"禮"作爲自
己的政治理想。但是,在《論語》中,他卻更强調"仁",把"仁"作爲
自己政治理想的核心。《論語》卷二《八佾》云:

> 人而不仁,如禮何? 人而不仁,如樂何?

認爲没有"仁",就無從談"禮",也無從談"樂"。孔子對"仁"作過
各種解釋,要而言之,即《顔淵》篇中他回答樊遲問仁那句話:

> 愛人。

"仁"即愛,也即同情心。但愛和同情心必須有等次,以與"禮"相
適應,所以《論語》卷六《顔淵》又云:

> 克己復禮爲仁。

即"仁"應當與"禮"相配合。從"仁"的思想出發,他反對對人民横
徵暴斂,《論語》卷六《先進》記載他的弟子冉求做季氏宰,代季氏
聚斂,他憤恨地説:

> 非吾徒也,小子鳴鼓而攻之,可也。

這是孔子出於真情的愛民精神。最能體現孔子這種仁政理想者,
莫過於《論語》卷八《季氏》篇"季氏將伐顓臾"一章:

> 季氏將伐顓臾。冉有、季路見於孔子曰:"季氏將有事於
> 顓臾。"孔子曰:"求! 無乃爾是過與? 夫顓臾,昔者先王以爲
> 東蒙主,且在邦域之中矣,是社稷之臣也。何以伐爲?"冉有
> 曰:"夫子欲之,吾二臣者皆不欲也。"孔子曰:"求! 周任有言
> 曰:'陳力就列,不能者止。'危而不持,顛而不扶,則將焉用彼

相矣？且爾言過矣，虎兕出於柙，龜玉毀於櫝中，是誰之過
與？"冉有曰："今夫顓臾，固而近於費。今不取，後世必爲子
孫憂。"孔子曰："求！君子疾夫舍曰欲之而必爲之辭。丘也
聞有國家者，不患寡而患不均，不患貧而患不安。蓋均無貧，
和無寡，安無傾。夫如是，故遠人不服，則修文德以來之。既
來之，則安之。今由與求也，相夫子，遠人不服，而不能來也；
邦分崩離析，而不能守也；而謀動干戈於邦内。吾恐季孫之
憂，不在顓臾，而在蕭墻之内也。

孔子治國，主張保民、安民。這要從兩方面着手，一是經濟上要平
均，平均即無所謂貧窮，人民自然安定；二是政治上要施行仁義禮
樂教化，以使天下歸附。他反對季氏討伐顓臾，自然是因爲這一行
動違反了他以仁義化天下的主張，同時也是爲了維護魯君的奴隸
主政權。他對冉求、子路的責備，在於明確奴隸制君臣的等級名
分。他的出發點是保守的，但其中卻包含着對社會貧富不均之不
滿，對人民顛沛流離遭遇之同情，並希望人民能享有安定的生活
等。即其所謂之仁政。

《論語》也記載着孔子的教育思想。孔子一生在學習、在思
想、在温故知新、在誨人不倦。《述而》記載云：

　　　學而不厭，誨人不倦。

他收的學費是古代最薄的禮，只要給他十條乾肉，他都收留。《述
而》又記載云：

　　　自行束脩以上，吾未嘗無誨焉。

因此，他所收留的學生大多數出自下層，各行各業都有。《衛靈
公》記載云：

有教無類。

即教育的對象沒有等級、地域的區別。他把教育的範圍擴大了。《論語》卷六《先進》篇"子路、曾皙、冉有、公西華侍坐"一章，集中寫孔子如何啓發、誘導學生各言其志，即他們如何治理一個國家：

> 子路、曾皙、冉有、公西華侍坐。子曰："以吾一日長乎爾，毋吾以也。居則曰：'不吾知也！'如或知爾，則何以哉？"子路率爾而對曰："千乘之國，攝乎大國之間，加之以師旅，因之以饑饉；由也爲之，比及三年，可使有勇，且知方也。"夫子哂之。"求！爾何如？"對曰："方六七十，如五六十，求也爲之，比及三年，可使足民。如其禮樂，以俟君子。""赤！爾何如？"對曰："非曰能之，願學焉。宗廟之事，如會同，端章甫，願爲小相焉。""點！爾何如？"鼓瑟希，鏗爾，舍瑟而作，對曰："異乎三子者之撰。"子曰："何傷乎？亦各言其志也。"曰："莫春者，春服既成，冠者五六人，童子六七人，浴乎沂，風乎舞雩，詠而歸。"夫子喟然歎曰："吾與點也！"三子者出，曾皙後。曾皙曰："夫三子者之言何如？"子曰："亦各言其志也已矣。"曰："夫子何哂由也？"曰："爲國以禮，其言不讓，是故哂之。""唯求則非邦也與？""安見方六七十如五六十而非邦也者？""唯赤則非邦也與？""宗廟會同，非諸侯而何？赤也爲之小，孰能爲之大？"

此四人治國之方法與思想、志趣都不同，孔子對他們的態度也不同。對子路是"哂之"，因爲治國興軍旅之事容易，而施禮樂教化卻很難，這一點子路還不知道。對冉求、公西華之過於謙遜，則予以鼓勵，勸告他們治理小國也應像治理大國一樣，不應輕視。對宗廟會同之事，端章甫，爲小相，固然是執禮，但畢竟是形式，應真正以禮治國。對曾晳之怡然自樂的處世態度，表示贊同。因爲在孔子看來這便是以禮樂治國所達到的政治效果，是他的政治理想之最高境界。孔子是通過誘導四個學生各言其志的方法，逐漸引申說明自己以禮樂治國的政治理想。這裏既表現出孔子的教育方法和内容，同時也包蘊着他的政治見解和主張。

孔子曾爲推行自己的政治主張而周游列國，但他的主張多不合時宜，身干七十餘君而終未被采納，並受盡了冷遇、奚落和諷刺，但他對自己的理想仍然抱着堅定的信念。《論語》卷九《微子》篇"楚狂接輿歌而過孔子"等三章，即記載了他自楚過衛，所受隱者的奚落和自己以冷漠態度待之的情况：

　　楚狂接輿歌而過孔子曰："鳳兮鳳兮！何德之衰？往者不可諫，來者猶可追。已而，已而！今之從政者殆而！"孔子下，欲與之言。趨而辟之，不得與之言。

　　長沮、桀溺耦而耕，孔子過之，使子路問津焉。長沮曰："夫執輿者爲誰？"子路曰："爲孔丘。"曰："是魯孔丘與？"曰："是也。"曰："是知津矣。"問於桀溺。桀溺曰："子爲誰？"曰："爲仲由。"曰："是魯孔丘之徒與？"對曰："然。"曰："滔滔者天下皆是也，而誰以易之？且而與其從辟人之士也，豈若從辟世之士哉？"耰而不輟。子路行以告。夫子憮然曰："鳥獸不可與同群，吾非斯人之徒與而誰與？天下有道，丘不與易也。"

　　子路從而後，遇丈人，以杖荷蓧。子路問曰："子見夫子乎？"丈人曰："四體不勤，五穀不分。孰爲夫子？"植其杖而芸。子路拱而立。止子路宿，殺雞爲黍而食之，見其二子焉。明日，子路行以告。子曰："隱者也。"使子路反見之。至，則行矣。子路曰："不仕無義。長幼之節，不可廢也；君臣之義，如之何其廢之？欲潔其身，而亂大倫。君子之仕也，行其義也。道之不行,已知之矣。"

其中記述了孔子與楚狂接輿、長沮、桀溺、荷蓧丈人四人對社會政治兩種絕然不同的態度。孔子是積極用世的,楚狂接輿等則是消極避世的,而着眼點在表現孔子的用世態度。楚狂接輿等四人雖然都消極避世,但對孔子的看法是有區別的。楚狂接輿以鳳鳥之德喻孔子,對孔子還有一點敬意,長沮、桀溺就有些輕慢了,譏諷孔子"是知津矣"。至於荷蓧丈人更直接批評孔子"四體不勤,五穀不分"了。孔子對這些人的態度也不同,他聽了楚狂接輿的歌聲,還很謙虛地表示"欲與之言"。對長沮、桀溺的輕慢,卻以爲他們不明白自己的心意,遂有"天下有道,丘不與易也"的辯解。孔子對自己所抱的信念是堅定不移的,爲了實現自己的信念,他不辭勞苦地到處奔波,無論境遇如何困難,絕不與世俗苟合,"天生德于予,桓魋其如予何"(《述而》)?"天之未喪斯文也,匡人其如予何?"(《子罕》)這正是孔子之知其不可而爲之的精神的表現。時代變了,他還堅持自己的舊觀念不變,這是他的保守性。但是,他對社會政治的態度不是逃避,而是積極用世的,這卻應當肯定。

《論語》中還記載着孔子的文學藝術觀點。他很重視音樂,作爲配樂的《詩經》之所以能够保存並得到尊重,與他的提倡有密切關係。《子罕》記載云:

> 吾自衛反魯,然後樂正,《雅》、《頌》各得其所。

説明《詩經》的篇章、樂曲之次序,由於他的調整,纔成爲正式的樂歌總集。他對《詩經》的評價很高,《爲政》記載云:

> 《詩》三百,一言以蔽之,曰:"思無邪。"

以"思無邪"三字概括了《詩經》全書之主題。他認爲《詩》與道德

修養應當結合,《泰伯》記載云:

> 興於《詩》,立於禮,成於樂。

把《詩》與禮、樂看成一體。他强調《詩經》的作用,《陽貨》記載云:

> 《詩》可以興,可以觀,可以群,可以怨。邇之事父,遠之
> 事君,多識於鳥獸草木之名。

認爲《詩經》可以發揮興、觀、群、怨的社會作用。

孔子認爲文章應當有文采,《左傳·襄公二十五年》引其言云:

> 言之無文,行而不遠。

同時他還反對過分藻飾,《衛靈公》記載云:

> 辭達而已。

他一方面主張文章要有條理可循,爲的是長遠流傳;一方面主張文辭止於達意,怕以辭害志。其中心意旨是爲文應該言志、傳道,違反此意旨的文學手法,皆所不取。

孔子這些文學藝術理論,對後代的文學批評影響至大,可以説指導了後代的文學創作與批評,是我國古代文學批評的萌芽和起點。

《論語》是記言體散文,其特點是文約而旨博,即以簡截的文字概括豐富的内容。如《子罕》有云:

> 子在川上,曰:“逝者如斯夫! 不舍晝夜。”

看到江水的流逝,而感嘆光陰、世事以至於社會人生之一去不復返了。又《子罕》有云:

> 歲寒,然後知松柏之後彫也。

以松柏比喻經得起生活歷練、社會折磨和嚴峻環境考驗的人。又
《雍也》有云：

> 知之者不如好之者，好之者不如樂之者。

對任何事情，瞭解它的人不如喜愛它的人，喜愛它的人不如以它爲
樂的人。這些文字都有豐富的含義，具有深刻的哲理，饒有無窮的
韻味。

《論語》一書在封建時代相當長時期被作爲提高道德修養的
教科書，其對後代文學的影響，無論在思想上和文章上，都至深
且廣。

六、《左傳》

《左傳》與《國語》是傳述《春秋》的姊妹篇。韋昭《國語解·
叙》以《左傳》爲《春秋》内傳、《國語》爲《春秋》外傳。這兩部書中
之大部分史料都應當出於一人之傳誦。我國古代學術，最重傳授
家法，最先傳授者，便是書的作者。瑞典學者高本漢在其《左傳真
僞考》一書中，用比較文法的方法研究《左傳》、《國語》，認爲此二
書爲操同一方言之人所作，雖非出於一人，但文法最爲接近。足以
説明此二書關係之密切。就傳授系統講，我們認爲這兩部書最早
應是一人所傳授。

(一)《左傳》的作者和成書年代

《左傳》的作者，相傳是左丘明。關於他的史料，文獻中記載
得極少。最早的記載爲司馬遷，他在《史記》卷十四《十二諸侯年
表序》中云：

> 魯君子左丘明懼弟子人人異端，各安其意，失其真，故因
> 孔子史記具論其語，成《左氏春秋》。

其次是班固在《漢書》卷六十二《司馬遷傳》中云：

> 左丘失明，厥有《國語》。

司馬遷稱左丘明是魯君子，君子在封建領主政體下是大小各宗的君主子弟之通稱。左丘明以左丘爲氏，省稱左氏。在古代以所居爲氏，如閭丘、渠丘、東門、西門等，而且只有貴族才得稱氏。司馬遷又稱其失明或無目。按春秋時代有兩種史官，即太史與瞽矇，瞽矇職在傳誦，太史職在以記錄輔助記誦，因而稱瞽史。《國語》卷十七《楚語上》所謂"臨事有瞽史之道，宴居有師工之誦，史不失書，矇不失誦"。即對瞽史職責的具體記述。那麼可以斷言，左丘明出身於魯國貴族，是一個有文化歷史知識的瞽史。

左丘明大概與孔子同時，或稍大於孔子。據《論語》卷三《公冶長》記載：

> 子曰："巧言，令色，足恭，左丘明耻之，丘亦耻之。匿怨而友其人，左丘明耻之，丘亦耻之。"

孔子引左丘明以自重，説明他親眼見過左丘明，曾聆聽過左丘明講誦歷史，並同意左丘明對歷史人物的評價。杜預認爲"左丘明受經于仲尼"（《春秋左傳序》），是孔子弟子，則是没有根據的。左丘明把《春秋》中大部分史料加以傳誦，因此他就是《左傳》的作者了。

但是，《左傳》並不是由左丘明最後編成的，因爲《左傳》所寫之史事，如三家分晉、田氏代齊等，都遠在孔子之後，左丘明與孔子同時，當然也遠在左丘明之後。孔子卒於公元前四七九年，而三家分晉在公元前四〇三年，距孔子死已經七十七年；田氏代齊在公元前三八六年，距孔子死已經九十四年。左丘明不可能預知這些歷史史實。可見《左傳》之成書，必遠在孔子之後。

《左傳》的作者好以卜筮預言因果休咎，靈驗的，即其所親見親聞；不靈驗的，即其未曾料想到者。據《左傳·閔公元年》記載：

> 晉侯作二軍，公將上軍，大子申生將下軍。趙夙御戎，畢
> 萬爲右，以滅耿、滅霍、滅魏。還……賜畢萬魏，以爲大
> 夫。……卜偃曰："畢萬之後必大。……"
>
> 初，畢萬筮仕於晉……辛廖占之，曰："吉。……公侯之卦
> 也。公侯之子孫，必復其始。"

畢萬原是周代畢國之後裔，此時畢國已經滅亡，他到晉國爲晉
之霸業出力，晉君賞賜他以魏邑和大夫的官職。《左傳》作者
謂畢萬所占得的卦是"公侯之卦"，其後代必然昌盛而恢復爲公
侯。這説明《左傳》作者曾見到魏文侯爲侯，卻未曾見到其後稱
王。魏被承認爲侯是在周威烈王二十三年，即公元前四〇三年，那
麼可以推斷《左傳》之成書，當在魏稱侯以後。又《左傳·宣公三
年》記載：

> 成王定鼎于郟鄏，卜世三十，卜年七百。

周之世代年數從定九鼎的成王算起，到安王便是三十王。安王二
十六年爲其最後一年，即公元前三七六年。西周約二百六十年，東
周近四百年，總計接近七百年，與預言之數相合。這個預言應是
《左傳》作者所親見，並非事後比附之詞。那麼可以進一步推斷，
《左傳》成書於公元前四〇三年之後和公元前三七六年之前。大
體應當無誤。

與《春秋》之用周正不同，《左傳》用夏正，晉爲夏代遺址，其取
材當在三晉，而三晉中之魏繼承晉國霸權垂百餘年，那麼其取材更
可能多在魏國。西晉武帝咸寧五年，汲郡人名不準者，盜掘魏襄王
墓，發現一卷書名《師春》，其中所記關於卜卦占筮之文字，與《左
傳》完全相同，連上下次第都未變，據《新唐書》卷一百三十二《劉

睨傳》記載：

> 《師春》一篇，録卜筮事，與左氏合，知按《春秋》經傳而
> 爲也。

史傳記載是《師春》鈔自《左傳》。我們也可以從相反的角度理解，即《左傳》鈔自《師春》，果然如此，則魏國提供《左傳》編寫之資料可能更多。

據《史記》卷六十七《仲尼弟子列傳》記載：

> 孔子既没，子夏居西河教授，爲魏文侯師。

西河臨近魏都安邑，魏文侯築館禮遇子夏於此，是當時魏國的學術文化中心，猶如後來齊國之稷下。子夏在孔門弟子中是獨能兼通六藝者，司馬遷在《孔子世家》中説，孔子作《春秋》"子夏之徒不能贊一辭"，説明子夏對《春秋》曾潛研默識過。緯書《孝經説》更明確地記載：

> 孔子以《春秋》屬商。

商即卜商，字子夏。自戰國以來孔門相沿認爲《春秋》傳自子夏。如《韓非子》卷十三《外儲説右上》記載：

> 子夏曰："《春秋》之記臣殺君，子殺父者，以十數矣，皆非
> 一日之積也，有漸而以至矣。"

子夏傳習《春秋》，所以有對《春秋》之義的深刻認識。又《吕氏春秋》卷二十二《察傳》記載：

> 子夏之晉，過衛，有讀《史記》者曰："晉師三豕涉河"。子
> 夏曰："非也，是己亥也。"

這裏所謂《史記》當指衛史。子夏傳習《春秋》，所以能正衛史中將

"己亥"錯成"三豕"之誤。子夏少孔子四十四歲,孔子死時子夏年二十八。子夏居魏之西河教授,當在他之晚年。他年壽較長,假定他在西河教授時是七十歲,即公元前四三七年,下距《左傳》成書年代的上限公元前四〇三年,還有三十四年。子夏不可能活到一百餘歲。因此,《春秋》雖然傳自子夏,而《左傳》之最後成書則可能出於子夏門人之手,是由子夏的弟子編寫而成的。

(二)《左傳》的名稱及其與《春秋》之關係

《左傳》是《春秋左氏傳》的省稱。這一名稱始於東漢之後,西漢及其以前都稱《春秋》或《左氏春秋》。如《戰國策》卷十七《楚策四》記載:

> 虞卿謂春申君曰:"臣聞之《春秋》,於安思危,危則慮安。"

此與《左傳·襄公十一年》所引《書》曰"居安思危"相同,是虞卿所謂之《春秋》即《左氏春秋》。

又《戰國策》卷二十四《魏策三》記載:

> 昔者晉人欲亡虞而先伐虢。伐虢者,亡虞之始也。故荀息以馬與璧假道於虞。宮之奇諫而不聽,卒假晉道。晉人伐虢,反而取虞,故《春秋》書之,以罪虞公。

再如《韓非子》卷四《姦劫弒臣》記載:

> 故《春秋》記之曰:"楚王子圍將聘於鄭,未出境,聞王病而反,因入問病,以其冠纓絞王而殺之,遂自立也……"

《魏策》所記晉假虞道而伐虢滅虞,及《姦劫弒臣》所記王子圍殺王自立等,其事皆出於《左傳》。也説明其所謂《春秋》,即《左氏春秋》。

至漢,河間獻王曾在其國内立左氏春秋博士。《漢書》卷五十三《景十三王傳》記載:

河間獻王德,以孝景前二年立,脩學好古,實事求是。從民得善書,必爲好寫與之,留其真。……或有先祖舊書,多奉以奏獻王者。故得書多,與漢朝等。……獻王所得書,皆古文先秦舊書,《周官》《尚書》《禮》《禮記》《孟子》《老子》之屬,皆經、傳、説、記,七十子之徒所論。其學舉六藝,立毛氏詩、左氏春秋博士。

河間獻王所得書很多,與漢朝等,而且皆經、傳、説、記。其中應當包括《左傳》,儘管文中未曾標舉。然而他在國内立左氏春秋博士,説明當時仍稱《左氏春秋》。

司馬遷作《史記》,"網羅天下舊聞"(《太史公自序》),《左傳》亦在其中。他在《十二諸侯年表序》中説:

表見《春秋》《國語》學者所譏盛衰大指著于篇,爲成學治"古文"者要删(删當是册之假借字)焉。

其所謂《春秋》、"古文"都指《左氏春秋》。《左傳》是秦火以前的遺書,其中多保存古字古音,所以又有"《春秋》古文"之稱。他又在《史記》卷三十一《吳太伯世家》中説:

余讀《春秋》古文,乃知中國之虞與荆蠻句吳兄弟也。

這裏的《春秋》古文,也指《左氏春秋》。在《十二諸侯年表序》中,他更明確地説魯君子左丘明"成《左氏春秋》"。

及兩漢之際,左氏一再立爲學官。陸德明《經典釋文》卷一《序録》記載:

平帝始立《左氏》。後漢建武中以魏郡李封爲《左氏》博士，群儒蔽固者數廷爭之，及封卒，不復補。和帝元興十一年，鄭興父子奏上《左氏》，乃立於學官，仍行於世。

這説明西漢平帝與東漢光武帝、和帝，都先後立《左氏春秋》爲學官。到了班固作《漢書》始有《春秋左氏傳》之稱。《漢書》卷八十八《儒林傳》記載：

> 漢興，北平侯張蒼及梁太傳賈誼、京兆尹張敞、大中大夫劉公子皆脩《春秋左氏傳》，誼爲《左氏傳》訓故，授趙人貫公，爲河間獻王博士，子長卿爲蕩陰令，授清河張禹長子（長子禹字），禹與蕭望之同時爲御史，數爲望之言《左氏》，望之善之，上書數以稱説。……授尹更始，更始傳子咸及翟方進、胡常，常授黎陽賈護……

這裏不但記載了東漢人把《左氏春秋》當作解經之作，名曰《春秋左氏傳》，簡稱《左傳》，以符合漢代的學官體制；而且還記載了《左傳》的傳授系統，漢初的張蒼曾爲秦朝御史，從荀卿學習過《左傳》，張蒼把《左傳》傳授給賈誼，賈誼傳授給河間獻王博士貫公，貫公傳授給其子貫長卿，貫長卿傳授給張禹，張禹傳給蕭望之和尹更始，尹更始傳給其子尹咸和翟方進及胡常，胡常傳給賈護等。

那麼，《左氏傳》是否解經之作呢？是否傳《春秋》呢？這是需要進一步論述的問題。《左傳》有無經之傳和經傳相異的記載。這與漢人以傳解經和傳不違經之通例不合，所以西漢今文經學博士"謂《左氏》爲不傳《春秋》"。《晉書》卷五十一《王接傳》説：

> 接雖博通，特精禮傳，常謂《左氏》辭義贍富，自是一家書，不主爲經發。《公羊》附經立傳，經所不書，傳不妄起，於文爲儉，通經爲長。

王接曾注過《公羊傳》，因此他的看法也屬於今文經學一系。其實，《左傳》是否傳《春秋》，要從具體歷史實際中去考察，由《左傳》本身作説明。從《左傳》的記述看，可以肯定它是傳《春秋》的。這不始於它得名《春秋左氏傳》的東漢之時，而是在西漢及其以前已經作爲解經之作了。

《左傳》傳《春秋》可以從四個方面來談。

其一，説明《春秋》書法。如《春秋·隱公元年》云：

> 元年春王正月。

《左傳·隱公元年》則云：

> 元年春，王周正月，不書即位，攝也。

傳文首先對經文中"王正月"之"王"作解釋，於"王"字下增一"周"字，説明是周王，同時也説明"春正月"是沿用周朝曆法。其次對經文不書"公即位"作解釋，依《春秋》書法，魯國十二君，於其即位之元年，應書"元年春王正月公即位"，這裏未寫，因爲隱公是代桓公攝政，並非真正魯君主。《左傳》中如此説明《春秋》書法之處很多，如莊公、閔公、僖公之元年，都僅書"元年春王正月"，不書"公即位"，亦皆各有緣由。

其二，用事實補充並説明《春秋》經文。如《春秋·隱公十一年》云：

> 冬十有一月壬辰，公薨。

《左傳·隱公十一年》則云：

> 羽父請殺桓公，將以求大宰。公曰："爲其少故也，吾將授之矣。使營菟裘，吾將老焉。"羽父懼，反譖公于桓公而請弒之。

羽父請求隱公允許他殺死桓公，並以此求做太宰。隱公不同意，並說明桓公年輕，自己是代行君職，不久即將君位還他，自己已派人在菟裘營建房屋，準備在那裏養老。羽父因此懼怕，便在桓公面前譖毀隱公，隱公便被暗殺。《春秋》只書"公薨"，未說明死因。《左傳》則把事件原委具體地叙述出來。

其三，訂正《春秋》的錯誤。如《春秋·襄公二十七年》云：

> 冬十有二月乙亥朔，日有食之。

《左傳·襄公二十七年》則云：

> 十一月乙亥朔，日有食之。

"日有食之"即"日蝕"。對襄公二十七年這次日蝕，《春秋》記載是"十二月"，《左傳》記載是"十一月"，孰是孰非？根據古代曆法家如後秦姜岌、元代郭守敬的推算，應當是十一月乙亥朔日全蝕。是《經》文傳寫有誤。江永《群經補義·春秋》云："《經》文傳寫訛耳。此年七月，《經》有辛巳，則乙亥朔，必是十一月矣。"《左傳》的作者根據可靠的材料改訂爲"十一月"。

其四，《左傳》有"無經之傳"，《經》有所不載，《左傳》作者認爲有必要流傳後代，便把它補寫出來。如秦繆公死，以一百七十人殉葬，此事不見於《經》文，而《左傳·文公六年》則記載云：

> 秦伯任好卒，以子車氏之三子奄息、仲行、鍼虎爲殉，皆秦之良也。國人哀之，爲之賦《黄鳥》。君子曰："秦穆之不爲盟主也宜哉！……"

這是對《春秋》史料缺失的補充。《左傳》中無經之傳很多。《春秋》經文僅一萬六千餘字，而《左傳》多達十八萬餘字，可見《左傳》補充了大量的歷史史實。如果没有這些傳文，則《春秋》的價值也就被極大地削弱了。東漢桓譚《新論》説：

> 《左氏傳》於《經》，猶衣之表裏，相持而成。《經》而無傳，
> 使聖人閉門思之，十年不能知也。

後代人好講《春秋》書法，而《春秋》書法，若無《左傳》傳述其事，桓
譚以爲聖人閉門深思十年，也不能瞭解其道理，又怎能瞭解其微言
大義所在呢？因此，可以斷言，《左傳》是傳《春秋》的，它與《春秋》
之關係，猶衣服之表與裏然。不過《左傳》傳《春秋》之義，並非即
《春秋》作者之本義，而是《左傳》本身所有之義。

（三）《左傳》記述春秋時期新舊勢力之遞嬗

《左傳》是我國最早、最詳備完整之編年史，也是我國最早之
叙事散文。它始於魯隱公元年（公元前七二二年），止於魯哀公二
十七年（公元前四六八年），共記載了二百五十五年的春秋兼及戰
國的部分史事。最後有魯悼公四年（公元前四六三年）一條，記智
伯之亡的事。

《左傳》記述了春秋時期新舊政治勢力的遞嬗和演變，記述了
舊的政治勢力之逐漸消亡和新的政治勢力之不斷産生和發展。這
種新舊政治勢力的消長，具體表現爲周王室的衰微和諸侯爭霸、諸
公室的卑弱和大夫的兼併。而這種爭霸和兼併的鬥爭，以魯襄公
二十七年（公元前五四六年）晉楚兩大國在宋召開弭（息）兵大會
爲界綫，劃分爲前後兩個時期。這之前主要是諸侯爭霸，其次是大
夫兼併；這之後則主要是大夫兼併，其次是諸侯爭霸。晉楚弭兵大
會是東周時期由諸侯爭霸到大夫兼併的轉折點。要之，《左傳》之
主要内容是重霸業，與《春秋》之重王道，表現了鮮明的不同傾向。
這是當時時代的要求，《左傳》作者在思想感情上是肯定霸業的，
在理論上是爲諸侯稱霸造輿論的。

　　《左傳》記述王室衰微和諸侯爭霸的歷史，其最早者是寫鄭莊公與周王室的政治、軍事鬥爭，在寫鄭莊公與周王室的政治、軍事鬥爭中，表現出鄭莊公國勢之逐漸強大和周天子地位之日益衰微。如《左傳·隱公三年》記載：

> 鄭武公、莊公爲平王卿士。王貳於虢，鄭伯怨王，王曰"無之"。故周鄭交質。王子狐爲質於鄭，鄭公子忽爲質於周。王崩，周人將畀虢公政。四月，鄭祭足帥師取溫之麥；秋，又取成周之禾。周、鄭交惡。

這是寫周平王利用西虢公排斥鄭武公和鄭莊公在周王室中之權勢，引起了鄭莊公的疑懼，平王又不肯承認自己潛在的意圖，因此便以己子與莊公之子交質以取信。平王卒，周人要把國政授與西虢公，鄭大夫祭足即帥師來搶掠了。這裏之平王哪裏像一個天子？完全淪爲諸侯的附庸，任憑鄭莊公的凌逼和擺布了。又《左傳·隱公六年》記載：

> 鄭伯如周，始朝桓王也。王不禮焉。周桓公言於王曰："我周之東遷，晉、鄭焉依。善鄭以勸來者，猶懼不蔇，況不禮焉，鄭不來矣。"

平王卒，桓王即位三年，鄭莊公始來朝見，可謂倨傲至極。桓王怒而不以禮相待。其執政大臣周桓公勸諫説，以禮接待鄭君猶恐其不至，若不待之以禮，誰還來朝王呢？可見當時沒有幾個諸侯朝周的了，周天子的地位已經搖搖欲墜。而鄭莊公的力量卻不斷增強。這之後是侵陳，取得輝煌戰果。又伐許，遂破許，派許大夫百里奉許莊公之弟許叔居許城之東部，以鞏固自己的邊境。其後，又用鄭公子子元計，大破周天子及其所率領之陳、蔡、衛等國的軍隊，周王室幾乎徹底覆亡。《左傳·桓公五年》這樣記載：

王奪鄭伯政，鄭伯不朝。秋，王以諸侯伐鄭，鄭伯禦之。王爲中軍；虢公林父將右軍，蔡人、衛人屬焉；周公黑肩將左軍，陳人屬焉。鄭子元請爲左拒，以當蔡人、衛人；爲右拒，以當陳人。曰：“陳亂，民莫有鬥心，若先犯之，必奔。王卒顧之，必亂。蔡、衛不枝，固將先奔。既而萃於王卒，可以集事。”從之。曼伯爲右拒，祭仲足爲左拒，原繁、高渠彌以中軍奉公，爲魚麗之陳，先偏後伍，伍承彌縫，戰于繻葛。命二拒曰：“旝動而鼓。”蔡、衛、陳皆奔，王卒亂，鄭師合以攻之，王卒大敗。祝聃射王中肩……

鄭之子元是認真地分析了周天子所帥軍隊的情況之後，而安排自己的陣勢的，是根據敵情而采取相應的措施的，所以能大敗周王室之軍隊，而自己取得輝煌的勝利。楊伯峻先生認爲“春秋一代，天子親征，只此一役”（見《春秋左傳注》），但《春秋》對此則諱莫如深，只記載説：“秋，蔡人、衛人、陳人從王伐鄭。”《公羊傳》也僅從義理上解釋：“其言從王伐鄭何？從王，正也。”其他皆避而不談。在他們看來，這場戰爭是以王師大敗，以鄭將祝聃射桓王中肩結束的，大有損於周天子之尊嚴。而《左傳》卻詳實地記述了此次戰爭的始末。鄭伯不朝，固然是對周天子之藐視，其敗王師，更是與周王室之直接較量了。《左傳》作者不爲王者諱，對周王室之虛弱、周天子之庸懦無能，作了真實的記述。實際上《左傳》作者筆下的周天子沒有哪一個不是昏憒無能的，《僖公二十四年》記載，周襄王由於不聽富辰的勸諫，而大敗於狄師，自己則逃亡到鄭國。相反，衆諸侯倒大都能勵精圖治。那末，鄭莊公爲何能取得一系列勝利呢？《左傳·隱公十一年》記載鄭伐許之後説：

鄭莊公於是乎有禮。禮，經國家、定社稷、序民人、利後嗣

> 者也。許無刑而伐之，服而舍之，度德而處之，量力而行之。
> 相時而動，無累後人，可謂知禮矣。

這雖然講的是鄭莊公伐許取勝的原因，實際上也是對鄭莊公之所以能圖霸的說明，是《左傳》作者思想傾向之所在。

這之後，是寫東周前半期齊桓公、晉文公之先後霸諸夏，秦穆公之霸西戎，楚莊王之霸諸蠻，以及吳王闔廬、越王勾踐之霸業等。齊桓公稱霸的時代較早，其稱霸的過程和一些功績，如《左傳·莊公八年》記載云：

> 鮑叔牙曰："君使民慢，亂將作矣。"奉公子小白出奔莒。

其初，他是在其庶兄齊襄公政令無常之情況下，爲避難被其傅鮑叔奉護投奔到莒國的。公孫無知之亂爆發後，齊大夫雍廩殺公孫無知，動亂很快平息了。公子小白自莒返齊，是爲桓公。《左傳·莊公九年》記載鮑叔諫議説：

> 管夷吾治於高傒，使相可也。

他就采納鮑叔的意見，任用管仲爲相。應該説這是齊桓公圖霸之起點。實際上在桓公圖霸的過程中，管仲起着極其重要的作用，桓公每前進一步，都有管仲爲之謀劃。如《左傳·閔公元年》記載救邢之事云：

> 狄人伐邢。管敬仲言於齊侯曰："戎狄豺狼，不可厭也；諸夏親暱，不可棄也；宴安酖毒，不可懷也。《詩》云：'豈不懷歸，畏此簡書。'簡書，同惡相恤之謂也。請救邢以從簡書。"齊人救邢。

又《左傳·閔公二年》記載救衛之事，衛國大敗於狄人，社稷傾危，民人離散，宋桓公立戴公以廬於曹地。齊桓公呢？有如下記述：

　　齊侯使公子無虧帥車三百乘、甲士三千人以戍曹。歸公（指戴公）乘馬，祭服五稱，牛、羊、豕、雞、狗皆三百，與門材；歸夫人（指戴公夫人）魚軒，重錦三十兩。……僖之元年，齊桓公遷邢于夷儀。二年，封衛于楚丘。邢遷如歸，衛國忘亡。

齊桓公之遷邢封衛，使上下安堵，不失舊物，都是遵照管仲所謂"戎狄豺狼，不可厭也；諸夏親暱，不可棄也"的意見和簡書"同惡相恤"的原則進行的。足見桓公之圖霸，管仲之功不可泯。

　　當時，南方之楚也日益強盛，連年對鄭用兵。公元前六五六年齊桓公親率齊、魯、宋、陳、衛、鄭、許、曹八國之軍隊伐楚。楚成王派大夫屈完議和，桓公許和退兵。《左傳・僖公四年》這樣記載着：

　　四年春，齊侯以諸侯之師侵蔡，蔡潰，遂伐楚。楚子使與師言曰："君處北海，寡人處南海，唯是風馬牛不相及也。不虞君之涉吾地也，何故？"管仲對曰："昔召康公命我先君大公曰：'五侯九伯，女實征之，以夾輔周室。'賜我先君履：東至于海，西至于河，南至于穆陵，北至于無棣。爾包茅不入，王祭不共，無以縮酒，寡人是徵。昭王南征而不復，寡人是問。"……夏，楚子使屈完如師。師退，次于召陵。齊侯陳諸侯之師，與屈完乘而觀之。齊侯曰："豈不穀是為？先君之好是繼，與不穀同好，如何？"對曰："君惠徼福於敝邑之社稷，辱收寡君，寡君之願也。"齊侯曰："以此眾戰，誰能御之？以此攻城，何城不克？"對曰："君若以德綏諸侯，誰敢不服？君若以力，楚國方城以為城，漢水以為池，雖眾，無所用之。"屈完及諸侯盟。

這次戰役是在齊桓公率領下華夏諸侯第一次聯合伐楚，也是在管仲輔助下進行的。雖然不能算取得勝利,但卻阻止了楚國之北進。
其國勢、軍威顯示了他在諸侯中之霸主地位。公元前六五三年齊
桓公又與魯、宋、陳、鄭盟於甯母,他采納管仲"招携以禮,懷遠以
德,德禮不易,無人不懷"的意見,得"脩禮于諸侯,諸侯官受方物"
(《左傳·僖公七年》),即諸侯有司接受對周天子和齊國應納之貢物。
又聽從管仲的勸告,以禮、信結好諸侯,拒絶了鄭太子華擬藉齊國
之力以削弱其本國的要求,從而博得鄭文公的歡心,派使臣與齊國
結盟。齊桓公圖霸的過程,即不斷采納管仲諫議的過程,管仲之諫
議是用禮、義、信、德對待諸侯,桓公之能霸諸夏,就在於他能身體
力行禮、義、信、德。管仲在建立桓公霸業方面功勞卓著,百餘年
後,孔子還贊嘆説:

> 管仲相桓公,霸諸侯,一匡天下,民到于今受其賜。微管
> 仲,吾其被髮左衽矣。(《論語》卷七《憲問》)

孔子的話道出了管仲相桓公圖霸在歷史上所起的作用。當然,桓
公之所以能稱霸,並不僅是管仲輔助的結果,還有其他人爲之謀劃
和其他因素在起作用。《左傳·昭公十三年》記載叔向説:

> 齊桓……有鮑叔牙、賓須無、隰朋以爲輔佐;有莒、衛以爲
> 外主;有國、高以爲内主;從善如流,下善齊肅;不藏賄,不從
> 欲,施舍不倦,求善不厭。是以有國,不亦宜乎?

其他爲之謀劃者有鮑叔牙、賓須無、隰朋等。在其他諸因素中,"施
舍不倦"起關鍵作用。如《左傳·昭公十年》記載陳桓子説:

> 凡公子、公孫之無禄者,私分之邑。國之貧約孤寡者,私
> 與之粟。曰:"《詩》云'陳錫載周',能施也。桓公是以霸。"

由於"能施",纔能得民心,並得到人們的擁護。此桓公所以

霸也。

　　《左傳》對晉文公圖霸之過程寫得比較多而且集中。晉公子
重耳是由於驪姬之亂被放逐出國的。他流亡國外十九年，經過了
狄、衛、齊、曹、宋、鄭、楚、秦諸國，最後在秦穆公之幫助下回國即
位，是爲文公。晉文公之流亡國外，擴大了其在各諸侯國的影響，
展示了其思想品德和政治態度，是其圖霸的準備階段。《左傳》作
者宣稱文公霸諸夏似乎是天意，但實際記述的則是人事，是他自己
的思想行爲及其謀士狐偃、趙衰、先軫等的智略在起作用。《左
傳·僖公二十三年》記載楚成王評論云：

> 晉公子廣而儉，文而有禮。其從者肅而寬，忠而能
> 力。……吾聞姬姓，唐叔之後，其後衰者也，其將由晉公子乎！

即認爲公子重耳志廣而體儉、文華而有禮，其從者則肅敬而寬容、
盡忠而勤力，等等，這些政治品德促成文公之爲君，並使晉之衰亡
在最後。又《左傳》同年又記載曹大夫僖負羈之妻評論云：“吾觀
晉公子之從者，皆足以相國。若以相夫子，必反其國。反其國，必
得志於諸侯。”她不但講論政治品德，而且説明諸從者之超人的才
能足以使文公霸諸侯。又《左傳·僖公二十八年》記載楚成王評
論云：“晉侯在外，十九年矣，而果得晉國。險阻艱難，備嘗之矣。
民之情僞，盡知之矣。天假之年，而除其害。天之所置，其可廢
乎！”則進一步説明文公是由於備嘗了艱難險阻，體味了人民的辛
酸痛苦之後，根據國情民瘼而建立起霸業的。

　　晉文公的思想行爲最初展現在晉獻公派寺人披伐蒲，他傳令
“君父之命不校”，並徧告衆人：“校者吾讎也。”（《左傳·僖公五年》）
然後投奔到狄這一事件上。這一行爲雖然出於維護君臣、父子的
倫理觀念，卻贏得了人們的稱許。其次，他的重要政治態度是報施

救患，即受人之施，必求有以報之；對鄰國之禍難，必設法拯救之。他經過楚國，楚成王以禮相待，他表示："若以君之靈，得反晉國。晉、楚治兵，遇於中原，其辟君三舍。"(《左傳·僖公二十三年》)當城濮之戰時，果然實踐了他的諾言，謂楚大夫子玉云："楚君之惠，未之敢忘，是以在此。爲大夫退，其敢當君乎！"(《左傳·僖公二十八年》)又當楚成王命申叔侯侵占齊之穀邑，又率諸侯之師圍宋，宋來求援時，他則作三軍，與楚戰，終於"出穀戍，釋宋圍"(《左傳·僖公二十七年》)，解除了楚對穀、宋的威脅。

晉文公之能得國，狐偃、趙衰等人之隨時規諫也是重要原因。他經過衛國，"乞食于野人，野人與之塊"，這應當是農夫令其領會勞動者的艱苦，所謂"民之情僞"，他則以爲是對自己的侮辱，要鞭打農夫。狐偃予以勸阻，並令其稽首而載之。儘管狐偃將此事附會爲天賜土地之徵兆，未免荒謬，然其不負農夫之情意，則是可取的。至齊，齊桓公以宗女姜氏妻之，並贈馬二十乘。他貪圖安逸，有留戀不舍之意，姜氏勸誡云："懷與安，實敗名。"便與狐偃設計將其遣送出境。至秦，秦穆公享之。在趙衰的輔助下，他降拜稽首盡禮。僖公二十四年（公元前六三六年），秦穆公將其護送回國，狐偃懼己獲罪，懇請其自回國，自己則從此逃亡。文公則云："所不與舅氏同心者，有如白水。"表示君臣同心，肝膽相照，博得了狐偃之衷心信賴。

晉文公之得國，還由於他能不念舊惡，容納反對過自己和未隨自己出亡之人。如寺人披屢次奉命捕殺文公，當文公入主晉國之後，寺人披請見，文公辭而不見，並責讓之。寺人披以君臣之義進言，文公接見寺人披。寺人披便把呂甥、郤芮要縱火燒其宮室、從而殺害他的陰謀告訴了他。文公潛逃出宮，會秦穆公於王城，避免了一場災禍。又文公守財物之童僕頭須，未隨文公出亡，而是竊其財物而逃,意圖用全部財物接納文公回國。文公流亡回國後,頭須求見,文公怪其不隨自己出亡,也辭而不見。頭須則以"爲社稷之守"與"爲羈紲之僕"之道理相同進言,文公立刻接見了他。這種不念舊惡的做法,贏得了反對者的擁護和一般民衆的支持,瓦解了敵人,爭取了群衆。

總之,晉文公之行君臣之義、報施救患、不念舊惡以及善於任用智謀之士等,使他能得國成爲晉君。從此開始,他考慮如何進一步圖霸了。

魯僖公二十四年(公元前六三六年),周大夫頹叔、桃子奉太叔以狄師伐周,周襄王逃鄭,次年秦穆公要護送周襄王回王城。晉之君臣也見有機可乘,《左傳·僖公二十五年》這樣記載:

> 秦伯師于河上,將納王。狐偃言於晉侯曰:"求諸侯莫如勤王,諸侯信之,且大義也。繼文之業,而信宣於諸侯,今爲可矣。"

狐偃認爲求諸侯莫如納王,勉勵晉文公繼承晉文侯輔助平王東遷立國之業,護送襄王回國,以申信於諸侯。實際上納王是求霸的一個重要步驟。晉文公聽從狐偃的諫議,興師納王。既納周王,文公自恃有功,請求允許其死後得以天子之禮埋葬。周王以天下未有代周德者,而晉欲擬天子之禮,是有二王,亦晉文公所痛惡爲理由,予以拒絶。可見晉文公納王,有圖霸之雄心在。然而周襄王仍賜以南陽一帶土地,晉文公的疆域擴大了。

魯僖公二十七年(公元前六三三年),楚成王率陳、蔡、鄭、許諸國圍宋,宋向晉求援。對晉來説這又是一次霸諸侯的關鍵時刻。《左傳·僖公二十七年》記載:

> 冬,楚子及諸侯圍宋,宋公孫固如晉告急。先軫曰:"報施

救患，取威定霸，於是乎在矣。"狐偃曰："楚始得曹而新昏於衛，若伐曹、衛，楚必救之，則齊、宋免矣。"於是乎蒐于被廬，作三軍，謀元帥。……

然後是爲三軍配備將佐，準備與楚作戰。形勢猶箭在弦上，一觸即發。

但是，晉文公之圖霸，不僅在政治、軍事上進行謀劃，同時也重視對民衆進行教育。他即位之初，即注意施教於民。《左傳·僖公二十七年》記載：

> 晉侯始入而教其民，二年，欲用之。子犯曰："民未知義，未安其居。"於是乎出定襄王，入務利民。民懷生矣，將用之。子犯曰："民未知信，未宣其用。"於是乎伐原以示之信。民易資者，不求豐焉，明徵其辭。公曰："可矣乎？"子犯曰："民未知禮，未生其共（同恭）。"於是乎大蒐以示之禮，作執秩以正其官，民聽不惑，而後用之。出穀戍，釋宋圍，一戰而霸，文之教也。

子犯，即狐偃。他協助晉文公教民知義、知信、知禮，然後人民可以聽命，並樂爲之用。在《左傳》作者看來，文公城濮一戰而霸，都是以文德教民之結果。那麼，我們可以得出這樣的認識，即晉文公之所以能霸諸侯，一方面由於他在政治、軍事上的措施得力，另一方面由於他以德教民，民樂聽其用。值得注意者，作者提出重民、治民的思想，强調了人民在歷史事件中的作用。

秦穆公之强大，始於魯僖公十五年（公元前六四五年）在韓原戰敗晉國之時，據《左傳·僖公十五年》記載，韓原之戰起因於晉惠公"賂秦伯以河外列城五……既而不與。晉飢，秦輸之粟。秦飢，晉閉之糴"。是由於晉惠公食言，受惠不報，反以爲仇。晉大夫韓簡説：

> 出因其資，入用其寵，飢食其粟，三施而無報，是以來也。
> 今又擊之。我怠秦奮，倍猶未也。

謂夷吾之出奔，是得到秦國之資助，其入晉爲君，也由於受到秦國之寵遇。晉鬧饑荒，秦輸送給晉糧食。晉不但不圖報，反而攻打秦國。可見這次戰爭秦是居於正義方面，因此，其士卒鬥志昂揚，同仇敵愾。韓簡又説：

> （秦）師少於我，鬥士倍我。

秦穆公既屬於正義方面，同時對晉作戰又采取有禮有節的方式，所以能步步取得勝利。如晉惠公請戰，秦穆公回答説：

> 君之未入，寡人懼之。入而未定列，猶吾憂也。苟列定矣，敢不承命。

説明你未入晉時，我爲你憂懼，既入而君位未確定時，我仍爲你擔憂。今天你君位既定而又整列軍隊來請戰，我怎敢不承順你之命令呢？詞婉而諷，表示對晉不做到仁至義盡絶不興師。

韓原一戰，"晉戎馬還濘而止"，晉惠公被俘，晉大夫壞形毁服追隨秦師之後。秦穆公則説：

> 二三子何其慼也！寡人之從君而西也，亦晉之妖夢是踐，豈敢以至。

勸告晉大夫不要過分憂傷，他不肯把晉君看作俘虜並待之太甚。秦穆公回國時，其夫人穆姬令行人身着喪服迎接，自己寧肯自殺也不願見晉君之入秦。秦之大夫請求俘晉君入國，秦穆公説：

> 且晉人慼憂以重我，天地以要我，不圖晉憂，重其怒也。

> 我食吾言,背天地也。重怒難任,背天不祥,必歸晉君。

認爲應該考慮晉人的哀痛,更不能食"豈敢以至"的諾言,否則就會加重他們對秦國的憤怒。正是這種有禮有節的策略,促使秦穆公韓原一戰取得了勝利,並成爲其霸西戎的開始。晉之君子即說:

> 貳而執之,服而舍之,德莫厚焉,刑莫威焉。服者懷德,貳者畏刑,此一役也,秦可以霸。

這是對此次戰役取得勝利原因的說明,也是對秦穆公霸諸侯策略的概括。此次戰役之後,"秦始征晉河東,置官司焉",秦才設置官吏,以徵斂晉河東之賦稅。蓋晉惠公從前許賂秦之河外五城,"東盡虢略,南及華山,内及解梁城"等大片土地,全部歸秦所有。秦更加強大了。

魯僖公三十三年(公元前六二七年),秦穆公不聽蹇叔之言,而"以貪勤民"、"勞師襲遠",命令孟明、西乞、白乙帥師以襲鄭。由於鄭已有充分準備,結果無所得而回。途經晉之關塞殽山,反而爲晉所截擊,潰敗於殽山。可貴的是秦穆公不責怪將佐,認爲是自己的錯誤。秦之大夫要求以罪殺孟明,秦穆公說:"是孤之罪也。……孤實貪以遇夫子,夫子何罪?"不但不殺孟明,而且仍讓其執政。之後,孟明爲了報殽山戰敗之仇,興師伐晉,在彭衙又大敗而歸。然,秦穆公仍重用孟明不疑。《左傳·文公二年》這樣記載:

> 秦伯猶用孟明。孟明增脩國政,重施於民。趙成子(即趙衰)言於諸大夫曰:"秦師又至,將必辟之。懼而增德,不可當也。"

孟明不再倉猝用兵了,而是從失敗中吸取教訓,"增脩國政,重施於

民", 夫如此, 則將無敵於天下。第二年, 秦穆公又對晉用兵,《左傳·文公三年》記載:

> 秦伯伐晉, 濟河焚舟, 取王官及郊。晉人不出。遂自茅津濟, 封殽尸而還。遂霸西戎, 用孟明也。

秦用破釜沉舟的方法, 大敗晉師, 遂成西戎之霸主。這在《左傳》作者看來, 孟明起着決定性作用。《左傳》作者有意識地在寫秦穆公和孟明之君臣關係, 寫秦穆公之善於任用將相和孟明之效忠國君。他深有感觸地説:

> 君子是以知秦穆公之爲君也: 舉人之周, 與人之壹也。孟明之臣也: 其不解也, 能懼思也。子桑之忠也: 其知人也, 能舉善也。《詩》曰:"于以采蘩, 于沼于沚, 于以用之, 公侯之事。"秦穆有焉。"夙夜匪解, 以事一人", 孟明有焉。"詒厥孫謀, 以燕翼子", 子桑有焉。

他認爲秦穆公對人臣能全面觀察, 不爲其有微疵而廢全人, 且專信不疑。孟明不因爲失敗而松懈, 能思懼而改行, 並一心事主。子桑薦孟明, 可謂知人舉善。《左傳》作者傾注着全部思想感情, 叙述其君聖、臣良, 從中使人們可以領會到, 秦穆公之霸西戎, 絶非偶然。

楚莊王之圖霸並非自其即位之時開始的, 相反當其即位之初是日夜淫樂, 不理朝政。自蘇從以死諫始, 他罷淫樂、臨朝聽政、進賢退不肖, 纔勵精圖治。當其淫樂不厭之時, 國内大饑, 招來山夷入侵、庸人帥群蠻叛亂和麇人率百濮來伐。面對國家之内憂外患, 他采納蒍賈和潘尪的意見, 得以平百濮之亂並滅庸國。《左傳·文公十六年》記載蒍賈分析楚與諸蠻的形勢説:

> 不如伐庸。夫麇與百濮，謂我饑不能師，故伐我也。若我
> 出師，必懼而歸。百濮離居，將各走其邑，誰暇謀人？

對待各方入侵之敵，蒍賈主張首先伐庸，伐庸是關鍵，滅庸，其他叛亂便可迎刃而解。戰爭的結果果然如蒍賈所分析的，百濮見楚出師伐庸，便各自罷歸。庸之士卒既多且驕，群蠻又都歸屬之。潘尫提出以楚先王蚡冒征服陘隰的方法相待。他說：

> 姑又與之遇以驕之。彼驕我怒，而後可克。先君蚡冒所
> 以服陘隰也。

即縱敵屢勝以驕之，以懈怠其士氣，自己屢敗而怒，以激發己之鬥志。庸人果然以爲"楚不足與戰矣"，遂放鬆了戰備，楚便乘機伐庸，"秦人、巴人從楚師。群蠻從楚子盟，遂滅庸"。不但秦、巴從楚師，在楚強大的形勢下，群蠻也就楚受盟，庸遂被滅亡了。滅庸、伐諸蠻，鞏固並擴大了楚國的國土，是楚莊王圖霸的起點。

隨着楚國之強大，公元前六〇六年楚莊王又伐陸渾之戎，並觀兵於周疆，問鼎於中原。《左傳·宣公三年》記載楚莊王問鼎之大小輕重，周大夫王孫滿回答說：

> 在德不在鼎。……德之休明，雖小，重也。其姦回昏亂，
> 雖大，輕也。……周德雖衰，天命未改。鼎之輕重，未可問也。

儘管王孫滿反對莊王問鼎，認爲周朝雖衰微，但天祐明君還未到最終的年限，鼎不能轉移。然則楚莊王那種想取代周王而有天下的氣勢卻咄咄逼人！

公元前五九八年，楚莊王爲陳大夫夏徵舒殺陳靈公而伐陳。結果誅夏徵舒、滅陳並以爲楚之縣。對此諸侯、縣公都表示祝賀，惟大夫申叔時以爲做得過分，罰不當其罪。《左傳·宣公十一年》

記載申叔時之言云：

> 諸侯之從也，曰：討有罪也。今縣陳，貪其富也。以討召
> 諸侯，而以貪歸之，無乃不可乎？

建議"取諸其懷而與之"，即取物於人懷而復與其人。莊王采納他的意見，又迎陳靈公之子於晉，使復爲陳君。並取陳國每鄉一人，令其聚居於一地，取名夏州，以旌武功。《左傳》作者在記述莊王這些做法之後，贊以"書有禮也"一句，表示了對其罰罪有當的肯定與贊賞。《孔子家語》卷二《好生》篇記載："孔子讀史至楚復陳，喟然歎曰：'賢哉楚王！輕千乘之國，而重一言之信。匪申叔之信，不能達其義；匪莊王之賢，不能受其訓。'"對此也表示了同樣的贊嘆！

　　其第二年，楚莊王又伐鄭。楚伐鄭之策略是"叛而伐之，服而舍之"，即當鄭國蓄意抵抗時，便堅決圍攻之；當鄭襄公真正順服時，卻不滅鄭，而與鄭媾和。如《左傳·宣公十二年》記載楚師圍鄭時之情況：

> 國人大臨，守陴者皆哭。楚子退師，鄭人脩城。進，復圍
> 之，三月，克之。

鄭人聚哭於太宮，守城者也齊聲大哭。楚莊王深爲其哀痛所感動，傳令撤兵。然而鄭人還在脩城，意仍不順從，莊王又圍鄭，並攻伐之。當鄭國破之後，鄭襄公肉袒牽羊以逆，哀懇莊王許鄭人爲臣妾，莊王反而不泯其社稷。《左傳·宣公十二年》這樣記載：

> 王曰："其君能下人，必能信用其民矣，庸可幾乎？"

鄭國既不可冀幸而取，便與鄭結盟。這種"怒其貳而哀其卑，叛而伐之，服而舍之"的做法，正體現了當時人們所標榜的德、刑標準。

　　同年爆發了楚與晉在邲地的戰爭,這次戰爭以楚之徹底勝利而結束。其時楚在政治、軍事、倫理、思想方面都十分完備了,因此要圖霸中原。《左傳·宣公十二年》記載晉士會分析說:

> 　　會聞用師,觀釁而動。德、刑、政、事、典、禮不易,不可敵也,不爲是征。楚軍討鄭,怒其貳而哀其卑。叛而伐之,服而舍之,德、刑成矣。伐叛,刑也;柔服,德也,二者立矣。昔歲入陳,今茲入鄭,民不罷勞,君無怨讟,政有經矣。荆尸而舉,商農工賈不敗其業,而卒乘輯睦,事不奸矣。蔿敖爲宰,擇楚國之令典,軍行,右轅,左追蓐,前茅慮無,中權,後勁。百官象物而動,軍政不戒而備,能用典矣。其君之舉也,內姓選於親,外姓選於舊。舉不失德,賞不失勞。老有加惠,旅有施舍。君子小人,物有服章。貴有常尊,賤有等威,禮不逆矣。德立、刑行,政成、事時,典從、禮順,若之何敵之?

士會的分析說明楚國當時已經形成了嚴密的政治思想體系,不可抗拒,並可以無敵於天下了。楚莊王還以安不忘危、樂不忘憂教育人民。當鄭大夫皇戌奉命勸晉伐楚,說"楚師驟勝而驕,其師老矣,而不設備"時,晉欒書則說:

> 　　楚自克庸以來,其君無日不討國人而訓之于民生之不易、禍至之無日、戒懼之不可以怠;在軍,無日不討軍實而申儆之于勝之不可保、紂之百克而卒無後。訓之以若敖、蚡冒篳路(柴車)藍縷(敝衣)以啓山林,箴之曰:"民生在勤,勤則不匱。"不可謂驕。先大夫子犯有言曰:"師直爲壯,曲爲老。"我則不德,而徼怨于楚。我曲楚直,不可謂老。其君之戎分爲二廣,廣有一卒,卒偏之兩。右廣初駕,數乃日中,左則受之,以至于昏。內官序當其夜,以待不虞。不可謂無備。……

樂書用事實說明楚莊王以勵精圖治之精神教育人民，無所謂驕；晉構怨於楚，曲在晉，楚師無所謂老；莊王晝有左右二廣以爲戒，夜有近臣值班以爲衛，無所謂無備。總之，不可與楚作戰。事實上，在邲之戰的全過程中，楚師的行動都證明瞭樂書見解之正確。楚師是全憑謙虛謹慎、鬥志昂揚、戰備周密戰勝晉師，使晉師潰不成軍的。《左傳·宣公十二年》記載戰爭結束後，潘黨勸楚莊王築武軍（收晉尸而封土）以彰武功，莊王則說：

> 非爾所知也。夫文，止戈爲武。……夫武，禁暴、戢兵、保大、定功、安民、和衆、豐財者也。故使子孫無忘其章。今我使二國暴骨，暴矣；觀兵以威諸侯，兵不戢矣；暴而不戢，安能保大？猶有晉在，焉能定功？所違民欲猶多，民何安焉？無德而强爭諸侯，何以和衆？利人之幾，而安人之亂，以爲己榮，何以豐財？武有七德，我無一焉，何以示子孫？其爲先君宮，告成事而已，武非吾功也。

他謙稱自己沒有武功，不足以昭示後代，只有把服鄭勝晉之事祭告先君罷了。《左傳》作者對楚莊王這種勝不驕、不居功自傲的記述，傾注着自己深厚的感情，完成了一個霸主的形象。

吳王夫差自魯哀公元年攻越大勝後，即北向爭霸，齊國首當其衝，故屢次與齊交戰。自哀公八年至十一年凡兩次伐齊，九年築邗城，於邗城下掘深溝，貫通長江、淮河，所以謀劃北上。魯哀公十三年，夫差大會諸侯於黃池，與晉爭做盟主。越王勾踐乘機攻吳，吳軍大敗。勾踐戰勝吳國，北進至徐（今山東滕縣），會齊、晉等諸侯，共尊周天子，號稱霸王。《墨子》卷五《非攻下》云："今天下好戰之國，齊、晉、楚、越。"可見越在東周之末諸侯爭霸中的地位。

與《左傳》作者對這種圖霸事業的贊揚相反，後來的儒家如

《孟子》卷一《梁惠王上》記述説：“仲尼之徒，無道桓、文之事者。”又《孟子》卷十二《告子下》記述説：“五霸者，三王之罪人也。”又《荀子》卷三《仲尼》記述説：“仲尼之門人，五尺之豎子，羞稱乎五伯。”他們對五霸都采取鄙薄的態度。他們都主張王道，反對霸道。豈不知諸侯爭霸是春秋時期政治、經濟發展的必然結果。《左傳》作者如此樂道“五霸”之事，是適應當時的歷史潮流，是有進步意義的。

魯襄公二十七年（公元前五四六年），晉、楚在宋召開弭兵大會之後，《左傳》主要是寫公室卑弱和大夫兼併。這個時期諸侯間的戰爭減少了，諸侯國内强宗的鬥爭加劇了。如晉六卿趙氏、范氏、知氏、中行氏、韓氏、魏氏之互相爭奪，齊大夫陳氏、鮑氏與大貴族國氏、高氏之鬥爭。可貴的是作者的同情和肯定是在世卿、大夫等新興政治勢力方面，認爲他們“得民心”，而揭露公室、貴族之貪婪、殘暴，説明他們“失人心”，揭示出新興勢力將取代腐朽勢力的歷史必然。

齊是新興勢力與頑固勢力鬥爭的典型國家，這集中體現在陳氏與以齊君爲首的一大批貴族之生死較量上。春秋之初，陳國内亂，公子完逃齊。齊桓公官之以工正，此爲齊國陳氏（即田氏）立足之始。齊景公之時，齊國階級矛盾激化，齊之公室、貴族面臨走投無路的絕境，齊景公和宰相晏嬰也爲之無可奈何。陳桓子是齊之大夫，他乘機發展自己的實力，設法爭取民衆。《左傳·昭公三年》記載晏嬰談論齊國之政治情況如：

　　晏子曰：“此季世也，吾弗知齊其爲陳氏矣。公棄其民，而歸於陳氏。齊舊四量，豆、區、釜、鍾。四升爲豆，各自其四，以登於釜。釜十爲鍾。陳氏三量皆登一焉，鍾乃大矣。以家量貸，而以公量收之。山木如市，弗加於山；魚、鹽、蜃、蛤，弗加

於海。民參其力，二入於公，而衣食其一。公聚朽蠹，而三老
凍餒。國之諸市，屨賤踊貴。民人痛疾，而或燠休之。其愛如
父母，而歸之如流水。欲無獲民，將焉辟之？……"

晏嬰的話説明齊國國君窮侈極慾，殘暴凶狠，他掠取齊國人民一年
三分之二的勞動成果，並動輒對人民施用酷刑，造成市場上踊價高
於屨價的怪現象。而陳氏則與此相反，他關心人民的疾苦，用大斗
借貸，用小斗收進，山海所産之物品運到市場上出賣，與産地價格
相同。因此，人民像流水般地逃歸陳氏。

　　魯昭公十年，陳桓子爲了擴大自己的政治勢力，與齊國執政之
貴族欒氏、高氏發生武裝衝突。他聯合鮑氏，當欒氏、高氏共同酌
酒之時，乘其不備，圍攻了他們。欒氏、高氏大敗。陳桓子取得了
重大戰果，但他聽從晏嬰的勸告："利不可強，思義爲愈。"即不可
見利忘義，而應當見利思義，便把勝利所得讓給被欒氏、高氏排斥
之貴族以及貧窮孤寡之人民。《左傳·昭公十年》記載：

　　　桓子召子山，私具幄幕、器用、從者之衣屨，而反棘焉。子
　　商亦如之，而反其邑。子周亦如之，而與之夫于。反子城、子
　　公、公孫捷，而皆益其禄。凡公子、公孫之無禄者，私分之邑。
　　國之貧約孤寡者，私與之粟。……公與桓子莒之旁邑，辭。穆
　　孟姬爲之請高唐，陳氏始大。

陳桓子把被高氏驅逐之子山、子商、子周招回來，歸還其故邑；把欒
氏驅逐之子城、子公、公孫捷也招回來，增加其爵禄；又將自己的采
邑分給公子、公孫中之無爵禄者，將自己的糧食分給貧窮孤寡之
人。這樣，既分化了舊貴族，又收攬了民心，陳桓子的勢力開始壯
大了。

　　魯哀公六年，陳桓子後之陳乞，與齊國公室及貴族又進行了一

次戰爭，大敗齊公室及貴族，陳氏在齊國的地位更趨鞏固。《左傳‧哀公六年》這樣記載：

> 夏六月戊辰，陳乞、鮑牧及諸大夫以甲入于公宮。昭子聞之，與惠子乘如公。戰于莊，敗。國人追之，國夏奔莒，遂及高張、晏圉、弦施來奔。

陳乞聯合鮑牧及諸大夫攻入公宮。貴族高昭子與國惠子一起進宮，援救公室，結果被打敗，國夏、高張、晏圉、弦施被迫逃亡國外。這裏值得注意的是"國人追之"，當時一般民衆也參加了殲敵行動，説明了陳乞與齊公室及貴族的鬥爭得到了民衆的擁護。

繼之，陳乞爲相，繼位的悼公完全爲其控制，政治、軍事大權實際上都掌握在陳氏手中。

《左傳》作者寫出了齊之公室貴族貪婪、殘暴乃不得人心，而陳氏因關懷民生疾苦則得到民衆的擁戴，國家政權歸屬於陳氏，則是必然的了。

晉國的情況和齊國之大夫與貴族之間的鬥爭不同，而主要是新貴族與舊貴族之間的鬥爭。春秋初年，晉國的政權是由國君及舊貴族把持着。其後，一些新貴族如韓、趙、魏等興起，並乘機登上政治舞臺。這些新貴族勢力隨着晉國社會的發展和疆土的擴大也迅速增長。春秋中葉以後，晉君及其周圍的舊貴族深感新貴族勢力威脅之嚴重，於魯成公十七年晉厲公便在欒書的策劃下，發動了對新貴族的武裝進攻，並最後消滅了郤氏，即郤錡、郤犨、郤至。二十餘年後，新貴族如韓氏、趙氏、荀氏等聯合起來攻打欒氏。他們先以強力爭取魏舒，進而占據公宮，憑險防守，然後展開戰鬥。《左傳‧襄公二十三年》記載：

> 初，斐豹，隸也，著於丹書。欒氏之力臣曰督戎，國人懼

之。斐豹謂宣子曰："苟焚丹書，我殺督戎。"宣子喜，曰："而殺之，所不請於君焚丹書者，有如日！"乃出豹而閉之。督戎從之。踰隱而待之，督戎踰入，豹自後擊而殺之。

范氏之徒在臺後，欒氏登公門。宣子謂鞅曰："矢及君屋，死之！"鞅用劍以帥卒，欒氏退，攝車從之。遇欒樂，曰："樂免之。死，將訟女於天。"樂射之，不中；又注，則乘槐本而覆。或以戟鈎之，斷肘而死。樂魴傷。欒盈奔曲沃。

范宣子先設法除掉欒氏之勇士督戎，然後伏士卒於晉君臺觀之後。於欒氏之徒衆登公宮之門時，告訴趙鞅：要拼死力戰！趙鞅率士卒與敵短兵相接，結果欒氏大敗。其冬，"晉人克欒盈於曲沃，盡殺欒氏之族黨"，把欒氏之黨羽誅盡殺絕。從此，晉國之新勢力在政治、軍事方面完全占據着統治地位。其後，新勢力又逐漸把與欒氏同黨的祁氏、羊舌氏消滅掉，舊貴族便零落殆盡了。《左傳·昭公三年》記載叔向叙述晉公室及舊貴族之衰亡情況如：

叔向曰："然，雖吾公室，今亦季世也。戎馬不駕，卿無軍行，公乘無人，卒列無長。庶民罷敝，而宮室滋侈。道殣相望，而女富溢尤。民聞公命，如逃寇讎。欒、郤、胥、原、狐、續、慶、伯降在皂隸，政在家門，民無所依。公室之卑，其何日之有？《讒鼎之銘》曰：'昧旦丕顯，後世猶怠。'況日不悛，其能久乎？"

這時期，晉國之軍紀廢弛，兵將皆無，宮室奢侈淫靡，嬖寵富貴豪奢，人民疲敝不堪，餓死道路，因而視公室如寇讎，聞命而逃。如此則"晉之公族盡矣"，而"政在家門"。叔向是一個保守派人物，他是懷着同情的心情叙述舊貴族沒落的歷史的，但他確是真實地道出了晉國新、舊勢力之興衰變化。私家之所以得勢，關鍵在於他們

能爭取群衆。其爭取群衆之方法,《左傳·哀公二年》中趙鞅的一段誓師辭講得很清楚:

> 克敵者,上大夫受縣,下大夫受郡,士田十萬,庶人工商遂,人臣隸圉免。

這種按軍功賞賜田宅的方法,可以鼓勵士卒的戰鬥力,深得群衆的擁護。同時,這也是封建制産生的重要途徑,私家之所以能得勝,在於他們體現了新的生産關係。

魯國的情況與晉國大致相同,即代表新興勢力的貴族與公室之間的鬥爭。這些新興勢力的代表即季孫氏、叔孫氏、孟孫氏,他們都受封於春秋初年。爲了發展自己的力量,如季孫氏節衣縮食,至於"妾不衣帛,馬不食粟",用以招攬人才。春秋中葉之後,季孫氏已占有大量私田並私屬甲士七千人,其政治、軍事力量已極大地超過了公室。在此情況下,魯宣公不得不承認私田爲合法,實行"初稅畝"。《左傳·宣公十五年》記載:

> 初稅畝,非禮也。穀出不過藉,以豐財也。

私田按田畝納稅,這有利於公室,卻聚斂於私家。如此,便加劇了私家與公室之間的矛盾。季孫氏、叔孫氏、孟孫氏即對公室進行抵制和反抗。又據《左傳·襄公十一年》記載:

> 正月,作三軍,三分公室而各有其一。三子各毀其乘。季氏使其乘之人,以其役邑入者無征,不入者倍征。孟氏使半爲臣,若子若弟。叔孫氏使盡爲臣,不然不舍。

三桓把公室之軍隊、土地、人民分爲三份,各據其一。這就把公室瓜分了。同時,他們又各於其分地采取不同的辦法,季孫氏用徵稅制,叔孫氏仍行奴隸制,孟孫氏則二者並用。施行的結果,季孫氏之辦法最見成效,因此,魯昭公五年三家對公室又作了一次調整。
《左傳·昭公五年》記載:

> 及其舍之也,四分公室,季氏擇二,二子各一,皆盡征之,
> 而貢于公。

季孫氏罷中軍,將公室分爲四份,獨有其二,其餘分屬叔孫氏、
孟孫氏。如此,則季孫氏獨攬了魯國政權,公室衰微,不過徒具虛
名而已。但是魯昭公並不甘心自己之被瓜分,而仍想蔫除三家,結
果又失敗了,並終於被驅逐出國。《左傳》作者在叙述這段歷史史
實時,並非站在公室立場上貶斥季孫氏,而是不無同情地寫出了季
孫氏在發展自己勢力時所做的努力,以顯示出魯國政權歸季氏乃
大勢所趨。如《左傳·昭公十三年》記載,季氏攻費不克時,采
納了冶區夫的建議:"若見費人,寒者衣之,飢者食之,爲之令
主,而共(同供)其乏困。費來如歸,南氏(指費邑宰)亡矣。"果
然爭取並招來了民衆,壯大了自己,瓦解了敵人。魯昭公之所
以失敗和季孫氏之所以成功的原因是甚麼?《左傳·昭公三十
二年》記載晉趙簡子和史墨的一段對話,對此作了更明確地説
明,如:

> 趙簡子問於史墨曰:"季氏出其君,而民服焉,諸侯與之;
> 君死於外而莫之或罪,何也?"對曰:"……魯君世從其失,季
> 氏世修其勤,民忘君矣。雖死於外,其誰矜之?社稷無常奉,
> 君臣無常位,自古以然。故《詩》曰:'高岸爲谷,深谷爲陵。'
> 三后之姓,於今爲庶。主所知也。"

《左傳》作者借史墨之言來總結這段歷史經驗,認爲得民心者得
國,失民心者失國,新的社會力量必然戰勝舊的腐朽的社會力量,
這是歷史辯證地發展。

　　春秋時期,鄭國之情況是國外四面受敵,國內階級鬥爭激化。
鄭簡公爲了應付國內外的矛盾,不得不依賴新勢力進行社會改革,
因此新勢力在政治上得勢了。魯襄公十年鄭國執政之子駟釐訂溝
洫以正疆界,便是一項重要改革措施。據《左傳·襄公十年》
記載:

> 　初,子駟爲田洫,司氏、堵氏、侯氏、子師氏皆喪田焉。故
> 五族聚群不逞之人,因公子之徒以作亂。於是子駟當國,子國
> 爲司馬,子耳爲司空,子孔爲司徒。冬十月戊辰,尉止、司臣、
> 侯晉、堵女父、子師僕帥賊以入,晨攻執政於西宮之朝,殺子
> 駟、子國、子耳,劫鄭伯以如北宮。

此項改革侵奪了貴族司氏、堵氏、侯氏、子師氏之田地,他們便利用
曾爲子駟所殺之群公子之黨徒以叛亂,殺死子駟及其同伙子國、子
耳等,並劫持了鄭簡公。這些舊貴族之叛亂,説明新舊勢力鬥爭之
尖鋭與嚴峻。但是新勢力並未就此告終,而是在繼續發展和壯大。
子國之子子產在國人協助下平定了叛亂,因功而執掌國政。二十
年後,他仍遵循子駟之辦法,進一步實行改革。《左傳·襄公三十
年》記載:

> 　子產使都鄙有章,上下有服,田有封洫,廬井有伍。大人
> 之忠儉者,從而與之;泰侈者,因而斃之。

即規定城鄉車服各有區別,貴賤衣冠皆所不同,田畝俱劃疆界,廬
舍盡編什伍。對卿大夫之忠貞儉素者,則與之交游,反之,其驕盈
侈汰者,則責罰令其去職。這種辦法,無疑是承認了個體農民爲合
法,限制了貴族勢力之發展。五年之後,他又"作丘賦",即原隸屬
采邑主,不服兵役之人,令其出軍賦、服兵役。這種辦法又是在承
認個體農民爲合法的基礎上,賦予他們中之一部分以甲士之資格,

打破了原有甲士身份之限制。兩年之後，他又"鑄刑書"，即書刑法條文鑄於鼎上，以爲國法，進而打破了舊禮制之限制。鄭子産每一次改革，都遭到舊貴族或守舊派之反對，但他堅決、果斷，毫不動搖。他説："苟利社稷，死生以之。且吾聞爲善者不改其度，故能有濟也。"（《左傳・昭公四年》）表示只要有利於國家，自己不顧生死以堅持之。他抱定之宗旨："吾以救世也。"所以毫無畏懼。實際上，子産之改革措施，推行之初，往往不被人們所理解，遭到人們的反對。但，數年之後，卻大見治效，受到人們普遍地贊揚和擁護。《左傳・襄公三十年》記載子産爲政之治效云：

> 從政一年，輿人誦之，曰："取我衣冠而褚之，取我田疇而伍之。孰殺子産，吾其與之。"及三年，又誦之，曰："我有子弟，子産誨之；我有田疇，子産殖之。子産而死，誰其嗣之？"

子産的改革措施，有利於民衆，因此受到民衆的歡迎。甚至於影響到鄭國一些貴族，也效法子産，進行改革。這都説明，子産的新政策反映了歷史發展的要求。

《左傳》所寫霸主之間的戰爭，使春秋初年百十個小國，合併成少數大國，爲建立統一的中央集權制國家奠定了基礎；爭霸戰爭也不同程度地打擊和削弱了奴隸主貴族集團的力量，爲封建制的産生清除了障礙，有助於新勢力的發展。《左傳》所寫世卿、大夫等新勢力與舊奴隸主貴族的鬥爭，這些新勢力以減輕人民負擔的辦法爭取人民，從而戰勝舊奴隸主貴族，在歷史上起了重要作用。《左傳》作者能客觀地反映和評價王霸之業績，並以同情的態度記述歷史新舊勢力的遞嬗與變革，説明他很明白春秋時代的"時勢之所趨"。

（四）《左傳》記述春秋時期人民的反抗和重民思想之産生

春秋時期奴隸主貴族之貪婪、殘忍、昏庸，不但招致新興地主勢力的不滿，同時也引起一般平民的反抗。據《左傳》記載奴隸、平民反抗奴隸主貴族之事件比比皆是，此起彼伏，而且寫出了每一件事發生的因果關係。這種因果關係，簡而言之，即"官逼民反"和奴隸主貴族"咎由自取"。例如《僖公十六年》記載築鄟城役人之反抗：

> 城鄟，役人病，有（同或）夜登丘而呼曰："齊有亂！"不果城而還。

役人困敝不堪，便夜作妖言，以自解脱。又《僖公十九年》記載梁伯治城溝而民潰：

> 初，梁伯好土功，亟城而弗處。民罷而弗堪，則曰："某寇將至。"乃溝公宮，曰："秦將襲我。"民懼而潰，秦遂取梁。

人民疲怨，因此聽梁伯之誑語而潰散。又《襄公二十三年》記載陳國築城役人之暴動：

> 陳人城，版隊（同墜）而殺人。役人相命，各殺其長，遂殺慶虎、慶寅。

這裏的築城役人，由於無辜慘遭殺害，而被迫起來反抗，相互傳令，殺死兩個役夫長慶虎、慶寅。這比作妖言以自脱和聞敵聲而潰散者，其反抗精神更進了一步。重要的是《左傳》作者對這次事件的態度，他借君子之言説："慶氏不義，不可肆也。故《書》曰：'惟命不于常。'"批判了慶虎、慶寅，對起義之役夫寄予了同情。又《哀公十七年》記載衛國匠人攻擊衛莊公：

> 公使匠久。公欲逐石圃，未及而難作。辛巳，石圃因匠氏

> 攻公。公闔門而請，弗許。踰于北方而隊，折股。……公入于
> 戎州己氏。

工匠們久役不得休息，而怨恨莊公，在石圃的鼓動下而攻擊莊公。莊公倉皇出逃，摔折了腿，最後投奔戎州己氏家，並被己氏殺害。這裏已經不像陳國役人之殺其長吏，而是攻殺了衛君。事實說明，隨着歷史的發展，奴隸主貴族對奴隸的壓迫也加深了，從而奴隸的反抗也日趨高漲。

《左傳》不但記述了百工奴隸對奴隸主貴族的反抗，還記述了在周王畿和諸侯都城內之國人對奴隸主貴族之暴政與苛重之賦稅徭役的不滿和鬥爭。例如《文公十八年》記載：

> 莒紀公生大子僕，又生季佗，愛季佗而黜僕，且多行無禮
> 於國。僕因國人以弒紀公。

國人不滿於莒君紀公政令之無常，便把他殺了。又《昭公二十三年》記載：

> 莒子庚輿虐而好劍。苟鑄劍，必試諸人。國人患之。又
> 將叛齊。烏存帥國人以逐之。

國人因怨恨莒君庚輿之暴虐，便將其驅逐出境。又《哀公十一年》記載：

> 夏，陳轅頗出奔鄭。初，轅頗爲司徒，賦封田以嫁公女，有
> 餘，以爲己大器。國人逐之，故出。

國人不堪陳轅頗之橫徵暴斂，也將其趕跑了。對奴隸、國人這些反抗、鬥爭行爲，《左傳》作者怎樣看呢？《昭公十三年》評論說：“民患王之無厭也，故從亂如歸。”一語破的，亂自上作，是奴隸主貴族貪欲無厭所造成的。

　　歷史的浮沉與變遷,使得一些尊者貴者被逐、被殺,想做皂隸而不可得。統治者從慘痛的教訓中認識到殷商時期那種惟天命、鬼神是從,依靠天命、鬼神來維護自己的統治已經不靈了,在"天"與"人"的關係上,越來越看到人的社會作用,看到人是自然和社會中最重要的因素。這是當時人們思想觀念上的一大變化。《左傳》中有不少記載,即反映了這種觀念的轉變。如《桓公六年》記載隨季梁説:

　　　　夫民,神之主也,是以聖王先成民而後致力於神。

即神依人而行。把人的地位置於天神之上。又《僖公十六年》記載周内史叔興説:

　　　　是陰陽之事,非吉凶所生也。吉凶由人。

即認爲自然現象的變化,乃陰陽之氣作用的結果,與人事凶吉無關。吉凶在人。又《莊公十四年》記載魯大夫申繻説:

　　　　妖由人興也。人無釁焉,妖不自作。人棄常,則妖興,故有妖。

即怪異之事,皆由人之有釁隙可乘才出現。又《襄公二十三年》記載閔子馬説:

　　　　禍福無門,唯人所召。

即禍與福同門,乃人所自招致之。這些記載與殷商時期那種把一切休咎禍福都歸之於天命的觀念,完全不同,天命鬼神的作用實際上被否定了。值得注意的是《左傳》作者在叙述之間表示首肯之意。如《昭公十八年》記載鄭子産反對鄭大夫裨竈用"瓘斝玉瓚"祭禳火災之建議説:

> 天道遠，人道邇，非所及也，何以知之？竈焉知天道？是
> 亦多言矣，豈不或信？

他認爲天道悠邈，非人所知，裨竈雖以善占候著稱，其或偶爾言中，
並非皆必可徵信。因此，鄭並未祀廟禳災，也未曾發生火災。證明
子產見解的正確。又《昭公十九年》記載鄭大水，有龍鬥於時門外
之洧淵，國人勸子產禳災，子產又反對説：

> 我鬥，龍不我覿也；龍鬥，我獨何覿焉？禳之，則彼其室
> 也。吾無求於龍，龍亦無求於我。

他認爲龍與人無關，人何求於龍？且洧淵本來是龍棲息之所，禳祭
豈能令其離去？結果，鄭並未禳祭，也終未見災害。杜預注：
"《傳》言子產之智。"這些樸實無華的記述，説明《左傳》作者對子
產反對天命鬼神觀念的肯定。

　　在"天"與"人"的關係上，人的地位提高了，相應地在"君"與
"民"的關係上，民的地位也提高了。《左傳》中關於"重民"和"以
民爲本"的事例的記載很多。當時不少有識之士把得民或失民作
爲取國或滅國的重要條件。如《桓公六年》記載季梁説：

> 民餒而君逞欲……臣不知其可也。

謂人民飢餓而君主惟私慾是逞，那是很危險的。《昭公十三年》記
載叔向説：

> 取國有五難：有寵而無人，一也；有人而無主，二也；有主
> 而無謀，三也；有謀而無民，四也；有民而無德，五也。

把民衆之歸附，看作是取國的條件之一。《昭公二十三年》記載楚
大夫沈尹戌説：

> 民狎(安也)其野,三務(春耕、夏耘、秋收)成功。民無內
> 憂,而又無外懼,國焉用城?今吳是懼,而城於郢,守已小矣。
> 卑之不獲(卑損之極而不得守其四境也),能無亡乎?昔梁伯
> 溝其公宮而民潰,民棄其上,不亡何待?

認爲安民、保民是國家存亡的關鍵。《哀公元年》記載逢滑説:

> 國之興也,視民如傷,是其福也;其亡也,以民爲土芥,是
> 其禍也。

也認爲撫慰人民或卑視人民關乎國家之命運。這些有識之士認識
到順從民意是立國之本,因此便采取措施以爭取民心。如《文公十
六年》記載:

> 宋公子鮑禮於國人,宋饑,竭其粟而貸之。年自七十以
> 上,無不饋詒也。

公子鮑於饑荒之年,竭盡國家之糧食以饋遺人民。《成公十八年》
記載:

> 晉悼公即位于朝,始命百官,施舍、已責(同債),逮鰥寡,
> 振廢滯(起用廢員),匡乏困,救災患,禁淫慝,薄賦斂,宥罪
> 戾,節器用,時用民(使民以時),欲無犯時(不因私慾以奪農
> 時)。

晉悼公即位之初,即采取一系列措施,以濟民、安民。《昭公十年》
記載陳桓子説:

> 凡公子、公孫之無禄者,私分之邑。國之貧約孤寡者,私
> 與之粟。曰:"《詩》云'陳錫載周',能施也。"

陳桓子主張施惠予民。《文公十三年》記載邾子説:

> 苟利於民，孤之利也。天生民而樹之君，以利之也。民既
> 利矣，孤必與焉。

他正面提出立君所以利民，有利於民即有利於君。這些見解和措施，説明統治者爲了鞏固政權，都設法爭取民衆。儘管他們的出發點不是爲了民衆，但這些做法確實緩解了人民的痛苦，在一定程度上得到人民的擁護。

由於"民"的地位提高了，統治者重視治民，因此對民的態度也成爲評價國君之賢愚、預測國家之興衰的尺度。據《襄公十四年》記載師曠就衛獻公被國人所逐之事對晉悼公説：

> 良君將賞善而刑淫，養民如子，蓋之如天，容之如
> 地。……其可出乎？若困民之主，匱神乏祀，百姓絶望，社稷
> 無主，將安用之？弗去何爲？

他認爲"善民"之君是不會被逐的，而"困民之主"被逐，乃罪有應得。完全贊同國人的行爲。《襄公二十五年》記載齊晏嬰説：

> 君民者，豈以陵民？社稷是主。

國君並不徒居民衆之上，而是爲了國家社稷。如不"養民"，民衆抛棄他，也就成爲必然。《莊公三十二年》記載内史過和史嚚論述虢國必亡之原因。内史過説：

> 虢必亡矣。虐而聽於神。

史嚚也説：

> 虢其亡乎！吾聞之：國將興，聽於民；將亡，聽於神。

他們認爲虢所以必亡，在於其爲政聽於神而不以民爲心。《襄公三十年》記載子産預言陳國必亡説：

> 陳,亡國也,不可與也。聚禾粟,繕城郭,恃此二者,而不
> 撫其民。……能無亡乎?

原因也是由於其君主之苛聚斂、重徭役,而不體恤民衆之死活。這些事例都是以統治者對人民的態度來判斷其命運的。

《左傳》所記述的這些重民、以民爲本思想之產生,是對西周初年形成的"敬天保民"思想的發展。周初的統治者從殷商覆亡的歷史中吸取教訓,認識到國家要長治久安,必須施惠於民。《尚書》卷九《無逸》記載,周公認爲文王由於"懷保小民,惠鮮鰥寡",所以能"享國五十年",因此他勸告在位者要"能保惠于庶民,不敢侮鰥寡",即强調治國之道在於保民。到了春秋時期,隨着歷史的發展,人民地位的提高,統治者治國不但要保民,而且進一步强調要重民和以民爲本。從"保民"到"重民"是當時政治思想上的一大變化,是一個飛躍。《左傳》記述了這一歷史變化,是《左傳》對這一段歷史的重要貢獻。

(五)《左傳》之文筆

《左傳》不僅是我國最早最完備的編年史,而且是一部文學成就很高的散文著作。其散文成就是在長期傳誦中潤色加工而成的。如上所述,《左傳》出於左丘明的傳誦。左丘明是當時歷史知識豐富和文學修養很高的瞽史,他既博聞强記,又習聞瞽矇先輩誦說,將自己聞、見、誦、習之歷史史實融匯貫通,以傳誦下去。他年復一年地傳誦,遂使其文學技巧達到很高的水平。他又在子夏門下長期傳習,子夏在孔門弟子中以文學著稱,他繼承了孔門重文學的傳統,那麼其弟子之重文學也是可以想見的了。左丘明所傳習之内容,經過子夏弟子或再傳弟子的整理、剪裁、潤飾並最後寫定,使《左傳》取得更高的文學成就。孔門一向是重視文學的,《左傳·襄公二十五年》記載孔子說:"言之無文,行而不遠。"認爲言辭

無條理，雖得流行，卻不能及遠。又《論語》卷七《憲問》記載孔子説："爲命，裨諶草創之，世叔討論之，行人子羽修飾之，東里子産潤色之。"是説子産執政時草擬外交辭令反復推敲、琢磨的過程。這説明孔門對文章之重視和對寫作文章要求之嚴格。《左傳》的散文便是在如此嚴格要求下寫成的。

《左傳》文筆之特點，梁啓超在其《要籍解題及其讀法》一書中之《讀左傳法之二》説：

> 《左傳》文章優美，其記事文對于極複雜之事項，如五大戰役等，綱領提挈得極嚴謹而分明，情節叙述得極委曲而簡潔，可謂極技術之能事！其記言文淵懿美茂，而生氣勃勃，後此亦殆未有其比！又其文雖時代甚古，然無詰曲聱牙之病，頗易誦習。

梁啓超從記事、記言兩方面論述《左傳》文章之特點。謂其記事文綱領嚴謹而分明，情節委曲簡潔；其記言文深邃而典雅，充實而有生氣。我們也從這兩方面來論述《左傳》的文學成就。

《左傳》記事文如五大戰役之一晉楚城濮之戰，記叙晉軍敗楚師於城濮之過程。事件複雜曲折，但記叙得委婉清楚，搖曳多姿。《僖公二十八年》記載，晉文公流亡國外時，衛文公、曹共公不以禮相待，他當政後，便存心報怨，即"侵曹伐衛"。滅曹之後，他首先"令無入僖負羈之宮"，其次"殺顛頡以徇于師"：

> 入曹，數之以其不用僖負羈，而乘軒者三百人也，且曰獻狀。令無入僖負羈之宮，而免其族，報施也。魏犨、顛頡怒，曰："勞之不圖，報於何有？"爇僖負羈氏。魏犨傷於胸。公欲殺之，而愛其材。使問，且視之。病，將殺之。魏犨束胸見使者，曰："以君之靈，不有甯也！"距躍三百，曲踊三百。乃舍

之。殺顛頡以徇于師。立舟之僑以爲戎右。

其令不入僖負羈之宮室，是爲了報其過曹時僖負羈所贈食物和
白璧之恩；其殺顛頡以徧告師衆，以示違命之不可赦。一是以
德服人，二是整飭軍紀，把這兩個他後來取得勝利的條件叙述
得井然有序。

當宋向晉來告楚圍甚急時，晉文公考慮如何分化敵人，而使形
勢有利於自己：

> 公曰："宋人告急，舍之則絕，告楚不許。我欲戰矣，齊、秦
> 未可，若之何？"先軫曰："使宋舍我而賂齊、秦，藉之告楚。我
> 執曹君，而分曹、衛之田以賜宋人。楚愛曹、衛，必不許也。喜
> 賂、怒頑，能無戰乎？"公說，執曹伯，分曹、衛之田以畀宋人。

他采納先軫的建議，擴大齊、秦與楚之矛盾，一方面設法使齊、秦
"喜賂怒頑"，一方面分曹、衛之田給宋，以激怒楚。如此則使自己
免於陷入孤立的地位。《左傳》作者於簡明地叙述中顯示了這些
措施的戰略意義。

接着詳細而有條不紊地記述了戰前兩軍對峙形勢之嚴峻和戰
爭爆發時速戰速決之情況：

> 楚子入居於申……使子玉去宋，曰："無從晉師！……《軍
> 志》曰：'允當則歸。'又曰：'知難而退。'又曰：'有德者不可
> 敵。'此三志者，晉之謂矣。"子玉使伯棼請戰，曰："非敢必有功
> 也，願以間執讒慝之口。"王怒，少與之師，唯西廣、東宮與若敖
> 之六卒實從之。
>
> 子玉使宛春告於晉師曰："請復衛侯而封曹，臣亦釋宋之
> 圍。"子犯曰："子玉無禮哉！君取一，臣取二，不可失矣。"先
> 軫曰："子與之！定人之爲禮，楚一言而定三國，我一言而亡

之。我則無禮,何以戰乎?不許楚言,是棄宋也;救而棄之,謂諸侯何?楚有三施,我有三怨,怨讎已多,將何以戰?不如私許復曹、衛以攜之,執宛春以怒楚,既戰而後圖之。"公説。乃拘宛春於衛,且私許復曹、衛,曹、衛告絶於楚。

子玉怒,從晉師。晉師退。軍吏曰:"以君辟臣,辱也;且楚師老矣,何故退?"子犯曰:"師直爲壯,曲爲老,豈在久乎?微楚之惠不及此,退三舍辟之,所以報也。背惠食言,以亢其讎,我曲楚直,其衆素飽,不可謂老。我退而楚還,我將何求?若其不還,君退、臣犯,曲在彼矣。"退三舍。楚衆欲止,子玉不可。

夏四月戊辰,晉侯、宋公、齊國歸父、崔夭、秦小子憖次于城濮。楚師背酅而舍,晉侯患之。聽輿人之誦曰:"原田每每,舍其舊而新是謀。"公疑焉。子犯曰:"戰也!戰而捷,必得諸侯。若其不捷,表裏山河,必無害也。"公曰:"若楚惠何?"欒貞子曰:"漢陽諸姬,楚實盡之。思小惠而忘大耻,不如戰也。"……

子玉使鬬勃請戰,曰:"請與君之士戲,君馮軾而觀之,得臣與寓目焉。"晉侯使欒枝對曰:"寡君聞命矣。楚君之惠,未之敢忘,是以在此。爲大夫退,其敢當君乎?既不獲命矣,敢煩大夫,謂二三子:'戒爾車乘,敬爾君事,詰朝將見。'"晉車七百乘,韅、靷、鞅、靽。晉侯登有莘之虚以觀師,曰:"少長有禮,其可用也。"遂伐其木,以益其兵。

己巳,晉師陳于莘北,胥臣以下軍之佐當陳、蔡。子玉以若敖之六卒將中軍,曰:"今日必無晉矣。"子西將左,子上將右。胥臣蒙馬以虎皮,先犯陳、蔡。陳、蔡奔,楚右師潰。狐毛設二旆而退之。欒枝使輿曳柴而僞遁,楚師馳之,原軫、郤溱

> 以中軍公族橫擊之。狐毛、狐偃以上軍夾攻子西，楚左師潰。
> 楚師敗績。子玉收其卒而止，故不敗。

楚成王撤回圍宋之師，不想與晉作戰，是知難而退。但楚成王與其臣子玉之意見有分歧，他們君臣之間之意見分歧、矛盾，正暴露了楚軍的弱點。此外，子玉恃兵而驕，一意孤行，盲目進逼晉師，因此必然失敗。晉文公與其臣子犯等則和睦、團結，他虛心地聽取群臣的意見，並特別重視在政治上取得優勢，所謂"師直爲壯，曲爲老"，即出師正義便有戰鬥力，否則就疲憊。因此，他們群臣都不肯背惠食言，堅決履行"晉楚治兵遇于中原，其辟君三舍"之諾言，念念不忘"若楚惠何"，這在政治上就勝楚一籌！而楚在晉軍退辟時，其師不但不退還，反而進一步追逼。這就使楚在政治上處於劣勢。由於晉、楚在政治上優劣之勢有如此明顯的差別，所以戰爭一開始，楚右軍即潰敗，接着左軍也潰敗了，惟中軍被子玉所收集而未大崩。戰爭以晉之完全勝利而結束。

最後叙述晉文公與鄭文公盟，晉文公獻楚俘予周襄王，周襄王策命晉文公爲侯伯。因爲依附於周襄王更能促使晉文公霸業之成功，所以"以綏四國，糾逖王慝"的重要使命就落到晉文公肩上了。這段文字詳細地記載了戰爭的開始、發展與結局，叙述十分嚴謹而委婉，對戰爭的場面描寫不多，更多地是寫促成戰爭勝敗的各種因素，對這些因素的各種作用表叙得簡潔而明快。

又齊晉鞌之戰記叙齊侵魯、衛，魯、衛向晉求援，晉派郤克率兵與齊作戰之事。郤克於宣公十七年出使齊國，因跛足爲齊頃公母恥笑，他便乘機發誓報仇。《成公二年》記叙了齊頃公之傲慢輕敵和郤克之堅決應戰，並終於打敗了齊國：

> 師從齊師于莘。六月壬申，師至于靡笄之下。齊侯使請

戰，曰：“子以君師辱於敝邑，不腆敝賦，詰朝請見。”對曰：“晉與魯、衛，兄弟也，來告曰：‘大國朝夕釋憾於敝邑之地。’寡君不忍，使群臣請於大國，無令輿師淹於君地。能進不能退，君無所辱命。”齊侯曰：“大夫之許，亦人之願也；若其不許，并將見也。”齊高固入晉師，桀石以投人，禽之而乘其車，繫桑本焉，以徇齊壘，曰：“欲勇者賈余餘勇！”

　　癸酉，師陳于鞌。邴夏御齊侯，逢丑父爲右。晉解張御郤克，鄭丘緩爲右。齊侯曰：“余姑翦滅此而朝食。”不介馬而馳之。郤克傷於矢，流血及屨，未絕鼓音，曰：“余病矣！”張侯曰：“自始合，而矢貫余手及肘，余折以御，左輪朱殷，豈敢言病？吾子忍之！”緩曰：“自始合，苟有險，余必下推車，子豈識之？然子病矣！”張侯曰：“師之耳目，在吾旗鼓，進退從之。此車一人殿之，可以集事。若之何其以病敗君之大事也？擐甲執兵，固即死也，病未及死，吾子勉之！”左并轡，右援枹而鼓。馬逸不能止，師從之。齊師敗績。逐之，三周華不注。

齊頃公之急切請戰：“詰朝請見。”郤克堅決應戰：“能進不能退，君無所辱命。”齊高固之趾高氣昂，“桀石以投人”，有“余勇可賈”，齊頃公之目空一切，自稱“余姑翦滅此而朝食”以及郤克之身負重傷，“流血及屨，未絕鼓音”，以指揮三軍進退，鎮守戎車，乃得大敗齊軍等，記叙戰鬥的場面緊張而激烈，生動而傳神。接着是寫韓厥追擊齊頃公的情節：

　　韓厥夢子輿謂己曰：“旦辟左右！”故中御而從齊侯。邴夏曰：“射其御者，君子也。”公曰：“謂之君子而射之，非禮也。”射其左，越于車下。射其右，斃于車中。綦毋張喪車，從韓厥曰：“請寓乘！”從左右，皆肘之，使立於後。韓厥俛，定其

右。逢丑父與公易位。將及華泉，驂絓於木而止。丑父寢於
輟中，蛇出于其下，以肱擊之，傷而匿之，故不能推車而及。韓
厥執繫馬前，再拜稽首，奉觴加璧以進，曰："寡君使群臣爲魯、
衛請，曰：'無令輿師陷入君地。'下臣不幸，屬當戎行，無所逃
隱。且懼奔辟，而忝兩君。臣辱戎士，敢告不敏，攝官承乏。"
丑父使公下，如華泉取飲。鄭周父御佐車，宛茷爲右，載齊侯
以免。韓厥獻丑父，郤獻子將戮之，呼曰："自今無代其君任患
者，有一於此，將爲戮乎？"郤子曰："人不難以死免其君，我戮
之，不祥。赦之，以勸事君者。"乃免之。

韓厥在追擊之過程中，其左右兩人，一個被射中墜於車下，一個被
射死於車中。綦毋張失掉了車而要寄乘韓厥之車，韓厥一邊駕車，
一邊用肘攔阻綦毋張不要立於車左或車右，而令其立於自己身後。
韓厥俯身安置車右之尸體。逢丑父趁韓厥俯身之際，與齊頃公調
換位置，以蒙混韓厥。果然韓厥把逢丑父誤認作齊頃公。逢丑父
則令齊頃公下車去華泉取水，齊頃公藉機得以副車逃走。作者敘
述這段情節極其委婉曲折，然而又栩栩如生。這之後是寫齊頃公
出入敵陣，尋找逢丑父，最後敗歸齊國之事：

齊侯免，求丑父，三入三出。每出齊師以帥退。入於狄
卒，狄卒皆抽戈楯冒之。以入於衛師，衛師免之。遂自徐關
入。齊侯見保者，曰："勉之！齊師敗矣！"辟女子。女子曰：
"君免乎？"曰："免矣。"曰："銳司徒免乎？"曰："免矣。"曰：
"苟君與吾父免矣，可若何？"乃奔。齊侯以爲有禮。
既而問之，辟司徒之妻也。予之石窌。

他三入三出於敵軍，齊軍皆擁護之，以免其傷亡，狄、衛之師也障蔽
之，使其逃脫。最後自徐關逃回齊國，路上遇見一個女子，慰問君、

父安否，頃公"以爲有禮"，便將石窌賞賜她作封邑。寫這位自戰
場敗下陣來的齊君既落落如喪家之犬，又要在臣民面前保持自己
的尊嚴。言語之間，問答之際，把齊頃公的形象刻劃得極其丰滿。
結尾是寫賓媚人奉齊頃公之命，願以紀甗、玉磬和侵魯、衛之土地
獻晉以求和，賓媚人言之以禮，動之以利，郤克在魯、衛的勸說下，
接受了他們的條件，便與之言和。這次戰役事件複雜，頭緒紛繁，
但《左傳》作者運筆自然，毫不費力地將其寫得嚴謹而分明，曲折
而簡潔，堪稱爲大手筆！

　　此外，如韓之戰、邲之戰、鄢陵之戰等，以及關於各諸侯之間、
君臣之間、卿大夫之間的種種鬥爭，《左傳》都叙述得簡潔清晰，曲
盡變化。劉知幾《史通》卷八《模擬》評云："蓋文雖缺略，理甚昭
著，此丘明之體也。至如叙晉敗于邲，'生濟者賞'，而云'上（當作
中）軍下軍爭舟，舟中之指可掬'。夫不言攀舟（恐脱擾字）亂以刃
斷指，而但曰'舟指可掬'，則讀者自睹其事矣。至王劭《齊志》述
高季式破敵於韓陵，追奔逐北，而云'夜半方歸，斮血滿袖'，夫不
言奮斮深入，擊刺甚多，但稱'斮血滿袖'，則聞者亦知其義矣。"又
《史通》卷六《叙事》評云："故其綱紀而言邦俗也，則有士會爲政而
'晉國之盜奔秦'；'邢遷如歸，衛國忘亡'。其款曲而言人事也，則
有'犀革裹之，比及宋，手足皆見'；'三軍之士，皆如挾纊'。斯皆
言近而旨遠，辭淺而義深，雖發語已殫，而含意未盡，使夫讀者望表
而知裏，捫毛而辨骨，觀一事于句中，反三隅于句外，晦之時義，不
亦大哉！"可謂準確地道出了《左傳》叙事之簡潔豐富、言有盡而意
無窮的特點。

　　《左傳》之記言文，即"行人辭令"，出使他國專對之辭以及向
國君諫說之辭。這類文字非常之多，然無不簡而精，曲而達，婉而
有致，栩栩有生氣。如《僖公三十年》記載燭之武退秦師云：

　　九月甲午，晉侯、秦伯圍鄭，以其無禮於晉，且貳於楚也。晉軍函陵，秦軍氾南。佚之狐言於鄭伯曰：“國危矣。若使燭之武見秦君，師必退。”公從之。辭曰：“臣之壯也，猶不如人；今老矣，無能爲也已。”公曰：“吾不能早用子，今急而求子，是寡人之過也。然鄭亡，子亦有不利焉。”許之，夜，縋而出。見秦伯曰：“秦、晉圍鄭，鄭既知亡矣。若亡鄭而有益於君，敢以煩執事。越國以鄙遠，君知其難也，焉用亡鄭以陪鄰？鄰之厚，君之薄也。若舍鄭以爲東道主，行李之往來，共其乏困，君亦無所害。且君嘗爲晉君賜矣，許君焦、瑕，朝濟而夕設版焉，君之所知也。夫晉，何厭之有？既東封鄭，又欲肆其西封。不闕秦，將焉取之？闕秦以利晉，惟君圖之。”秦伯説，與鄭人盟，使杞子、逢孫、楊孫戍之，乃還。子犯請擊之。公曰：“不可。微夫人之力不及此。因人之力而敝之，不仁；失其所與，不知；以亂易整，不武。吾其還也。”亦去之。

晉、秦聯合攻鄭，鄭文公遣燭之武説服秦穆公，使秦撤兵，保存了鄭國。這段説辭對秦、晉、鄭三國間之利害關係作了具體的分析，他先把鄭國之存亡置諸一旁：“鄭既知亡矣。”認爲鄭必然滅亡，然而也沒有甚麼。此後叙述鄭亡並無利於秦：“越國以鄙遠，君知其難也。”其次叙述亡鄭反而有害於秦：“亡鄭以陪鄰，鄰之厚，君之薄也。”最後叙述保存鄭國於秦有益無害：“若舍鄭以爲東道主，行李之往來，共其乏困，君亦無所害。”結尾又叙述晉對秦之忘恩負義：“且君嘗爲晉君賜矣，許君焦、瑕，朝濟而夕設版焉。”燭之武説辭之方式，是置鄭國之利害於不顧，而處處爲秦國考慮，委婉而多姿，謹嚴而周密，所以打動了秦穆公之心，他不但不滅鄭，而且留杞子等三人率軍助鄭守衛，顯示了燭之武説辭的力量。又如《成公十三年》記載呂相絶秦云：

　　夏四月戊午，晉侯使呂相絕秦，曰："昔逮我獻公及穆公相好，戮力同心，申之以盟誓，重之以昏姻。天禍晉國，文公如齊，惠公如秦。無祿，獻公即世。穆公不忘舊德，俾我惠公用能奉祀于晉。又不能成大勳，而爲韓之師。亦悔于厥心，用集我文公，是穆之成也。文公躬擐甲冑，跋履山川，踰越險阻，征東之諸侯，虞、夏、商、周之胤而朝諸秦，則亦既報舊德矣。鄭人怒君之疆場，我文公帥諸侯及秦圍鄭。秦大夫不詢于我寡君，擅及鄭盟。諸侯疾之，將致命于秦。文公恐懼，綏靜諸侯，秦師克還無害，則是我有大造于西也。無祿，文公即世，穆爲不弔，蔑死我君，寡我襄公，迭我殽地，奸絕我好，伐我保城，殄滅我費滑，散離我兄弟，撓亂我同盟，傾覆我國家。我襄公未忘君之舊勳，而懼社稷之隕，是以有殽之師。猶願赦罪於穆公。穆公弗聽，而即楚謀我。天誘其衷，成王隕命，穆公是以不克逞志于我。穆、襄即世，康、靈即位。康公，我之自出，又欲闕翦我公室，傾覆我社稷，帥我蝥賊，以來蕩搖我邊疆，我是以有令狐之役。康猶不悛，入我河曲，伐我涑川，俘我王官，翦我羈馬，我是以有河曲之戰。東道之不通，則是康公絕我好也。

　　"及君之嗣也，我君景公引領西望曰：'庶撫我乎！'君亦不惠稱盟，利吾有狄難，入我河縣，焚我箕、郜，芟夷我農功，虔劉我邊垂，我是以有輔氏之聚。君亦悔禍之延，而欲徼福于先君獻、穆，使伯車來命我景公曰：'吾與女同好棄惡，復脩舊德，以追念前勳。'言誓未就，景公即世，我寡君是以有令狐之會。君又不祥，背棄盟誓。白狄及君同州，君之仇讎，而我之昏姻也。君來賜命曰：'吾與女伐狄。'寡君不敢顧昏姻，畏君之威，而受命于吏。君有二心於狄，曰：'晉將伐女。'狄應且憎，是用告我。楚人惡君之二三其德也，亦來告我曰：‘秦背令狐之盟，而來求盟于我：“昭告昊天上帝、秦三公、楚三王曰：余雖與晉出入，余唯利是視。”不穀惡其無成德，是用宣之，以懲不壹。’諸侯備聞此言，斯是用痛心疾首，暱就寡人。寡人帥以聽命，唯好是求。君若惠顧諸侯，矜哀寡人，而賜之盟，則寡人之願也，其承寧諸侯以退，豈敢徼亂？君若不施大惠，寡人不佞，其不能以諸侯退矣。敢盡布之執事，俾執事實圖利之。”

成公十一年，晉厲公與秦桓公盟於令狐，秦桓公回來之後，即叛盟，晉厲公因此派呂相使秦而與秦絕交。這篇絕交之辭，歷敘秦對晉之德薄，而晉之所報秦者厚。其數秦之罪狀凡八：其一，韓原之戰，秦俘獲晉惠公入秦。其二，不與晉謀而私與鄭盟。其三，伐滑圖鄭，欲傾覆晉國。其四，接近楚以圖謀晉。其五，送公子雍入晉以蕩搖晉之邊鄙。其六，入晉之河曲，伐晉之涑川，俘晉之王官，翦晉之羈馬。其七，入晉之河東，焚晉之箕、郜，殺晉邊陲之民。其八，背棄令狐之盟。在歷數秦國這許多罪狀時，運用了一系列動詞，疊用許多“我”字，構成動賓結構，把秦倒行逆施的行爲寫盡了。面對秦國這種倒行逆施，晉則“是以有殽之師”、“我是以有輔氏之聚”、“我寡君是以有令狐之會”，采用一連串“我是以有”的句式，說明晉之出兵乃出於萬不得已。總之，理全在晉，而秦則完全被置於受審判的地位。一篇說辭深文曲筆，變化縱橫，辭鋒所向皆在秦國。此外，此類“行人辭令”還有《僖公二十六年》之展喜犒師，《宣公三年》之王孫滿對楚子，《襄公三十一年》之子產壞晉館垣等等，不勝枚舉，皆具淵懿美茂、生氣勃勃之特點。

《左傳》記載人臣向國君諫說之辭，如《隱公三年》之石碏諫寵州吁云：

衛莊公娶于齊東宮得臣之妹，曰莊姜，美而無子，衛人所爲賦《碩人》也。又娶于陳，曰厲媯，生孝伯，早死。其娣戴媯，生桓公，莊姜以爲己子。

公子州吁，嬖人之子也。有寵而好兵，公弗禁。莊姜惡之。石碏諫曰："臣聞愛子，教之以義方，弗納於邪。驕、奢、淫、泆，所自邪也。四者之來，寵祿過也。將立州吁，乃定之矣；若猶未也，階之爲禍。夫寵而不驕，驕而能降，降而不憾，憾而能眕者，鮮矣。且夫賤妨貴，少陵長，遠間親，新間舊，小加大，淫破義，所謂六逆也；君義，臣行，父慈，子孝，兄愛，弟敬，所謂六順也。去順效逆，所以速禍也。君人者，將禍是務去，而速之，無乃不可乎？"弗聽。其子厚與州吁游，禁之，不可。桓公立，乃老。

衛莊公寵愛嬖妾所生之子州吁，不聽石碏的勸諫，任其好兵、驕、奢、淫、泆而不禁，結果釀成弒君之大禍。石碏之諫辭是一篇的中心，其諫辭的關鍵是國君對子女不能嬌寵，自古寵子沒有不驕，驕子沒有不敗者也。寵子是衛國禍亂的根源，而其罪責則在衛莊公。這就是石碏諫辭的內涵。文章回旋曲折，然而一氣呵成，亦見其辭令之美。此外，如《隱公五年》之臧僖伯諫觀魚，《桓公二年》之臧哀伯諫納郜鼎，《桓公六年》之季梁諫追楚師，《僖公五年》之宮之奇諫假道，等等，都是諫說之辭。這類諫說之辭，誠如清代馮李驊《左繡》中之《讀〈左〉卮言》所說："傳中議論之精，辭令之雋，都經妙手刪潤。"表現了作者卓越的文學才能。

《左傳》之文章不僅記事、記言，而有變記事、記言爲記傳者。由於《左傳》是編年體，其對人物一生行跡，往往散見於數年之中，然而連貫起來便是一篇完整的傳記。其中比較突出的，如對鄭莊公、楚子玉、晉公子重耳、晉趙盾、楚靈王、鄭子產、齊晏嬰、魯孔丘等人的描寫，不但有頭有尾，而且形象鮮明。以子產爲例，他所處之鄭國，是一個土地狹小的國家，且介於晉、楚兩霸主之間，怎樣求得生存是其面臨的嚴峻問題。爲了不被滅亡，便不能不講求内政外交的策略。《左傳・宣公十四年》記載：“鄭昭、宋聾。”即説明鄭是一個明於事理與形勢之國家。環境作用於人，這種具體環境即産生了聰明、機智的子產。子產最早出現於《襄公八年》，當時鄭國戰勝蔡國，鄭人皆喜，獨子產之看法與衆不同，認爲此舉會招致晉、楚兩國之輪番進攻。他的意見被其父子國斥爲“童子之言”，然而事態的發展完全證實了他的見解。當時他尚未成人，就有如此驚世駭俗之識，確是十分可貴的了。

襄公十九年他被立爲卿，此時他已積累了豐富的政治經驗，《襄公二十五年》記載他回答子大叔問政時説：

> 政如農功，日夜思之，思其始而成其終，朝夕而行之。行無越思，如農之有畔，其過鮮矣。

認爲從政與務農一樣，要日夜用心思考，既慮其始，也慎其終，按照預定的步驟去實行，行動不要越過自己思考的範圍，就像農夫耕作不越過自己的田塍一樣。這樣，過錯就很少。這是子產一生從政的準則，他每做一件事，都要經過深思熟慮，所以終其一生不曾在政治上失敗過。

子產做鄭卿十一年，於襄公三十年代子皮爲鄭相，爲鄭相二十二年死，前後在鄭政治舞臺上活動了三十餘年。從這三十餘年的政治活動中，我們可以看出他的一些新穎的政治觀點。例如他反對以財賄治國，主張以令德治國。《襄公二十四年》記載，范宣子執晉國政，加重了諸侯朝晉的貢物，子產寄書勸告范宣子説：

> 僑聞君子長國家者，非無賄之患，而無令名之難。夫諸侯

之賄聚於公室,則諸侯貳。若吾子賴之,則晉國貳。諸侯貳,則晉國壞;晉國貳,則子之家壞,何没没(猶昧昧,不明白)也!將焉用賄?夫令名,德之輿也;德,國家之基也。有基無壞,無亦是務乎!有德則樂,樂則能久。

即認爲財賄能亡國敗家,令德是治國之根基,以德立國可以達到不敗之地。他還提出"毋寧使人謂子,子實生我,而謂子浚我以生",即爲政者所以養民,而非剥削人民以自養。這些觀點不但在當時是進步的,而歷代都是常新的。在任用人才上,他主張發揮其所長。《襄公三十一年》記載:

> 子産之從政也,擇能而使之:馮簡子能斷大事。子大叔美秀而文。公孫揮能知四國之爲,而辨於其大夫之族性、班位、貴賤、能否,而又善爲辭令。裨諶能謀,謀於野則獲,謀於邑而否。鄭將有諸侯之事,子産乃問四國之爲於子羽,且使多爲辭令;與裨諶乘以適野,使謀可否;而告馮簡子,使斷之。事成,乃授子大叔,使行之以應對賓客。是以鮮有敗事。

這種知人善任,量材器而使之的辦法,是他政治上取得成功的重要條件。他反對毁鄉校,主張讓人們自由地評論時政。《襄公三十一年》記載,他反駁然明要毁鄉校的意見説:

> 何爲?夫人朝夕退而游焉,以議執政之善否。其所善者,吾則行之;其所惡者,吾則改之,是吾師也。若之何毁之?我聞忠善以損怨,不聞作威以防怨。豈不遽止?然猶防川。大決所犯,傷人必多,吾不克救也。不如小決使道,不如吾聞而藥之也。

這種宣導民情,以人民的意見爲師,把人民的批評作爲藥石以聞己病的觀點,與奴隸主階級之殘民以逞的作爲大相逕庭,是春秋時期講求重民、治民的社會思潮的反映。他反對先從政,在從政之過程中學習治國的本領,而主張先學好施政之本領,然後再授之以政:

> 僑聞學而後入政,未聞以政學者也。若果行此,必有所害。譬如田獵,射御貫,則能獲禽,若未嘗登車射御,則敗績厭(猶壓)覆是懼,何暇思獲?

並且認爲以政學者,"猶未能操刀而使割也,其傷實多",以形象的比喻,説明其謀慮之深遠。所以子皮稱贊其"務知大者遠者"。他主張爲政要寬猛相濟。《昭公二十年》記載其對子大叔説:

> 我死,子必爲政。唯有德者能以寬服民,其次莫如猛。夫火烈,民望而畏之,故鮮死焉;水懦弱,民狎而翫之,則多死焉,故寬難。

這是子産幾十年治理鄭國經驗的總結,臨終時傳授給子大叔。他認爲治國寬爲上,寬難,不得已而用猛,即立法要嚴,立法嚴,所以保民。他因而成爲法家的創始人。他死後,孔子曰:"古之遺愛也!"贊揚他之仁愛,有古人遺風。

子産之治鄭,在對外關係上,主要是揭露晉、楚兩霸之倨傲與無禮,以保持鄭作爲一個小國的尊嚴。例如《襄公二十二年》記載,晉徵鄭朝貢,子産有禮有節地説明鄭並非不朝晉,而是由於晉君對鄭君無禮,即使如此,鄭也從未間斷朝晉,且"不朝之間,無歲不聘,無役不從",根本不存在不朝晉的問題。問題在於:

> 以大國政令之無常,國家罷病,不虞薦至,無日不惕,豈敢忘職? 大國若安定之,其朝夕在庭,何辱命焉?

由於晉國政令不統一,鄭以不測之禍驟至爲患,終日戒惕奉職。如晉國政局安定，鄭旦暮之間即可以自往，何須來召？這一方面維護了鄭國之尊嚴，另一方面揭露了晉國政治之腐朽。《昭公十三年》記載，子產與晉爭執鄭向晉納貢之等級。對於一個小國來說，貢賦之輕重，關係到自身的存亡，貢賦輕則存，貢賦重則亡。子產據理力爭，不肯多納分釐非分之賦，"自日中以爭，至于昏，晉人許之"。子大叔擔心這會招致晉國之攻討，子產回答説：

> 晉政多門，貳偷之不暇，何暇討？國不競亦陵，何國之爲？

晉國之卿大夫各自爲政，苟且偷安，哪裏還顧得上出兵？如果不爭就受人欺陵，鄭便不成其爲國。同樣揭露了晉國政治之紊亂，維護了鄭國之國家地位。又《昭公十九年》記載，鄭駟偃卒，其子絲幼弱，族人共議立其叔父駟乞爲繼承人。駟偃妻乃晉大夫之女，晉因此遣使問鄭何以立駟乞而不立絲。子產回答説：

> 若寡君之二三臣，其即世者，晉大夫而專制其位，是晉之縣鄙也，何國之爲？

如果鄭大夫之死亡者，皆由晉制定其繼承人，則鄭淪爲晉之縣邑了，那還成甚麼國家呢？反對晉干涉鄭之内政。此外，如《襄公二十五年》記載之"子產戎服獻捷"，《襄公三十年》記載之"子產壞晉館垣"，《昭公元年》記載之"子產卻楚逆女以兵"，《昭公十六年》記載之"子產不予韓宣子環"，等等，都是反對大國的威脅、欺陵，確保鄭國的地位，伸張鄭國國威的行動。

子產在維護鄭國之國家尊嚴，建立鄭國地主階級政權方面起了重要作用。他在與諸侯國的交接和鬥爭中，言辭極其慎重，每出言必經過周密的考慮，使自己的語言既能道破對方的弱點和要害，又加以文飾，使對方不得不接受。因此，他又是縱橫家的創始人。《襄公二十五年》記載孔子稱贊子產之慎辭云："晉爲伯，鄭入陳，非文辭不爲功。慎辭哉！"謂晉之稱霸，鄭之入陳，都非有條理之言辭不爲功，則言辭實爲榮辱之樞機，禍福之所繫了。

晏嬰歷事齊靈公、齊莊公、齊景公三朝，景公時立爲相，前後政治活動達五十多年。《左傳》作者在寫他的政治活動時，充滿了感情，好像在他身上寄託了自己某些政治理想。《襄公二十五年》記載，齊莊公與崔杼妻棠姜私通，崔杼弑齊莊公，當此之際，晏嬰是死君難還是逃亡？他談了對君臣職分之看法：

> 君民者，豈以陵民？社稷是主。臣君者，豈爲口實？社稷
> 是養。故君爲社稷死，則死之；君爲社稷亡，則亡之。若爲己
> 死，而爲己亡，非其私暱，誰敢任之？

認爲君主豈徒駕陵於民上？人臣豈徒求俸祿？都是爲國家社稷。人臣之從死或從亡，都應當以公義爲主。莊公之死，乃自招之禍，非爲社稷，所以他不能從死。這一認識貫徹於他一生的政治活動之中，他一方面以人臣之職分自勵，處處爲社稷着想；一方面揭露君主之不守職分，而逞其荒淫、貪暴之慾。如《昭公三年》記載，晏嬰相景公，景公擬改造其舊宅，另築新宅。他説：

> 君之先臣容焉，臣不足以嗣之，於臣侈矣。

意謂我之先人嘗居於此，我不足以繼承先業，猶居於此，於我已是過侈了。反對改造自己的舊宅。他身爲一國之相，甘居"湫隘囂塵"之陋第，以儉樸之風自勵。作爲人臣，他是通過"談言微中"之諫議，揭露君主之荒淫、貪暴的，同時也就顯示出自己的政治觀點。《昭公三年》又記載景公與晏嬰一段對話説：

> 公笑曰："子近市，識貴賤乎？"對曰："既利之，敢不識
> 乎？"公曰："何貴？何賤？"於是景公繁於刑，有鬻踊者，故對

曰:"踊貴,屨賤。"……景公爲是省于刑。

他以委婉諷刺的口吻揭露了景公之暴虐和濫於刑戮,同時顯示了
自己的政治主張——省刑。《左傳》作者對此深爲贊嘆:"仁人之
言,其利博哉! 晏子一言,而齊侯省刑。"也道破了晏嬰諷諫的主
旨。《昭公二十年》記載,景公患瘧疾,以爲祝固、史嚚祭祀之不誠
信,欲誅祝、史以辭謝來問病之賓客,並將此事告知晏嬰。晏嬰答
非所問地說:

> 山林之木,衡鹿守之;澤之萑蒲,舟鮫守之;藪之薪蒸,虞
> 侯守之;海之鹽蜃,祈望守之。縣鄙之人,入從其政,偪介之
> 關,暴徵其私;承嗣大夫,强易其賄。布常無藝,徵斂無度;宮
> 室日更,淫樂不違。内寵之妾,肆奪於市;外寵之臣,僭令於
> 鄙。私欲養求,不給則應。民人苦病,夫婦皆詛。祝有益也,
> 詛亦有損。聊、攝以東,姑、尤以西,其爲人也多矣。雖其善
> 祝,豈能勝億兆人之詛?

意謂君主專有山海澤藪之利,迫近國都之關卡苛徵雜稅,世襲貴族
强迫交易財物,市政無常,徵斂無厭,宮廷之淫樂生活遂其所慾。
寵妾橫行於市,寵臣詐令於鄙。達官貴人長養求覓,所求不足,則
加之罪。在統治階級這種殘酷剝削、壓迫之下,人民痛苦不堪,夫
婦怨恨,齊國全境民怨沸騰。晏嬰所叙說景公時這些政治之貪婪、
腐敗現象,好像與景公所問之誅祝、史無關,然而細心品味,其所談
的每一種現象都是爲了說明"雖其善祝,豈能勝億兆人之詛",即
太祝並無罪,罪在景公自身。景公恍然大悟,采取改正措施:

> 使有司寬政,毁關,去禁,薄斂,已責(同債)。

這裏同樣揭露了景公之橫徵暴斂行爲,同時表露出自己的政治主

張——開關禁，薄賦稅等。

晏嬰不僅通過"談言微中"的方式明確表露自己的政治觀點，有時也正面表述自己的治國主張。《昭公二十六年》記載，他與景公議論如何防止陳氏篡權說：

> 在禮，家施不及國，民不遷，農不移，工賈不變，士不濫，官不滔，大夫不收公利。

即以禮治國，農、工、商、民人便可世守其業不變，士不失職，官不怠慢，大夫不謀公家之利。他又說：

> 禮之可以爲國也久矣，與天地並。君令、臣共（猶恭）、父慈、子孝、兄愛、弟敬、夫和、妻柔、姑慈、婦聽，禮也。

用禮確定君臣、上下、貴賤的界限，規定不同階層的人應具有的道德規範。這種觀念無疑是維護奴隸主階級制度的，是落後的。但他進一步說：

> 先王所稟於天地以爲其民也，是以先王上之。

認爲"禮"是先王從天地承受來的，是用以治民的。他又賦予"禮"以"爲民"的新内容，是對其所具有的奴隸主道德規範的突破。這種"爲民"的新内容，是最初作"禮"者未必敢想的。此外，晏嬰與景公"論和與同"和"論古而無死"等，都是正面表述自己的政治觀點的。《左傳》作者寫晏嬰一生的行跡，是在着重表現其與景公的矛盾、分歧中完成的，不但寫出了他的形象，而且字句之間也傳達出了他的音容笑貌，聲態並作，惟妙惟肖。《左繡·讀〈左〉卮言》云："左氏叙事、述言、論斷，色色精絶，固不待言，乃其妙尤在無字句處，凡聲情意態，緩者緩之，急者急之，喜怒曲直莫不逼肖，筆有化工。若只向字句臨摹，便都不見得。"這是對《左傳》記事、記言、

記傳的描寫手法的綜合論述，是深有體會之見。至於韓愈評爲
“《春秋》謹嚴，左氏浮夸”（《朱文公校昌黎先生集》卷十二《進學解》）並
非指《左傳》之藝術描寫，而是指其好預言因果休咎而以卜筮爲
徵驗。

　　《左傳》在散文史上的地位，上承《尚書》、《春秋》之記言、記事
文，並開始變記言、記事爲記傳文，是記傳文學之祖，下開《國策》、
《史記》之先河，而《史記》是這種記傳文之嫡傳。《史通》卷八《模
擬》云：“蓋左氏爲書，叙事之最。自晉已降，景慕者多。”晉朝以
後，向其學習者更多。它文辭豐贍、流利，比佶屈聱牙的《尚書》、
簡略蒼老的《春秋》有很大進步。它對後來散文發展的影響，和
《詩經》對後來詩歌的影響同樣深遠。《詩經》成爲後代詩歌創作
的模範，《左傳》則成爲後代散文寫作的楷模。

七、《國語》

（一）《國語》的作者及其編寫意圖

　　《國語》與《左傳》最初大概出於一人之傳誦，其傳誦者應即左
丘明。《漢書》卷六十二《司馬遷傳》所載司馬遷《報任安書》云：

> 左丘失明，厥有《國語》。

從傳授系統上說，應該是有根據的。但是《國語》之成書，卻遠在
這之後，因爲《國語》所記史事與《左傳》相同，皆止於三家分晉。
據《文獻通考》卷一百八十三“經籍十”引巽巖李燾云：

> 昔左丘明將傳《春秋》，乃先采列國之史，國別爲語，旋獵
> 其英華，作《春秋》傳。而先采集之語，草稿具存，時人共傳習
> 之，號曰《國語》，殆非丘明本志也。故其辭多枝葉，不若内傳
> 之簡直俊健，甚者駁雜不類，如出他手。蓋由當時列國之史，

材有厚薄,學有淺深,故不能醇一耳。不然,丘明特爲此重複
之書,何邪?

其所論述比較近真,《國語》之成書,自有其過程,即最初是左丘明
傳誦,然後時人傳習之,最後由列國之瞽史擷取、改編、潤色而成。
時代約在戰國初年。

《國語》是國別史,全書二十一卷,分別記載周、魯、齊、晉、鄭、
楚、吳、越八國之史事。其中《周語》記載之事跡最全面,如記穆王
之征犬戎;厲王止謗、專利以至於被逐;宣王不籍千畝,因伐魯、料
民而失人心;幽王之滅亡;惠王、襄王時王朝之內亂;靈王、景王時
之失政等。其餘各國所記是側重在某幾個人物和事件上,如《魯
語》較多地記臧文仲、里革及公父文伯之事蹟;《齊語》專記管仲相
桓公之政治、外交措施;《晉語》篇幅最長,所記大都是關於重耳出
亡和稱霸之史蹟;《鄭語》只記史伯論天下興衰之言論;《楚語》着
重記靈王、昭王二君之活動;《吳語》獨記夫差伐越與吳之滅亡;
《越語》僅記勾踐滅吳。宋、衛、秦三國雖然未立專篇,其部分史事
則散見於其他各《語》之中。這便是《國語》所記之全部內容。《國
語》的編寫意圖是甚麼? 我們從《國語》對史事的具體記述中可以
得到一點認識。《楚語下》有這樣一段記載:

> 昔齊騶馬繻以胡公入於貝水,邴歜、閻職戕懿公於囿竹,
> 晉長魚矯殺三郤於榭,魯圉人犖殺子般於次,夫是誰之故也,
> 非唯舊怨乎? 是皆子所聞也。人之求多聞善敗以監戒也。今
> 子聞而棄之,猶蒙耳也。

這是葉公子高告誡楚平王之子子西不要召用白公勝,召用白公勝
必亂楚國的一番話,讓他"求多聞善敗以監戒"即從歷史上成功與
失敗的事實中取得一些經驗教訓。這實際上是《國語》作者自己

觀點的流露,是《國語》作者借葉公子高之口道出了他編寫《國語》的意圖。事實是《國語》中之很多條有關史事之記載,其末尾都表明這一史事發展的結果,即作者監戒之意所在。

(二)《國語》記述春秋時期政治、思想領域的鬥爭

春秋時期各國諸侯中除去幾個霸主之外,其他大都荒淫腐敗,凶狠殘暴,草菅人命,從而激起人們的反抗和鬥爭。其記述諸侯之暴虐,誅殺無辜者,如《晉語八》所載晉平公射鴳雀,未死,令豎襄捕捉,亦未捉着,竟"拘將殺之"。又《晉語五》所載晉靈公忌恨趙宣子之直言敢諫,竟"使鉏麑賊(殺也)之"。他們完全以自己的好惡、旨趣爲殺戮對象,而不顧及其他。其記述諸侯淫逸貪婪,損忠良而近讒佞,不理國政者,如《齊語》所載:

> 昔吾先君襄公築臺以爲高位,田狩畢弋,不聽國政,卑聖侮士,而唯女是崇。九妃、六嬪,陳妾數百,食必粱肉,衣必文繡。戎士凍餒,戎車待游車之裂(應作裂,形近而誤),戎士待陳妾之餘,優笑在前,賢材在後,是以國家不日引(申也),不月長(益也)。

又《晉語一》所載:

> 夫翟柤之君,好專利而不忌,其臣競諂以求媚,其進者壅塞,其退者拒違。其上貪以忍(忍爲不義也),其下偷以幸(苟且徼幸也),有冒上而無忠下。君臣上下各厲其私,以縱其回(邪也),民各有心而無所據依。

又如《越語下》所載:

> 吳王淫於樂而忘其百姓,亂民功,逆天時;信讒喜優,憎輔遠弼,聖(通也)人不出,忠臣解骨(即解體);皆曲相御,莫適

相非,上下相偷。

齊襄王、翟柤國之君、吳王夫差貪淫樂,嗜盤剝,置國祚民瘼於不顧,以致造成國家之危亡和加深人民之苦難。奴隸主貴族如此倒行逆施,必然激起人民的反抗。其初,他們只是逃亡,然後是叛離,最終竟至爲"盜賊"了。如《周語下》記載周景王鑄大錢,以搜刮民脂民膏,其結果如單穆公所説:

> 民失其資,能無匱乎? 若匱,王用將有所乏,乏則將厚取於民。民不給,將有遠志,是離民也。

人民財用枯竭,無所供給,只有逃亡。《楚語上》記載楚靈王築章華之臺,以供觀覽,其結果如伍舉所説:

> 國民罷焉,財用盡焉,年穀敗焉,百官煩焉,舉國留之,數年乃成。……若斂民利以成其私欲,使民蒿焉忘其安樂,而有遠心,其爲惡也甚矣。

虛耗資財,國疲民困,百姓不堪其苦,而有叛離之心。《楚語下》記載楚令尹子常執政,蓄貨聚馬,其結果如鬭且所説:

> 今子常,先大夫之後也,而相楚君,無令名於四方。民之羸餒,日已甚矣。四境盈壘,道殣相望,盜賊司目,民無所依。是之不恤,而蓄聚不厭,其速(召也)怨於民多矣。積貨滋多,蓄怨滋厚,不亡何待?

人民羸餒,餓莩遍野。此時人們不僅逃亡、叛離,而且相繼爲"盜賊"了。《周語中》記載單襄公云:"且諺曰:'獸惡其網,民惡其上。'《書》曰:'民可近也,而不可上(陵也)也。'……是則聖人知民之不可加(壓迫也)也。"人民之憎惡官吏,猶猛獸之憎惡羅網。人民不可侮,亦不可凌!

《國語》作者以犀利的筆鋒揭露奴隸主貴族凶殘、貪婪之本質,他們不恤民隱,恣意妄爲,置人民於悲慘、絶望的境地。人民在無可忍受的情況下,紛紛起來反抗,或逃離他們,或放逐他們,甚至殺掉他們。對人民這些反抗行動,《國語》作者怎樣看呢?《魯語上》記載魯太史里革評晉人弒其君厲公一段話云:

> 君之過也! 夫君人者,其威大矣;失威而至於殺,其過多矣。且夫君也者,將牧民而正其邪者也。若君縱私回而棄民事,民旁有慝,無由省之,益邪多矣。若以邪臨民,陷而不振,用善不肯專(專一信任),則不能使,至於珍滅,而莫之恤(不恤民生)也,將安用之? 桀奔南巢,紂踣於京,厲流於彘,幽滅於戲,皆是術(道也)也。

在里革看來,暴君之被逐、被殺,是罪有應得,咎由自取,人民的反抗行爲也未可厚非,乃理所必然。這也是《國語》作者思想傾向之所在,是其感情意念之所在。

春秋時期奴隸主貴族在各諸侯國政權中還占統治地位,因此殷商以來奴隸主階級那種惟天命、鬼神是從,依靠天命、鬼神來維護自己統治的思想,仍然頑固地存在着。他們每事必求神問卜,鬼神決定着他們的一切言行。如《楚語下》記載楚昭王問觀射父是否可以廢祀時,觀射父答云:"祀所以昭孝息民(即昭孝養,使民蕃息也),撫國家,定百姓也。"自天子、諸侯、卿、大夫,至于士、庶、百姓、夫婦,"其誰敢不戰戰兢兢,以事百神"! "其誰敢不齊肅恭敬致力于神! 民所以攝固者也,若之何其舍之也!"這是一段很長的全面論述祀鬼敬神之文字,它説明春秋時期天命、鬼神觀念在人們頭腦中仍占主導地位。但是隨着人民反抗力量之增强,相應的奴隸主貴族統治地位之動搖,奴隸主貴族賴以生存的天命、鬼神觀念也開始解體，而人的作用逐漸被重視起來。隨着生産力的發展，人在生産、生活中的地位日益突出，人的地位之提高，相應的神的地位則開始下降。人們從實踐中認識到天命、鬼神之不可信。這種歷史性的變化，《國語》作者有比較清醒的認識並作了具體的描述。如《晉語二》記載公子重耳出亡，"及柏谷，卜適齊、楚"，狐偃則云："無卜焉。"他認爲不須問卜，只根據對當時各國具體情況之分析，既未去齊，也未去楚，而主張去狄。結果適得其所。這説明天命、神意之不足憑。又《周語上》記載周大夫内史過一段比較集中地論神與人之關係的話，他説：

> 國之將興，其君齊明、衷正、精潔、惠和，其德足以昭其馨香，其惠足以同其民人。神饗而民聽，民神無怨，故明神降之，觀其政德而布福焉。國之將亡，其君貪冒、辟邪、淫佚、荒怠、粗穢、暴虐，其政腥臊，馨香不登，其刑矯誣，百姓攜貳。明神不蠲而民有遠志，民神怨痛，無所依懷，故神亦往焉，觀其苛慝而降之禍。是以或見神以興，亦或以亡。昔夏之興也，融降於崇山；其亡也，回禄信於聆隧。商之興也，檮杌次於丕山；其亡也，夷羊在牧。周之興也，鸑鷟鳴於岐山；其衰也，杜伯射王於鄗。是皆明神之志者(是記録在史籍者)也。

他的論述，從字面上看，神的意志貫穿於人的一切活動之中，似乎神是人的主宰。但是透過字面，更深入領會其論述之含義，則神是依人而行。一國之君得道若此，其國必興，神從而布福焉，一國之君荒淫如彼，其國必亡，神從而降禍焉。可見吉凶禍福皆由人自招，與天神無關。又《周語下》記載，魯、晉、齊等國在柯陵盟會，魯成公爲其前曾負晉與晉共同伐鄭之約，於伐鄭時魯兵遲到，而擔心會受到晉君之責難。對此，單襄公與魯成公有一段對話：

　　單子曰："君何患焉！晉將有亂，其君與三郤其當之乎！"
魯侯曰："寡人懼不免於晉，今君曰：'將有亂。敢問天道乎，
抑人故也？'"對曰："吾非瞽、史，焉知天道？吾見晉君之容，
而聽三郤之語矣，殆必禍者也。……"

單襄公認爲晉將有亂，不必憂懼，是從人事方面分析而得出的認
識，並不認爲是天命使然。這也説明當時人們已由對天命的崇拜
轉向對人事的重視。由於對人事之重視，統治階級治國便更重視
民衆的作用，以民心的向背作爲施政的根據。《周語下》記載樂官
州鳩説："且民所曹（群也）好，鮮其不濟。其所惡惡，鮮其不廢。
故諺曰：'衆心成城，衆口鑠金。'"衆心所好，其固如城，衆口所毁，
金石可銷。説明民心之重要。又《周語中》記載單襄公云："故王
天下者必先諸民，然後庇焉，則能長利。"治國必先安民，也説明民
意之不可輕。這種重民的觀點更明顯地表現在《周語上》所載邵
穆公諫厲王弭謗一段文字中：

　　邵公曰："是障之也。防民之口，甚於防川；川壅而潰，傷
人必多。民亦如之。是故爲川者，決之使導；爲民者，宣之使
言。……民之有口，猶土之有山川也，財用於是乎出；猶其原
隰之有衍沃也，衣食於是乎生。口之宣言也，善敗於是乎興，
行善而備敗，其所以阜財用衣食者也。夫民慮之於心而宣之
於口，成而行之，胡可壅也？若壅其口，其與能幾何？"

邵穆公與周厲王談論如何治民。他主張"宣之使言"，從而從人民
的言論中考察國家之興衰和政治之得失，國君只有體察民情，行民
之所善，去民之所惡，增加人民的財富與衣食，國家才能長治久安。
反之，若不聽取各階層人民的意見，國君便無人贊助了。這説明重
民、安民是治國之本。春秋時期繼承西周敬天保民的思想，雖然還

不能否定天命、鬼神的存在,但已明確地把神放在民的附屬地位,認識到天命的得失由於政治之善與不善,也即失民心還是得民心,天命即民生和民意。這是對當時思想界一大貢獻。

(三)《國語》之文筆

《國語》之文以記言爲主,與《左傳》之以記事爲主者不同。韋昭《國語解叙》云:

> 左丘明……復采録前世穆王以來,下訖魯悼智伯之誅,邦國成敗,嘉言善語……以爲《國語》。

又《釋名》卷六《釋典藝》云:

> 《國語》記諸國君臣相與言語謀議之得失也。

這完全是符合實際的。其所記多爲朝聘、饗宴、諷諫、辯詰、應對之辭。《國語》之記言文是直接繼承《尚書》之行文特點,把《尚書》之記言傳統保全下來,加以發展,形成在邏輯思維和形象思維方面更縝密之文章。如《周語上》記載祭公諫征犬戎一節,穆王車轍馬跡遍天下,侈然有自大之心,欲用兵犬戎以示雄武,祭公謀父進諫勸阻。祭公謀父諫辭之中心是"先王耀德不觀兵",即要以德化天下,不應炫示武力。全文回環往復,不出此意。其叙説周朝之邦制云:

> 夫先王之制,邦內甸服,邦外侯服,侯、衛賓服,蠻、夷要服,戎、狄荒服;甸服者祭,侯服者祀,賓服者享,要服者貢,荒服者王;日祭,月祀,時享,歲貢,終王,先王之訓也。有不祭則修意,有不祀則修言,有不享則修文,有不貢則修名,有不王則修德;序成而有不至則修刑。於是乎有刑不祭,伐不祀,征不享,讓不貢,告不王。於是乎有刑罰之辟,有攻伐之兵,有征討

之備,有威讓之令,有文告之辭。布令陳辭,而又不至,則增修於德,而無勤民於遠。是以近無不聽,遠無不服。

這段文字以"夫先王之制"一句領起,一貫到底。先談五服,五服之地,五服之職,五服之疏密等;次談若諸侯違此五服,天子應先自在意、言、文、名、德諸方面省察;再談自我省察無誤,諸侯仍不來朝,則用刑誅。對荒遠地區,其雖不來朝,仍當修德以化之,不應興兵勞民。文章嚴謹周密,文氣紆徐委婉。然而穆王終不聽諫,出兵征戎,結果僅得狼、鹿而歸,但"自是荒服者不至",邊遠之地皆不納貢了。穆王不但不能耀德,並亦不能觀兵,是得不償失。又如《周語中》記載單襄公論陳必亡一節,單襄公自宋去楚,假道於陳,通過在陳之觀感,認爲"陳侯不有大咎,國必亡"。他從四個方面論述了陳國之必亡,每一方面都引古證今,先舉"先王之教"、"周制有之"、"周之秩官有之"、"先王之令有之"爲例,然後陳述陳國之現狀,結以"廢先王之教也"、"棄先王之法制也"、"蔑先王之官也"、"犯先王之令也",最後總括云:

　　昔先王之教,懋(勉也)帥(循也)其德也,猶恐殞越(隕落也)。若廢其教而棄其制,蔑其官而犯其令,將何以守國?居大國(謂晉、楚也)之間,而無此四者,其能久乎?

結出"不有大咎,國必亡"之故。全文句修字削思維縝密,條分縷析層次井然,所論述的問題昭然若揭。

　　《國語》所記多爲"嘉言善語",這是發展了《尚書》以當時口語爲文的傳統,從而使其記言文更生動活潑和富有形象性。如《魯語上》記載里革更書逐莒太子僕一節,莒紀公生子僕與季佗,既立僕爲太子,又因偏愛季佗,黜廢了太子,太子僕因而殺其父紀公,並携帶莒之財寶奔魯。魯宣公認爲此其對魯友愛之表現,以書令正卿季文子賜之一城邑。里革見後，更改其書，認爲僕之所爲窮凶頑惡，應將其放逐至東夷。原文云：

> 莒太子僕弑紀公，以其寶來奔。宣公使僕人（官名）以書命季文子，曰：“夫莒太子不憚以吾故，殺其君，而以其寶來，其愛我甚矣。爲我予之邑，今日必授，無逆命矣！”里革遇之而更其書，曰：“夫莒太子殺其君而竊其寶來，不識窮固（廢也），又求自邇（近也）。爲我流之於夷，今日必通（達也），無逆命矣！”明日，有司復命（回復宣公之命），公詰之，僕人以里革對。公執之，曰：“違君命者，女亦聞之乎？”對曰：“臣以死奮筆，奚啻其聞之也！臣聞之曰：‘毀則（法也）者爲賊，掩賊者爲藏（猶窩主），竊寶者爲宄（內奸也），用宄之財者爲姦。’使君爲藏姦者（指太子僕），不可不去也；臣違君命者，亦不可不殺也。”

里革認爲太子僕之行爲，陷宣公入爲藏爲姦之罪，所以觸死奮筆，改正宣公之書信。《國語》作者寫里革這個史官，爲了忠於自己的職分，把生死置之度外，奮筆直書，至於違抗君命，活現了一個剛直不阿的史官形象。又《晉語一》記載優施教驪姬譖申生一節，驪姬爲了把自己的兒子立爲太子，費盡心機，要殺害太子申生。她受優施之唆使，在晉獻公面前構陷申生：

> 優施教驪姬夜半而泣謂公曰：“吾聞申生甚好仁而彊（彊御也），甚寬惠而慈於民，皆有所行之（都有所爲才如此做也）。今謂君惑於我，必亂國，無乃以國故而行彊於君（謂以彊劫君），君未終命而不歿，君其若之何？盍殺我，無以一妾亂百姓。”公曰：“夫豈惠其民而不惠於其父乎？”驪姬曰：“妾亦懼矣。吾聞之外人之言曰：爲仁與爲國不同。爲仁者，愛親之

謂仁；爲國者，利國之謂仁。故長民者無親，衆以爲親；苟利衆
而百姓和，豈能憚君？以衆故不敢愛親，衆況厚之？彼將惡始
而美終，以晚蓋者（謂以後善掩前惡）也。凡民利是生（謂爲
民生利），殺君而厚利衆，衆孰沮之？殺親無惡於人，人孰去
之？苟交利而得寵，去行而衆悦，欲其甚矣（謂遂申生之心
願），孰不惑焉？雖欲愛君，惑不釋也（申生爲欲利所惑而不
能解脱）。今夫以君爲紂，若紂有良子，而先喪紂，無章其惡而
厚其敗；鈞（同均）之死也，無必假手於武王，而其世不廢，祀
至於今，吾豈知紂之善否哉？君欲勿恤（憂也），其可乎？若
大難至而恤之，其何及矣！"

驪姬主要是構陷申生有殺父之意圖；可謂狠毒極矣！她從三方面
構陷申生有殺父之心：一者殺君利民，既得君位又無惡於民；二者
殺君除害，既不章父惡，又使其世不敗；三者獻公自曾祖以來不愛
私親，由於目無私親，才兼併了翼。她深知獻公之權勢慾極重，卻
勸其將政權交給申生，説甚麼"君盍老而授之政"，他深知獻公對
自己迷戀之深，卻勸其將自己殺掉，説甚麼"盍殺我，無以一妾亂百
姓"，這都足以刺痛獻公之心，使獻公神思不定，終於開始懷疑、憎
恨申生了。《國語》作者援情度理不但把驪姬口蜜腹劍的形象表
現出來，而且將其内心的隱私、將其陰險狠毒的精神靈魂勾勒出
來，使人們不能不嘆服其勾魂攝魄之文筆了。

　　總之，《國語》之記言特點，即較多地注重語言藝術和表達方
法，言辭精練，並隨時出現一些警策，同時把人物情節寫得形象鮮
明，蒂萼相生，史家之思想與觀點便借助藝術的語言表現出來，以
史爲鑑之目的即包含在藝術的感染力之中。所以它既是歷史典
籍，也是文學名著。朱彝尊《經義考》卷二〇九"春秋四十二"引宋
戴仔評云："吾讀《國語》之書，蓋知此編之中，一話一言皆文、武之

道也。而其辭宏深雅奧,讀之味猶雋永。然則不獨其書不可訾,其文辭亦未易貶也。"《國語》之記言雖然未必都如戴仔所評之高,然而不少篇章情景俱現,風趣橫生,確是事實。

《國語》在編纂體例上取法於《詩經》之十五國風,《詩經》是各國詩歌的匯編,《國語》則是各國具體歷史的記録。在撰述方法上取法於《尚書》之尚實録和《春秋》之寓褒貶,並將二者結合起來,於對史實記叙之過程中,即流露出作者的褒貶態度。《國語》對後代文學影響很大,明黄省曾即指出:"昔左氏羅集國史,實書以傳《春秋》,其釋麗之餘溢爲外傳,實多先王之明訓。自張蒼、賈生、馬遷以來,千數百年,播誦於藝林不衰。"(見《經義考》卷二〇九:"春秋四十二"引)說明其影響於士林之長久。司馬遷《史記》自吴太伯以下十六世家,皆繼承其撰述傳統。元戴表元亦有見於此,他説:"此書不專載事,遂稱《國語》。先儒太史公變編年爲雜體,有作古之材。以余觀之,殆倣《國語》而爲之也。"至於在記載史事和描寫人物方面,其承受《國語》之遺澤多矣。柳宗元在《非國語序》中於批評《國語》宿命論、天道觀之同時,還推崇其文章之美説:"左氏《國語》,其文深閎傑異,固世之所耽嗜而不已也。"他自己爲文即以《國語》爲法,劉熙載《藝概》卷一《文概》云:"柳州作《非國語》,而文學《國語》。"這是很有見地的。柳宗元在其《答韋中立論師道書》中談自己爲文之經驗説:"參之《國語》以博其趣。"(《注釋音辯唐柳先生集》卷三十四)這是他的自白,當然可信。此外,《國語》對唐宋古文和明清散文寫作的影響也是很明顯的。

八、《公羊傳》和《穀梁傳》

(一)《公羊傳》

《公羊傳》據《漢書》卷三十《藝文志》記載:"《公羊傳》十一

卷。"班固自注:"公羊子,齊人。"顏師古注:"名高。"其先是口頭傳授,到後代才記於竹帛。《漢書·藝文志》記載其傳授情況云:

> 及末世,口說流行,故有公羊、穀梁、鄒、夾之傳。

所謂"末世",當指戰國末期,這說明在戰國末期,《公羊傳》尚處在口耳相傳階段。《公羊傳》之傳授系統,據東漢何休《春秋公羊傳序》唐徐彦《疏》引戴宏序云:

> 子夏傳與公羊高,高傳與其子平,平傳與其子地,地傳與其子敢,敢傳與其子壽。至漢景帝時,壽乃與齊人胡毋子都著於竹帛。

同樣《公羊傳·隱公二年》:"紀子伯者何,無聞焉爾。"何休注亦云:

> 其說口授相傳,至漢,公羊氏及弟子胡毋生等乃始記於竹帛。

"生",意即先生,胡毋生即胡毋子都。可見《公羊傳》到漢景帝時才寫定。

《公羊傳》、《穀梁傳》與《左傳》之以叙事爲主,解釋"書法"之語多相反,而是以解釋經文爲主,叙述史事絕少,專講經文之"微言大義"。其所講之"微言大義",又多不合本旨。宋人葉夢得云:"《公羊》、《穀梁》傳義不傳事,是以詳于經而義未必當。"可謂得其要領。

公羊學産生於戰國時代,當時社會之發展趨向天下一統,新興地主階級要建立大一統的天下,取代諸侯割據之局面。《公羊傳》即反映了這種政治理想。但理想僅是一種願望,現實卻戰亂紛爭不休,《公羊傳》作者正是要以理想繩天下。如《公羊傳·隱公元年》首先强調"大一統"：

> 元年春，王正月。元年者何？君之始年（人君即位之始
> 年）也。春者何？歲之始也。王者孰謂？謂文王也（周始受
> 命之王）。曷爲先言王而後言正月？王正月（王者受命改正
> 朔）也。何言乎王正月？大一統也。

此段文字是一部《春秋》中"元年春王正月"之總注，是一部《公羊
傳》之總綱。處於動亂時代，《公羊傳》則强調"大一統"，根據後來
公羊家之説法，這是孔子爲新王立法。當周之世，作新王之法，假
借文王，實際是以《春秋》當新王。這是《公羊傳》之基本精神。

《公羊傳》宣揚大一統，意在天下統一於周。《公羊傳·文公
十三年》云：

> 然則周公之魯乎？曰，不之魯也。封魯公以爲周公主。
> 然則周公曷爲不之魯？欲天下之一乎周也。

《公羊傳》"欲天下之一乎周"，而現實則是諸侯兼併、夷狄交侵。
又《公羊傳》之大一統，是希望"王者無外"（《公羊傳·隱公元年》），
即以天下爲家，而現實不但"中國"與諸夏有別，亦且諸夏與夷狄
有別。《公羊傳·成公十五年》云：

> 曷爲殊會吳？外吳也。曷爲外也？《春秋》內其國而外
> 諸夏，內諸夏而外夷狄。

這種嚴夷夏之別是《公羊傳》之主要義法。而《公羊傳》作者之理
想則是完成以"中國"爲中心而諸夏而夷狄的"大一統"事業。這
種理想與現實之矛盾，是戰國時期新舊政治勢力矛盾的反映。《公
羊傳》這種"大一統"的思想，是建立在動亂的社會基礎之上的。
猶如在一個國家內自由愈少，階級鬥爭愈嚴酷，愈容易産生烏託邦

思想一樣,在戰國那個群雄逐鹿諸侯兼併的社會中,便產生了《公羊傳》對天下統一的要求。這是《公羊傳》作者在動亂的社會中對歷史發展的探索和憧憬。其所構想之一統藍圖,目的在爲後王立法。《公羊傳・哀公十四年》云:"制《春秋》之義,以俟後聖。"即説明這個道理。

《公羊傳》之文章,文風淳樸、簡勁,語言凝練、準確。如《公羊傳・宣公十五年》所記宋人與楚人媾和一段云:

莊王圍宋,軍有七日之糧爾。盡此不勝,將去而歸爾。於是使司馬子反乘堙(土山也)而闚(同窺)宋城。宋華元亦乘堙而出見之。司馬子反曰:"子之國何如?"華元曰:"憊矣。"曰:"何如?"曰:"易子而食,析骸而炊之。"司馬子反曰:"嘻,甚矣憊。雖然,吾聞之也。圍者(被圍者也)柑(以木銜馬口)馬而秣之,使肥者應客。是何子之情(子何以實情相告)也?"華元曰:"吾聞之,君子見人之厄則矜之,小人見人之厄則幸之,吾見子之君子也,是以告情於子也。"司馬子反曰:"諾,勉之矣。吾軍亦有七日之糧爾,盡此不勝,將去而歸爾。"揖而去之,反之莊王(歸報莊王也)。莊王曰:"何如?"司馬子反曰:"憊矣。"曰:"何如?"曰:"易子而食之,析骸而炊之。"莊王曰:"嘻,甚矣憊。雖然,吾今取此,然後而歸爾。"司馬子反曰:"不可,臣已告之矣。軍有七日之糧爾。"莊王怒曰:"吾使子往視之,子曷爲告之?"司馬子反曰:"以區區之宋,猶有不欺人之臣,可以楚而無乎?是以告之也。"莊王曰:"諾,舍而止(留宿于此也)。雖然,吾猶取此,然後歸爾。"司馬子反曰:"然則君請處于此,臣請歸爾。"莊王曰:"子去我而歸,吾孰與處於此?吾亦從子而歸爾。"引師而去之。

這段文字全爲記述史事。記楚公子子反與宋大夫華元憑真情相待以議和之事。華元以實情感動子反,子反以不欺人感動莊王,終於不戰而和,贊揚了子反與華元對楚、宋和平的貢獻。全文以對話的方式出之,前半段記子反與華元之對話,後半段記子反與莊王之對話。其形式與以問答解經之文氣是完全一致的。通篇用復筆,如疊用憊矣、甚矣憊、諾、雖然,重言吾猶取此而歸、臣請歸爾、吾亦從子而歸爾等,重疊反復而有情韻,質樸自然而無藻飾,以簡勁見長。

《公羊傳》對後代文學的影響並不大,但對經學、思想史、學術史的影響卻是很深的,特別是在兩漢及晚清思想界可謂大放異彩,在漢代政治上有很高的地位,當時以《公羊》議政、斷獄,如《漢書》卷六十四《嚴助傳》記載漢武帝詔責嚴助云:

> 具以《春秋》對,毋以蘇秦縱橫。

這裏所謂之《春秋》,即《公羊》家學説。清朝自道光、咸豐以下,《公羊》學大盛,如龔自珍、魏源、康有爲、梁啓超、王闓運、廖平等人都治《公羊》學。

(二)《穀梁傳》

《穀梁傳》據《漢書》卷三十《藝文志》記載:“《穀梁傳》十一卷。”班固自注:“穀梁子,魯人。”顏師古注:“名喜。”又唐楊士勛《春秋穀梁傳序·疏》云:“穀梁子名淑(按:當依《穀梁校勘記》作“俶”),字元始,魯人。一名赤。”根據古籍記載,其編撰者之名爲喜、爲赤、爲俶、爲元始等,異説紛紜,一時很難確定孰是孰非。其傳授系統,據楊士勛《疏》云:

> 受經於子夏,爲經作傳,故曰《穀梁傳》。傳(阮刻本無,
> 從《校勘記》所引毛本補)孫卿,孫卿傳魯人申公,申公傳博士

江翁。其後魯人榮廣大善《穀梁》，又傳蔡千秋。漢宣帝好
《穀梁》，擢千秋爲郎，由是《穀梁》之傳大行於世。

然則《穀梁傳》與《公羊傳》同源，均出於子夏之傳授，下傳至荀卿
一派。循情度理，子夏將《春秋》經文傳與不同之弟子，是完全可
能的。洪業《春秋經傳引得序》亦云：

> 《公》、《穀》二傳，同源而異流，成書於六國之末，殘散於
> 秦火，復編訂於漢景、武之世也。

這是比較通達的說法。至於其具體寫定年代，應在《公羊傳》之
後。陸德明《經典釋文》卷一《序錄》云：「左丘明受經於仲尼，公羊
高受之於子夏，穀梁赤乃後代傳聞。」即說明三傳編撰之時代次序。

《穀梁傳》與《公羊傳》不同，其學說大抵出於魯儒，更注重傳
揚經義，處處謹守《春秋》書法，闡明義例。如《隱公元年》關於隱
公不說即位，欲治國後還政權於桓公，以及立賢立嫡、立長立貴之
爭的記載，《左傳》僅云：「不書即位，攝也。」《公羊傳》則云：「桓幼
而貴，隱長而卑。……立適（同嫡，謂嫡夫人之子）以長不以賢，立
子（謂左右媵及姪娣之子）以貴不以長。」二傳僅明乎禮制，對《春
秋》大義卻欠闡發。《穀梁傳》對此則發了一大篇議論。其議論是
從《春秋》「成人之美，不成人之惡」和「貴義而不貴惠，信（同申）
道而不信邪」的兩種理念出發，說明隱公、桓公皆惠公庶出，有長幼
之別，而無嫡庶之分。桓公立爲太子，即「非正也，邪也」，且隱公
本意在讓位，桓公竟將其殺害，桓公之奸惡象，相形益彰。隱公之
行小惠，雖有孝心，卻陷其父於不義之地，應爲小惡。全文以問答
方式迂迴曲折不留痕跡地把問題論述清楚。文義較之左氏、公羊
二傳簡約、精深多了。

《穀梁傳》重闡發經義，但有時爲闡發經義，也間有一些簡樸

清新的叙事。這些叙事剪裁於《左傳》所記史實之間，或融爲精簡之文，或演爲詳備之作，大抵委婉有致。如《穀梁傳·僖公二年》所記"虞師、晉師滅夏陽"一段云：

> 非國而曰滅，重夏陽也。虞無師(虞未嘗出師)，其曰師，何也？以其先晉(其先晉有滅虢之心)，不可以不言師也。其先晉何也？爲主乎滅夏陽(主動滅夏陽者)也。夏陽者，虞、虢之塞(邊界)邑也，滅夏陽而虞、虢舉矣。虞之爲主乎滅夏陽何也？晉獻公欲伐虢，荀息(晉大夫)曰："君何不以屈産之乘，垂棘之璧，而借道乎虞也？"公曰："此晉國之寶也。如受吾幣，而不借吾道，則如之何？"荀息曰："此小國之所以事大國也。彼不借吾道，必不敢受吾幣；如受吾幣，而借吾道，則是我取之中府而藏之外府，取之中厩而置之外厩也。"公曰："宫之奇(虞大夫)存焉，必不使受之也。"荀息曰："宫之奇之爲人也，達心而懦(明於心而懦於事)，又少長於君(自幼生長於君處)。達心則其言略；懦則不能彊諫；少長於君，則君輕之。且夫玩好在耳目之前，而患在一國之後(在虢之後)，此中知(同智)以上，乃能慮之，臣料虞君中知以下也。"公遂借道而伐虢。宫之奇諫曰："晉國之使者，其辭卑而幣重，必不便於虞。"虞公弗聽，遂受其幣而借之道。宫之奇又諫曰："語曰：'唇亡則齒寒。'其斯之謂與！"挈其妻子以奔曹。獻公亡虢五年，而後舉虞。荀息牽馬操璧而前曰："璧則猶是也，而馬齒加長矣。"

夏陽之被滅亡，虞雖未出兵，卻是首惡，因爲它比晉更主動。通篇文章即叙説虞何以是主動滅夏陽者。一言以蔽之，即虞君貪圖晉國"屈産之乘，垂棘之璧"，便借道給晉，結果"滅夏陽而虞、虢舉矣"。文章之關鍵在"玩好在耳目之前,而患在一國之後"兩句,利近而害遠,足爲治國者之警戒。筆端清婉,詞鋒峻潔。晉范寧《春秋穀梁傳序》說:"《穀梁》清而婉。"柳宗元《報袁君陳秀才避師名書》說:"穀梁子、太史公甚峻潔。"(《注釋音辯唐柳先生集》卷三十四)應即指此類文字。又如《穀梁傳·成公元年》記述齊國辱待各國聘齊之使者云:

> 冬十月,季孫行父禿,晉郤克眇,衛孫良夫跛,曹公子手僂,同時而聘於齊。齊使禿者御禿者,使眇者御眇者,使跛者御跛者,使僂者御僂者。蕭(國也)同(姓也)姪子(字也)處臺上而笑之。聞於客,客不說而去,相與立胥間(門名也)而語,移日不解。齊人有知之者,曰:"齊之患,必自此始矣。"

這是《穀梁傳》中罕見的無經之傳文。由於齊國侮辱各國來使,從而結怨於諸侯,並導致了翌年敗績於鞌的慘劇。文章於調笑中寓嚴肅,於詼諧中寓峻厲,足以發人深省。

《穀梁傳》之文,不以叙事爲主,而以議論爲主,於議論中隨意發揮,俱見精義。其對後代之影響,遠不如《左傳》,亦不如《公羊傳》,若柳宗元之爲文"參之穀梁氏以厲其氣"(《注釋音辯唐柳先生集》卷三十四《答韋中立論師道書》),則是僅有而不多見的了。

以上所論述的幾部儒家經傳,在其流傳的兩千年的過程中,對不同時代的文學流派、文學思想、文學體裁、文學表現方法等之産生、形成、豐富和發展,都發生了重要影響。因此只有對儒家經傳有進一步地認識和理解,才能理解並闡明我國古代文學史中的許多問題和現象。

第三節　墨家之散文

　　孔子死後,墨子繼起創立墨學,思想史上稱爲孔、墨顯學。這兩大學派都産生於東周後期,其學術活動時間是相銜接的。當時正處在新舊交替的時代,即舊的宗族制度逐漸被新的家族制度所代替,伴隨着農奴階級轉變爲農民階級,一種財産小私有者之庶民階級,即墨子所謂"農與工肆之人"也出現了。他們在社會大變動中,要求取得政治上的地位,以保護自己的經濟利益。墨子之思想便適應於庶民階級的要求,以私學登上歷史舞臺。《韓非子‧顯學》篇稱孔子之後"儒分爲八",墨學即出現在孔學開始分化或孔學之傳統開始萎縮之際。因此,墨子之"非儒",實際上乃是適應於庶民階級之成熟,而與孔子後學相對立。

一、墨家之創始人墨子

　　墨子是魯人還是宋人? 歷來是有爭論的。我們認爲墨子原籍是宋,後來遷居於魯,並長期居住於魯。宋國有墨臺氏,《通志》卷二十八《氏族略四》引《元和姓纂》云:

　　　　墨氏,孤竹君之後,本墨臺氏,後改爲墨氏。……戰國時,宋人墨翟著書號墨子。

這段記載應當是可信的。又《史記》卷三《殷本紀》"太史公曰":殷之後代有目夷氏。《通志》卷二十八《氏族略四》云:"目夷氏……宋公子目夷之後也。"楊向奎先生"頗疑'墨翟'即'目夷'的別寫"(見《繹史齋學術文集》),則是有見地的。又《史記》卷七十四《孟子荀卿列傳》記載:

　　　蓋墨翟，宋之大夫，善守禦，爲節用。或曰並孔子時，或曰
　　在其後。

這是最早關於墨子事跡之記載。它不但記述了墨子曾爲宋大夫，
並且説明了墨子生活的年代。

　　關於墨子的年代，其他文獻也有所記載，如《漢書》卷三十《藝
文志》云：

　　　墨子，名翟，爲宋大夫，在孔子後。

又如《後漢書》卷八十九《張衡傳》李賢注引《衡集》云：

　　　班（指公輸班）與墨翟並當子思時，出仲尼後。

孫詒讓《墨子年表》亦云：

　　　墨子當與子思並時，而生年尚在其後。當生於周定王之
　　初年，而卒於安王之季，蓋八九十歲，亦壽考矣。

他們都認爲墨子的年代在孔子之後，孫詒讓則進一步考證他"當生
於周定王之初，而卒於安王之季"，周定王元年，即公元前四六八
年，周安王末年，即公元前三七六年。孔子卒於周敬王四十一年，
即公元前四七九年。那麼他是緊接孔子死後而生的。

　　墨子是宋人，卻長期生活在魯，深受"周索"典章文物之熏染，
具有縉紳先生之修養，因此，其書中多徵引《詩》、《書》之文句。
《淮南子》卷二十一《要略》云："墨子學儒者之業，受孔子之術。"此
説雖查無實據，然事出絕非無因，可見墨子應亦儒者出身，後來才
在思想、理論上與儒家分庭抗禮的。

　　墨子之行跡，散見於《墨子》書中，如其卷十二《貴義》云：

　　　翟上無君上之事，下無耕農之難。

又其卷十三《魯問》云：

> 翟……量腹而食，度身而衣，自比於群臣，奚能以封爲哉！

《呂氏春秋》卷十九《高義》亦云："翟度身而衣，量腹而食，比於賓萌（編民也），未敢求仕。"他不求仕，不務農，以節衣縮食自適。他的學説被認爲是"賤人之所爲"，《貴義》記載云：

> 子墨子南游於楚，見楚惠王，獻書，惠王受而讀之曰："良書也。"不用，以老辭。使穆賀見子墨子，子墨子説穆賀。穆賀大説，謂子墨子曰："子之言則誠善矣，而君王，天下之大王也，毋乃曰賤人之所爲而不用乎？"

荀子批評其學説爲"役夫之道"，其《王霸》記載云：

> 以是縣天下，一四海，何故必自爲之？爲之者，役夫之道也，墨子之説也。

他既被目爲"賤人"，又被稱爲"役夫"，則他的學説乃是反映下層人民的思想和要求。這些下層人民具體包括哪類人呢？他在《尚賢上》篇中闡述自己"尚賢使能"的主張説：

> 逮至遠鄙郊外之臣、門庭庶子、國中之衆（自由民）、四鄙之萌人（奴隸）聞之，皆競爲義。……故古者聖王之爲政，列德而尚賢，雖在農與工肆之人，有能則舉之，高予之爵，重予之祿，任之以事，斷予之令。……故官無常貴，而民無終賤。

他認爲舉賢不辟貧賤，古代的自由民、手工業者、奴隸、家奴和農民，其行爲只要符合"義"的標準，都應在選用之列。那麼他的學説是代表這些人的政治要求，即代表庶民階級利益的。庶民階級參政，打破了氏族貴族專政的局面，在歷史上有進步意義。墨子所

謂的"必使飢者得食,寒者得衣,勞者得息,亂者得治"(《非命下》)
云云,也是反映了庶民階級的生活理想,是庶民階級在苦難生活中
的要求。

　　墨子的思想、學說,使他成爲墨家學派的第一位"鉅子",其影
響於當時思想界者甚大。《孟子》卷六《滕文公下》即云:

　　　　楊朱、墨翟之言盈天下。天下之言不歸楊,則歸墨。

《韓非子》卷十九《顯學》亦云:

　　　　世之顯學,儒、墨也。……今孝(謂儒)戾(謂墨)、佟(謂
　　　　儒)儉(謂墨)俱在儒、墨,而上兼禮之。

《呂氏春秋》卷二《當染》又云:

　　　　(孔墨)徒屬彌衆,弟子彌豐,充滿天下。

可見墨學在當時聲勢之大,其顯榮於天下者很多,不可勝數!

　　墨子及其學派有一種極可寶貴的精神,即爲了別人的利益,而
犧牲自己。這種自我犧牲的精神,連主張放任的《莊子·天下》篇
的作者也稱贊說:"墨子真天下之好也,將求之不得也,雖枯槁不舍
也。才士也夫!"認爲他是天下最美善之人,不可求得,縱使形容枯
槁也不放棄自己的主張,誠然是救世才能之士。甚至辱罵他爲"禽
獸"的孟子也不得不嘉許說:"墨子兼愛,摩頂放踵利天下,爲之。"
(《孟子》卷十三《盡心上》)認爲他主張兼愛,只要對天下人有利,即使
自己摩禿頭頂,走破腳跟,也是心甘情願的。這種爲了他人而自我
犧牲的精神,是他給我們留下的極其珍貴的思想遺產!

二、墨子之散文

　　墨子之著作,據《漢書·藝文志》記載爲七十一篇,歷代亡佚,

至趙宋時存六十三篇，趙宋以後僅存五十三篇，也即今本之篇數。墨子貴實行輕文采，重口説疏著述。其書據孫詒讓説《經上》、《經下》兩篇爲其所自作，經文凡一百七十九條，每條少者僅三字，多者不過二十字，文字極其簡短。《經説上》、《經説下》兩篇應是墨子講經時，弟子所筆録。又《大取》、《小取》也是墨門後學所記。晉朝專攻《墨子》一書者魯勝稱以上六篇爲“墨辯”，意謂此乃墨學中關於邏輯之著作。其中包括我國最早的幾何學、光學和物理學之知識，也包含着樸素的唯物主義認識論等，有很高的學術價值。《尚賢》、《尚同》、《兼愛》、《非攻》、《節用》、《節葬》、《天志》、《明鬼》、《非樂》、《非命》諸篇各分上中下三章，《非儒》篇分上下兩章，各章文字微異，而意旨大同，應是墨子講學，其後學之三派所記録而合成一篇者。這十一篇集中地表述了墨子的政治理論和思想。自《備城門》至《雜守》十一篇，是墨子爲弟子禽滑釐講守城法及機械製造等。《耕柱》、《貴義》、《公孟》、《魯問》、《公輸》五篇，是墨子與其弟子之言行録，體裁好像《論語》。《親士》至《三辯》七篇，也應是墨門後學所記，有似儒家之大小戴《禮記》。今存《墨子》五十三篇之内容與著述情況大致如此。

墨子主觀上認爲他最主要的學説是“天志”，即天帝的意志。墨子觀念中之“天”，實質上是一個有意志有人格之天帝，它可以賞善罰惡；同時也是墨子自己意志之寄託，墨子借“天”之意志來品定人類活動之正確與否。《天志上》云：

> 我有天志，譬若輪人之有規，匠人之有矩。輪匠執其規矩以度天下之方員，曰：“中者是也，不中者非也。”

他認爲自己之掌握“天志”，猶輪人匠人執規矩以量度天下，找到中心，即可以度方圓。對“天志”的作用，《天志中》進一步解釋云：

故子墨子之有天之意也，上將以度天下之王公大人爲刑政也，下將以量天下之萬民爲文學出言談也。觀其行，順天之意，謂之善意行；反天之意，謂之不善意行。……故置此以爲法，立此以爲儀，將以量度天下之王公大人卿大夫之仁與不仁，譬之猶分黑白也。

他把"天志"作爲量度人類行爲的客觀標準，在這一標準面前，人人都是平等的，無論王公大人，還是庶民百姓，都可以用這一標準來量度，沒有階級差別。他對王公大人和庶民百姓各提出了具體要求，若達到這些要求，也就達到了理想社會。《天志中》云：

天之意不欲大國之攻小國也，大家之亂小家也，强之暴寡，詐之謀愚，貴之傲賤，此天之所不欲也。……欲人之有力相營，有道相教，有財相分也。又欲上之强聽治也，下之强從事也。……故唯毋（語助詞）明乎順天之意……則刑政治，萬民和，國家富，財用足，百姓皆得煖衣飽食，便寧無憂。

天意在制止國與國、家與家、人與人之互相蠶食，而希望有力者以助人，有道者以教人，有財者以分人，平等相助，才能達到政清、民和、國富、財足、百姓都温飽的社會。墨子觀念中之"天"，是按照當時小生産者公平合理的願望塑造的，是墨子所代表的庶民階級的幻影，所謂"天志"正是這個被壓抑的階級意志之反映。由於當時這個階級還不曾形成自覺的力量，因而墨子還沒有自覺到這一點。

既然墨子觀念中之"天"，寄託着自己的思想和意念，那麼他所崇拜之"天帝"，並不和宿命論結合在一起。他是不相信"天命"的，他之"非命"學說就是反對儒家那套"死生有命，富貴在天"的論調，而告誡人們不要甘心受命運之支配。《非命上》首先引用了命定論者之論云：

> 執有命者之言曰："命富則富,命貧則貧,命衆則衆,命寡
> 則寡,命治則治,命亂則亂,命壽則壽,命夭則夭,雖強勁何
> 益哉！"

他們認爲一切應聽從命運的安排,任何主觀努力都是徒勞的。
墨子針對這種論調,指出相信天命必然造成嚴重的後果。《非
命下》云：

> 今雖毋在乎王公大人,黃(應是"藉"字之誤)若信有命而
> 致行之,則必怠乎聽獄治政矣,卿大夫必怠乎治官府矣,農夫
> 必怠乎耕稼樹藝矣,婦人必怠乎紡績織絍矣。王公大人怠乎
> 聽獄治政,卿大夫怠乎治官府,則我以爲天下必亂矣。農夫怠
> 乎耕稼樹藝,婦人怠乎紡績織絍,則我以爲天下衣食之財,將
> 必不足矣。

相信天命必然導致天下大亂、財用匱乏。因此他反對"天命",強
調人的主觀努力,認爲發揮人的主觀努力,便能使天下大治,提高
人民的物質生活水平。不僅此也,他還認爲富貴貧賤都是由於主
觀努力與否造成的。《非命下》云：

> 強必富,不強必貧;強必飽,不強必飢;故不敢怠倦。

富貴貧賤不決定於天帝,也不決定於命運而決定於一個人之努力
或不努力。可見墨子是強調人的作用,通過人的努力可以掌握天
意,可以不受天命擺布。這説明墨子作爲春秋時期庶民階級的代
表,對自己的力量已有一些模糊的認識。

　　墨子的基本思想即《非樂上》所説:"將欲求興天下之利,除天
下之害。"同樣的觀點反復見於其他各篇之中,這説明這一觀點在

他思想中的重要性。爲了貫徹這一思想，他提出要做到五項、十事，《魯問》篇云：

> 子墨子曰："凡入國，必擇務而從事焉。國家昏亂，則語之'尚賢''尚同'；國家貧，則語之'節用''節葬'；國家熹（喜好也）音（樂也）湛湎（沉醉於酒也），則語之'非樂''非命'；國家淫僻無禮，則語之'尊天''事鬼'；國家務奪侵凌，則語之'兼愛''非攻'。"

實現這五項、十事之目的，是"欲國家之富，人民之衆，刑政之治"（《尚賢上》），人民乃得安居樂業。

墨子的社會政治思想是從同情人民苦難的角度出發，揭露、抨擊當時氏族貴族階級對人民的殘酷屠殺、掠奪，並要求改變人民悲慘的境遇的。如《魯問》篇云：

> 今使魯四境之内，大都攻其小都，大家伐其小家，殺其人民，取其牛馬狗豕、布帛、米粟、貨財，則何若？

"大都"者大夫壁壘之城市，"大家"者占有奴隸衆多之巨室，他們都是氏族貴族。在他們相互攻伐的戰爭中，墨子關心的是人民被殺害的命運。又《天志下》云：

> 差論蚤（爪也）牙之士，比列其舟車之卒（下脱"伍"字），以攻罰（當作伐）無罪之國。入其溝（當作邊）境，刈其禾稼，斬其樹木，殘其城郭，以御（當作抑，堙也）其溝池，焚燒其祖廟，攘殺其犧牲，民之格（抵抗也）者，則勁拔（當作殺）之，不格者，則係操（繫累也）而歸，丈夫以爲僕圉、胥靡，婦人以爲舂酋。

揭露西周以來之戰爭給人民造成的災難，將戰敗國人民之敢於抵抗者徑直殺掉，其不敢抵抗者則俘擄爲家族奴隸和家內奴隸。他譴責這些戰爭爲"不仁不義"，對受戰爭摧殘的人民寄以深切的同情。《魯問》篇又云：

> 子墨子謂魯陽文君曰："攻其鄰國，殺其民人，取其牛馬、粟米、貨財，則書之於竹帛，鏤之於金石，以爲銘於鍾鼎，傳遺後世子孫，曰：'莫若我多！'今賤人也，亦攻其鄰家，殺其人民，取其狗豕食糧衣裘，亦書之竹帛，以爲銘於席豆，以遺後世子孫，曰：'莫若我多！'亓（其也）可乎？"

統治階級掠奪財富和奴隸，書於竹帛，鏤於金石，銘於鍾鼎，以所獲者多而自豪，那麼被統治階級之"賤人"是否也可以這樣做呢？墨子是作爲問題提出來的，而且是從被統治階級的立場出發提出問題，以批判氏族貴族國家法權之內容爲掠奪，並設想"賤人"同樣可以將掠奪來的財富，書於竹帛，銘於席豆，變成自己合法之所有！這是墨子社會政治思想最深刻之所在。墨子還進一步揭露氏族貴族社會之黑白顛倒、是非混淆的現象。如《天志下》云：

> 今有人於此，入人之場園，取人之桃李瓜薑者，上得且罰之，眾聞則非之，是何也？曰：不與其勞，獲其實，已非其有所取之故（謂以非其所有取之故）。而況有踰於人之牆垣，扭格人之子女者乎？與角（當爲"穴"字之誤）人之府庫，竊人之金玉蚕絫（當爲"布縷"之形誤）者乎！與踰人之欄牢，竊人之牛馬者乎！而況有殺一不辜人乎！……今王公大人之加罰此也，雖古之堯、舜、禹、湯、文、武之爲政，亦無以異此矣。今天下之諸侯，將猶皆侵凌、攻伐、兼并，此爲殺一不辜人者，數千萬矣；此爲踰人之牆垣，格人之子女者，與角人府庫，竊人金玉蚕絫者，數千萬矣；踰人之欄牢，竊人之牛馬者，與入人之場

圍，竊人之桃李瓜薑者，數千萬矣；而自曰義也。……少而示之黑，謂之黑，多示之黑，謂白，必曰："吾目亂，不知黑白之別。"……今王公大人之爲政也……有能多殺其鄰國之人，因以爲文（當爲"大"字形誤）義，此豈有異黃黑白甘苦之別者哉！

在氏族貴族統治之下，一般人殺人，竊人之財寶，掠人之牛馬，取人之桃李瓜薑，都是有罪的，而王公大人之侵凌、攻伐、兼併別國，其所殺戮之人民，掠奪之財富，數千萬倍於此，不但無罪，反而是有義的了。這是一種甚麼邏輯？還不是一種强權政治！還不是一種强盗理論！面對這種是非倒置的社會現象，墨子説："國家昏亂，則語之'尚賢'、'尚同'。"（《魯問》）他主張用"尚賢"、"尚同"，更主要是用"尚賢"，來改變這種昏黑腐朽的現象。他認爲"'尚賢'爲政之本也"（《尚賢中》）。他要用選賢任能之辦法，使賢能之士參政，以瓦解氏族貴族的統治，使國家得治。墨子認爲這種選賢任能之制度古已有之，他歷述古代聖王行此制度之情況。《尚賢中》云：

> 故古者聖王，甚尊尚賢，而任使能，不黨父兄，不偏富貴，不嬖顏色，賢者舉而上之，富而貴之，以爲官長。不肖者抑而廢之，貧而賤之，以爲從役。

他假借古代聖王的名義要對氏族貴族制度進行改革，無論對誰都不偏不黨，只要合乎賢的標準，即可爲官長，否則爲徒役。《尚賢上》又云：

> 故古者聖王之爲政，列德而尚賢，雖在農與工肆之人，有能則舉之。……以德就列，以官服事，以勞殿賞，量功而分禄。故官無常貴，而民無終賤，有能則舉之，無能則下之。

舉賢不辟貧賤,只要符合墨家之道德標準,不論其社會地位多麼卑賤,都有資格做官,其"官無常貴,民無終賤"理論之提出,反映了氏族貴族制度之行將滅亡和新興地主制度代之而起的新動向,標誌着春秋向戰國過渡的歷史趨勢!

　　墨子之文章有其特點,即論述問題集中,主題明確,他稱之爲"立儀"。"儀"即準則和要旨,"立儀"即爲文要有準則和要旨。《非命中》云:

> 凡出言談由文學之爲道也,則不可而不先立義(同儀)法,若言而無義,譬猶立朝夕於員鈞之上也,則雖有巧工,必不能得正焉。

他認爲寫文章必須有準則和要旨,沒有準則的言論,好像在制造陶器的轉輪上測量早晚的日影一樣,是得不出正確結論來的。如《非攻》、《兼愛》、《尚賢》、《節用》、《明鬼》、《天志》等,每一篇論述一個問題,中心明確,毫無支蔓,讀者一目瞭然。

　　其次,墨子之文章層次分明,說理清楚,他稱之爲"三表",又稱"三法"。"表""法"義同,"三表法"即爲文立論層次分明之方法。《非命上》云:

> 故言有三表。何謂三表? 子墨子言曰:有本之者,有原之者,有用之者。於何本之? 上本之古者聖王之事。於何原之?下原察百姓耳目之實。於何用之? 廢(當作發)以爲刑政,觀其中國家百姓人民之利。此所謂言有三表也。

所謂"三表",即"本之"、"原之"、"用之"。其具體内容是:"本之"謂求證於古事,"原之"謂求證於現實,"用之"謂求證於實際應用。這是一種比較近於科學的論證方法。以《非命》爲例,墨子在《非命》三篇中反復用三表法,以證明天命之不足信。如他舉古代之事例爲證據：

> 古者桀之所亂，湯受而治之；紂之所亂，武王受而治之。
> 此世未易，民未渝，在於桀、紂，則天下亂；在於湯、武，則天下
> 治，豈可謂有命哉？（《非命上》）

時代相同，人民未變，卻有治有亂，可見命定論之無稽。歷史上無
據，也就是無所本。其次，用廣大人民親身之經驗作標準：

> 我所以知命之有與亡（即無）者，以衆人耳目之情，知有
> 與亡。有聞之，有見之，謂之有。莫之聞，莫之見，謂之
> 亡。……自古以及今，生民以來者，亦嘗有見命之物，聞命之
> 聲者乎？則未嘗有也。（《非命中》）

有史以來人民並未聽見命之爲聲，也未看見命之爲物，可見命定論
之荒謬。現實生活中不存在，也就是無所原。最後，以是否有利於
人民百姓權衡：

> 上以事天鬼，天鬼不使；下以持養百姓，百姓不利，必離
> 散，不可得用也。是以入守則不固，出誅則不勝，故雖昔者三
> 代暴王，桀、紂、幽、厲之所以共（當爲"失"字之形誤）抎（損
> 也）其國家，傾覆其社稷者，此也。（《非命下》）

言論和認識不能脫離人民的生活，生活是判斷是非之標準。命定
論既無益於人民，也就是無所用。一表證之於古事而無信，二表驗
之於現實而無效，三表用之於人民生活而無利，因而總結説：

> 命者，暴王所作，窮人所術（與"述"通），非仁者之言也。
> （《非命下》）

墨子認爲"作命"者是統治階級，而"術命"者是被統治階級，作之
者有利，而述之者備受其欺騙，所謂"皆疑衆遲樸（騙老實人）"

（《非命下》）者也。全文分幾個層次來論述，驗證於歷史、現實、人民的生活，都得不到有力的證明，然則命定論不過是騙人的鬼話，把命定論徹底駁倒了。

另外，墨子之文章富於論辯精神，邏輯性强，結構嚴密。《小取》篇云：

> 夫辯者，將以明是非之分，審治亂之紀，明異同之處，察名實之理，處利害，決嫌疑焉。

通過論辯明是非，別同異，處利害，決嫌疑。這種論辯方法之核心即類比推論，所謂"大取"、"小取"亦即以類取予。墨子慣於運用這種類比推論的方法反駁論敵，並最後擊敗論敵。《公輸》篇記載公輸般認爲無故殺一人爲不義，但卻爲楚國造雲梯，準備攻宋，去殺很多人。墨子日夜兼程至郢，見公輸般，止楚攻宋：

> 公輸盤曰："夫子何命焉爲？"子墨子曰："北方有侮臣者，願藉子殺之。"公輸盤不説。子墨子曰："請獻千金。"公輸盤曰："吾義固不殺人。"子墨子起，再拜，曰："請説之。吾從北方聞子爲梯，將以攻宋。宋何罪之有？荆國有餘於地，而不足於民。殺所不足，而爭所有餘，不可謂智；宋無罪而攻之，不可謂仁；知而不爭，不可謂忠；爭而不得，不可謂强。義不殺少而殺衆，不可謂知類。"公輸盤服。

説理充分，論辯有力，把公輸般批駁得無言以對。又《公孟》篇有這樣一段論辯：

> 子墨子問於儒者曰："何故爲樂？"曰："樂以爲樂也。"子墨子曰："子未我應也。今我問曰：'何故爲室？'曰：'冬避寒焉，夏避暑焉，室以爲男女之別也。'則子告我爲室之故矣。今

> 我問曰：'何故爲樂?'曰：'樂以爲樂也。'是猶曰：'何故爲
> 室?'曰：'室以爲室也。'"

墨子以"室以爲室"類比"樂以爲樂"的方法,所以駁儒者回答問題之獨斷與無知,揭露他們只信仰古訓,而不求瞭解其内容之迂腐作風。墨子的許多重要篇章,幾乎都是通過類比推論的方法表現其思想觀點的,不但繁複舉例,依類相連,而且論述之中,往往用"譬之"、"是猶"等詞語,以顯示其爲類比推理也。

墨子之文章樸實無華,不著文采。《荀子》卷十五《解蔽》云:

> 墨子蔽於用而不知文。

即謂墨子之爲文拘泥於實用而不加文飾。《韓非子》卷十一《外儲說左上》亦云:

> 楚王謂田鳩曰:"墨子者,顯學也。……其言多而不辯何也?"曰:"……今世之談也,皆道辯説文辭之言,人主覽其文而忘有(當作其)用。墨子之説,傳先王之道,論聖人之言以宣告人,若辯其辭,則恐人懷其文忘其(其下當脱"用"字)直,以文害用也。……故其言多不辯。"

楚王之所謂"辯",是指富於文采之意。此亦説明墨子爲文之目的在傳道,深怕人們懷其文而忘其道,所以多質言,少文飾。事實上墨子並非不重視文采,不重視藝術美,是因爲當時迫切需要解決的是人民的生計問題,而文采、藝術美與人民生活無補,所以也就舍棄了。《非樂上》云:

> 是故子墨子所以非樂者,非以大鍾、鳴鼓、琴瑟、竽笙之聲以爲不樂也,非以刻鏤華文章之色以爲不美也。……目知其美也,耳知其樂也,然上考之,不中聖王之事,下度之,不中萬

民之利。……

墨子這種一切從是否有利人民的角度考慮問題，自然是無可非議的，但他對文藝的作用的看法則過於簡單、片面。由於他持這種片面的看法，因此他的文章藝術成就不高，從而對後代文學的影響甚微。"言之無文，行而不遠。"其是之謂歟！

第四節　道家之韻文

正當孔、墨活動的時代，出現了道家的創始人老子。老子的思想與孔、墨有很大不同，要之，孔、墨之思想是積極用世的，他們主張以人爲的努力改革社會，推動社會發展。老子之思想則不然，而是消極的、保守的，他不滿現實，又逃避現實，不敢向前看，只好向後看，主張無爲而治。這正是這一歷史大變革時期沒落領主階級思想情緒的反映，他極其透徹地觀察到自然和社會中之各種矛盾和問題，如從天地至於萬物的變化，歷史、政治、人事的成敗、興亡、禍福及其相互關係等，他觀察和認識事物的矛盾性比任何一個古代哲學家更廣泛更深刻。他的學說包含着豐富的智慧和具有啓發性的人生體驗。對這樣一位重要哲學家生活的時代及其著作完成的年代，自宋以來至於近世，學者們都在探討，卻始終未得出完全一致的意見。下面我們綜合各家的説法，提出一些具體的見解。

一、道家之創始人老子

有關老子之事蹟，已不可考。《史記》卷六十三《老子韓非列傳》對他的生平只有四百多字的記述，原文云：

老子者，楚苦縣厲鄉曲仁里人也，姓李氏，名耳，字聃，周守藏室之史也。孔子適周，將問禮於老子。老子曰：“子所言者，其人與骨皆已朽矣，獨其言在耳。且君子得其時則駕，不得其時則蓬累而行。吾聞之，良賈深藏若虛，君子盛德，容貌若愚。去子之驕氣與多欲，態色與淫志，是皆無益於子之身。吾所以告子，若是而已。”孔子去，謂弟子曰：“鳥，吾知其能飛；魚，吾知其能游；獸，吾知其能走。走者可以爲罔，游者可以爲綸，飛者可以爲矰。至於龍，吾不能知其乘風雲而上天。吾今日見老子，其猶龍邪！”老子修道德，其學以自隱無名爲務。居周久之，見周之衰，迺遂去。至關，關令尹喜曰：“子將隱矣，彊爲我著書。”於是老子迺著書上下篇，言道德之意五千餘言而去，莫知其所終。……

這段傳文對老子生平事蹟的記載撲朔迷離，不可捉摸，好像有影無踪。司馬遷也説“莫知其所終”、“世莫知其然否”。但是，他的姓名、籍貫是可以確認的，即老子姓李，名耳，字聃，楚苦縣人，曾爲“周守藏室之史”，即掌管圖書檔案之官。至於他受孔子之問禮，學者們多持不同看法，然細心考察，亦當實有其事。如《史記》卷四十七《孔子世家》同樣記載此事，而文字略有不同。又如《禮記》卷六《曾子問》、《莊子》卷五《天地》、《天道》、《天運》及卷七《田子方》、《知北游》、《孔子家語》卷三《觀周》、《吕氏春秋》卷二《當染》等都記載有孔子與老子相會及孔子求學於老子之事。如此多的典籍記載此事，則孔子問禮於老子的傳説，必然是可信的。因此，可以推斷老子應與孔子同時，而年輩較長於孔子。傳文謂“老子修道德，其學以自隱無名爲務”，這與傳世的《老子》書的内容是一致的。他見周之衰，遂去周西行，過函谷關，應關尹之請，著道德經五千言，即不知去向了。

《老子》之成書，與先秦其他哲學家著作之多出於一個學派人之編纂不同，而是老子一人所自撰。儘管其中有些語句，是後學所增補，但基本上是他一人之手筆。全書理論之一貫和文風之統一，即是有力的證明。同時，全書不見一處"老子曰"或"老聃曰"，而每每自稱"吾"或"我"，顯然是老子自己的口吻。《老子》成書的年代，歷代學者也意見紛紜，但經過近年學者的考證，認爲它成書的時代不能晚於戰國初期。證據是《論語》中已經引用《老子》原文，如《憲問》有云：

> 或曰："以德報怨。"

稱"或曰"明顯是引用他人的話，而《老子》之六十三章有"報怨以德"之語，其出處不言而自明。又《衛靈公》有云：

> 無爲而治。

《老子》之五十七章有"我無爲，而民自化"之論。孔子的話很可能源於《老子》中這段語意。《論語》中徵引《老子》原文，說明孔子時《老子》一書已初步形成。又劉向《說苑》卷十《敬慎》記載韓平子問叔向"剛與柔孰堅"，叔向引老子的話回答云：

> 老聃有言曰："天下之至柔，馳騁乎天下之至堅。"又曰："人之生也柔弱，其死也剛强；萬物草木之生也柔脆，其死也枯槁。"

這兩句話，一者見於《老子》之四十三章，一者見之《老子》之七十六章。叔向是晉平公時人，與孔子同時，叔向引《老子》中語，也說明《老子》書於孔子時已基本形成。又《太平御覽》卷三百二十二《兵部五三》引《墨子》云：

> 墨子爲守，使公輸般服，而不肯以兵知，善持勝者，以强爲弱。故老子曰："道冲而用之，有弗盈也。"

其中之引文見於《老子》之第四章。墨子引用《老子》書中語,則墨子及其弟子必然讀過老子的書,這也説明墨子時代《老子》書已完成。此外,如《戰國策》卷四《齊策》、卷七《魏策》,《莊子》之《内篇》、《外篇》、《雜篇》,《荀子》卷十一《天論》,《韓非子》卷六《解老》、卷七《喻老》,《吕氏春秋》卷十七《君守》,《列子》卷一《黄帝》、卷八《説符》等,都引述過《老子》。這些書都是戰國時期的著作,各家都引述《老子》,那麽《老子》之成書最晚在戰國初年。有的學者認爲其成書在戰國中期或末期,則是不合事實的。《老子》書成,被後人尊爲道家之祖。

二、老子之韻文

《老子》一書分爲上下兩卷,上卷以講“道”開端,下卷以講“德”開端,因此又稱《道德經》。一九七四年長沙馬王堆漢墓出土兩種帛書《老子》寫本,都以德經爲上卷,道經爲下卷。這兩種漢寫本,是目前所見《老子》一書最古的本子,也是最珍貴的本子。但是,這兩種寫本也有缺點,即有譌字、脱文、衍誤、錯簡等現象,因此我們分析、評價老子仍以王弼《道德真經注》爲根據。

老子哲學的中心觀念是“道”,他的全部思想體系都建立在“道”的基礎之上。所謂“道”是從一切具體事物中抽象出來的自然法則或規律。《老子》書中多用“一”代表道,如其三十九章云:

> 昔之得一者:天得一以清;地得一以寧;神得一以靈;谷得
> 一以盈;萬物得一以生;侯王得一以爲天下正。

其中的“一”都是道的代名詞,意在説明道是構成宇宙萬物不可缺少的要素。又如其四十二章講宇宙之生成云:

> 道生一,一生二,二生三,三生萬物。萬物負陰而抱陽,沖

氣以爲和。

一即混沌元素，二即天地，三即陰、陽、和三氣。老子認爲宇宙之生成過程，最初爲道，道產生混沌元素，混沌元素產生天地，天地產生陰氣、陽氣、和氣，陰氣、陽氣、和氣產生萬物，而三氣變化成爲四時。老子強調由統一的道產生兩個對立的方面，再由對立的兩方產生第三者和氣，進而形成萬物。這是老子的宇宙生成論。

與“道”相聯繫，老子還講“德”。所謂“德”是宇宙間一切具體的事物所含有的特性。它不可能脫離具體事物獨立存在，含有德的具體事物稱爲得。如其五十一章講萬物之生長過程云：

> 道生之，德畜之，物形之，勢成之。

即道生成萬物，德畜養萬物，萬物依據各自的本性而發展，環境促使萬物成長。《韓非子》卷六《解老》云：“德者內也，得者外也。”即說明德是事物內含的特性，得是含德性的具體事物。又其二十一章云：

> 孔德之容，惟道是從。

謂大德之容態隨道而轉移。《韓非子》卷七《喻老》云：“夫物有常容，因乘以導之，因隨物之容，故靜則建乎德。”無形之道必須以物爲媒介以顯現其功能與屬性，這種功能和屬性即德。從各個事物所含之德綜合爲道，又從道表現爲各個事物之德。道與德互相依存，不可分離。《韓非子》卷六《解老》云：“道有積（積衆德成道），而德有功，德者道之功。”即說明道與德的辯證關係。老子即以這種道與德的學説探討、解釋自然和社會現象，講論統治者之統治術和人們立身處世之方法等，老子的道與德的學説貫穿於他全部思想體系之中。

老子哲學觀念中之正與反相對立及其相互轉化的法則是他學説的精髓,而這種法則在《周易》卦爻辭中已經出現了,老子的學説是對這種法則的繼承和發展。如《周易》卦爻辭《恒·九三》:

> 不恒其德,或承之羞,貞吝。

意謂人如果無恒,有時會招致恥辱。其中之"或"字,含有"不恒"的意思在,與"承羞"形成因果關係。"有恒"與"無恒"爲對立的雙方,構成成功與失敗兩種相反的結果。這是一種樸素的辯證法觀點。又《泰·九三》:

> 無平不陂,無往不復,艱貞無咎。

"平"與"陂"、"往"與"復"是對立的雙方。平而陂,往而復,則對立的雙方又互相轉化,即所謂"否極泰來"之意。這種觀點在《老子》書中表現得更鮮明。老子認爲一切事物都在相反對立的狀態中形成。如第二章云:

> 天下皆知美之爲美,斯惡已;皆知善之爲善,斯不善已。

説明人們有美的觀念,醜的觀念也就産生;有善的觀念,不善的觀念也就産生。任何事物都是因爲它有對立面而存在。又第二章云:

> 有無相生,難易相成,長短相形,高下相盈,音聲相和,前後相隨。

説明一切事物都"相反相成",它們互相對立又互相依存。老子因而認爲相反對立的雙方各包含着其對立面,人們考察問題只有雙方都兼顧,才能認識事物的全面。如其五十八章云:

> 禍兮,福之所倚;福兮,禍之所伏。

説明人生過程中禍福是互相倚伏的。同樣其二十二章云：

> 曲則全，枉（屈也）則直，窪則盈，敝則新，少則得，多
> 則惑。

也説明“曲”和“全”、“枉”和“直”、“窪”和“盈”、“敝”和“新”、
“少”和“得”、“多”和“惑”乃相互依存，不可或缺。老子更深入地
論證事物發展到極限，必然向其反面轉變。如其三十六章云：

> 將欲歙（合也）之，必固張之；將欲弱之，必固强之；將欲
> 廢之，必固興之；將欲取之，必固與之。是謂微明（幾先之
> 兆）。

又其四十二章云：

> 故物或損之而益，或益之而損。

意謂凡事都物極必反，盛之極衰之漸也，要減損它時反而得到增
加，要增加它時反而受到減損。這一切都説明“道”的運動和發
展，是向對立面轉化，其作用於事物也遵循着這一法則運行。

老子進而論證對立面的相互轉化，但最終則是返本復初，所謂
“反者道之動”（第四十章），即是講的這個意思。這種觀點也淵源
於《周易》卦爻辭。如《復》卦：

> 《初九》：“不遠復，無祇悔，元吉。”
>
> 《六二》：“休復，吉。”
>
> 《六三》：“頻復，厲，無咎。”
>
> 《六四》：“中行獨復。”
>
> 《六五》：“敦復，無悔。”
>
> 《上六》：“迷復，凶。……”

又《小畜》卦：

> 《初九》："復自道，何其咎！吉。"
> 《九二》："牽復，吉。"

其中對"復自道"、"不遠復"、"休復"（含笑而復）、"頻復"（皺眉而復）、敦復（被敦促而復）、牽復（受引而復），都加以肯定，認爲都好；對"中行獨復"，未置可否；對"迷復"，是否定"迷"，而肯定"復"。這裏的"復"即"反"，即復歸於初之意。老子對這種觀點作了進一步地表述和發展，他從萬物生長中看到了返樸還淳的道理，如其十六章云：

> 萬物並作，吾以觀復。夫物芸芸（紛雜茂盛），各復歸其根。歸根曰靜，靜曰復命（復歸本性）。
> 復命曰常（萬物運動中不變之準則），知常曰明（指對萬物運動準則的瞭解）。不知常，妄作凶。

他認爲儘管萬物紛然並起，但最終都得返回其本根，本根即是一種虛靜形態。他所謂之"道"是自然的，虛靜即自然形態。"道"産生自然萬物，而自然萬物之發展變化離"道"越來越遠，也就越不合乎自然，因此只有回歸本根，守持虛靜，才體合自然，即"復命"，亦即復歸本性。又其二十五章云：

> 有物混成，先天地生。寂兮寥兮，獨立而不改，周行而不殆，可以爲天地（通行本作"下"，依帛書本改）母。吾不知其名，强字之曰"道"，强爲之名曰"大"。大曰逝，逝曰遠，遠曰反（返回原狀）。

意謂"道"廣大無邊，乃生自然萬物，自然萬物生生不息，周流至遠方，又返回本原。老子認爲人們應當遵循自然規律行事，如果胡作亂爲，就要遭殃。

　　老子深刻地觀察了事物的各種矛盾，發現了事物發展、變化的某些辯證法規律，儘管這些辯證法是自發的、樸素的，甚而是不完備的，但在古代哲學思想中卻是極其珍貴的，是他對古代哲學作出的無與倫比的貢獻。

　　老子崇尚"自然"，他的學説可以一言以蔽之曰"自然"哲學。他自己也認爲"自然"這一觀念在其學説中是至高無上的。如二十五章云：

　　　　人法地，地法天，天法道，道法自然。

所謂"道"亦即"自然"之道，層層取法，最後總歸於"自然"。把"自然"提到最高的地位。老子書中强調"自然"的觀念隨處可見，如十七章云：

　　　　悠兮其貴言。功成事遂，百姓皆謂："我自然。"

意謂最好的官府是悠悠然不行政令，功成事遂，百姓並不感到官府力量之存在，都説我們本來如此。如二十三章云：

　　　　希言自然。

即爲政不施加政令，不擾民，就合乎自然。如五十一章云：

　　　　道之尊，德之貴，夫莫之命而常自然。

"道"之所以受尊崇，"德"之所以被珍貴，就在於它不干預，而使萬物順任自然。如六十四章云：

　　　　是以聖人欲不欲，不貴難得之貨；學不學，復衆人之所過，
　　　以輔萬物之自然而不敢爲。

謂有道之人欲他人之所不欲，不珍貴難得之物品；學他人之所不

學,挽救人們的過錯,以輔助萬物之自然發展而不加干預,亦即"夫莫之命而常自然"之意。這些例子都説明老子所謂"自然",只是"自己如此"的意思,説明一切現象都是"自己如此",不要去另立一個"造物主"。這種思想觀念的進步作用,在於他否定天命鬼神主宰世界,不像墨家之"尊天""明鬼",也不像儒家對天鬼之含糊其辭,而是完全擺脱了對天命鬼神的原始迷信。如第五章云:

> 天地不仁,以萬物爲芻狗;聖人不仁,以百姓爲芻狗。

"芻狗"即捆扎成狗形的草把,用以陳列於死者面前,猶後來之紙人、紙馬一類。當人們用它時便煞有介事地陳設好,用過之後立即燒掉,毫不憐惜。老子認爲萬物都像"芻狗"一樣,自生自滅於天地間,甚麼天心仁愛,生育萬物,儒家那些説法都是不可信的。老子以自然論取代神造論,他是我國思想史上最早的無神論者,爲後世無神論思想開辟了先路。

老子對天地之運行主張"自然",相應地對人生之活動主張"無爲"。"自然"和"無爲"是一個問題之兩個方面。要而言之,即任何事都任其自然發展,不施加人爲的干擾。老子在其書中凡談到"無爲"之處,皆從政治角度立論,"無爲"是他的最高政治理想。如三十七章云:

> 道常無爲而無不爲。

這一順任自然的"無爲"之道,無一件事不是它所爲。即爲政無爲自化之意。其五十七章更具體地發揮了他這一政治主張:

> 我無爲而民自化,我好静而民自正,我無事而民自富,我無欲而民自樸。

即讓人民自我化育,人民自然能安定富足,社會也自然長治久安。

在他看來,理想的君主不是講究如何治民,而是形同虛設,無所作爲。十七章云:

> 太上(至上),不知有之;其次,親之譽之;……

人民不感覺君主之存在,這纔是最好的君主。被人們"親之""譽之"者,則是次等的了。老子"無爲"的政治主張是出於對統治者"有爲"之不滿,他認爲社會動亂的根源皆由於統治者之"有爲"。又如七十五章云:

> 民之饑,以其上食稅之多,是以饑。民之難治,以其上之有爲,是以難治。民之輕死,以其上求生之厚,是以輕死。

又如五十七章云:

> 天下多忌諱,而民彌貧;……法令滋彰,盜賊多有。

正是由於統治者之横徵暴斂,繁政苛令,人民才從飢餓、死亡綫上鋌而走險,輕於犯死;也由於統治者禁忌過多,法令森嚴,才導致人民日益貧困,以至於"盜賊"蜂起。老子進一步揭露君主"人爲"政治之敗壞,指斥他們的行爲猶如一夥强盜。如五十三章云:

> 朝甚除(猶廢弛),田甚蕪,倉甚虛,服文綵,帶利劍,厭飲食,財貨有餘,是謂盜夸(大盜)。非道也哉!

他們恣意妄爲,使朝政廢弛,倉庫空虛,然而仍衣錦繡,佩利劍,厭足美食,搜刮有餘之財貨。何其無道之極!老子認爲當時君主之所謂"有爲"不過如此!因此,他提出爲政要"無爲"的主張。這種主張是針對着統治者那種繁政苛令、厚賦重斂的胡作非爲而發的。

但是,老子之所謂"無爲",不單純是對現實的不滿和反抗,也不單純是返樸還淳,而正是所以"無不爲"。如二十九章云:

> 將欲取天下而爲之，吾見其不得已（得不到）。天下神器，不可爲也，爲者敗之，執者失之。

又六十四章云：

> 是以聖人無爲，故無敗；無執，故無失。

他認爲"天下"這神聖之物，要"爲"它也"爲"不得，要强爲它反而失敗，要把持它反而失掉。反之，不妄爲就不會失敗，不把持就不會失掉。因此他要"致虛極，守靜篤"，以觀天下之變。老子可能目睹了許多成敗興亡之事，從中體會到一些事物自然變化的道理，所以要沉機待變，以靜制動。如六十三章云：

> 爲無爲，事無事，味無味。……圖難於其易，爲大於其細，天下難事，必作於易，天下大事，必作於細。是以聖人終不爲大，故能成其大。

他要以"無爲"的態度去作爲，以不擾亂的方式去做事，以恬淡無味當作味。在事情未發展到"大""難"的程度，於容易處、細微處就把問題解决了。他主張"無爲"，實際上正是他妙於爲，不動聲色，又無言行，就把事情做好了。老子爲春秋戰國之際的動亂時期提供了一套"人君南面之術"。

老子在政治上主張"無爲"，這種"無爲"政治的實現即原始的村落社會。老子所構想的這一社會圖景是有其現實的和思想認識的基礎的。這種現實的和思想認識的基礎即由於統治者施行暴政，則"民不畏威，則大威（禍亂）至"（七十二章），人民的暴亂更凶猛；由於統治者以權勢禁令等凶器威嚇人民，所謂"國之利器，不可以示人"（三十六章），老子發出"民不畏死，奈何以死懼之"（七十四章）之責問。由於統治者熱衷於征戰，老子乃詛咒"夫佳兵者不祥"

(三十一章)謂武力是造成凶災之用具。老子認爲一切知識、文化，徒足以長詐僞而喪天眞，如五十七章云：

> 人多利器，國家滋昏；人多伎巧，奇物滋起。

謂人們的利器越多，國家越昏亂；人們的伎巧越多，邪惡之事便不斷發生。又如十八章云：

> 大道廢，有仁義；智慧出，有大僞；六親不和，有孝慈；國家昏亂，有忠臣。

謂大道廢棄，乃倡仁義；智巧出現，則行詐僞；家庭不和，方出孝慈；國家昏亂，始見忠臣。這是老子對當時社會弊病之分析，他認爲當時社會弊病產生的根源，在於人們聰明智巧之滋長。因此，他提出革除這種社會弊病的辦法，是廢棄一切聰明智巧。其十九章云：

> 絕聖棄智，民利百倍；絕仁棄義，民復孝慈；絕巧棄利，盜賊無有。

他認爲徹底拋棄"聖智""仁義""巧利"，便能使人們返樸歸眞，保持淳厚的本性。老子在這一現實和思想認識的基礎上幻想出自己理想的社會，如八十章云：

> 小國寡民。使有什伯之器而不用；使民重死而不遠徙。雖有舟輿，無所用之；雖有甲兵，無所陳之。使民復結繩而用之。甘其食，美其服，安其居，樂其俗。鄰國相望，雞犬之聲相聞，民至老死不相往來。

這個社會不重視文明的發展，生活是停滯、靜止的，生產自給自足，沒有交換關係，社會安定，沒有強權政治，不要文字，結繩而治。人們普遍認爲自己吃的是最好的飯食,穿的是最美觀的衣服,住的是最安適的地方,習慣的風俗是最合意的風俗。各自都心滿意足,沉靜和諧地生活在這裏。這種社會理想自然是没落貴族階級找不到出路的心理的反映,但它卻含有對當時動亂社會批判的意義在,並成爲後代人們在嚴酷的政治壓迫和經濟剥削下思想精神上追求、憧憬的理想境界。

《老子》五千言是散文與韻文雜然並陳,連綴成文,但主要是韻文。一部書猶如一組辭意洗練的哲理詩,他把從對人生的觀察、體驗得來的有啓發性的哲理通過詩一樣的語言表達出來。與孔子之重“文”不同,老子重“質”,他視“文”爲巧飾,足以束縛人性,所以主張爲文要質樸自然。如八十一章云:

> 信言不美,美言不信;善者不辯,辯者不善。

謂真實之言詞不美,華美之言詞不真實。善於言談者不巧辯,巧辯者不善於言談。總之,文章要真實,有損於真實者皆所不取。又如四十五章云:

> 大巧若拙,大辯若訥。

謂最靈巧的事物好像笨拙一樣,最卓越的辯才好像口訥一樣。可以理解爲文辭的形式與其內涵之不一致,而其生命力在內涵之拙訥。又如十二章云:

> 五色使人目盲,五音令人耳聾。

彩色使人眼花繚亂,音調使人聽覺失靈。即謂藝術創作毫無意義。可見他否定一切人工的巧飾,强調純任自然。他運筆率多變化,然皆自然成章。如第六章描寫“道”孕育萬物生生不息之情狀云:

> 谷神不死,是謂玄牝。玄牝之門,是謂天地根。縣縣若

存，用之不勤。

每句入韻，一韻到底，文氣迭宕流暢。句式連環相對，別具特色。和這種句式相似而又每句入韻者，又如第二十八章所寫之呼吁人們返樸歸真云：

> 知其雄，守其雌，爲天下谿。爲天下谿，常德不離，復歸於嬰兒。知其白，守其黑，爲天下式。爲天下式，常德不忒，復歸於無極。知其榮，守其辱，爲天下谷。爲天下谷，常德乃足，復歸於樸。

韻腳三變，意隨韻轉，一唱三嘆，表現其要求返本還初心情之切。

老子之文多依其摹寫對象的自然變化而變化，不拘一格，而於奇幻中見精神。如二十一章描寫“道”之恍惚無形的狀態：

> 道之爲物，惟恍惟惚。惚兮恍兮，其中有象。恍兮惚兮，其中有物。窈兮冥兮，其中有精。其精甚真，其中有信。

凡五句，每句換韻，而且句法迴還往復，以見“道”於恍惚中真實存在。又如十五章寫有道之士，極肖其人格、風貌：

> 豫兮若冬涉川；猶兮若思四鄰；儼兮其若客；渙兮其若凌釋；敦兮其若樸；曠兮其若谷；混兮其若濁。孰能濁以靜之徐清；孰能安以動之徐生。保此道者，不欲盈。夫唯不盈，故能蔽而新成。

全用排比句式，四次換韻，整齊和諧，把有道者之慎重、戒惕、威儀、渾樸、恬靜的精神世界傳達出來。又第二十章用同樣的句式摹寫老子自己生活態度之澹然無繫，恬靜自適。

老子行文之變化，不僅表現在對物象的描寫上，也表現在對哲理的叙述上。如五十八章叙述其對"無爲"與"有爲"之政治不同治效云：

> 其政悶悶,其民淳淳;其政察察,其民缺缺(狡猾)。

用一連串的疊字和富於節奏感的韻調,表現其對寬宏政風之肯定。又六十八章叙述其對戰爭取勝的看法云：

> 善士者,不武;善戰者,不怒;善勝敵者,不與;善用人者,爲之下。是謂不爭之德,是謂用人之力,是謂配天古之極。

句法參差相對,韻腳依文意兩變,結語三用"謂"字,表述自己的正面意見充分、有力。又二十九章寫爲政者要允許秉性不同的人自由發展云：

> 夫物或行或隨;或歔或吹;或强或羸;或載(安)或隳(危)。

不但句句入韻,而且用許多"或"字連綴成文,把物性之千差萬別寫盡了。總之,老子的文章猶如魚龍曼衍,變化多端。它像詩,也像謡,也像謳,也像誦,也像賦,長言永嘆,韻味無窮。

老子與孔子是春秋末期兩位思想觀點完全相反的思想家。在政治上,老子主張避世,孔子主張用世;在文學上,老子尚質,孔子重文;他們各以其不同成就灌漑着封建時代的政治和文化。就老子而言,後代文學家撰寫具有烏託邦理想之文,歌詠哲理和自然山水之詩,莫不受其思想、文學的影響,並有其精神在。

總之,東周是初期封建社會開始轉化之時期,即封建家族制逐漸取代封建宗族制。社會急劇變動,從而出現了各階級、階層的傑出人物,他們的著述、創作,極大地豐富了這一時期的文學。散文與韻文經過孔子刪訂與整理,成爲儒家的經典,建立起以儒家文學觀念爲中心的文學傳統,其對保存和傳播古代文學起了重要作用。與此同時,諸子並起,各述所聞,散文與韻文因諸子之著述而發展起來。墨子用樸質的語言發表其政治主張,老子用謠謳式的韻文闡明其哲學道理。促成東周時期文學之繁榮,成爲對東周時期文學的重大創造。這種文學成就之進一步發展,便出現了戰國時期之諸子爭鳴、衆體齊備的光輝燦爛的局面。

第六章　戰國至秦之文學

東周兼併戰爭之持續發展,至公元前四〇三年,晉國三家世卿韓、趙、魏立爲諸侯,是戰國時期之開始。這一時期與春秋時期基本上是幾個霸主的鬥爭和幾個霸主處在互相消長鼎立之形勢不同,而是秦在政治、軍事等各方面占壓倒優勢,對山東六國步步進逼,展開了兼併六國的鬥爭。這一時期舊領主階級的衰亡加劇了,新興地主階級的勃興增強了,商業和手工業空前發達,"士"階層成爲當時最活躍的人物,他們富於才辯,縱橫捭闔,游說諸侯,形成百家爭鳴的局面,文學也因之鬱鬱乎發展起來。公元前二二一年,秦併六國,建立成我國歷史上第一個統一的封建制國家,它實行了定疆域、書同文、車同軌、行同倫等一系列統一措施,使我國歷史進入一個新時代。但文學並未出現新的面貌,仍然沿襲着戰國時代的文學樣式和文風,可以說是戰國文學之附庸。因此我們將其附在戰國之末加以論述。

第一節　戰國社會之大轉變

戰國時期是我國歷史上一個大轉變時期,前代學者已有見於此。如王夫之在其《讀通鑑論》卷末《叙論》四說:

> 戰國者,古今一大變革之會也。

他又在同書卷五《漢哀帝》條中說:春秋以前"其富者必其貴者

也”,待到郡縣制之興起,則富與貴的情況發生了變化。顧炎武《日知録》卷十三《周末風俗》條中更具體地論述了戰國社會之變化:

> 如春秋時猶尊禮重信,而七國則絶不言禮與信矣;春秋時猶尊周王,而七國則絶不言王矣;春秋時猶嚴祭禮重聘享,而七國則無其事矣;春秋時猶論宗姓氏族,而七國則無一言及之矣;春秋時猶宴會賦詩,而七國則不聞矣;春秋時猶有赴告策書,而七國則無有矣;邦無定交,士無定主。此皆變於一百三十三年之間,史之闕文而後人可以意推者也。

這是一種新舊制度的變化,是新舊社會的變化,是從領主所有制向地主所有制大轉變的時期。我們分別叙述如下:

一、經濟之發展

農業是當時生産最重要的方面。鐵制工具的出現是農業生産的一件大事。春秋時期鐵一般只用作鑄鼎,戰國中葉以後,被廣泛用來制作農具。如《管子》卷二十二《海王》記載:

> 今鐵官之數曰:“一女必有一鍼一刀,若(猶然後)其事立;耕者必有一耒一耜一銚,若其事立;行服連軺輂者必有一斤一鋸一錐一鑿,若其事立;不爾而成事者,天下無有。”

《管子》作者認爲必須用鐵制工具,才能成其事。又《孟子》卷五《滕文公上》記載“有爲神農之言者”許行,主張君民並耕而食,孟子詢問他的弟子陳相云:

> 許子以釜甑爨,以鐵耕乎?

説明當時中原地區已經普遍用“鐵耕”,孟子才以此責難陳相。鐵制農具之出現,對深耕易耨有很大促進作用。

牛耕在春秋末年已經出現。從山西渾源出土的牛尊看,當時晉國的牛已經穿有鼻環,説明牛已被牽引勞動。可能在孔子時代人耕和牛耕還並用,所以《論語》卷九《微子》記載有長沮和桀溺"耦而耕"。又《國語》卷十五《晉語》十五記載,晉國的范氏、中行氏在國內鬥爭中失敗,逃到齊國,使其子孫變爲農民,晉大夫竇犨説:

> 今其子孫將耕於齊,宗廟之犧爲畎畝之勤。

意謂好比養在宗廟裏祭祀用的犧牲放到田地裏耕作。這也説明春秋晚期牛耕已比較普遍。至戰國,牛耕得到進一步推廣,《易・繫辭下》云:

> 服牛乘馬,引重致遠,以利天下。

則人們對牛耕的作用的認識是建立在牛耕廣泛使用的基礎上。

戰國時期水利灌溉也有很大發展。據《周禮・冬官・考工記・匠人》記載,當時灌溉農田的大小溝渠有"畎"(田間小溝)、"遂"(小溝)、"洫"(中溝)、"澮"(大溝)等名目。還重視水的流通和運用。《周禮・地官司徒・稻人》記載:

> 以瀦(池塘)畜水,以防止水,以溝蕩水,以遂均水,以列舍水,以澮寫(瀉)水。

這種農田灌溉的講求,同時也就發展了大規模的運河開鑿工程,如《史記・河渠書》、《漢書・溝洫志》所記載之魏文侯時的西門豹、魏襄王時的史起引漳水灌溉鄴田等。又《莊子・天地》篇記載楚地采用桔槔灌溉代替抱甕而汲的原始方法。這種灌溉方法的改革,使"民逸而多利"(《淮南子・氾論訓》),減少了勞動力而便利農耕。

手工業蓬勃發展。官營手工業方面，當時各諸侯國普遍設立自己的手工業作坊，以制造國君和宗室所需要的兵器、錢幣和其他各種器物。他們的重要的手工業地點，遍及全國各地。根據已出土的兵器和銅幣的銘文看，秦國有雍（今陝西鳳翔縣東）、櫟陽（今陝西西安市北）、咸陽（今陝西咸陽市東北）、高奴（今陝西延安市東北）和漆垣（今陝西銅川市西北）。魏國有梁（今河南開封市）、寧（今河南獲嘉縣）、共（今河南輝縣市）、陰晉（今陝西華陰市東）、宅陽（今河南鄭州市北）等。趙國有邯鄲（今河北邯鄲市）、武平（今河北霸州市北）、茲氏（今山西汾陽市東南）等。韓國有鄭（今河南新鄭市）、新城（今河南伊川縣西南）、陽人（今河南汝州市西北）、彘（今山西霍州市）等。當時手工業之發達，更表現在分工之細密上，據《周禮・冬官・考工記》記載，官營手工業木工分七部，金工分六部，皮革工分五部，設色工分五部，刮磨工分五部，陶工分兩部。具體到某一工種，還有更細之分工，例如做一輛車，就有輪人、輿人、輈人之分。其他各工種莫不如此。而且制造技術也十分講究。

民間個體經營的手工業也相當發達。《孟子》卷五《滕文公上》云：

> 且一人之身，而百工之所爲備。

意謂對一個人來說，各種工匠之成品都不可缺少。"百工"極言其工種之多。因此，孟子主張工農產品要交易，《孟子》卷六《滕文公下》云：

> 不通功易事，以羨補不足，則農有餘粟，女有餘布。子如通之，則梓匠（木工）、輪輿（車工）皆得食於子。

又《滕文公上》云：

> 以粟易械器者，不爲厲陶冶，陶冶亦以其械器易粟者，豈
> 爲厲農夫哉？……百工之事，固不可耕且爲也！

這説明當時農夫與個體手工業者相互依存的關係。特別是陶工、木工、車工、冶鐵工的發展，對農業生產更重要，個體手工業者依靠出賣制成品以維持自己的生計。《韓非子》卷十九《五蠹》記載：

> 其工商之民，修治苦窳之器，聚弗靡之財，蓄積待時而侔
> 農夫之利。

則個體手工業者與農夫不但相互依存，而且制造惡劣的器械以剥削農夫。由於鐵制農具之盛行，民間冶鐵手工業，爲了"侔農夫之利"，乃成爲最重要之部門。

由於農業、手工業的勃興，商業也發展起來。當時一般的商人和手工業者可以取得十分之二的利潤。如《史記》卷六十九《蘇秦列傳》記載：

> 周人之俗，治產業，力工商，逐什二以爲務。

但是富商巨賈卻囤積居奇，壟斷市場，如《孟子》卷四《公孫丑下》記載：

> 有賤丈夫焉，必求龍斷而登之，以左右望，而罔（網）
> 市利。

他們登高遠望，左顧右盼，以期壟斷市場。又《戰國策》卷六《趙策三》記載希寫對建信君説：

> 夫良商不與爭買賣之賈（價也），而謹司時。時賤而買，
> 雖貴已賤矣；時貴而賣，雖賤已貴矣。

他們經營的方法是掌握時機,像楚人范蠡用計然之貿易理論,"候時轉物,逐什一之利"。(《史記》卷四十三《趙世家》)"十九年之中三致千金"(《史記》卷一百二十九《貨殖列傳》)。周人白圭講究致富之術,用"人棄我取,人取我與"(《史記》卷一百二十九《貨殖列傳》)之法則從中牟利。大鹽商兼珠寶商猗頓也多財善賈而富比王侯,名馳天下。這類富商巨賈之經濟實力,甚至能左右一國之興亡。《韓非子》卷五《亡徵》記載:

> 羈旅僑士,重帑在外,上間謀計,下與民事。

他依靠在國外之經濟力量,上干國政,下預民事,影響別國之安危。《孟子·公孫丑上》舉王天下之道五條,其中有云:

> 市,廛而不徵,法而不廛,則天下之商皆悅,而願藏於其市。關,譏而不徵,則天下之旅皆悅,而願出於其路矣。

則招商、通商便占了兩條。可見商業發達在各國經濟中所占地位之重要。商業興盛,促成商品之流通、暢達。據《荀子》卷五《王制》記述當時的情況云:

> 北海則有走馬吠犬焉,然而中國得而畜使之;南海則有羽翮、齒革、曾青、丹干焉,然而中國得而財之;東海則有紫紶魚鹽焉,然而中國得而衣食之;西海則有皮革文旄焉,然而中國得而用之。……故天之所覆,地之所載,莫不盡其美,致其用。

又云:

> 通流財物粟米,無有滯留,使相歸移也,四海之內若一家。

商業之流通與發達,給學術上大一統思想的形成以有力影響。

生產力的發展,導致生產關係的改變,生產關係的改變,導致社會結構、階級關係的變化，並最後導致一切舊制度、舊觀念、舊思想的動搖。

二、社會矛盾之加深

戰國以前，各諸侯國之政權都掌握在大小封建領主手中，土地由世襲的諸侯、卿、大夫所占有。到了戰國，這種封建領主占有制嚴重地束縛了生產力的發展，封建領主階級已成爲社會上最反動的階級，阻礙着歷史的發展。他們搜刮民脂民膏以滿足自己的窮奢極慾，追求聲色狗馬之翫好和宮室臺榭之享受，而置人民於死亡之境。據《孟子》卷一《梁惠王上》記載齊國的情況云：

> 今也制民之產，仰不足以事父母，俯不足以畜妻子；樂歲終身苦，凶年不免於死亡。

齊國號稱有魚鹽之利，人民生活尚且如此困苦，其他各國就可想而知了。《梁惠王上》還記載魏國的情況：

> 庖有肥肉，厩有肥馬，民有飢色，野有餓莩，此率獸而食人也。

《詩經·魏風》反映魏國之階級矛盾在十五國風中最突出，此時則更尖銳了，竟至於餓莩遍野。

這些統治者爲了滿足其貪得無饜的慾望，不但剝削本國人民，還掠奪別國人民，他們動輒動員十幾萬或幾十萬人，發動對外戰爭。一方面摧殘了別國人民的生命財產，另一方面也加重了本國人民的負擔，並嚴重地破壞了農業生產。《孫子》卷十三《用間》記載：

> 凡興師十萬，出征千里，百姓之費，公家之奉，日費千金，

内外騷動，怠於道路，不得操事者七十萬家。

戰爭給人民帶來了極大的災難，人民對之深惡痛絕。《孟子》卷二《梁惠王下》記載鄒與魯交戰："有司死者三十三人，而民莫之死也。"即說明鄒穆公之士卒反對這種不義之戰，不肯爲他們賣命。戰爭擴大了，徭役也日益繁重，大批奴隸因而死亡，著名的孟姜女哭長城之故事，應當即這一時期歷史現象之真實反映。

統治階級對工人奴隸極盡摧殘之能事，《搜神記》卷十一"三王墓"條記載：

楚干將、莫邪爲楚王作劍，三年乃成。……王怒，即殺之。

楚王因爲干將、莫邪鑄劍時間太長，於劍既成時，便把劍工殺了。何其殘忍！又《莊子》卷十上《説劍》記載：

昔趙文王喜劍，劍士夾門而客三千餘人，日夜相擊於前，死傷者歲百餘人，好之不厭。如是三年，國衰，諸侯謀之。

人民爲統治者鑄劍而死，又爲他們娛劍而死，可謂没有活的餘地了。階級矛盾激化到如此深刻、尖鋭之程度，奴隸們爲求得生存不能不起來反抗。春秋時流行之諺語云："獸惡其網，民惡其上。"（《國語・周語中》）謂人民痛恨封建領主猶如野獸痛恨捉拿它們之網羅。又當時之成語云："盜憎主人，民惡其上。"（《左傳・成公十五年》）謂"盜"之反抗出於人民對封建領主之仇恨。由於奴隸們對封建領主如此深刻的仇恨，春秋時期各諸侯國相繼出現了奴隸的反抗和暴動。這種反抗和暴動進一步發展，到春秋戰國之際便產生了魯盜跖和楚莊蹻所領導的奴隸起義。據《莊子》卷九下《盜跖》記載：

盜跖從卒九千人，横行天下，侵暴諸侯，穴室樞户，驅人牛

馬，取人婦女，貪得忘親，不顧父母兄弟，不祭先祖。所過之
邑，大國守城，小國入堡，萬民苦之。

莊子是站在剝削階級立場看問題的，但從中也可以見出奴隸起義
聲勢之浩大。盜跖其人，據《史記》卷六十一《伯夷列傳》張守節
"正義"謂是黃帝時之"大盜"，而《莊子》則謂是柳下惠之弟弟，並
曾見過孔子。時代相距甚遠。按：盜跖之名不見於戰國以前之古
書，而爲戰國諸子書中所常見，如《孟子》、《商君書》、《荀子》、《韓
非子》、《呂氏春秋》中都有記載，因此可以推斷他應是春秋戰國間
之人。《荀子》卷二《不苟》記載：

> 盜跖吟口，名聲若日月，與舜、禹俱傳而不息，然而君子不
> 貴者，非禮義之中也。

因爲他是奴隸起義的領袖，所以在群衆中"名聲若日月"，又因爲
他反對倫理道德，所以君子看作"非禮義之中"了。盜跖概括了這
一歷史時期奴隸起義之特徵，他反對封建領主的統治和宗法倫理
關係，帶領廣大奴隸起來爭取生存。

　　和盜跖齊名的是楚國之莊蹻。《荀子》卷十《議兵》記載：

> 莊蹻起，楚分爲三四。

又《韓非子》卷七《喻老》記載：

> 莊蹻爲盜於境內，而吏不能禁。

又《呂氏春秋》卷十二《介立》記載：

> 鄭人之下轅也，莊蹻之暴郢也，秦人之圍長平也。

莊蹻是何時之人呢？《韓非子》卷七《喻老》認爲是楚莊王時，《呂
氏春秋·介立》篇高誘注認爲是楚成王時，《華陽國志》卷四《南中

志》認爲是楚威王時,《荀子・議兵》又與唐眜之死並提。按:楚懷王二十八年,齊、魏、韓率軍攻楚之方城,唐眜率軍抵禦,在垂沙大敗被殺。唐眜死於懷王二十八年,其年齡必不止二十八歲,其生年當在威王時代。莊蹻既可與他並提,則莊蹻的年代當在威王與懷王之時。其起義既然“吏不能禁”,又能使“楚分爲三四”,並且震撼郢都,影響可與秦將白起圍長平、坑其卒四十萬相比,則可見其起義規模之大了。

奴隸起義動搖了封建領主社會之基礎,使封建領主政權沒落,封建領主貴族内部發生分化,使商人地主階級崛起,成爲封建領主新的對立物。地主階級的出現,並在一些國家逐步掌握政權,是這一歷史時期有重大意義的事件。

三、地主階級之形成與發展

這一時期的地主階級是由下層封建領主、封建領主社會的自由民、工商業主和以軍功得封土地的功臣構成的。他們土地的來源,是小封建領主的少數占有,自由民的墾殖,工商業主的購買和諸侯對有戰功者的賞賜。他們有才干、有知識,對封建領主世襲制度不滿,對割據局面以及無休止的戰爭憎惡,特別是對封建領主那種殘暴、昏庸、荒淫、腐敗的行爲極爲憤慨。他們雖然是剥削階級,和勞動人民有很大的矛盾,和工商業者也有不少距離,但是他們和封建領主的鬥爭,除了體現本階級的利益之外,在一定程度上是以奴隸悲慘命運同情者的身份出現的,因此與奴隸階級反對封建領主的要求基本上是一致的。

地主階級既已形成,便逐漸要求參與並奪取國家政權,要使國家的政治機構和措施能够維護自己階級的利益。這就是當時各諸侯國不同程度實現過的變法運動。像鄭國的子産,魏國的李悝,韓國的申不害,秦國的商鞅,楚國的吳起以及燕、趙等國都實行或倡導過的法制措施。同時爲了鞏固自己階級的地位,他們還提出了系統的思想和理論,當時的儒、法兩家便是這方面的代表。

這類思想家在經濟上要求分散封建領主的土地,化爲地主的私有財產,如《呂氏春秋》卷十七《審分》記載:

> 今以衆地者,公作則遲,有所匿其力也;分地則速,無所匿遲也。

也就是説,土地歸地主私有,可以刺激耕作的積極性,發掘土地的潛力。此即當時所謂之"任地"。他們要求打破封建領主領地的"阡陌封疆",確認民間(主要是地主)對土地的所有權,主張土地自由買賣,廢除封建領主的"家量",實行統一的度量衡制度。

他們在政治上主張德治,如《孟子》卷四《公孫丑下》記載:

> 域民不以封疆之界,固國不以山谿之險……得道者多助,失道者寡助。

認爲是否以德政治國關乎國家之成敗。又《呂氏春秋》卷一《貴公》云:

> 天下非一人之天下,天下之天下也。

即《左傳·僖公五年》引《周書》所謂"皇天無親,惟德是輔"之意也。他們要求"選賢任能",使自己階級的代表人物參政;主張廢除舊的世卿世襲制度,確立"論功行賞"的官僚制度。

他們主張天下一統,如《呂氏春秋》卷十六《觀世》云:

> 亂莫大於無天子,無天子則强者勝弱,衆者暴寡,以兵相劃,不得休息。

主張以戰止戰，用戰爭來統一天下。他們的理想政治是在一個國家內的"霸"和統一天下後的"王"。這種"霸"與"王"，孟子把它們尖銳地對立起來，認爲是水火不相容的，到了荀子則把二者統一起來。這正反映了地主階級在新歷史條件下的要求。

地主階級在當時處於上升階段，有一定的進步作用，不同程度上代表歷史發展的動向。春秋二百四十二年中，由五十多個小國兼併成十三個大國，到戰國又由十三個大國兼併成七個更大的國家，並最後由秦國一統天下，正體現了這種歷史動向。大國在當時的國際事務中，起着重要的作用，肩負着統一天下的責任，《孟子》卷三《公孫丑上》云：

> 霸必有大國。

《呂氏春秋》卷十七《慎勢》亦云：

> 以大使小，以重使輕，以衆使寡，此王者之所以家以室也（高誘注：家，室也。王者以天下爲家，故所以天下爲國）。故曰：以滕費則勞，以鄒魯則逸，以宋鄭則猶倍日而馳也，以齊楚則舉而加綱斿而已矣。所用彌大，所欲彌易。

這些看法，都道出了當時歷史發展的總趨勢。秦之統一中華，固然由於它代表着先進的生產方式，同時也由於它"包舉宇內，囊括四海"（《文選》卷五十一《過秦論》）的國勢之强大。

要之，戰國是一個歷史大轉變時期，生產得到很大的發展，地主階級已經形成，同時社會矛盾也日益加深了。社會的動亂，人民的苦難，使廣大人民產生一種憤激的情緒。在這種憤激情緒的基礎上形成了四類人物，即道家的莊周、儒家的孟軻和荀卿、法家的韓非、辭賦家的屈原。這四類人物雖然所處的具體環境不同，社會思想不同，但對封建領主那種殘暴、昏庸、荒淫和腐朽的行爲之不滿和憤慨則是一致的,儘管作爲其思想、文學的表現形式各有差異。然則戰國社會之動亂和人民在此基礎上產生的憤激情緒與有識之士對社會的憂慮和對民瘼的關心,促成這時期文學的發展與繁榮。

秦之統一,奠定了我國疆域大一統的基礎,其對內部制度之改革,推動了生產力的發展,特別是對文字的劃一,有宜於文學的興盛,其文學應當成爲前代之冠。然而事實卻相反,此期之文學不但不興盛,反而處於萎靡不振的狀態中。究其原因有以下幾點:

其一,秦極其重視工商業的發展,在滅六國之前,其工商業已經相當發達,並成爲滅六國的原因之一。滅六國之初,便把六國之豪富十二萬戶並其財富遷至關中,企圖以其富力發展工商業。這種對工商業之重視,使其商人地主政權進一步加強。他們把邑、鄉、聚(村落)併爲郡或縣,開闢阡陌封疆,實現中央集權的專制統治。他們的許多措施有利於統一,但也做了不少民不堪命的壞事,特別是對關東人民的壓迫、奴役比對關中人民更嚴酷,驅使他們築長城,服徭役,得不到片刻休息,無暇顧及文化和藝術,剝奪了他們一切文化活動的權力。

其二,秦王朝開始是用道家思想治國,道家思想之發展,便成爲韓非的“刑”與“法”,秦進而采用法治。秦二世熟讀《韓非子》,並以《韓非子》爲當時之政治教本,可見當時法治思想之盛行。法家是鄙棄文藝的,認爲儒家富於文采的論著都是浮辭艷說,堅決反對。所以法治思想之統治,也促使秦代文學的衰微。

其三,秦爲了加強中央集權的統治,實行焚書坑儒之政策。公元前二一二年,丞相李斯上書駁斥儒生不師今而學古,他們各尊其私學,誹謗朝政,惑亂民心,建議禁私學。具體辦法即“請諸有文學《詩》、《書》百家語者,蠲除去之”(《史記》卷八十七《李斯列傳》)。公元前二一一年,秦始皇令方士求仙,方士求而不得,畏罪潛逃,始皇怒而坑殺儒生四百六十餘人。這種焚書坑儒的政策是對我國文化古籍的極大摧殘,文學又何以能發達呢!

由上述三種原因,秦代的文學極不發達。見於史籍記載者,僅雜賦九篇,《仙真人詩》和李斯之銘文和書奏若干篇而已。

第二節　道家之散文

道家學派自老子之後,春秋末年在齊稷下學宮出現了一批祖述黃帝、老子的人物,如田駢、慎到、環淵、接子、宋鈃、尹文等。他們共同的宗旨在"發明黃老道德意"。但是,他們的觀點也不盡相同,這種不同進一步發展,宋鈃、尹文演變爲名家,惠施繼承其傳統。田駢、慎到演變爲法家,關尹即環淵演變爲術家,申不害、韓非繼承其傳統。莊周不是稷下先生,他自認爲是繼承老聃、關尹的道統,道家學說確乎經過他及其後學之闡揚與發揮,始成爲思想界之新宗派。

一、莊子身世之影跡

莊子之生平身世不可確考,據《史記》卷六十三《老子韓非列傳》記載:

> 莊子者,蒙人也,名周。周嘗爲蒙漆園吏,與梁惠王、齊宣王同時。其學無所不闚,然其要本歸於老子之言。故其著書十餘萬言,大抵率寓言也。……楚威王聞莊周賢,使使厚幣迎之,許以爲相。莊周笑謂楚使者曰:"千金,重利;卿相,尊位也。子獨不見郊祭之犧牛乎? 養食之數歲,衣以文繡,以入大廟。當是之時,雖欲爲孤豚,豈可得乎? 子亟去,無污我。我

寧游戲污瀆之中自快,無爲有國者所羈,終身不仕,以快吾
志焉。"

據此,則知莊子是蒙人,蒙原爲宋地,後來爲楚所併。他做過蒙之
漆園吏,即管漆樹的小官。與梁惠王、齊宣王同時,也即與孟子同
時。楚威王聘請他爲相,他苦於"爲有國者所羈",寧願游戲污瀆
中自快,也不圖顯貴於廟堂,表現了對功名利祿之蔑視。同樣《秋
水》篇也記載他寧爲烏龜曳尾於塗中,不願盛在竹盒裏藏於廟堂之
上,如云:

> 莊子持竿不顧,曰:"吾聞楚有神龜,死已三千年矣,王以
> 巾笥而藏之廟堂之上。此龜者,寧其死爲留骨而貴乎? 寧其
> 生而曳尾於塗中乎?"…… 莊子曰:"往矣! 吾將曳尾於
> 塗中。"

這段記載可與《史記》之文義互相印證、互相發明。

莊子之家境是貧困的,《外物》篇云:

> 莊周家貧,故往貸粟於監河侯。

又《列禦寇》篇云:

> 宋人有曹商者……見莊子曰:"夫處窮閭阨巷,困窘織屨,
> 槁項黄馘(面黄肌瘦)者……"

又《山木》篇記載他見魏王之形狀:

> 莊子衣大布(粗布)而補之,正緳繫履(用麻帶穿鞋)而過
> 魏王。魏王曰:"何先生之憊邪?"莊子曰:"貧也,非憊也。士
> 有道德不能行,憊也;衣弊履穿,貧也,非憊也;此所謂非遭
> 時也。"

他住的是"窮閭陋巷",穿的是打有補丁的粗布衣服,以織草鞋爲生,經常吃不上飯,而向別人借米,以致面黃肌瘦,狼狽不堪,自認爲是生不逢時,他説:

> 今處昏上亂相之間,而欲無憊,奚可得邪?此比干之見剖心徵也夫!

他處在一個昏君亂相專權的時代,不但自己的政治理想不能實現,而且驚怖於像比干那樣被剖心。可見他是個既貧且憊的人物。莊子對昏暗政治之驚怖,應當是有現實根據的。這種根據當即宋君偃之倒行逆施。據《史記》卷三十八《宋微子世家》記載,宋君偃攻襲其兄剔成,自立爲王。其爲政,對外"東敗齊,取五城;南敗楚,取地三百里;西敗魏軍,乃與齊、魏爲敵國";對内"盛血以韋囊,縣(懸)而射之,命曰'射天'。淫於酒婦人。群臣諫者輒射之。於是諸侯皆曰'桀宋'(言其似桀)。'宋其復爲紂所爲,不可不誅'。"於是齊、魏、楚三國出兵伐宋,殺君偃,卒滅宋國。宋之亡在公元前二八六年,其時莊子應當還活着。莊子之卒年,張季同在其《關於老子年代的一假定》(見《古史辨》第四册)一文中,假定爲公元前二七五年,大體上是可信的。那麽,宋亡之後,莊子還活了十年。莊子親身經歷過宋國之亡,所以在他的言行中明顯有國家敗亡的投影。如《至樂》篇云:

> 莊子之楚,見空髑髏,髐然(空枯貌)有形,撽以馬捶(馬鞭),因而問之,曰:"夫人貪生失理,而爲此乎?將子有亡國之事,斧鉞之誅,而爲此乎?將子有不善之行,愧遺父母妻子之醜,而爲此乎?將子有凍餒之患,而爲此乎?將子之春秋(年紀)故及此乎?"

莊子借與空髑髏對話,寫出人生之諸種累患,"有亡國之事"即其中之一。這雖然是寓言，卻是當時社會政治生活之折射。至於宋君偃之殘暴統治是否假以仁義禮樂之名義，史無明文記載，已不可知。但是齊、魏、楚三國之滅宋，是由於宋國出現了桀紂，他們是爲了弔民伐罪，必然以仁義之師自誓，這是可以想見的。這就使莊子認識到："所謂知者，有不爲大盜積者乎？所謂聖者，有不爲大盜守者乎？"進而認識到大盜竊國的歷史現象。《胠篋》篇即是他這種認識的具體披露。這篇文章對大盜竊國之事，表現了強烈的不滿和憤慨。正是這種激烈、憤慨的情緒，洋溢爲氣勢磅礴的文章。

面對戰國紛爭的形勢，莊子往往發出無可奈何的感嘆和悲號，如《齊物論》云："一受其成形，不忘以待盡。與物相刃相靡，其行進如馳，而莫之能止，不亦悲乎！……人之生也，固若是芒（昏昧）乎？其我獨芒，而人亦有不芒者乎？"他爲衆人役役，迷失自我而痛心。又《天地》篇云："而今也以天下惑，予雖有祈嚮（嚮導），不可得也。不亦悲乎？"他又爲不能引導衆人從迷失中醒悟而哀傷。他看不到前途，找不到出路，對社會政治提不出任何積極進取的主張，相反要倒退到虛無的古代社會。如《應帝王》篇所云："泰氏（上古帝王）其臥徐徐，其覺于于（自得貌）。"道出了理想的治者是心胸舒緩，純真質樸，安閒自適。又云："游心於淡，合氣於漠，順物自然而無容私焉，而天下治矣。"其方法即游心於恬淡之境，清靜無爲，順應自然的本性而不用私意，天下就可以治理好了。總之，主張爲政要"任自然"、"無爲"。

《莊子》一書，據《漢書·藝文志》記載是五十二篇，今之通行本僅存三十三篇，計"內篇"七篇，"外篇"十五篇，"雜篇"十一篇。"內篇"是莊子自作，這是人們所公認的。"外篇""雜篇"一般認爲多出道家所依託。然而也不盡然，據《史記·老子韓非列傳》記載："莊子……作《漁父》、《盜跖》、《胠篋》，以詆訿孔子之徒，以明

老子之術。"司馬遷認爲《漁父》、《盜跖》、《胠篋》都是莊子所作，
而《胠篋》在"外篇"，《漁父》、《盜跖》在"雜篇"。司馬遷距離莊子
的時代較近，其看法應當是有根據的。可見"外篇""雜篇"也不是
全出道家之依託，仍雜有莊子自己的著述在內。即使那些爲晚出
道家所作之篇章，也是直接或間接承襲着莊子思想、藝術的影響，
因此，我們可以與其"內篇"一起加以論述。

二、莊子之散文

莊子之思想源於老子，歷史有明文記載，《史記·老子韓非列
傳》云："莊子……其學無所不闚，然其要本歸於老子之言。"陸德
明《經典釋文》卷一《序錄》亦云："莊子……依老氏之旨，著書十餘
萬言。"驗之老、莊之書，實有脈絡可尋，毋庸置疑。關於莊子的思
想內涵及文章特點，《天下》篇有一段簡明扼要的評述：

芴漠（恍惚茫昧之意）無形，變化無常，死與生與，天地並
與，神明往與！芒乎何之，忽乎何適（恍惚芒昧貌），萬物畢
羅，莫足以歸，古之道術有在於是者。莊周聞其風而悅之。以
謬悠（虛遠貌）之説，荒唐（廣大無邊貌）之言，無端崖之辭，時
恣縱而不儻（不偏儻），不以觭見之（不持一端之見）也。以天
下爲沈濁，不可與莊語（猶正論），以巵言（無心之言）爲曼衍
（散漫流衍），以重言（爲人所重之言）爲真，以寓言爲廣。獨
與天地精神往來而不敖倪（猶驕矜）於萬物，不譴是非，以與
世俗處。其書雖瓌瑋（奇特），而連犿（宛轉貌）無傷也。其辭
雖參差，而諔詭（奇異）可觀。彼其充實不可以已，上與造物
者游，而下與外死生無終始者爲友。其於本也，弘大而辟，深
閎而肆（縱放）；其於宗也，可謂稠適（和適之意）而上遂（達
也）矣。雖然，其應於化而解於物也，其理不竭，其來不蛻（不

離于道），芒乎昧乎（猶窈冥），未之盡者。

這段評述對《莊子》之思想内涵和文章特點作了全面深刻的揭示。即寫莊子外生死、並天地，"獨與天地精神往來"，不傲視萬物，不拘泥是非。其道術弘大而深廣，道旨和諧而切適。他能順應變化而擺脱一切束縛，逍遥自在而達到所謂"至樂"。這些思想是通過寓言、重言、巵言三種語言形式表現出來的。《天下》篇雖然不是莊子自作，也不是《莊子》自序，但它應當是出於深切瞭解《莊子》思想和文風的人之手。它確是可以引導人們如何去領會和理解《莊子》全書，是我們探索《莊子》一書内容和文章的出發點。

　　我們先看看莊子所講的道術吧。和老子相同，莊子特别强調"道"，"道"是他學説之中心。所謂"大宗師"，即以道爲師。《大宗師》云：

> 夫道，有情有信，無爲（"爲"當是"象"字之誤，古文"爲"字從"爪象"）無形，可傳而不可受，可得而不可見；自本自根，未有天地，自古以固存，神（與"生"同義）鬼神帝，生天生地；在太極（天?）之上而不爲高，在六極（地?）之下而不爲深，先天地生而不爲久，長於上古而不爲老。……莫知其始，莫知其終。……

他認爲"道"是真實而有信驗的，無象亦無形，可心傳而不可口授，可心得而不可目見。它自爲本根，於天地未形成之前即存在着，生出了鬼神，生出了上帝，生出了天地。在太極之先，六合之下，無人知道其年代之始終。説明宇宙整體就是道，道即宇宙大生命所散發的萬物之生命，它是無形的，也是無限的。又《知北游》云：

> 東郭子問於莊子曰："所謂道，惡乎在?"莊子曰："無所不

在。"東郭子曰:"期而後可。"莊子曰:"在螻蟻。"曰:"何其下邪?"曰:"在稊稗(含米的小草)。"曰:"何其愈下邪?"曰:"在瓦甓。"曰:"何其愈甚邪?"曰:"在屎溺。"

"道"無所不在,螻蟻、稊稗、瓦甓、屎溺中都有道。要之,"道"存在於自然萬物之中。不但無所不在,而且無始亦無終。如《秋水》篇云:

> 道無終始,物有死生。

即説明"道"是永存的,"物"有死生;"道"爲本,"物"爲副。這是對老子思想之發揮。

　　莊子也强調"德",他所謂之"德",也與老子相同,即認爲"德"是寓於自然萬物中之"道",也即自然萬物所含有之特性。如《天地》篇云:

> 故形非道不生,生非德不明。

"形"乃"道"所生,物形之生,又非"德"不能彰明。"道"與"德"是相互依存,不可分離。又《天地》篇對"道"與"德"的關係還有一段更具體的説明:

> 泰初有無,無有無名;一(謂道)之所起,有一而未形。物得以生,謂之德;未形(謂形質)者有分(陰陽之分),且然無間,謂之命;留動而生物,物成生理,謂之形;形體保神,各有儀則,謂之性。性修反德,德至同於初。

宇宙原始只是"無","無"即"道",它没有"無"的名稱。從中産生"一",但它尚未成"形",萬物得到"一",也即得到"道",便生成了"物",所得於"一"或"道"以生者即是"德"。那不曾成形卻有陰陽之分者即是"命"。"物"産生於"一"或"道"。"物"生成即有

"形"。"形體"中保存着"神"，此"神"即是"德"。"神"或"德"各有軌則，此軌則便稱爲"性"。"性"經過修養再返於"德"，"德"之至即同於"泰初"，"泰初"亦即"道"。總之，"道"本於自然，"德"體現"道"。莊子這種"道"產生萬物、主宰一切的觀點，其作用在否定傳統的有意志的天的觀念，在當時是有進步意義的。

　　基於"道"產生萬物、主宰萬物的觀念，莊子認爲一切事物都是一刻不停地變化，宇宙萬象始終處於流動狀態之中。如《秋水》篇云：

　　　　物之生也，若驟若馳，無動而不變，無時而不移。

萬物之生長，猶駿馬奔馳，無一動作不在變，無一時刻不在動。又《寓言》云：

　　　　萬物皆種也，以不同形相禪，始卒若環，莫得其倫，是謂
　　　　天均。

萬物各有種類，以不同的形狀相傳接，始終如循環，沒有端倪。要之，宇宙的一切時刻不息地在流動變化，他爲我們描繪出一個活宇宙來。用這種觀點看待社會歷史，社會歷史也是在不斷地發展着、演變着。如《天運》篇云：

　　　　夫水行莫如用舟，而陸行莫如用車。以舟之可行於水也
　　　　而求推之於陸，則没世不行尋常（指短距離）。古今非水陸
　　　　與？周魯非舟車與？今蘄行周於魯，是猶推舟於陸也，勞而無
　　　　功，身必有殃。……故禮義法度者，應時而變者也。今取猨狙
　　　　而衣以周公之服，彼必齕齧挽裂，盡去而後慊（滿足）。觀古
　　　　今之異，猶猨狙之異乎周公也。

古今時代之不同，猶之乎水陸舟車之異，行古道於當今之世，猶之

乎使猨猴穿周公之衣。禮義法度隨着時代之不同而轉變，不可能
是永恒的。又《秋水》篇云：

> 昔者堯舜讓而帝，之噲讓而絕；湯武爭而王，白公爭而滅。
> 由此觀之，爭讓之禮，堯桀之行，貴賤有時，未可以爲常也。

堯與舜禪讓而稱帝，燕王噲與相子之禪讓卻絕滅；商湯與周武王爭
奪而成王，白公勝爭奪卻滅絕。可見爭奪與禪讓之制，唐堯與夏桀
之行，誰貴誰賤，要根據不同時代來判斷，没有固定的標準。儘管
莊子的思想是要返淳還樸，回復到原始自然狀態，但是他這種"當
時而變"的觀點卻是新鮮的，毫無泥古的氣味，其中閃爍着一種辯
證思想的光輝。

　　莊子主張任自然。但他之任自然，與老子之任自然是爲了效
法自然規律以治國、馭民、保身不同，而是表現了對自然之無能爲
力，並完全聽命於自然。如《大宗師》云：

> 且夫物(人)不勝天久矣。

認爲人力是不能勝過天然的。又《秋水》篇講得更具體：

> 河伯曰："何謂天？何謂人？"北海若曰："牛馬四足，是謂
> 天；落(同絡)馬首，穿牛鼻，是謂人。故曰，無以人滅天，無以
> 故滅命，無以得殉名。謹守而勿失，是謂反其真。"

牛馬四足，乃自然天成，絡馬首，穿牛鼻是人之妄爲。莊子認爲凡
自然者皆好，凡人爲者都壞，因此主張"無以人滅天"，要回復到天
真的本性。《荀子》卷十五《解蔽》云："莊子蔽於天而不知人。"認
爲莊子只知道因任自然，而不懂得"治化之道"。其批評是正確
的。既然人不能勝天，而且只能損害天，那就只好聽命於自然了。
《人間世》即云：

　　知其不可奈何而安之若命,德之至也。

《德充符》亦云:

　　死生存亡,窮達貧富,賢與不肖毀譽,飢渴寒暑,是事之
　變,命之行也。

認爲一切都是事物之變化,運命之流行,所以要聽命於自然,以自
然之命求解脱,在精神上便是齊生死、等存亡。《大宗師》云:

　　且夫得者,時也,失者,順也;安時而處順,哀樂不能入。

人之生,乃適時,人之死,乃順應,能安心適時順應變化,則哀樂不
能入。他把生死看作一體,一切還原於自然,"上與造物者游,而下
與外死生無終始者爲友"。如此,便超脱了死生禍福,超脱了是非
善惡,而自由自在,游戲人間。莊子這種任自然的思想,是没落階
級無可奈何的精神狀態之反映。

　　莊子主張無爲。他之無爲的政治主張,是根源於當時的社會
現實,是在當時殘酷的政治現實基礎上提出來的。據《人間世》
記載:

　　方今之時,僅免刑焉。福輕乎羽,莫之知載;禍重乎地,莫
　之知避。

人民在勞役與苛稅的壓迫下,能免於刑便是"福",可見濫施刑法
之重了。又《在宥》篇云:

　　今世殊死(死刑)者相枕也,桁楊(刑具)者相推也,刑戮
　者相望也。

被處死者雜亂堆積,受鐐銬者不計其數,遭刑戮者觸目皆是。殺戮
之慘,無以復加了。又《人間世》記述衛君之殘暴云:

> 其年壯,其行獨(專斷),輕用其國,而不見其過;輕用民死,死者以國量乎澤,若蕉(如蕉之枕藉不可計),民其無如。

他獨斷專行,輕於用兵,不恤民命,人民棄尸遍野,多如蕉草。這些雖然不是宋國的情況,但卻有宋君偃統治下宋國政治之影跡。莊子認識到社會的動亂、人民的苦難,正是統治者倒行逆施的結果,所以他主張"無爲"。如《在宥》篇云:

> 故君子不得已而臨莅天下,莫若無爲。無爲而後安其性命之情。

又《應帝王》云:

> 夫聖人之治也,治外乎? 正而後行,確乎能其事者而已矣。

認爲只有"無爲"才能使人們安定其性命,任由人們自然發展,各盡其能,反對憑主觀制定之法度進行干預。但是莊子之"無爲"與老子之"無爲"不同,老子主張"無爲"是爲了"有爲",莊子主張"無爲"則是一切都歸於無,是棄絕人世,回到渾沌狀態中去。《應帝王》篇有一段寓言云:

> 南海之帝爲儵,北海之帝爲忽,中央之帝爲渾沌。儵與忽時相與遇於渾沌之地,渾沌待之甚善。儵與忽謀報渾沌之德,曰:"人皆有七竅,以視聽食息,此獨無有,嘗試鑿之。"日鑿一竅,七日而渾沌死。

渾沌以喻淳樸之人民,儵與忽爲其鑿七竅,以喻統治者繁擾之政舉,他們日立一政,日設一法,終致人民於死地。因此,莊子主張學做渾沌,回到無人類、無生物之世界中去。這是一種極端悲觀厭世的思想。

　　莊子是一個虛無主義者，他認爲甚麼都不可靠,好與壞、大與小、壽與夭、正味與正色等都没有定準,都是相對的,"彼亦一是非,此亦一是非","是亦一無窮,非亦一無窮也"(《齊物論》),從而否定一切。這種虛無主義思想一則反映了没落階級對現實的不滿,因此對任何事物都采取否定態度,二則反映了没落階級找不到出路,對任何事物都喪失了信心。

　　但是,莊子的政治思想還有積極有價值的方面。這積極有價值的方面,即他基於對現實政治的極端憤慨與不滿,從而對當權得勢的統治者進行無情的揭露和批判,特別是揭露了他們不過是些假仁義之名的竊國大盗。《胠篋》篇就是聲討這類大盗的檄文:

　　　　將爲胠篋探囊發匱(同櫃)之盗而爲守備,則必攝緘縢(繩索)固扃(關鈕)鐍(鎖鑰),此世俗之所謂知也。然而巨盗至,則負匱揭(舉起)篋擔囊而趨,唯恐緘縢扃鐍之不固也。然則鄉之所謂知者,不乃爲大盗積者也?

　　　　故嘗試論之,世俗之所謂知者,有不爲大盗積者乎? 所謂聖者,有不爲大盗守者乎? 何以知其然邪? 昔者齊國都邑相望,雞狗之音相聞,罔罟之所布,耒耨之所刺,方二千餘里。闔(合)四竟(境)之内,所以立宗廟社稷,治邑屋州間鄉曲者,曷嘗不法聖人哉! 然而田成子(齊大夫陳恒)一旦殺齊君而盗其國,所盗者豈獨其國邪? 並與其聖知之法而盗之。故田成子有乎盗賊之名,而身處堯舜之安,小國不敢非,大國不敢誅,專有齊國。則是不乃竊齊國,并與其聖知之法以守其盗賊之身乎?

人們爲了預防小偷,把箱篋封鎖得緊緊的,然而一旦大盗來時,連人們的箱篋都搶走了,還惟恐封鎖得不牢固呢。推而廣之,世俗所謂"聖知禮法",不過是爲竊國大盜做工具,沒有這些,他們的國也守不住呢。如田成子殺齊君而盜其國,齊國本來的一套預防國家被盜的"聖知之法"也一並被盜竊而去,成爲田成子的護身符了。文章接着陳述説:

> 聖人不死,大盜不止。雖重聖人而治天下,則是重利盜跖也。爲之斗斛以量之,則並與斗斛而竊之;爲之權衡以稱之,則並與權衡而竊之;爲之符璽以信之,則並與符璽而竊之;爲之仁義以矯之,則並與仁義而竊之。何以知其然邪?彼竊鈎者誅,竊國者爲諸侯,諸侯之門而仁義存焉。則是非竊仁義聖知邪?故逐於大盜,揭諸侯,竊仁義並斗斛權衡符璽之利者,雖有軒冕(高車冠冕)之賞弗能勸,斧鉞之威弗能禁。此重利盜跖而使不可禁者,是乃聖人之過也。

爲了防止小盜,卻便利了大盜。小盜有罪,大盜當權。竊國大盜也標榜仁義,豈不是對仁義的辛辣諷刺!甚麼是聖智仁義?盜跖下定義説:

> 夫妄意(猜測)室中之藏,聖也;入先,勇也;出後,義也;知可否,知也;分均,仁也。五者不備而能成大盜者,天下未之有也。

猜測屋內所儲藏者,即是"聖";判斷能否下手,即是"智";分贓均勻,即是"仁";最後退出,即是"義"。不具備這些,便不能成其爲大盜。莊子通過盜跖之口把統治階級所講的聖智仁義的含義深刻地揭露出來,所謂聖智仁義云云,不過是統治者竊國的輿論工具而已。

莊子對大盜竊國發出强烈的控訴,對小盜行竊卻表示深切的同情和理解。如《則陽》篇云:

> 今則不然。匿爲物而過不識，大爲難而罪不敢，重爲任而
> 罰不勝，遠其塗而誅不至。民知力竭，則以僞繼之，日出多僞，
> 士民安敢不僞！夫力不足則僞，知不足則欺，財不足則盜。盜
> 竊之行，於誰責而可乎？

統治者隱匿真相卻責備人民不知，制造困難卻歸罪人民不敢做，加
重勞役卻懲罰人民不勝任，延長途程卻誅戮人民不能到達。人民
知窮力竭，即以虛僞應付之。統治者常做僞，士民怎能不做僞！能
力不足便做僞，智慧不足便欺騙，財用不足便盜竊。盜竊之風行，
要責備誰呢？還不是統治者逼出來的！面對統治者如此嚴酷的奴
役和壓迫，應當怎麼辦呢？《徐無鬼》云：

> 夫爲天下者，亦奚以異乎牧馬者哉！亦去其害馬者而
> 已矣！

即把爲民大害的統治者除掉。國君是人民的災害的根源，要解除
人民的痛苦，就要剷除國君。這是《莊子》一書進步思想發展的
極致。

　　莊子的文章在寫作方法上有其特點，即《天下》篇所謂“以巵
言爲曼衍，以重言爲真，以寓言爲廣”。《寓言》篇對此作了更具體
的論述：

> 寓言十九，重言十七，巵言日出，和以天倪。
> 寓言十九，藉外論之。親父爲其子媒。親父譽之，不若非
> 其父者也；非吾罪也，人之罪也。與己同則應，不與己同則反；
> 同於己爲是之，異於己爲非之。
> 重言十七，所以已言也，是爲耆艾。年先矣，而無經緯本
> 末以期年耆者，是非先也。人而無以先人，無人道也，人而無
> 人道，是之謂陳人。

　　巵言日出,和以天倪,因以曼衍,所以窮年。……非巵言
日出,和以天倪,孰得其久！……

所謂"寓言",即虛擬的寄寓他人他物之語言。人們慣於以我爲是
非之標準,爲了避免主觀片面,把道理講清,以取信於人,必須"藉
外論之",假託外人來論説,亦即"以寓言爲廣",用寓言推廣道理。

　　所謂"重言",即借重長者、尊者、名人之語言。人們爲自己的
道理能爲他人所接受,而託己説於長者、尊者之言語以自重。所謂
"所以已言也,是爲耆艾",爲了止息天下之爭辯,而借重長老之
言,亦即"以重言爲真",引用重言以令人有真實感。

　　所謂"巵言",即出於無心而自然流露之語言。這種語言層出
不窮,"因以曼衍,所以窮年",即散漫流衍把道理傳播開來,並能
窮年無盡,永遠流傳下去。而運用巵言之關鍵在"和以天倪",即
與變化無常、萬象齊一之"道"隨事合宜。

　　《莊子》一書,只有《齊物論》、《大宗師》兩篇論述性的文字多
些,其他都是用"三言"的形式説理講道。這三種語言形式有時很
難絶然分開,而是融匯於一體。《逍遙游》中"北冥有魚"一章云:

　　北冥有魚,其名爲鯤。鯤之大,不知其幾千里也。化而爲
鳥,其名爲鵬。鵬之背,不知其幾千里也;怒而飛,其翼若垂天
之雲。是鳥也,海運則將徙於南冥。南冥者,天池也。

　　《齊諧》者,志怪者也。《諧》之言曰:"鵬之徙於南冥也,
水擊三千里,摶扶搖而上者九萬里。去以六月息者也。"野馬
也,塵埃也,生物之以息相吹也。天之蒼蒼,其正色邪? 其遠
而無所至極邪? 其視下也,亦若是則已矣。

　　且夫水之積也不厚,則其負大舟也無力。覆杯水於坳堂
之上,則芥爲之舟;置杯焉則膠,水淺而舟大也。風之積也不

厚,則其負大翼也無力。故九萬里,則風斯在下矣,而後乃今培風;背負青天而莫之夭閼者,而後乃今將圖南。

蜩與學鳩笑之曰:"我決起而飛,搶榆枋而止,時則不至而控於地而已矣,奚以九萬里而南為?"適莽蒼者,三湌而反,腹猶果然;適百里者,宿舂糧;適千里者,三月聚糧。之二蟲又何知!

小知不及大知,小年不及大年。奚以知其然也?朝菌不知晦朔,蟪蛄不知春秋,此小年也。楚之南有冥靈者,以五百歲為春,五百歲為秋;上古有大椿者,以八千歲為春,八千歲為秋,此大年也。而彭祖乃今以久特聞,眾人匹之,不亦悲乎!

湯之問棘也是已。湯問棘曰:"上下四方有極乎?"棘曰:"無極之外,復無極也。窮髮之北有冥海者,天池也。有魚焉,其廣數千里,未有知其修者,其名為鯤。有鳥焉,其名為鵬,背若太山,翼若垂天之雲,摶扶搖羊角而上者九萬里,絕雲氣,負青天,然後圖南,且適南冥也。斥鴳笑之曰:'彼且奚適也?我騰躍而上,不過數仞而下,翱翔蓬蒿之間,此亦飛之至也。而彼且奚適也?'"此小大之辯也。

故夫知效一官,行比一鄉,德合一君,而徵一國者,其自視也亦若此矣。而宋榮子猶然笑之。且舉世而譽之而不加勸,舉世而非之而不加沮,定乎內外之分,辯乎榮辱之境,斯已矣。彼其於世未數數然也。雖然,猶有未樹也。夫列子御風而行,泠然善也,旬有五日而後反。彼於致福者,未數數然也。此雖免乎行,猶有所待者也。若夫乘天地之正,而御六氣之辯,以游無窮者,彼且惡乎待哉!

故曰:至人無己,神人無功,聖人無名。

此章全屬"寓言",而其中《諧》之言一段和棘答湯之話,則屬"重言"，"至人無己，神人無功，聖人無名"又屬"卮言"。莊子就是這樣把"三言"融爲一體，來表現自己追求精神上的絕對自由。他不滿於自然萬物之"有所待"而活動，而向往"無所待"的境界，即"乘天地之正，而御六氣之辯，以游無窮者"。秉自然之本性，自由於六氣變化之中，遨游於無窮的境域，與自然融爲一體，純任自然，在精神上就絕對自由了。他理想中的三種人物至人、神人、聖人，各因其順應自然，故不自以爲是，成其功而不居功，不求突出、也不屑突出，故無名。他們絕對排除自己，没有任何個人欲望，因此在精神上得到真正超脱。莊子反復運用"三言"這種語言形式，把他所追求的理想精神境界描繪得淋漓盡致！

此外，如《齊物論》中"罔兩問景"一章、《應帝王》中"南海之帝爲儵"一段、《秋水》篇中河伯與北海若對話一章、《知北游》中知問無爲謂、狂屈、黄帝一章，皆屬"寓言"。《知北游》中冉求問仲尼、顔淵問仲尼兩章，《庚桑楚》、《徐無鬼》篇末數章，皆屬"重言"。又《齊物論》中自"大知閑閑"以下凡四章乃都屬"卮言"。《莊子》一書，便是"三言"參差交錯、羅織成文的，遂使"其書雖瓌瑋而連犿無傷也。其辭雖參差而諔詭可觀"。這是莊子在表現方法方面之重大創造，形成他獨特的文章風格。

莊子在文學創作上主張"不言之言"、"不言之辯"，即不用言語的説話，不用言語的辯論。當然，與他虚無主義的否定一切思想相一致，他也否定文學藝術，如《胠篋》篇云：

> 故絕聖棄知，大盜乃止。……擢亂六律，鑠絕竽瑟，塞師曠之耳，而天下始人含其聰矣；滅文章，散五采，膠離朱之目，而天下始人含其明矣。

他認爲音樂、文章、五采會使人不聰、不明，使人"失性"，從而導致

天下大亂,因此要將其毀滅掉,使社會返樸還真。他還否定一切書籍,如《天道》篇云:

> 世之所貴道者書也,書不過語,語有貴也。語之所貴者意也,意有所隨。意之所隨者,不可以言傳也,而世因貴言傳書。世雖貴之,我猶不足貴也,爲其貴非其貴也。故視而可見者,形與色也;聽而可聞者,名與聲也。悲夫,世人以形色名聲爲足以得彼之情!夫形色名聲果不足以得彼之情,則知者不言,言者不知,而世豈識之哉!

他認爲"意之所隨者,不可以言傳",因而世上所貴之書,並不可貴。人之耳目所視聽之形、色、名、聲都是事物之表面,"不足以得彼之情",因此語言所傳達者不過是虛幻而已,不可取,所以書籍是沒有用的。《天道》篇末又以"輪扁斲輪"於堂下之寓言反復說明書籍是"古人之糟魄已夫"!

但是,莊子雖然否定文學藝術,否定書籍,司馬遷卻認爲他"善屬書離辭,指事類情"(《史記》卷六十三《老子韓非列傳》)。他自己著書十餘萬言,"其言洸洋自恣以適己"。可見他並非不要言辭,而是主張"不言之言",追求不可言傳之神。如《寓言》篇即云:

> 不言則齊,齊與言不齊,言與齊不齊也,故曰言無言。言無言,終身言,未嘗言;終身不言,未嘗不言。

認爲不發表言論物理自然齊一,發表言論物理便不齊一了,所以說要發表不帶主觀成見的言論。能如此則終身在說話,卻像不會說話;即使終身不說話,卻也未嘗不在說話。其意不是否定言論,而是主張"言無言",不帶主觀成見的言論,"不言之言",不用語言的言論。話是要說的,不過說話的方式不同而已。他還主張"不言之辯",《齊物論》亦云:

> 孰知不言之辯,不道之道? 若有能知,此之謂天府。注焉
> 而不滿,酌焉而不竭,而不知其所由來,此之謂葆光。

誰知不用言語的辯論,不用稱説的大道呢? 若有人知道,那就稱得上灌注不滿、傾瀉不竭的天然府庫。意謂心靈涵攝量極爲廣大。"不言之言"、"不言之辯"者,就是令人們"領悟"、"會意"、令人們得意而忘言,《外物》篇對此作了更具體、更明確地叙述:

> 荃者(魚筍)所以在魚,得魚而忘荃;蹄者(兔網)所以在兔,得兔而忘蹄;言者所以在意,得意而忘言。吾安得夫忘言之人而與之言哉!

這種得魚忘荃、得兔忘蹄、得意忘言之境界,乃莊子學派作者所仰慕,"安得夫忘言之人而與之言哉",願與他們探討其中之奥秘。莊子重自然,重意念,他是在追求一種言在此而意在彼、心神交匯的表現方法,即郭象所謂"求之於言意之表,而入乎無言無意之域"(《秋水》郭象注)的創作境界。

誠然,莊子寫文章猶入"無我之境",循其"數"(規律),順其"道",求其不可言傳之神,尋其可以翫味之韻,揮灑自如,宛如化境,這在其所寫之能工巧匠的寓言中表現得最爲突出,如《養生主》中之"庖丁解牛"云:

> 庖丁爲文惠君解牛,手之所觸,肩之所倚,足之所履,膝之所踦(通倚),砉(骨肉相離的聲音)然嚮然,奏刀騞(同砉)然,莫不中音;合於《桑林》之舞,乃中《經首》之會(韻律)。文惠君曰:"譆,善哉! 技蓋至此乎?"
>
> 庖丁釋刀對曰:"臣之所好者道也,進乎技矣。始臣之解牛之時,所見無非全牛者。三年之後,未嘗見全牛也。方今之時,臣以神遇而不以目視,官知止而神欲行。依乎天理(自然

紋理），批大郤（間隙）導大窾（空）因其固然，枝（枝脈）經（經脈）肯（著骨肉）綮（盤結處）之未嘗微礙，而況大軱（大骨）乎！良庖歲更刀，割也；族庖（一般庖丁）月更刀，折也。今臣之刀十九年矣，所解數千牛矣，而刀刃若新發於硎（磨石）。彼節者有間，而刀刃者無厚；以無厚入有間，恢恢乎其於游刃必有餘地矣。是以十九年而刀刃若新發於硎。雖然，每至於族（交錯聚結），吾見其難爲，怵然爲戒，視爲止（眼神專注），行爲遲。動刀甚微，謋（解散）然已解，牛不知其死也，如土委地。提刀而立，爲之四顧，爲之躊躇滿志，善刀而藏之。”

文惠君曰：“善哉！吾聞庖丁之言，得養生焉。”

這是以庖丁解牛喻社會之複雜如牛之筋骨盤結，處世應當“因其固然”、“依乎天理”，才得養神之理。我們可以將其移入藝術領域去認識，即在庖丁解牛的絕技中含有一種“不可言傳”的妙理。他的技術進入精神自由的境界，“以神遇而不以目視，官知止而神欲行”，心神自運而隨心所欲。其動作“合於《桑林》之舞，乃中《經首》之會”，與《桑林》、《經首》樂章之舞步和韻律相諧和。解牛畢，則“提刀而立，爲之四顧，爲之躊躇滿志”。其神情其韻調，盡蕩漾於洸洋恣肆之間。這種傳神之筆，超乎“瓌瑋”“諔詭”言辭之表，言辭之間含不盡之意，有韻外之致。此外，如《天道》之“輪扁斲輪”，《達生》中之“痀僂承蜩”、“津人操舟”、“梓慶削木爲鐻”等，在技術上都達到了“承蜩猶掇之”、“操舟若神”、“蹈水如履平地”之精神境界。即“用志不分，乃凝于神”，“以天合天，器之所以疑神者，其由是與”（《達生》）之謂也。

莊子的文章與思想方面的成就，郭象《莊子序》有一段很恰當的評論：

故觀其書,超然自以爲已當,經崑崙,涉太虛,而游惚怳之庭矣。雖復貪婪之人,進躁之士,暫而攬其餘芳,味其溢流,彷彿其音影,猶足曠然有忘形自得之懷,況探其遠情而翫永年者乎!遂綿邈清遐,去離塵埃而返冥極者也。

郭象是真正瞭解莊子的人,從他的評論中我們可以認識莊子的文章和思想之卓越程度。莊子的思想和文章對後代的影響至深且遠。就思想方面説,上自秦漢之黃老,中至魏晉之玄學,下止宋明之理學,都貫注着他的血液。就文學方面説,在當時他與屈原並列,其散文卓異於諸子之中,魯迅評云:"其文則汪洋闢闔,儀態萬方,晚周諸子之作,莫能先也。"(《漢文學史綱要》第三編)就道出了他在先秦文學史中之地位。其後,在漢賦、魏晉文學、唐宋詩文中,莫不有其精神遺澤在。郭沫若云:"秦漢以來的一部中國文學史,差不多大半是在他的影響下發展。"(《郭沫若文集》第十二卷)當不爲過譽。

第三節　儒家之散文

儒學自孔子之後,發生分化,共分成八派,《韓非子》卷十九《顯學》有如下記載:

> 自孔子之死也,有子張之儒,有子思之儒,有顏氏之儒,有孟氏之儒,有漆雕氏之儒,有仲良氏之儒,有孫氏之儒,有樂正氏之儒。

其中之孟氏即孟軻,孫氏即荀卿。其實孔子死後,正傳孔子學説者爲曾參,曾參傳子思,子思再傳孟軻。孟軻與子思應同屬一派,末流或小異耳。他們的思想、學説一脈相傳,是孔子學説的正統。孟軻之後,荀卿也以孔子之正傳自命,但對曾子、子思、孟軻持批判態度,其學説逐漸由儒轉變爲法。

一、孟子之身世

孟子名軻,魯國鄒人,其身世不可詳考。據《孟子》本書記載,他見過梁惠王、梁襄王、齊宣王,又《史記》本傳説他與商君、吳起、孫子、田忌等同時。根據清周廣業《孟子出生時地考》、魏源《古微堂外集·孟子年表》及宋翔鳳《過庭録·孟子事跡考》,孟子當生於周安王十七年(公元前三八五年)前後,卒於周赧王十一年(公元前三〇四年)前後,共活了八十多歲。他出生時,距離孔子死已將近百年。他的先世是魯國貴族孟孫氏,趙岐《孟子題辭》云:

> 或曰,孟子,魯公族孟孫之後。故孟子仕於齊,喪母而歸葬於魯也。

其説當可信。不過在他之前幾代家世已經衰落了。《韓詩外傳》卷九云:"孟子少時誦,其母方織。"即説明其家境之貧寒。又《史記》卷七十四《孟子荀卿列傳》記載:

> 孟軻,騶人也。受業子思之門人。道既通,游事齊宣王,齊宣王不能用。適梁,梁惠王不果所言,則見以爲迂遠而闊於事情。當是之時,秦用商君,富國彊兵;楚、魏用吳起,戰勝弱敵;齊威王、宣王用孫子、田忌之徒,而諸侯東面朝齊。天下方務於合從連衡,以攻伐爲賢,而孟軻乃述唐、虞、三代之德,是以所如者不合。退而與萬章之徒序《詩》、《書》,述仲尼之意,作《孟子》七篇。

他"受業子思之門人",學成之後,立志游説諸侯行"仁義"之政,以"仁義"治理天下。雖然如《公孫丑下》記載,他"爲卿於齊,出弔於滕",但他説:"我無官守,我無言責也。"即是一個無職守的卿,所以"仕而不受禄"。爲了推行自己的政治理想,他先後游説過齊威王、宋王偃、滕文公、梁惠王、梁襄王、齊宣王等,但都受到冷遇,他的學説被認爲"迂遠而闊于事情",不合時宜。他一生不得志,這是由於他想"達則兼善天下"(《盡心上》),但並不明白當時社會發展的趨勢,已經容不得他那一套復古主張。諸侯多講求富國强兵以及合縱連横,對他所謂"善戰者服上刑,連諸侯(如蘇秦、張儀之類)者次之,辟草萊(開墾荒地)、任土地(分土授民,盡地力)者次之"(《離婁上》)之言論完全不理睬了。所以他雖然逞其口舌,終不能説動諸侯,不得不退而著書,發揮孔子之意。猶孔子之作《春秋》是爲亂世立法,他的著述是爲了表明自己的是非觀念,以譏刺時政。

孟子的人生態度是積極、用世的。從實踐"仁義"的觀念出發,他一方面自己要"居仁由義",另一方面也教人"居仁由義"。他堅持仁義,標榜仁義,一切違反仁義的行爲,他都反對。他維護仁義立場之堅定,在關鍵時刻,甚至不惜犧牲自己的生命。如《告子上》云:

> 生亦我所欲也,義亦我所欲也;二者不可得兼,舍生而取義者也。生亦我所欲,所欲有甚於生者,故不爲苟得也;死亦我所惡,所惡有甚於死者,故患有所不辟(躲避也)也。

寧肯舍生取義,卻不肯苟且偷生而棄義。他認爲一個人對任何境遇都要適宜因應,處於順境,應當偕同人民循着"居仁、立禮、由義"的方向前進;處於逆境,要堅持自己的節操,借拂逆之境以砥礪自己"居仁、立禮、由義"的德行。如《滕文公下》云:

> 居天下之廣居(仁也),立天下之正位(禮也),行天下之

大道（義也）；得志，與民由之；不得志，獨行其道。富貴不能
淫，貧賤不能移，威武不能屈，此之謂大丈夫。

他認為只有不斷砥礪自己的品德，纔能在任何環境中立於不敗之
地。但是，他更重視逆境對人的品性、意志和才能的磨煉作用，認
為傑出的人物都是在與逆境做鬥爭的過程中成長起來的，環境造
就了人。如《告子下》云：

> 故天將降大任於是人也，必先苦其心志，勞其筋骨，餓其
> 體膚，空乏其身，行拂亂其所為，所以動心忍性（堅忍其性），
> 曾（同增）益其所不能。

他列舉歷史上許多大人物如舜、傅説等都崛起於困頓之境，而他也
是以此自勵的。他贊揚古代的聖君賢相為天下萬民的苦難憂心忡
忡，並以拯救天下萬民於水火自任，如《離婁下》云：

> 禹思天下有溺者，由己溺之也；稷思天下有飢者，由己飢
> 之也，是以如是其急也。

又如《萬章上》所載伊尹云：

> 天之生此民也，使先知覺後知，使先覺覺後覺也。予，天
> 民之先覺者也；予將以斯道覺斯民也。非予覺之，而誰也？

他贊揚了禹、稷、伊尹，其實是表達了自己的心情。他是借稱頌古
人以抒發自己的懷抱，以先知先覺自居，大有拯救人民、喚醒人民，
舍我其誰之氣概。

孟子有自己的政治理想和抱負，可貴的不在於他推行其政治
理想和抱負的某些復古方法，而在於其理想的核心是“為民”，在
於他推行其政治理想所表現的頑強不屈的精神，在任何情況下他
都是堅貞不渝的。對此司馬遷在叙述鄒衍受王公大人尊禮之時，

對他之被冷遇卻寄予深切的同情:

> 此豈有意阿世苟合而已哉!持方枘欲內圜鑿,其能入乎?
> (《史記》卷七十四《孟子荀卿列傳》)

當然,這不僅是同情,而且是對其剛直不阿性格的禮贊!

《孟子》一書,據《史記·孟子荀卿列傳》記載是七篇,而應劭《風俗通義》卷七"孟軻"條則記載爲十一篇,原文云:

> 退與萬章之徒序《詩》、《書》仲尼之意,作書中外十一篇。

又班固《漢書》卷三十《藝文志》有同樣記載:

> 《孟子》十一篇。

趙岐作《孟子章句》,爲此十一篇辨別真偽,《題辭》云:

> 又有《外書》四篇:《性善辯》、《文説》、《孝經》、《爲正》。
> 其文不能弘深,不與《內篇》相似,非《孟子》本真,後世依放而託之者也。

他認爲《外書》四篇都是後人偽託,因而不爲其作注,後人也就不讀,於是便亡佚了,今天僅存七篇。《孟子》之體例,酷似《論語》,章與章之間沒有邏輯聯繫,積章成篇,篇名只取篇首幾個字,並無所取義。應是摹擬《論語》之作。

二、孟子之散文

孟子以孔子之正傳自任,他的學説基本上是對孔子的繼承與發展。孔子的學説包括四個方面,即仁、義、禮、樂。孟子主要繼承了仁、義學説,而荀子則主要繼承了禮、樂學説。所謂"仁",鄭玄在《中庸》注中説:"讀如相人偶之人。""相人"即"像人","偶"即"俑","相人偶"即像人的樣子(參見阮元《揅經室一集》卷八《論語論仁論》）。"義"者，"宜"也，謂人的行爲應當合宜。"仁"既要合宜，就得節制，節制就是"義"。"仁"與"義"結合便是儒家理想中最高尚的人格。孟子七篇充分發揮了孔子的仁政學説，而這種學説是以"性善論"爲其哲學基礎的。因此，我們便從孟子的哲學思想"性善論"談起。

孟子的人性觀點應當是遠紹孔子，近承子思。據《論語》卷九《陽貨》記載："子曰：'性相近，習相遠也。'"孔子只是一般地談論人性，而未有善惡之表示。又《論衡》卷三《本性》記載，孔子之後，有周人世碩、密子賤、漆雕開、公孫尼子之徒"皆言性有善有惡"。他們開始談論人性之善與惡。又《禮記》卷十六《中庸》云："自誠明謂之性……惟天下至誠，爲能盡其性。"謂由至誠而有明德便是性。始有"性善論"之意。至《孟子》卷十三《盡心上》："盡其心者，知其性也。知其性，則知天矣。"謂能充分擴張善良之心，即瞭解人之本性，瞭解人之本性，即瞭解天命。其意與《中庸》所記一脈相承。若《中庸》果爲子思所作，那麼孟子之性論起源於孔子，其性善論則直接承傳自子思了。

"性善論"是孟子全部學説的理論根據，是他思想體系的中心環節，歸納起來有以下幾個方面：

其一，惻隱之心。如《告子上》云：

> 惻隱之心，人皆有之；善惡之心，人皆有之；恭敬之心，人皆有之；是非之心，人皆有之。惻隱之心，仁也；善惡之心，義也；恭敬之心，禮也；是非之心，智也。仁義禮智，非由外鑠（授也）我也，我固有之也，弗思耳矣。

孟子認爲人的本性有四端，即仁、義、禮、智，這是與生俱來的美德，絕非受客觀環境的影響才形成。

其二，良知良能。如《盡心上》云：

> 人之所不學而能者，其良能也；所不慮而知者，其良知也。
> 孩提之童無不知愛其親者，及其長也，無不知敬其兄也。親
> 親，仁也；敬長，義也；無他，達之天下也。

他認爲人天生即具有良知良能，如小兒不學都知道愛親，長成之後
都知道敬長。可見善是人性所固有。

其三，平旦之氣或夜氣。如《告子上》云：

> 牛山之木常美矣，以其郊於大國也，斧斤伐之，可以爲美
> 乎？……雖存乎人者，豈無仁義之心哉？其所以放其良心者，
> 亦猶斧斤之於木也，旦旦而伐之，可以爲美乎？其日夜之所
> 息，平旦之氣，其好惡與人相近也幾希，則其旦畫之所爲，有牿
> （圈禁也）亡之矣。牿之反覆，則其夜氣不足以存；夜氣不足
> 以存，則其違禽獸不遠矣。人見其禽獸也，而以爲未嘗有才
> 焉，是豈人之情也哉？

他認爲人都有良心，縱使白天做了壞事，喪失了良心，但當夜深人
靜時，捫心自問，良心還會發現。這也說明人的本性是善的。

要之，孟子認爲人性之善是先天的，並非在實踐中形成，這自
然是一種先驗的唯心主義觀點，是把仁、義、禮、智等封建道德神聖
化，認爲不符合封建道德標準者，即違反人性，“則其違禽獸不遠
矣”，因此要用封建道德進行教化，並從人性皆善的觀點出發，得出
“人皆可以爲堯舜”的結論來。但是，他如此強調“人”的價值，尊
重“人”的尊嚴，則是有意義的，是對孔子關於“仁”的學說的優良
傳統之繼承和發展。

孟子的政治觀點，是以仁政爲内容的王道。他要求各諸侯國
都行仁政，從而使天下萬民歸順，以達到成就王業之目的。這種富

於民本思想的王道政治,淵源於西周以來的天道觀與民本思想結合的政治觀念。如相傳爲周人追記之《尚書》卷二《皋陶謨》云:"天聰明,自我民聰明;天明畏,自我民明畏。"又如《左傳·襄公三十一年》引《大誓》云:"民之所欲,天必從之。"又如《左傳·襄公十四年》云:"天生民而立之君,使司牧之,勿使失性。……天之愛民甚矣,豈其使一人肆於民上,以縱其淫,而棄天地之性?必不然矣。"到了孔子這種觀念發生了很大變化,即他不重天道,而處處講究人道。如《論語》卷三《雍也》云:"務民之義,敬鬼神而遠之。"又《論語》卷六《先進》云:"未能事人,焉能事鬼。"他重視做人的道理,對鬼神問題存而不論。這比《尚書》、《左傳》所記前進了一步。因此,他在《論語·雍也》中説:"博施於民而能濟衆。"又在《論語·憲問》中説:"修己以安人……修己以安百姓。"講究濟民、安民。這種觀點給孟子以很大影響。孟子也意圖擺脫天道神權,而重視民事,有"天道遠,人道邇"(《左傳·昭公十八年》)的觀念,所以在他的仁政理論中把民本思想進一步發展了。

從仁政的觀點出發,他滿腔悲憤地指控各國諸侯之虐政造成人民的呻吟痛苦,申斥各國諸侯之貪婪享受迫使人民餓莩遍野,譴責各國諸侯之互相攻伐釀成人民的無限災難和大批死亡。如《梁惠王上》批判梁惠王説:

> 狗彘食人食而不知檢,塗有餓莩而不知發。人死,則曰:"非我也,歲也。"是何異於刺人而殺之,曰:"非我也,兵也。"……庖有肥肉,厩有肥馬,民有飢色,野有餓莩,此率獸而食人也。獸相食,且人惡之;爲民父母,行政,不免於率獸而食人,惡在其爲民父母也?

認爲梁惠王所行之政乃是殘民以逞。又《梁惠王下》指責齊宣王説：

> 臣聞郊關之内有囿方四十里，殺其麋鹿者如殺人之罪，則是方四十里爲阱於國中。民以爲大，不亦宜乎？

認爲齊宣王之園囿是坑害人民的陷阱。又《離婁上》説：

> 爭地以戰，殺人盈野；爭城以戰，殺人盈城；此所謂率土地而食人肉，罪不容於死。

認爲對嗜殺人戰爭的諸侯施以死刑，都不足以贖其罪。在《公孫丑上》中，他沉痛地説：

> 民之憔悴於虐政，未有甚於此時者也！

給予施行暴虐政治之諸侯以嚴厲的批判。孟子認爲治國應以民爲本，民是國家最寶貴的。《盡心下》云：

> 民爲貴，社稷次之，君爲輕。

他把民提高到國家和君主之上，這是他以前的思想家所未曾做到的，是他對當時思想界的重要貢獻。由於民是最寶貴的，所以國君治國必須聽取人民的意見。《梁惠王下》記述他回答齊宣王如何選賢時説：

> 左右皆曰賢，未可也；諸大夫皆曰賢，未可也；國人皆曰賢，然後察之；見賢焉，然後用之。左右皆曰不可，勿聽；諸大夫皆曰不可，勿聽；國人皆曰不可，然後察之；見不可焉，然後去之。左右皆曰可殺，勿聽；諸大夫皆曰可殺，勿聽；國人皆曰可殺，然後察之；見可殺焉，然後殺之。故曰，國人殺之也。

一個人賢與不賢，要聽取人民的意見，以人民的意見爲依據，再加以考察，然後決定“用之”、“去之”、“殺之”。這雖然不是現代意義的民主,但他確是把古代民本思想發展到了新的境地。
孟子還認爲治國須得民心,行民之所欲,去民之所惡。如《離婁
上》云:

> 桀紂之失天下也,失其民也;失其民者,失其心也。得天
> 下有道:得其民,斯得天下矣;得其民有道:得其心,斯得民矣;
> 得其心有道:所欲與之聚之,所惡勿施爾(如此)也。

認爲得民心者得天下,失民心者失天下。如果暴虐人民,必致身敗
名裂,被唾罵於後世。如《離婁上》云:

> 暴其民甚,則身弑國亡;不甚,則身危國削,名之曰"幽"
> "厲",雖孝子慈孫,百世不能改也。

總之,得天下與失天下,關鍵在於民心之向背。

　　由於貴民輕君,孟子認爲人民對待國君的態度不能絕對服從,
而應當以國君對待人民的態度如何而定。他把君民關係看成是相
對的,如果國君以暴政害民,則人民就必須予以報復。如《梁惠王
下》記述他與鄒穆公一段對話說:

> 鄒與魯鬨(交戰)。穆公問曰:"吾有司死者三十三人,而
> 民莫之死也。誅之,則不可勝誅;不誅,則疾視其長上之死而
> 不救,如之何則可也。"
> 孟子對曰:"凶年饑歲,君之民老弱轉(棄尸也)乎溝壑,
> 壯者散而之四方者,幾(近也)千人矣;而君之倉廩實,府庫
> 充,有司莫以告,是上慢而殘下也。曾子曰:'戒之,戒之! 出
> 乎爾者,反乎爾者也。'夫民今而後得反之也。君無尤(責備
> 也)焉!"

孟子認爲鄒穆公平時虐待人民,置人民生死存亡於不顧,時機一

到,人民自然要報復,"出乎爾者,反乎爾者也"乃事之必然,何必怪罪他們呢!不但人民對君主應當如此,臣僚對君主也應當如此。如《離婁下》記述他對齊宣王说:

> 君之視臣如手足,則臣視君如腹心;君之視臣如犬馬,則臣視君如國人;君之視臣如土芥,則臣視君如寇讎。

臣僚對君主的不同態度,是君主對臣僚態度的反作用,臣僚把君主看作仇敵,乃是君主之虐政逼迫的結果。他甚至認爲如果國君暴虐而不聽勸諫,臣僚應當將其除掉。如《萬章下》記載他回答齊宣王問貴戚之卿说:

> 君有大過則諫;反覆之而不聽,則易位。

這種易君位的思想,更鮮明地表現在《梁惠王下》他回答齊宣王問"湯放桀,武王伐紂"時所说:

> 賊仁者謂之"賊",賊義者謂之"殘"。殘賊之人謂之"一夫"(獨夫)。聞誅一夫紂矣,未聞弑君也。

他認爲國君凶殘,臣僚有權更換,國君不仁不義,臣僚有權誅戮。這種以民意變革傳統政權的主張,是孟子當時及其以前的思想家們很少提出來的,是孟子仁政思想之一大特色。

在對暴君及其殘民害民的虐政批判的同時,孟子構想了自己仁政的藍圖。儘管這種仁政藍圖在歷史上未必出現過,而是他主觀意念的反映,但就其欲以之改變暴政而言,卻是有作用的。如《滕文公上》云:

> 夫仁政,必自經界始。經界不正,井地不鈞(與"均"古字通用),穀禄不平,是故暴君汙吏必慢其經界。經界既正,分田制禄可坐而定也。

> 夫滕，壤地褊小，將爲（有也）君子焉，將爲野人
> 焉。……請野九一而助，國中什一使自賦。卿以下必有圭田，
> 圭田五十畝；餘夫二十五畝。……方里而井，井九百畝，其中
> 爲公田。八家皆私百畝，同養公田。

孟子認爲要行仁政，須從恢復井田制開始。這種井田，有似於《詩
經》中所記之"公田"，是奴隸社會的土地制度。其目的在用復古
的形式限制"暴君汙吏必慢其經界"，即防止暴君及貪官污吏侵奪
土地。他還主張用"助"法，即借助民力耕種公田。《滕文公上》引
龍子的話"治地莫善於助"，來讚揚"助"法。《公孫丑上》記述行
"助"法之效云：

> 耕者，助而不税，則天下之農皆悦，而願耕於其野矣。

"助"法之行，人民負擔合理，從而爭取了人民。此外，還要規劃給
人民一定的財產，以維護他們的生活。如《梁惠王上》云：

> 是故明君制民之產，必仰足以事父母，俯足以畜妻子，樂
> 歲終身飽，凶年免於死亡。

制産的具體內容，亦如《梁惠王上》云：

> 五畝之宅，樹之以桑，五十者可以衣帛矣。雞豚狗彘之
> 畜，無失其時，七十者可以食肉矣。百畝之田，勿奪其時，數口
> 之家可以無飢矣。謹庠序之教，申之以孝悌之義，頒白者不負
> 戴於道路矣。七十者衣帛食肉，黎民不飢不寒，然而不王者，
> 未之有也。

規劃有足够的生活之資，使"黎民不飢不寒"，有學校教育，使人民
行"孝悌之義"。同時還要輕徭薄賦，減輕人民的負擔。如《盡心
下》云：

> 有布縷之征，粟米之征，力役之征。君子用其一，緩其二。
> 用其二而民有殍，用其三而父子離。

布縷、粟米、力役三種賦稅，只能用一種。若兩種或三種並用，則民有餓殍，父子悖離。《梁惠王上》作了更概括地說明：

> 施仁政於民，省刑罰，薄稅斂。

省刑薄稅，是行仁政的重要內容。

以上便是孟子對仁政的社會構想。這種社會構想是建立在特定的歷史背景之上的，其歷史背景即奴隸主所有制的經濟基礎（井田制）和宗法道德觀念（孝悌之義），隨着奴隸主制度的崩潰，這套構想也就不合時宜了。但是，對當時各諸侯所行之虐政來說，卻有批判意義。並且，就其探討如何解民於倒懸，使百姓安居樂業的精神看，則是十分可貴的。

孟子對文學批評有獨到的見解。這些見解是他從閱讀儒家經典中總結出來的，今天看來仍然是可取的。如他提出"說詩者"必須"以意逆志"的說法。《萬章上》云：

> 故說詩者，不以文害辭，不以辭害志。以意逆志，是爲得之。

這是他批評咸丘蒙曲解《小雅·北山》詩意而提出的自己正面意見，認爲解詩不要拘泥於文字而誤解辭句，也不要拘泥於辭句而誤解原意。要用自己的切身體會去推測作者的本意。孟子是主張領會整個詩篇的內容，把握詩篇的主旨，反對主觀臆斷和斷章取義的。又他提出"知人論世"的說法。如《萬章下》云：

> 頌（同誦）其詩，讀其書，不知其人，可乎？是以論其世也。

他在談論如何與古人交友時，提出"知人論世"的觀點，認爲吟詠一個人的詩歌,研究一個人的著作,必須瞭解其爲人,認識他那個時代。認爲只有結合時代環境評價作家和作品,纔能得出正確的結論。這些都是他對如何解詩,如何讀書,如何誦詩的見解,不是他的寫作體會,但是這些正面見解必然對他撰寫文章産生潛移默化的影響,促進他文章特徵的形成。

孟子也明確談自己的寫作體會,即他爲文之所長。《公孫丑上》記述他與公孫丑的對話:

> 公孫丑曰:……"敢問夫子惡乎長?"曰:"我知言,我善養吾浩然之氣。"

"知言"即辨別言辭得失的能力。"養氣"指人對仁義道德經久不懈的自我修養功夫。孟子認爲自我修養必須"配義與道",纔能達到"至大至剛"之境地。有了"配義與道"的思想修養,才能辨別"淫辭""邪説"。可見"知言"與"養氣"是密切聯繫着的。孟子文章所具有的浩然之氣,溢於言表,有咄咄逼人之勢,不可凌犯。如《梁惠王上》所記孟子問齊宣王之大欲云:

> 曰:"抑王興甲兵,危士臣,搆怨於諸侯,然後快於心與?"王曰:"否,吾何快於是? 將以求吾所大欲也。"曰:"王之所大欲可得聞與?"王笑而不言。曰:"爲肥甘不足於口與? 輕煖不足於體與? 抑爲采色不足視於目與? 聲音不足聽於耳與? 便嬖不足使令於前與? 王之諸臣皆足以供之,而王豈爲是哉?"曰:"否,吾不爲是也。"曰:"然則王之所大欲可知已,欲辟土地,朝秦楚,莅中國而撫四夷也。以若所爲求若所欲,猶緣木而求魚也。"王曰:"若是其甚與?"曰:"殆有甚焉。緣木求魚,雖不得魚,無後災。以若所爲求若所欲,盡心力而爲之,後必有災。"曰:"可得聞與?"曰:……

排比鋪陳,縱橫捭闔,詞鋒凌厲,氣勢逼人,最後齊宣王不得不説:
"吾惛,不能進於是矣。願夫子輔吾志,明以教我。"文氣之磅礴,
若決江河,沛然莫之能禦。

　　孟子還談到自己的文章富於論辯性。這種論辯性突出地表現
在辟楊、墨等人的"淫辭""邪説"上。《滕文公下》記述他喜歡辯論
的原因:

　　　　我亦欲正人心,息邪説,距詖行,放淫辭,以承三聖者;豈
　　好辯哉? 予不得已也。能言距楊墨者,聖人之徒也。

當然,他不僅辟楊墨,一切"淫辭""邪説"都在他駁斥之列。如《滕
文公上》記述他反駁陳相的言論一段:

　　　　陳相見孟子,道許行之言曰:"滕君則誠賢君也;雖然,未
　　聞道也。賢者與民並耕而食,饔飧而治。今也滕有倉廩府庫,
　　則是厲民而以自養也,惡得賢?"孟子曰:"許子必種粟而後食
　　乎?"曰:"然。""許子必織布而後衣乎?"曰:"否,許子衣褐。"
　　"許子冠乎?"曰:"冠。"曰:"奚冠?"曰:"冠素。"曰:"自織之
　　與?"曰:"否,以粟易之。"曰:"許子奚爲不自織?"曰:"害於
　　耕。"曰:"許子以釜甑爨,以鐵耕乎?"曰:"然。""自爲之與?"
　　曰:"否,以粟易之。""以粟易械器者,不爲厲陶冶;陶冶亦以
　　其械器易粟者,豈爲厲農夫哉? 且許子何不爲陶冶,舍皆取諸
　　其宮中而用之? 何爲紛紛然與百工交易? 何許子之不憚煩?"

文章之設問邏輯周密,無懈可擊,步步追問,層層進逼,陳相理屈辭
窮,無力反駁,只得承認"百工之事固不可耕且爲也"。孟子所列
舉的都是生活中事,也没有華詞麗藻,其雄辯力完全是從邏輯推理
中表現出來。

　　孟子的文章還善於用比喻。趙岐《孟子題解》云:

　　　　孟子長於譬喻，辭不迫切，而意已獨到。

這種以譬喻陳說事理的方法，極富於説服力。如《告子上》所記
"牛山之木"、《盡心下》所記"晉人有馮婦者"、《公孫丑上》所記
"宋人揠苗助長"等，都是比較巧妙的運用譬喻。其最生動者莫如
《離婁下》所記齊人乞墦一段：

　　　　齊人有一妻一妾而處室者，其良人出，則必饜酒肉而後
　　反。其妻問所與飲食者，則盡富貴也。其妻告其妾曰："良人
　　出，則必饜酒肉而後反；問其與飲食者，盡富貴也，而未嘗有顯
　　者來，吾將瞷良人之所之也。"

　　　　蚤起，施從良人之所之，徧國中無與立談者。卒之東郭墦
　　間，之祭者，乞其餘；不足，又顧而之他——此其爲饜足之
　　道也。

　　　　其妻歸，告其妾，曰："良人者，所仰望而終身也，今若
　　此——"與其妾訕其良人，而相泣於中庭，而良人未之知也，施
　　施從外來，驕其妻妾。

　　　　由君子觀之，則人之所以求富貴利達者，其妻妾不羞也，
　　而不相泣者，幾希矣。

這是以齊人的言行譬喻官場中那般鑽營富貴利達的人們，諷刺他
們的卑鄙、無恥，揭露他們靈魂之醜惡。他們所追求之富貴，並藉
以驕其妻妾者，不過如齊人之乞食墦間而已。譬喻生動、形象，饒
有風趣而富有説服力。

　　孟子爲文還主張精練简約，深入淺出。如《離婁下》云："博學
而詳説之，將以反説約也。"博學而詳解，融會貫通，然後简略述説
其大義。《盡心下》云："言近而指遠者，善言也；守約而施博者，善
道也。君子之言也，不下帶（視不下於束腰之帶）而道存焉。"言辭

淺近而意旨深遠,於普通的言辭中寄寓無窮的道理。這些文學主張,在他的文章中都得到充分的體現。可以說這種精練簡約、深入淺出的表現方法,是孟子文章的總體風格。

孟子的文章對後代文學影響很大,如曹丕《典論論文》即以"氣"作爲論文的標準。劉勰《文心雕龍》中有《養氣》篇。韓愈、蘇東坡等的文章都以氣勢見長。

第四節　法家之散文與韻文

法家以春秋後期鄭大夫子産爲先驅,以戰國前期魏文侯相李悝爲開山祖,之後出現了吳起、商鞅、申不害等代表人物。申不害在思想上有道家色彩,與齊稷下之慎到相似,他們是由道入法的過渡性人物。荀子是孟子之後的大儒,他的學說"禮"最後擴展爲"法之大分,類之綱紀",成爲由儒入法的過渡性人物。韓非師事荀子,受其影響很深,其政治哲學之理論基礎,大多出於荀子,同時他又吸收他之前的法家、墨家、道家的學説,並加以發展,成爲法家思想之集大成者。

一、荀子之散文

荀子之生卒年代不可確考,據汪中《荀卿子年表》,他大概生於趙惠文王元年(公元前二九八年),終於趙悼襄王七年(公元前二三八年)。他的生平事蹟,《史記》卷七十四《孟子荀卿列傳》記載云:

> 荀卿,趙人。年五十始來游學於齊。……田駢之屬皆已死齊襄王時,而荀卿最爲老師。齊尚脩列大夫之缺,而荀卿三爲祭酒焉。齊人或讒荀卿,荀卿乃適楚,而春申君以爲蘭陵

令。春申君死而荀卿廢，因家蘭陵。……

我們再綜合其他典籍對荀卿事蹟的記載，則荀卿名況，趙國人，齊
湣王時，他五十歲（應劭《風俗通》卷七《窮通》篇記載爲十五歲，不
確）游學稷下，其時齊國將敗亡，他在諫說齊相孟嘗君田文行王道
時，曾談到齊國之危機四伏：“今巨楚縣（連接）吾前，大燕鰌（陵
逼）吾後，勁魏鈎（如鈎取物）吾右，西壤之不絕若繩（像未斷絕之
細繩那樣危險），楚人則乃有襄賁、開陽（皆地名）以臨吾左，是一
國作謀，則三國必起而乘我，如是則齊必斷爲四三（分裂成四或三
部分），國若假城然耳，必爲天下大笑。”（《荀子》卷十一《彊國》篇）在
這種國家危亡之時刻，“諸儒諫不從，各分散。……而孫卿適楚”
（《鹽鐵論》卷二《論儒》），列大夫相繼離齊，荀子也離齊游楚。齊襄王
時，荀子又到稷下講學，在稷下學者中資歷最老，被尊爲卿，並三爲
祭酒。後因遭齊人之讒，又離齊至楚。楚相春申君以其爲蘭陵
令。楚人則又讒之云：“孫卿賢者也，今與百里地，楚其危乎？”由是“春
申君謝之”（《風俗通》卷七《窮通》）。他再離楚到趙，《戰國策》卷五
《楚策四》云：“孫子去之趙，趙以爲上卿。”曾與臨武君議兵於趙孝
成王之前（見《議兵》篇）。後離趙到秦，在秦回答秦昭王關於以儒者
治國的問題（見《儒效》篇）等。然而荀子並未留在秦國，而是離秦回
趙。但是楚相春申君聽人之勸又將他召回楚國。《戰國策·楚策
四》云：“客又說春申君曰：‘夫賢者之所在，其君未嘗不尊，國未嘗
不榮也。今孫子，天下賢人也，君何辭之？’春申君又曰：‘善’。於
是使人請孫子於趙。”至楚，復爲蘭陵令。蘭陵是春申君的封邑，春
申君死，他也廢居蘭陵，著書以歿。

　　荀子著書是嫉憤於濁世亂政和陰陽家之迷信機祥、莊子之“猾
稽亂俗”，《孟子荀卿列傳》即云：

> 荀卿嫉濁世之政，亡國亂君相屬，不遂大道而營於巫祝，信機祥，鄙儒小拘，如莊周等又猾稽亂俗，於是推儒、墨、道德之行事興壞，序列著數萬言而卒。

可見他筆鋒所向皆在時政。但是就《荀子》全書看，他不僅批評了陰陽家和莊子，而是對春秋戰國時期除了孔子、子弓之外的諸子百家學說都進行了批評，在批評各家學說的同時也有所吸收有所攝取，並融匯貫通成爲自己的學說。荀子的學說範圍很廣，包括政治、哲學、經濟、文學等各個方面，而且這些學說都是和他所處的社會息息相關的。現存《荀子》三十二篇是他學說之集中體現。其中自《勸學》以下至《賦》凡二十六篇，是出於荀子自己的手筆。自《大略》以下至《堯問》凡六篇，應是荀子門人弟子所輯錄。

荀子與孟子都是孔子學説之正傳。孟子繼承孔子之仁義學説，荀子則繼承孔子之禮樂學説。孟、荀各執一端以立論，孟子專就內在之仁，主張性善，荀子專就外在之禮，主張性惡。性惡是荀子禮樂法術論之理論基礎。由于"性惡"，故須"隆積"（教育），隆積以"禮"爲極，禮樂便成爲重要的教育內容，由於"性惡"，故須有"分"，亦由於"性惡"，故須施行賞罰，如此則"禮"演變成"法"，乃是順理成章的了。

荀子認爲"性"是一種天然之情，《性惡》篇即説："凡性者，天之就也。"由這種天然之情，導引出他的性惡論來：

> 人之性惡，其善者僞也。今人之性，生而有好利焉，順是，故爭奪先而辭讓亡焉；生而有疾惡焉，順是，故殘賊生而忠信亡焉；生而有耳目之欲、有好聲色焉，順是，故淫亂生而禮義文理亡焉。然則，從（縱）人之性，順人之情，必出於爭奪，合於犯分亂理而歸於暴。故必將有師法之化，禮義之道，然後出於

辭讓,合於文理,而歸於治。用此觀之,然則人之性惡明矣,其善者僞也。

他認爲人之天性在好利、嫉惡,在耳目之欲、聲色之好,因而出現爭奪、殘賊、淫亂等現象,要克服這種現象,必須以禮義進行教化,使之從善。這種教化便是"僞"。"僞"是荀子所用之特殊名辭,即"人爲"之意。同樣他在《禮論》篇中説:

> 性者,本始材朴也;僞者,文理隆盛也。無性則僞之無所加,無僞則性不能自美。性僞合,然後成聖人之名,一天下之功於是就也。

他認爲性是一種原始材料,對這種原始材料,不加"人爲"之功,令其"文理隆盛",便不能"自美"。但是,如果離開性,人爲之功便無從施展。必須把"性"與"僞"結合起來,才可能成爲聖人,達到天下大治。荀子否認先天的良知良能,在他看來人們的材性知能原無差別,其差別乃是後天培育、發展之結果。如《榮辱》篇説:

> 飢而欲食,寒而欲煖,勞而欲息,好利而惡害,是人之所生而有也,是無待而然者也,是禹、桀之所同也;目辨白黑美惡,而耳辨音聲清濁,口辨酸鹹甘苦,鼻辨芬芳腥臊,骨體膚理辨寒暑疾養,是又人之所常生而有也,是無待而然者也,是禹、桀之所同也。可以爲堯、禹,可以爲桀、跖,可以爲工匠,可以爲農賈,在勢注錯習俗之所積耳。

他認爲人類"欲食""欲煖""欲息""好利而惡害"等,乃是先天的自然要求,至於其可以成爲堯、禹,成爲桀、跖,那是後天"注錯習俗"所致,是屬於社會關係所積習之經驗範疇。他強調社會關係對人的作用,這就含有樸素的唯物主義思想。乃是他的性惡論的價值所在。

荀子學説之核心是"禮"，"禮"在他思想中占着極其重要的地位。如《勸學》篇説：

> 學惡乎始？惡乎終？曰：其數（課程門類）則始乎誦經，終乎讀禮。

又説：

> 《禮》者，法之大分，群類之綱紀也，故學至乎《禮》而止矣。夫是之謂道德之極。

他把"禮"看作是"法之大分"，是最高的道德標準。可見"禮"是何等重要了。荀子關於"禮"的學説源於孔子，但又不同於孔子。孔子之所謂"禮"，是講親親、尊尊、長長、男女有別等封建領主秩序，荀子則把這種"禮"，發展成爲一種法權形式，成爲由禮到法的過渡性理論了。《禮論》叙述禮的起源説：

> 禮起於何也？曰：人生而有欲，欲而不得，則不能無求，求而無度量分界，則不能不爭。爭則亂，亂則窮。先王惡其亂也，故制禮義以分之，以養人之欲，給人之求。使欲必不窮乎物，物必不屈於欲，兩者相持而長，是禮之所以起也。故禮者，養也。

他認爲"禮"並非人性所固有，乃是古代聖王所制作，其作用在規制"物"之"度量分界"，使人們各得其宜，以免相爭。這實質上含有法的內容。這自然是講"禮"的起源，同時也可以看作是講"法"的起源。荀子認爲人之所以異於禽獸而能合群，就在於有"禮義"。有"禮義"則人們協和，人們協和則多力，多力則堅強，堅強則能勝萬物。《王制》篇説：

> 水火有氣而無生，草木有生而無知，禽獸有知而無義。人有氣、有生、有知，亦且有義，故最爲天下貴也。力不若牛，走不若馬，而牛馬爲用，何也？曰：人能群，彼不能群也。人何以能群？曰：分。分何以能行？曰：以義。故義以分則和，和則一，一則多力，多力則强，强則勝物，故宮室可得而居也。故序四時，裁萬物，兼利天下，無它故焉，得之分義也。

他認爲人能勝物之關鍵在於按照"貴賤有等，長幼有差，貧富輕重皆有所稱者"（《禮論》），對財産進行合理分配，即所謂"禮義"。他認爲"禮義"是"群居和一之道"，是關乎生死治亂的大問題。如此，則他把封建制度的等級觀念以一種新的理論形式强烈地表現出來。

荀子的政治思想與孟子主張"仁政"不同，而近乎法家之法術。從性惡的觀念出發，他主張法律上行賞罰。如《王制》篇說：

> 王者之論，無德不貴，無能不官，無功不賞，無罪不罰。朝無幸（僥幸）位，民無幸生。尚賢使能，而等位不遺（所給之等級地位毫無差失）；析願（析，分也。分其願愨之民，使與凶悍者異也）禁悍，而刑罰不過。

他不但强調了"信賞必罰"，而且還提出了"朝無幸位，民無幸生"之循名責實的命題。在《君子》篇他講法禁之理説：

> 聖王在上，分義行乎下，則士大夫無流淫之行，百吏官人無怠慢之事，衆庶百姓無姦怪之俗，無盜賊之罪，莫敢犯大上（大讀作"太"，太上乃至尊之號）之禁。天下曉然皆知夫盜竊之人不可以爲富也，皆知夫賊害之人不可以爲壽也，皆知夫犯上之禁不可以爲安也。由其道則人得其所好焉，不由其道則必遇其所惡焉。是故刑罰綦省而威行如流，治世曉然皆知夫

爲姦則雖隱竄逃亡之由（通猶）不足以免也，莫不服罪而請
（自請刑戮）。

他認爲法行禁止，則人們莫不以法爲師。在同一篇中他又講刑罰
之效説：

> 古者刑不過罪，爵不踰德。……是以爲善者勸，爲不善者
> 沮；刑罰綦省而威行如流，政令致明而化易（讀作"施"）如神。

他認爲賞罰得當，則勸善懲惡，自然明法省刑而天下大化。在《君
道》篇他還講用"術"之法説：

> 故古之人爲之不然。其取人有道，其用人有法。……故
> 校之以禮，而觀其能安敬也；與之舉錯遷移，而觀其能應變也；
> 與之安燕，而觀其能無流慆（疑即流淫）也；接之以聲色、權
> 利、忿怒、患險，而觀其能無離守（守法）也。

他認爲用人要"接之以聲色、權利、忿怒、患險，而觀其能無離守
也"，便不同於一般的考稽，而是在用"術"，即用手段了。在同篇
中他談到君主必須利用"便嬖左右"以窺察臣僚説：

> 便嬖左右者，人主之所以窺遠收衆之門户牖嚮（向）也，
> 不可不早具也。故人主必將有便嬖左右足信者然後可，其知
> （智）慧足使規（窺）物，其端誠足使定物然後可，夫是之謂
> 國具。

他把"便嬖左右"看成是"國具"，認爲"不可不早具"，可見"術"是
何等重要了。但是，荀子並不重"勢"，如《彊國》篇説："得勝人之
勢者，其不如勝人之道遠矣。"又《君道》篇説："明主急得其人，而
闇主急得其勢。"急得其人，則"身佚而國治"，急得其勢，則"身勞
而國亂"。則他不但不重"勢"，而是擯斥"勢"了。這完全是儒家

尊賢思想的表現,認爲國家之治理,關鍵在選賢任能,《君道》篇
説:"君子者,法之原也。故有君子,則法雖省,足以徧矣;無君子,
則法雖具,失先後之施,不能應事之變,足以亂矣。"正因爲如此,荀
子不能成其爲純粹的法家。

荀子學説中最有價值的部分是他的天道觀。他改變了儒家傳
統地認爲天有意志,可以禍福人類的觀念,而認爲天没有主觀意
志,是純客觀的自然界,它與人世之治亂、禍福無關。荀子這種觀
點顯然是接受了道家的自然觀點,但又與道家之成爲自然的奴隸
不同,而是要駕馭自然,制天命而用之。如《天論》篇説:

> 天行有常,不爲堯存,不爲桀亡;應之以理則吉,應之以亂
> 則凶。彊本而節用,則天不能貧;養備而動時,則天不能病;脩
> (循)道而不貳(倍),則天不能禍;故水旱不能使之飢渴,寒暑
> 不能使之疾,祅怪不能使之凶。

"行"即是道。意謂自然的運行,自有其規律,不因人之善惡而
變更。天並不主宰人世之吉凶,人世之禍福皆由人所自取。同
篇又説:

> 星隊(墜)、木鳴,國人皆恐。曰:是何也? 曰:無何也,是
> 天地之變,陰陽之化,物之罕至者也。怪之,可也;而畏之,非
> 也。夫日月之有食,風雨之不時,怪星之黨見(頻見),是無世
> 而不常有之。上明而政平,則是雖並世起(謂一世之中並起
> 也),無傷也;上闇而政險,則是雖無一至者,無益也。夫星之
> 隊,木之鳴,是天地之變,陰陽之化,物之罕至者也。

"星隊、木鳴"等這些不常見的自然現象的出現,令人奇怪,是可以
理解的,至於對其畏懼、驚恐,就不必要了。人事自人事,天道自天
道。他完全打破了那種天人感應、災異機祥的迷信觀念。

荀子強調"天人之分"，聲稱"明於天人之分，則可謂至人矣"。認爲"唯聖人爲不求知天"（《天論》），主張修人事以馭制自然，而不冥想自然之究竟。因此，他提出"物畜而制之"的戡天思想。如《天論》説：

> 大天而思之，孰與物畜而制之！從天而頌之，孰與制天命而用之！望時而待之，孰與應時而使之！因物而多之，孰與聘能而化之！思物而物之，孰與理物而勿失之也！願與物之所以生，孰與有物之所以成！故錯人而思天，則失萬物之情。

這種思想好像是針對着道家之自然天道觀而發的，老子、莊子不正是"大天而思之"、"從天而頌之"、"望時而待之"、"因物而多之"等崇拜自然，順從自然，爲自然所役使者嗎？荀子即曾批評"莊子蔽於天而不知人"，所以，他要糾正其蔽，把"人爲"提到很高的地位，強調"聘能"、"理物"以至於"制天命"。他還説："天有其時，地有其財，人有其治，夫是之謂能參。"這是一種以人力利用自然、駕馭自然、征服自然的思想，是荀子學説中最精彩的部分，是荀子對人類認識史的發展作出的重要貢獻。

荀子在政治思想上接近於法家，但在文學觀點上則繼承了儒家的傳統。他對文學的認識即同於孔子，認爲文學是指一切學問。如《大略》篇説：

> 人之於文學也，猶玉之於琢磨也。《詩》曰："如切如磋，如琢如磨。"謂學問也。和之璧，井里之厥也，玉人琢之爲天子寶。子贛、季路故鄙人也，被文學，服禮義，爲天下列士。

孔子雖然認爲文學是指一切學問，但並未作明確解釋，荀子則彰明較著解作學問，並認識文學對人有琢磨作用，能使鄙人成爲"天下列士"。這與他的"無僞則性不能自美"的人性論觀點是一致的。

他强調文學對人的作用,是指文學所包含之"禮"對人的規制。那麼荀子的文學觀念是主張文道合一。

荀子極其重視文學語言,主張語言之善與美。如《非相》篇説:

> 故君子之於言也,志好之,行安之,樂言之,故君子必辯。凡人莫不好言其所善,而君子爲甚。故贈人以言,重於金石珠玉;觀人(示人)以言,美於黼黻文章;聽人(使人聽)以言,樂於鍾鼓琴瑟。故君子之於言無厭。鄙夫反是,好其實,不恤其文。

孔子説:"言之不文,行而不遠。"荀子更具體地講究語言的文飾作用,認爲語言如果美,即應"於言無厭"。但是,荀子反對言過其實,倡言遣詞造句要恰如其分。如《正名》篇説:

> 君子之言,涉然(深入貌)而精,俛然(俯就貌)而類(有條理),差差然(不齊貌)而齊(謂論列是非似若不齊然終歸於齊一)。彼正其名,當其辭,以務白其志義者也。

文學語言之應用,關鍵在明道,只要能明道,便不須過於修飾,即如孔子所謂"辭,達而已矣"。又《非十二子》篇説:

> 故多言而類,聖人也;少言而法,君子也;多少無法而流湎然(酒後亂説),雖辯,小人也。

言語應皆類於禮義,守法典,否則便是姦説。這進一步説明文必明道,是荀子關於文學的基本觀點。

荀子論詩與孟子之重説詩義不同,而是重詩應合樂。《勸學》篇説:

> 詩者,中聲之所止也。

此其在講詩,也是在講樂。詩貴中和之聲,樂也貴中和之聲,詩與樂是統一的。這種詩樂之中聲,即正聲,亦即雅樂,其與孔子之"《關雎》樂而不淫,哀而不傷"(《論語》卷二《八佾》)的觀點一脈相承。他主張詩樂亦所以明道。如《樂論》篇說:

> 先王惡其亂也,故制《雅》、《頌》之聲以道(同導)之,使其聲足以樂而不流(淫放),使其文(樂之辭章)足以辨而不諰(不邪),使其曲直(聲音之回旋平直)、繁省(聲音之繁簡)、廉肉(聲音之清濁)、節奏,足以感動人之善心,使夫邪汙之氣無由得接焉。

《雅》、《頌》之聲對社會有教化作用,其感人者深,其化人者速,其有益於政教至大。又《儒效》篇說:

> 故《風》之所以爲不逐(流蕩)者,取是以節之也;《小雅》之所以爲小者,取是而文(修飾)之也;《大雅》之所以爲大者,取是而光(通"廣")之也;《頌》之所以爲至(盛德之極)者,取是而通之也。天下之道畢是矣。

全部《詩經》都與"道"有密切關係,都在明道,所以最後歸結爲"天下之道畢是矣"。荀子論詩樂,與他的關於文學的觀念是一致的,是從他的文學觀念出發來評論的。他在《非十二子》篇中評子思、孟子"略法先王而不知其統(綱領)"。這從反面說明他自己真正得儒家文學觀的傳統了。這種傳統的文學觀念即文道合一論。他的文章和辭賦即實踐他這種理論的產物。

荀子的文章,郭沫若用"渾厚"(《十批判書·荀子的批判》)二字來概括,這是就荀子總的風格來說的。更具體地講,則荀子文章有以下幾方面特徵:

首先是排比鋪陳。他采用了大量排比句法,鋪張開來,從各方面陳述自己的意見。如《天論》篇説：

> 天職既立,天功既成,形具而神生,好惡、喜怒、哀樂臧(同藏)焉,夫是之謂天情;耳、目、鼻、口、形,能各有接而不相能(不能互相替代)也,夫是之謂天官(感覺器官);心居中虛,以治五官,夫是之謂天君(器官之主宰);財(同裁)非其類,以養其類(人類),夫是之謂天養;順其類者謂之福,逆其類者謂之禍,夫是之謂天政。闇其天君,亂其天官,棄其天養,逆其天政,背其天情,以喪天功(自然功能),夫是之謂大凶。聖人清其天君,正其天官,備其天養,順其天政,養其天情,以全其天功。如是,則知其所爲,知其所不爲矣,則天地官(職守)而萬物役(萬物供人役使)矣。其行曲(周徧)治,其養曲適(適意),其生(生命)不傷,夫是之謂知天。

這是講怎樣纔能真正瞭解自然。整段文章都采用排比句式,從正面陳述,也從反面陳述,從正反兩面同時陳述,最後得出結論。鋪展得開,收縮得緊,不但突出了所論述的道理,而且增強了文章的氣勢和音節的和諧,使文章富於感染力和説服力。

其次是引類譬喻。他運用許多日常生活中常見的事物作比喻,以説明其思想和道理。比喻貼切而生動。如《勸學》篇説：

> 君子曰:學不可以已(止)。青,取之於藍,而青於藍;冰,水爲之,而寒於水。木直中繩,輮以爲輪,其曲中規,雖有槁暴(枯乾)不復挺者,輮使之然也。故木受繩則直,金就礪(磨刀石)則利,君子博學而日參(考察)省乎己,則智明而行無過矣。

> 故不登高山,不知天之高也;不臨深谿,不知地之厚也;不聞先王之遺言,不知學問之大也。……吾嘗終日而思矣,不如

須臾之所學也；吾嘗跂而望矣，不如登高之博見也。登高而招，臂非加長也，而見者遠；順風而呼，聲非加疾也，而聞者彰。假輿馬者，非利足也，而致千里；假舟楫者，非能水也，而絶江河。君子生非異也，善假於物也。……

這是講學習的重要性和學習的態度和方法。全篇文章幾乎都是用引類譬喻重疊構成，而且在譬喻的運用上變化多端，如用正反爲喻，並列爲喻等，使文章辭采繽紛，層出不窮。把抽象的道理具體化形象化，使深奧的理論淺顯易懂，發揮了重要的藝術效果。

其三是談説善辯。他在《非相》篇中即説："君子必辯。凡人莫不好言其所善，而君子爲甚焉。是以小人辯言險，而君子辯言仁也。言而非仁之中（合）也，則其言不若其默也，其辯不若其吶也；言而仁之中也，則好言者上矣，不好言者下矣。故仁言大矣。起於上所以導於下，政令是也；起於下所以忠於上，謀救（嘉謀匡救）是也；故君子之行仁也無厭。"他特別强調論辯的重要性，認爲論辯若合於"仁"，則上可以導下，下可以諫上。如《議兵》篇記載他與臨武君議兵即充分表現這一特點：

孫卿子曰："不然。臣之所道，仁人之兵，王者之志也。君之所貴，權謀勢利也；所行，攻奪變詐者，諸侯之事也。仁人之兵，不可詐也。彼可詐者，怠慢者也，路（暴露）亶（同"癉"疲勞生病）者也，君臣上下之間滑然有離德者也。故以桀詐桀，猶巧拙有幸焉。以桀詐堯，譬之若以卵投石，以指撓沸；若赴水火，入焉焦没耳！故仁人上下（上下相愛），百將一心，三軍同力；臣之於君也，下之於上也，若子之事父，弟之事兄，若手臂之扞頭目而覆胸腹也，詐而襲之與先驚而後擊之一也。且仁人之用十里之國，則將有百里之聽；用百里之國，則將有千里之聽;用千里之國,則將有四海之聽;必將聰明警戒,和傳而一(相傳以和而無二心)。故仁人之兵,聚則成卒,散則成列;延則若莫邪之長刃,嬰之者斷;兌(通“銳”)則若莫邪之利鋒,當之者潰;圜居而方正,則若盤石然,觸之者角摧,案角鹿埵隴種東籠(蓋皆摧敗披靡貌)而退耳。且夫暴國之君,將誰與至哉?彼其所與至者,必其民也,而其民之親我歡若父母,其好我芬若椒蘭,彼反顧其上,則若灼黥(古之酷刑),若仇讎;人之情,雖桀、跖,豈又肯爲其所惡,賊其所好者哉?是猶使人之子孫自賊其父母也,彼必將來告之,夫又何可詐也?……

這段説辭論辯透闢,説理清晰,邏輯周密,充分發揮了他的軍事學觀點,使趙孝成王和臨武君皆同聲稱“善”。這類論辯辭鋒,彌漫其全書,與排比鋪陳、引類譬喻等特點融匯在一起,形成他文章的獨特風格。他這種排比鋪陳、疊用偶句的描寫方法,對漢賦的産生和漢代賈誼、鼂錯等政論文的形成都有着重大影響。

二、韓非子之散文與韻文

韓非子繼承荀子的哲學和政治學,進一步發展,成爲刑(形)名法術之學。關於他的生平事蹟,《史記》卷六十三《老子韓非列傳》記載云:

> 韓非者,韓之諸公子也。喜刑名法術之學,而其歸本於黄老。非爲人口吃,不能道説,而善著書。與李斯俱事荀卿,斯自以爲不如非。

他出身於韓國貴族,所講“君人南面之術”,乃源於老子。口吃,不能道辭,但長於撰述。與李斯同爲荀卿弟子,而李斯自以爲不及韓非。又記載云:

非見韓之削弱，數以書諫韓王，韓王不能用。於是韓非疾治國不務脩明其法制，執勢以御其臣下，富國彊兵，而以求人任賢，反舉浮淫之蠹而加之於功實之上。以爲儒者用文亂法，而俠者以武犯禁。寬則寵名譽之人，急則用介胄之士。今者所養非所用，所用非所養，悲廉直不容於邪枉之臣，觀往者得失之變，故作《孤憤》、《五蠹》、《内外儲》、《説林》、《説難》十餘萬言。

韓非對韓國政治腐敗，國家衰弱，十分痛心，屢諫韓王任用賢人，富國强兵，韓王都不能用。他於是"觀往者得失之變"，著書立説，闡述自己的革新主張。這不但記述了他的政治活動，而且記述了他的寫作過程。又記載云：

人或傳其書至秦。秦王見《孤憤》、《五蠹》之書，曰："嗟乎，寡人得見此人與之游，死不恨矣！"李斯曰："此韓非之所著書也。"秦因急攻韓。韓王始不用非，及急，迺遣非使秦。秦王悦之，未信用。李斯、姚賈害之，毀之曰："韓非，韓之諸公子也。今王欲併諸侯，非終爲韓不爲秦，此人之情也。今王不用，久留而歸之，此自遺患也，不如以過法誅之。"秦王以爲然，下吏治非。李斯使人遺非藥，使自殺。韓非欲自陳，不得見。秦王後悔之，使人赦之，非已死矣。

韓非的著作流傳到秦國，秦王政見了很欣賞，李斯告以韓非所作。秦王便攻韓求韓非，韓王被迫將韓非送到秦國。秦王很高興，還未來得及重用他，李斯懼韓非得到信任，乃進讒言陷害韓非，秦王信讒而"下吏治非"，韓非被李斯藥死。韓非被遣入秦在公元前二三二年（秦始皇十四年），同年被殺害，這就是韓非的卒年。韓非的生年不可確考，約當公元前二八〇年左右。韓非的著作今存五十五篇，内容相當駁雜。其初應是單篇散行，且未署姓名，因此秦王政見了，問是何人所著。其爲專書，乃是後人編輯而成。

　　韓非的一生對刑名法術之學有堅定的信念，爲了堅持這一信念，不惜置生死於度外，表現出一種不屈不撓、强毅勁直的精神。《問田》篇記載一個名叫堂谿公者告訴他，講法術是危身之道，不要重蹈吳起、商鞅的覆轍，遭殺身之禍。他回答說：

> 竊以爲立法術，設度數，所以利民萌便衆庶之道也。故不憚亂主闇上之患禍，而必思以齊民萌之資利者，仁智之行也。憚亂主闇上之患禍，而避乎死亡之害，知明夫身而不見民萌之資利者，貪鄙之爲也。臣不忍嚮貪鄙之爲，不敢傷仁智之行。

他認爲爲了個人的安危，明哲保身，乃是貪鄙的行爲，他的理想和抱負在"利民萌，便衆庶"，爲了實現自己的理想、抱負，寧肯不憚患禍，不避死亡。但他最終未逃出悲劇的命運，和吳起、商鞅一樣被殺害了。《孤憤》篇道破了這幕悲劇的實質：

> 智術之士，必遠見而明察，不明察不能燭私；能法之士，必强毅而勁直，不勁直不能矯姦。人臣循令而從事，案法而治官，非謂重人也。重人也者，無令而擅爲，虧法以利私，耗國以便家，力能得其君，此所爲重人也。智術之士，明察聽用，且燭重人之陰情；能法之士，勁直聽用，且矯重人之姦行。故智術能法之士用，則貴重之臣必在繩之外矣（謂必被削除）。是智法（謂智術、能法）之士與當塗之人，不可兩存之仇也。……夫以疏遠與近愛信（謂重人）爭，其數（謂術數）不勝也；以新旅（謂客）與習故爭，其數不勝也；以反主意與同好（謂重人與君同好）爭，其數不勝也；以輕賤與貴重爭，其數不勝也；以一口（謂法術之士）與一國（謂重人與一國爲朋黨）爭，其數不勝也。……故資必不勝而勢不兩存，法術之士焉得不危？其可

以罪過誣者,以公法而誅之;其不可被(加也)以罪過者,以私劍而窮之(謂窮其命)。是明法術而逆主上者,不僇(與戮通)於吏誅,必死於私劍矣。

韓非把法家分成智術之士(思想家)和能法之士(變法政治家),他以"智術之士"自居。但是法與術在當時都是犯忌的,在"智法之士與當塗之人,不可兩存之仇"的嚴峻形勢下,韓非清醒地認識到智術之士五不勝當塗重人,預料到自己的悲劇結局。但是,他並不畏懼,而是堅持不懈。他的悲劇的特點,就在於對於這一歷史的必然他是清醒的,然而死而無憾。司馬遷所惋惜的也在此,他說:"余獨悲韓子爲《説難》而不能自脱耳。"韓非是戰國末期集諸子學説之大成的思想家。他的思想源於荀子者有之,源於老子者有之,源於申不害、商鞅、慎到者有之。他師承荀子,如上所述,荀子關於"禮"的理論,已接近於"法",他則廢棄了"禮",主張一切皆權衡於"法"。他推崇老子,老子之宗旨在柔弱無爲,他則舍棄其宗旨,而取其法術,主張剛强有爲。他還繼承了商鞅所變之"法",申不害所言之"術",慎到所講之"勢",並把三者冶於一爐,形成了自己完整的法家思想體系,成爲地主階級極端專制主義的政治理論。下面我們就剖釋一下韓非的法治思想。

何謂"法"?《難三》篇説:

> 法者,編著之圖籍,設之於官府,而布之於百姓者也。

又《定法》篇説:

> 法者,憲令著於官府,刑罰必於民心,賞存乎慎法,而罰加乎姦令者也。

法是制定成文的條規,由官府頒布之,使百姓都通曉,一體遵守,順令者賞,犯禁者罰。

何謂"術"?《難三》篇説:

> 術者,藏之於胸中,以偶衆端而潛御群臣者也。

又《定法》篇説:

> 術者,因任而授官,循名而責實,操殺生之柄,課群臣之能者也。

術是人君藏於心,暗自運用,以駕馭群臣之手段。法是公布的,術是隱蔽的,故云"法莫如顯,而術不欲見"(《難三》)。

何謂"勢"?《人主》篇説:

> 威勢者,人主之筋力也。

又《功名》篇説:

> 桀爲天子,能制天下,非賢也,勢重也;堯爲匹夫,不能正三家,非不肖也,位卑也。

勢是一種權位,人君有重權高位即所謂"筋力",便可以治理天下。

韓非把法、術、勢三者結合起來,認爲不可或缺。在《定法》篇中,他批判了申不害、商鞅之各執一端,而論證了"法"與"術"之密切關係,認爲如果只重術而不重法,必然像申不害之"託萬乘之勁韓,七十年而不至於霸王者,雖用術於上,法不勤飾於官之患也"。反之,若只重法而不重術,也必然像商鞅之使"其(秦)國富而兵强,然而無術以知姦,則以其富强資人臣而已矣。……故乘强秦之資,數十年而不至於帝王者,法不勤飾於官,主無術於上之患也"。因此,他説術乃"人主之所執也",法乃"臣之所師也","君無術則弊於上,臣無法則亂於下,此不可一無,皆帝王之具也"。在《難

勢》篇中，他還贊同慎子"賢智未足以服衆，而勢位足以詘賢者"之
"勢"論，主張以權勢治國，不以賢智治國，提出"抱法處勢則治，背
法去勢則亂"之"法"與"勢"相得益彰的理論，以證明法治勝於人
治。總之，韓非主張君主憑藉威勢，秉執權術以御群臣，群臣一切
言行皆當守法循令。此即其君主集權的法治主義。

　　韓非主張以"法"爲治，任"法"而不任"人"。一切行事都以
"法"衡量，置個人之聰明才智於不顧。如《有度》篇說：

　　　　故明主使其群臣不游意於法之外（謂無違法之意圖），不
　　爲惠於法之內（謂不使其行惠於民，得民而成其勢）。動無非
　　法。法所以凌（爲"峻"字之形謁，當在"法"字之前）過（當作
　　遏）游（一本作滅）外私也，嚴刑所以遂（通也）令懲下
　　也。……故曰：巧匠目意中繩，然必先以規矩爲度；上智捷（敏
　　也）舉中事（合於事），必以先王之法爲比。故繩直而枉木斲，
　　準夷（平也）而高科（坎也）削（謂高卑皆削平），權衡縣而重益
　　輕（謂減重益輕，權衡乃平），斗石設而多益少（謂減多益少，
　　斗石乃滿）。故以法治國，舉措而已矣（謂不外舉措二者）。

"法"是一切言論行事的準繩，不能有些許偏頗，否則，所在必禁。
《問辯》篇說："明主之國，令者，言最貴者也；法者，事最適者也。
言無二貴，法不兩適，故言行而不軌於法令者必禁。"即說明執法貴
嚴。韓非認爲以法衡量社會之功利最爲公平，償有功，罰有罪，上
自公卿，下至庶民，都以法繩之。《有度》篇說：

　　　　法不阿貴，繩不撓曲。法之所加，智者弗能辭，勇者弗敢
　　爭。刑過不避大臣，賞善不遺匹夫。故矯上之失，詰（窮治
　　也）下之邪，治亂決繆（詐也），絀羨（有餘也）齊非，一民之軌，
　　莫如法。屬（當爲"厲"字之謁）官威民，退淫殆（借爲怠），止

詐僞，莫如刑。刑重則不敢以貴易（慢也）賤，法審則上尊而不侵。……人主釋法用私，則上下不別矣。

這種以建功立業多少來區別富貴貧賤的主張，是針對着西周以來以"禮"劃分貴賤之制度而發的。其意義在於反對封建領主之阿私，以維護封建地主階級之權益。

韓非反對儒家所講究之禮治、德治，認爲他們所謂之以德化民，不過是一種空想而已，根本不可能實現，只有以法術威勢制人，最見實效。《難一》篇説："令曰：'中程者賞，弗中程者誅。'令朝至暮變，暮至朝變，十日而海内畢矣。"以法制人，可以立竿見影。又《顯學》篇説：

> 夫聖人之治國，不恃人之爲吾善也，而用其不得爲非也。恃人之爲吾善也，境内不什數；用人不得爲非，一國可使齊（等也）。爲治者用衆而舍寡，故不務德而務法。夫必恃自直之箭，百世無矢；恃自圜之木，千世無輪矣。自直之箭、自圜之木，百世無一，然而世皆乘車射禽者何也？隱栝之道用也。雖有不恃隱栝而有自直之箭、自圜之木，良工弗貴也。何則？乘者非一人，射者非一發也。不恃賞罰而恃自善之民，明主弗貴也。何則？國法不可失，而所治非一人也。

韓非所主張之法治，關鍵在於治民，治民之目的在於使民不爲惡，不作亂。而社會上"自善之民"猶如"自直之箭"、"自圜之木"一樣，爲數極少，治民應當"用衆而舍寡"，對絶大多數人民都要加以制約、矯正，亦即"隱栝"，令其合乎標準，因此必須"不務德而務法"。與反對德治相一致，韓非也反對仁政，並且不贊成均差、布施等，而主張自由競爭。《顯學》篇説：

> 今世之學士語治者多曰："與貧窮地以實無資。"今夫與

> 人相若也，無豐年旁入之利而獨以完給者，非力則儉也。與人
> 相若也，無饑饉疾疚禍罪之殃獨以貧窮者，非侈則墮也。侈而
> 墮者貧，而力而儉者富。今上徵斂於富人以布施於貧窮，是奪
> 力儉而與侈墮也。而欲索民之疾作而節用，不可得也。

他認為富有者乃勤儉所得，貧窮者乃侈惰所致。不能以富濟貧，如果以富濟貧，便是"奪力儉而與侈墮"，不足以鼓勵人們疾作節用。這更明確的是維護新興地主階級的權益。

韓非之社會理想是獎勵耕戰，主張"耕可以得富，戰可以得貴"。如此，則生產發展了，戰備也加強了。如《五蠹》篇說：

> 然則無功而受事，無爵而顯榮，爲有政如此，則國必亂，主
> 必危矣。……斬敵者受賞，而高慈惠之行，拔城者受爵祿，而
> 信廉愛之說；……國富以農，距敵恃卒，而貴文學之士。……
> 今境內之民皆言治，藏商、管之法者家有之，而國愈貧，言耕者
> 衆，執末者寡也；境內皆言兵，藏孫、吳之書者家有之，而兵愈
> 弱，言戰者多，被甲者少也。故明主用其力，不聽其言；賞其
> 功，必禁無用；故民盡死力以從其上。夫耕之用力也勞，而民
> 爲之者，曰：可得以富也。戰之爲事也危，而民爲之者，曰：可
> 得以貴也。……故明主之國，無書簡之文，以法爲教；無先王
> 之語，以吏爲師；無私劍之捍，以斬首爲勇。是境內之民，其言
> 談者必軌於法，動作者歸之於功，爲勇者盡之於軍。是故無事
> 則國富，有事則兵强，此之謂王資。……超五帝，侔三王者，必
> 此法也。

韓非把耕、戰作爲人們取得富貴的重要途經，一反當時那種"無耕之勞而有富之實，無戰之危而有貴之尊"的具有先天身份的禮制，以戰功作統治者授予爵祿之標準，以傭客勞力作增進國富的條件。

凡與耕、戰無關,與富國强兵無關者,一概不取。一切"微妙之言",以至於"商、管之法"、"孫、吳之書",以及"慈惠"、"廉愛"等,都在擯棄之列。所謂"超五帝,侔三王"云者,即指報償皆依勞力與戰功。報償的原則即"法",一切裁決於"法"。這是韓非社會思想最基本之觀點,也即他的理想王國。

韓非的歷史觀是進化論,他主張"不期脩古,不法常可,論世之事,因爲之備"。不同時代應當有不同之治世措施,不能墨守先王那一套。如《五蠹》篇説:

> 上古之世,人民少而禽獸衆,人民不勝禽獸蟲蛇,有聖人作,搆木爲巢以避群害,而民悦之,使王天下,號曰有巢氏。民食果蓏蜯蛤,腥臊惡臭而傷害腹胃,民多疾病,有聖人作,鑽燧取火以化腥臊,而民説之,使王天下,號曰燧人氏。中古之世,天下大水,而鯀、禹決瀆。近古之世,桀、紂暴亂,而湯、武征伐。

他把歷史分爲上古、中古、近古三個時期,這三個時期情況不同,從而也各有其治世方法。值得注意者,韓非不但論述了歷史之發展過程,而且在探討歷史發展的原因。他認爲促進歷史變化的主要因素是人口的增殖。又如《五蠹》篇説:

> 古者丈夫不耕,草木之實足食也;婦人不織,禽獸之皮足衣也。不事力而養足,人民少而財有餘,故民不爭。是以厚賞不行,重罰不用而民自治。今人有五子不爲多,子又有五子,大父未死而有二十五孫,是以人民衆而貨財寡,事力勞而供養薄,故民爭,雖倍賞累罰而不免於亂。……是以古之易財,非仁也,財多也;今之爭奪,非鄙也,財寡也;輕辭天子,非高也,勢薄也;重爭土橐,非下也,權重也。

這種以人口之增殖決定社會發展的理論，自然是可笑的，但是他注意到人類的再生產與物質的再生產對社會的作用，則是可貴的。他反對復古守舊，認爲一個時代比一個時代進步。《五蠹》篇又説：

> 今有搆木鑽燧於夏后氏之世者，必爲鯀、禹笑矣。有決瀆於殷、周之世者，必爲湯、武笑矣。然則今有美堯、舜、禹、湯、武之道於當今之世者，必爲新聖笑矣。是以聖人不期脩古，不法常可，論世之事，因爲之備。

他把古代聖王堯、舜、禹、湯、武都否定了，而提出"新聖"來。所謂"新聖"即他心目中的新興地主階級。可見，韓非的歷史進化論，歸根結底是爲新興地主階級登上歷史舞臺制造輿論。最後他概括出歷史發展三個時期的不同特點：

> 上古競於道德，中世逐於智謀，當今爭於氣力。(《五蠹》)

這三個時期的不同特點，與《商君書》卷二《開塞》篇所謂"上世親親而愛私，中世上賢而説仁，下世貴貴而尊官"的觀點完全一致而更加明確。韓非認識到社會發展到戰國，乃是"爭於氣力"的時代。這一時代，"仁義辯智，非所以持國也"，故明主治國，必"峭其法，而嚴其刑也"。這就是他從歷史經驗中得出的結論。

韓非學説之中心爲"法治"，其文學觀點是要求文學爲法治服務。爲此，他反對以"仁義"、"《詩》、《書》"爲内容之文學，《五蠹》篇説：

> 儒以文亂法……故行仁義者非所譽，譽之則害功；文學者非所用，用之則亂法。

此所謂"文學者"是指一切學問家,自然也包括文學家。韓非將其一概斥之爲"亂法",其著作亦爲"亂法"之學說。爲了使文學爲法治服務,他提出重質輕文之文學主張。《解老》篇説:

> 禮爲情貌者也,文爲質飾者也。夫君子取情而去貌,好質而惡飾。夫恃貌而論情者,其情惡也;須飾而論質者,其質衰也。何以論之? 和氏之璧,不飾以五采,隋侯之珠,不飾以銀黄,其質至美,物不足以飾之。夫物之待飾而後行者,其質不美也。

在"情"與"貌"、"質"與"文"、"美"與"飾"的關係上,他寧肯"取情去貌"、"好質惡飾",認爲"質美"之物"不足以飾之"。這種重内容輕形式的觀點,是他的文學之基本觀點。他之所以重質輕文,目的在於强調"文"之社會作用,深怕人們"覽其文而忘其用"、"以文害用"。《亡徵》篇説:

> 喜淫而不周於法,好辯説而不求其用,濫於文麗而不顧其功者,可亡也。

他把文學之社會作用,看作是關乎國家敗亡之大事,可見其對這一問題重視之程度了。因此,他進而提出"循名(概念)責實(客觀事物)"之主張。"文"或"言""辭""辯""説"之爲"名",皆應是客觀事物之"實"的反映。文學著作只有"名"與"實"相符,亦即形式與内容相一致,纔能發揮其社會功用。他説:"循名實而定是非,因參驗而審言辭"(《姦劫弑臣》),"必采其言而責其實"(《問辯》)。即以有無社會功效檢驗其"言""辭"之是非、得失。《難二》篇説:

> 夫曰:言語辨(同辯,指文詞動聽),聽之説,不度於義者,必不誠之言也。

文辭巧辯，令人聽之愉快，但不符合"義"之標準，必爲虛假之言。這種重質輕文的文學主張具有反對形式主義的意義和作用。

韓非的文學主張如此，則其文章多率直坦誠，無所文飾。由於其文章多針對現實問題而發，重在功用，因此其筆鋒峻峭、犀利，所向披靡。如《説難》篇即充分體現了這種特點：

> 凡説之難，非吾知之，有以説之之難也；又非吾辯之，能明吾意之難也；又非吾敢橫失，而能盡之難也。凡説之難，在知所説之心，可以吾説當之。所説出於爲名高者也，而説之以厚利，則見下節而遇卑賤，必棄遠矣。所説出於厚利者也，而説之以名高，則見無心而遠事情，必不收矣。所説陰爲厚利而顯爲名高者也，而説之以名高，則陽收其身而實疏之，説之以厚利，則陰用其言顯棄其身矣。此不可不察也。

> 夫事以密成，語以泄敗，未必其身泄之也，而語及所匿之事，如此者身危。彼顯有所出事，而乃以成他故，説者不徒知所出而已矣，又知其所以爲，如此者身危。規異事而當，知者揣之外而得之，事泄於外，必以爲己也，如此者身危。周澤未渥也，而語極知，説行而有功則德忘，説不行而有敗則見疑，如此者身危。貴人有過端，而説者明言禮義以挑其惡，如此者身危。貴人或得計而欲自以爲功，説者與知焉，如此者身危。彊以其所不能爲，止以其所不能已，如此者身危。故與之論大人則以爲間己矣，與之論細人則以爲賣重，論其所愛則以爲藉資，論其所憎則以爲嘗己也。徑省其説則以爲不智而拙之，米鹽博辯則以爲多而交之。略事陳意則曰怯懦而不盡，慮事廣肆則曰草野而倨侮。此説之難，不可不知也。

> ……人主亦有逆鱗，説者能無嬰人主之逆鱗則幾矣。

全文都是論述對人君進諫説之難，順之以招禍，逆之而制禍，稍不留心，便命喪身亡。"凡説之難"四字是一篇之綱，"非吾"三句分別敘述説難之本意，再以"凡説之難"一句引起正文。要之，諫説之難，"在知所説之心，可以吾説當之"。然而君心不可揣測，"所説"三句即從三方面説明這個問題。更甚者，君心既不可捉摸，説諫不當君心，便可能遭殺身之禍，"如此者身危"七句又從七方面申明其意。"與之論"二句變換句法説明同樣的道理。"論其所"二句承接"與之論"二句而進一步發揮之。又以"徑省其説"與"米鹽博辯"、"略事陳意"與"慮事廣肆"兩個偶句申足文氣。最後以"人主亦有逆鱗，説者能無嬰人主之逆鱗則幾矣"總結全文。可謂畫龍點睛，一語破的。韓非對社會和人君之心理進行了條分縷析、肌理細膩之分析，其筆鋒之犀利，堪稱入木三分。又《難言》篇論述人們對"言"或"文"之不同觀點，其中列舉十二種"所以難言者"，其層次之周密，論述之清晰，有同於《説難》篇。

　　韓非之文章不僅率直坦誠，而且淋灕酣暢，每論述一題，必待將文意發揮盡致而後止。如《詭使》篇説：

　　　　凡所治者刑罰也，今有私行義者尊。社稷之所以立者安靜也，而諜險讒諛者任。四封之内所以聽從者信與德也，而陂知傾覆者使。令之所以行、威之所以立者恭儉聽上，而巖居非世者顯。倉廩之所以實者耕農之本務也，而綦組錦繡刻劃爲末作者富。名之所以成、城池之所以廣者戰士也，今死士之孤飢餓乞於道，而優笑酒徒之屬乘車衣絲。賞祿所以盡民力易下死也，今戰勝攻取之士勞而賞不霑，而卜筮視手理狐蟲爲順辭於前者日賜。上握度量所以擅生殺之柄也，今守度奉量之士欲以忠嬰上而不得見，巧言利辭行姦軌以倖偷世者數御。據法直言、名刑相當、循繩墨、誅姦人所以爲上治也而愈疏遠，

諂施順意從欲以危世者近。習悉租稅、專民力所以備難充倉
府也，而士卒之逃事狀匿附託有威之門以避徭賦、而上不得者
萬數。夫陳善田利宅所以戰士卒也，而斷頭裂腹播骨乎平（衍
文）原野者，無宅容身，身死田奪；而女妹有色、大臣左右無功
者，擇宅而受，擇田而食。賞利一從上出、所以擅削（同制）下
也，而戰（當作耿）介之士不得職，而閒居之士尊顯。上以此
爲教，名安得無卑，位安得無危。夫卑名位者，必下之不從法
令、有二心無（衍文）私學、反逆（衍文）世者也，而不禁其行，
不破其群，以散其黨，又從而尊之，用事者過矣。

這是揭露人君之治國不得其法，不循其道，以致賞罰不明，造成社
會上是非之顛倒、政治之腐敗。文章以一系列的排比句一正一反
反復剖析當時社會的各種矛盾，從各個角度、各個方面對那些不合
理的現象進行深入細緻的揭發和抨擊。最後把產生這些腐敗現象
的根源歸結爲"上之所貴與其所以爲治相反也"，把文章發揮得淋
漓盡致，然後得出合乎邏輯的結論。又《六反》、《八說》、《五蠹》諸
篇，在文筆上都有這方面的特點。

此外，韓非還有兩篇用韻文寫的文章，即《主道》和《揚權》。
這兩篇文章容肇祖懷疑其非韓非所作，根據是"這兩篇的文體和
《五蠹》、《顯學》諸篇不類"（《古史辨》四，第六六四頁）。其理由之不
足據，郭沫若已駁斥之（見《十批判書·韓非子的批判》），茲不贅述。
這兩篇文章是發揮老子學派"君人南面之術"的思想。如《主
道》說：

道者，萬物之始，是非之紀也。是以明君守始以知萬物之
源，治紀以知善敗之端。故虛靜以待令（衍文），令名自命也，
令事自定也。虛則知實之情，靜則知動者正。有言者自爲名，

有事者自爲形,形名參同,君乃無事焉,歸之其情。……

通篇用韻,寫得淋灕酣暢,表現出作者寫作時那種躊躇滿志之神情!

韓非雖然重質輕文,但他仍主張"文爲質飾者也",認識到文的作用。他不愧爲文章之妙手。

三、李斯之散文與韻文

李斯與韓非同學於荀卿,並都成爲法家之重要人物。李斯之生年不可考,其卒年爲秦二世二年,即公元前二〇八年,被趙高誣以謀反而被五刑。其生平事蹟俱見《史記》卷八十七《李斯列傳》。他是楚國上蔡人,年少時曾做郡中管文書之小吏,從荀卿學帝王之術,後辭別荀卿,西入秦,以所學說秦王。其所說秦王者如下:其一,勸諫秦王政統一六國。他分析了秦國之歷史與現狀,認爲其時正是統一天下之良機,不可貽誤。秦王聽其計,終於用了十年時間消滅六國,完成了"六王畢,四海一"之歷史使命。其二,諫阻逐客。秦國之宗室大臣認爲六國客卿之入秦皆從事間諜活動者,建議"一切逐客"。他上《諫逐客書》,反對逐客,認爲要富國強兵就必須不分地域,不分國別,廣泛招集人才,這纔是"跨海內制諸侯之術也"。秦王政"用其計謀",竟併天下。他被任命爲丞相。其三,反對分封諸侯。儒生淳于越建議效法古代,分封子弟功臣,以輔佐王室。李斯反對這種復古的觀點,認爲五帝不相重,三代不相襲,時代變了,政治制度也隨之改變。對那般儒生標榜私學、攻擊法制表示憤慨,倡議禁止私學,焚《詩》、《書》。焚書之舉固然是古代文化史上的一大浩劫。但他輔助秦始皇統一法律,特別是統一文字,卻功績顯著。司馬遷於此稱頌說:"斯皆有力焉。"

秦始皇統一天下後,李斯官至丞相,職位日尊,權勢日重。秦

始皇東巡郡縣，他多隨行，刻石記功，多出於他的手筆。他的兒子
"皆尚秦公主"，女兒"悉嫁秦諸公子"，可謂"富貴極矣"！撫今追
昔，不勝感嘆：

> 嗟乎！吾聞之荀卿曰"物禁大盛"。夫斯乃上蔡布衣，閭
> 巷之黔首，上不知其駑下，遂擢至此。當今人臣之位無居臣上
> 者，可謂富貴極矣。物極則衰，吾未知所稅駕也！

他既自矜自誇，又對前途失去信心。這是他一生顯赫、富貴的頂
點，也是他衰敗的開始。之後，秦始皇死，他接受趙高計謀，詐立胡
亥。秦二世當政，爆發了陳勝、吳廣起義，二世歸咎於他。他惶恐
至極，乃"阿二世意"，上《行督責書》諫二世用嚴刑峻法統治天下，
鎮壓人民，是強化君權之最好方法。《行督責書》之上奏，暫時得
保全自己，但卻加深了秦王朝的危機。最後被趙高誣以謀反罪而
下獄，臨刑前對其子說：

> 吾欲與若復牽黃犬俱出上蔡東門逐狡兔，豈可得乎！

他後悔由於貪圖富貴，而落得今天之下場！然已無濟於事，終被
腰斬。

李斯在歷史上的功過，姑且不論，需要論述的是他流傳下來的
少數著作和刻石文，這些著作和刻石文基本上保存在《史記》之
《李斯列傳》和《秦始皇本紀》中，如《諫逐客書》、《行督責書》、《獄
中上疏》和《泰山刻石》、《琅琊臺刻石》、《之罘刻石》、《東觀刻
石》、《碣石刻石》、《會稽刻石》等。《文心雕龍》卷五《奏啓》云：
"秦始立奏，而法家少文。……李斯之奏驪山，事略而意逕，政無膏
潤，形於篇章矣。"不但指出疏奏之文肇自秦代，而且謂李斯《治驪
山陵上書》(見《全秦文》)記秦始皇政治刻薄寡恩，表現在文章上便
缺乏文采。但是，李斯之文並非全無文采，有些則是文理並勝的。

如《諫逐客書》説：

臣聞吏議逐客，竊以爲過矣。昔繆公求士，西取由余於戎，東得百里奚於宛，迎蹇叔於宋，來丕豹、公孫支於晉。此五子者，不産於秦，而繆公用之，并國二十，遂霸西戎。孝公用商鞅之法，移風易俗，民以殷盛，國以富強，百姓樂用，諸侯親服，獲楚、魏之師，舉地千里，至今治強。惠王用張儀計，拔三川之地，西并巴、蜀，北收上郡，南取漢中，包九夷，制鄢、郢，東據成皋之險，割膏腴之壤。遂散六國之從，使之西面事秦，功施到今。昭王得范雎，廢穰侯，逐華陽，彊公室，杜私門，蠶食諸侯，使秦成帝業。此四君者，皆以客之功。由此觀之，客何負於秦哉！向使四君卻客而不内，疏士而不用，是使國無富利之實而秦無強大之名也。

今陛下致昆山之玉，有隨、和之寶，垂明月之珠，服太阿之劍，乘纖離之馬，建翠鳳之旗，樹靈鼉之鼓。此數寶者，秦不生一焉，而陛下説之，何也？必秦國之所生然後可，則是夜光之璧不飾朝廷，犀象之器不爲玩好，鄭、衛之女不充後宫，而駿良駃騠不實外厩，江南金錫不爲用，西蜀丹青不爲采。所以飾後宫充下陳娛心意説耳目者，必出於秦然後可，則是宛珠之簪，傅璣之珥，阿縞之衣，錦繡之飾不進於前，而隨俗雅化佳冶窈窕趙女不立於側也。夫擊甕叩缶彈筝搏髀，而歌呼嗚嗚快耳者，真秦之聲也；《鄭》、《衛》、《桑間》、《昭》、《虞》、《武》、《象》者，異國之樂也。今棄擊甕叩缶而就《鄭》、《衛》，退彈筝而取《昭》、《虞》，若是者何也？快意當前，適觀而已矣。今取人則不然。不問可否，不論曲直，非秦者去，爲客者逐。然則是所重者在乎色樂珠玉，而所輕者在乎人民也。此非所以跨海内制諸侯之術也。

　　臣聞地廣者粟多，國大者人衆，兵彊則士勇。是以太山不讓土壤，故能成其大；河海不擇細流，故能就其深；王者不卻衆庶，故能明其德。是以地無四方，民無異國，四時充美，鬼神降福，此五帝、三王之所以無敵也。今乃棄黔首以資敵國，卻賓客以業諸侯，使天下之士退而不敢西向，裹足不入秦，此所謂"藉寇兵而齎盜糧"者也。夫物不産於秦，可寶者多；士不産於秦，而願忠者衆。今逐客以資敵國，損民以益讎，内自虛而外樹怨於諸侯，求國無危，不可得也。

文章先回顧穆公、孝公、惠王、昭王任用客卿使秦國逐步强大的過程，説明秦不任用客卿便不能富裕，亦即不能强大。次叙述秦王對外來的美女、音樂、珍珠、寶玉盡情享受，而對客卿卻要盡數驅逐，説明秦王只重視色樂珍寶，而輕視人才。最後總結爲盡逐客，必使國内虛弱，諸侯構怨，陷國家於危險之境地，説明逐客對秦國的危害至大。内容充實，説理性强，是一篇重要政治文獻。通篇排比、鋪陳，具有一種不可抑制的氣勢，有似戰國縱橫家之文風。它不但開疏奏文體之先，而且爲後世之疏奏文立下了楷模。《文心雕龍》卷四《論説》："李斯之止逐客，並煩情入機，動言中務，雖批逆鱗，而功成計合，此上書之善説也。"所評確當。

　　李斯的刻石文，在内容上沒有甚麼價值，但作爲一種特殊的韻文文體，卻爲我國古代文學增添了新的因素。如《泰山刻石》云：

　　皇帝臨位，作制明法，臣下脩飭。二十有六年，初併天下，罔不賓服。親巡遠方黎民，登兹泰山，周覽東極。從臣思跡，本原事業，祇誦功德。治道運行，諸産得宜，皆有法式。大義休明，垂于後世，順承勿革。皇帝躬聖，既平天下，不懈於治。夙興夜寐，建設長利，專隆教誨。訓經宣達，遠近畢理，咸承聖志。貴賤分明，男女禮順，慎遵職事。昭隔內外，靡不清淨，施于後嗣。化及無窮，遵奉遺詔，永承重戒。

內容全是頌秦之功德，形式則是四字句，三句一韻，凡十二韻。風格雍容端莊，有似《雅》、《頌》。又《東觀刻石》云：

> 維二十九年，皇帝春游，覽省遠方。逮于海隅，遂登之罘，昭臨朝陽。觀望廣麗，從臣咸念，原道至明。聖法初興，清理疆內，外誅暴彊。武威旁暢，振動四極，禽滅六王。闡并天下，甾害絶息，永偃戎兵。皇帝明德，經理宇內，視聽不怠。作立大義，昭設備器，咸有章旗。職臣遵分，各知所行，事無嫌疑。黔首改化，遠邇同度，臨古絶尤。常職既定，後嗣循業，長承聖治。群臣嘉德，祗誦聖烈，請刻之罘。

其內容、體制、句法、用韻全同上篇。不僅此也，李斯的全部刻石銘之開端與結尾語意皆同一筆法，其用韻除《琅琊臺刻石》爲兩句一韻外，其他均三句一韻。這種文體上承西周之《雅》、《頌》，如《小雅·采芑》等，以迄秦統一前之《石鼓文》，而有所變化和創造。所以《文心雕龍》卷五《封禪》云：“秦皇銘岱，文自李斯，法家辭氣，體乏弘潤；然疏而能壯，亦彼時之絶采也。”即指出李斯刻石文之開創意義及文學成就。其刻石文之總特色，即氣魄雄偉、文字典雅、音節中和，把秦帝國之文治武功，版圖之廣大，天下一統之精神充分表現出來。李斯這類刻石文影響於後世文學者，如班固之《封燕然山銘》、張載之《劍閣銘》皆祖述之，其他漢、晉之碑銘，莫不被其遺澤，堪稱碑銘之祖。

第五節　縱橫家之散文

縱橫策士之風,在戰國中期已經出現,孟子即有"處士橫議"(《孟子》卷六《滕文公下》)之譏,和"爲機變之巧者,無所用恥焉"(《孟子》卷十三《盡心上》)之貶。《史記》卷七十四《孟子荀卿列傳》亦云:"天下方務於合從連衡,以攻伐爲賢。"戰國中期以後,此風大盛,文學之士出於田畝市廛,他們有文化知識,被稱爲"智囊"(《史記》卷七十一《樗里子列傳》),對各諸侯國之政治、經濟、風俗、民情以及君主之志趣、愛好都十分熟習,因此在外交謀議方面能發揮重要作用。劉向《戰國策序》評云:

> 皆高才秀士,度時君之所能行,出奇策異智,轉危爲安,運亡爲存,亦可喜,皆可觀。

對他們的才能和在歷史上的作用給予充分的肯定。他們奔走游說,議論風生,歸結起來只是縱與橫兩種主張,他們參與七國鬥爭,此戰彼和,變化無常,歸結起來也只是縱與橫兩種活動。其中之代表人物即蘇秦與張儀。劉向《戰國策序》又云:

> 當此之時……蘇秦爲從,張儀爲橫;橫則秦帝,從則楚王。

即道出蘇秦與張儀在縱橫捭闔中的重要地位。這些縱橫家之論辯散文,都保存在《戰國策》一書中。

《戰國策》凡三十三卷,雜記西周、東周、秦、齊、楚、趙、魏、韓、燕、宋、衛、中山諸國之軍政大事,時代上接春秋,下迄秦併六國。內容主要是記載謀臣策士游說諸侯或進行謀議論辯時之政治主張和鬥爭策略。它基本上是一部先秦古書,其中也可能有若干篇章是秦、漢人所作。總之,不是一家之言,而是出於衆人之手,最後由劉向編校成書。劉向《戰國策序》自稱：

> 所校中《戰國策》書，中書餘卷，錯亂相糅莒。又有國別者八篇，少不足。臣向因國別者，略以時次之，分別不以序者以相補，除復重，得三十三篇。本字多誤脱爲半字，以"趙"爲"肖"，以"齊"爲"立"，如此字者多。中書本號，或曰《國策》，或曰《國事》，或曰《短長》，或曰《事語》，或曰《長書》，或曰《脩書》。臣向以爲戰國時，游士輔所用之國，爲之策謀，宜爲《戰國策》。

所謂"中"，指中秘書，即皇家收藏。劉向將中秘所藏之極其錯亂的戰國策書，以國爲別，以時相次。其時序不明者，根據其內容，互相補充。去其重復，整理成書，名之曰《戰國策》。可見《戰國策》最後由劉向編集而成，則是可信的。

《戰國策》除通行本之外，一九七三年在長沙馬王堆三號漢墓出土的類似《戰國策》的帛書，未標書名，共二十七章，其中十章見於《戰國策》，八章見於《史記》，除掉兩書之重復，僅十一章著錄過，其餘十六章皆佚書。其中十四章（兩章著錄過）記載有關蘇秦的書信和談話，可以糾正蘇秦歷史的許多錯誤，最具史料價值。

一、縱橫家之思想淵源與主張

縱橫家之思想，乃取百家之學説而成。班固《漢書》卷三十《藝文志》云：

> 縱橫家者流，蓋出於行人之官。……及邪人爲之，則上詐諼（詐言也）而棄其信。

認爲縱橫家出於掌朝覲聘問之官。又《戰國策》卷三《秦策一》云：

> 蘇秦……得《太公陰符》之謀，伏而誦之，簡練以爲揣摩。

《陰符》是太公兵法。則縱橫家思想與兵家也有一定聯繫。《戰國策》卷二十二《魏策一》記載名家惠施反對以魏合於秦、韓，而辯說於魏惠王之前云：

> 以魏合於秦、韓而攻齊、楚，大事也，而王之群臣皆以爲可。不知是其可也，如是其明耶？而群臣之知術也，如是其同耶？是其可也，未如是其明也。而群臣之知術也，又非皆同也，是有其半塞也。所謂劫主者，失其半者也。

惠施以一種重視計策之辯智方式與主張以魏合於秦、韓的張儀辯詰，說明縱橫家與名家在辯說方面之密切關係。《戰國策》卷一《東周》記載杜赫以應重用景翠說周王云：

> 譬之如張羅者，張於無鳥之所，則終日無所得矣；張於多鳥處，則又駭鳥矣；必張於有鳥無鳥之際，然後能多得鳥矣。今君將施於大人，大人輕君；施於小人，小人無可以求，又費財焉。君必施於今之窮士，不必且爲大人者，故能得欲矣。

杜赫爲圖窮士進身，以巧辯於有無之間的方法說周王，明顯的有老子思想的影跡在。所以《漢書》卷六十四《主父偃傳》說：“學長短縱橫術”服虔注云：“蘇秦法百家書說也。”即說明長短縱橫之術乃集百家學說而成，並非僅得鬼谷子之秘傳。

縱橫家之政治主張，與法家之重耕戰不同，與儒家之修仁義也不同，而是注重於外交和與其他國家縱橫捭闔之關係上。如《戰國策》卷十九《趙策二》記載蘇秦說趙王云：

> 爲大王計，莫若安民無事，請無庸有爲也。安民之本，在於擇交。擇交而得則民安，擇交不得則民終身不得安。

蘇秦把擇交看作安民之本，可見縱橫家對外交何等重視了。他們
集中全力於外交力量之排拒與結合，以期達到保國安民之治效。
《秦策一》即記述蘇秦相趙後之情況說：

> 當此之時，天下之大，萬民之衆，王侯之威，謀臣之權，皆
> 欲決於蘇秦之策。不費斗糧，未煩一兵，未戰一士，未絕一弦，
> 未折一矢，諸侯相親，賢於兄弟。夫賢人在而天下服，一人用
> 而天下從。故曰：式（用）於政，不式於勇；式於廊廟之内，不
> 式於四境之外。

總之，他們認爲通過擇交，不煩一兵，不折一卒，即可使萬民安樂，
國家大治。從這一政治主張之需要出發，在處理國與國的關係上，
他們特別重視策略的運用，認爲策略是決定一切的因素。如《秦策
二》記載陳軫説秦王云：

> 計者事之本也，聽者存亡之機。計失而聽過，能有國者寡
> 也。故曰：計有一二者難悖也，聽無失本末者難惑。

他認爲定計策是處理國事之根本，聽意見是國家存亡之關鍵。計
失、聽過就可能導致身死國亡之悲慘結局。這種觀點，在記述具體
歷史事件中得到充分體現。如《秦策二》記載楚懷王誤信張儀“使
秦王獻商於之地，方六百里”之謊言，與齊絕交，而不聽陳軫賂秦伐
齊之計，受騙後，惱羞成怒，舉兵伐秦，結果“大敗於杜陵”。對此
作者評論説：

> 計失於陳軫，過聽於張儀。

把失敗的原因歸之於“計失”與“過聽”。又《韓策一》記載秦與韓
交戰，韓明勸韓王以一名都賂秦，使秦與韓共同伐楚。陳軫向楚王
獻計，令其僞裝救韓，騙取韓王的信賴，以離間秦、韓關係。韓明識

破陳軫的陰謀，向韓王進說，韓王不聽，遂與秦絕交，"秦果大怒，興師與韓氏戰於岸門，楚救不至，韓氏大敗"。對此，作者評論說：

> 韓氏之兵非削弱也，民非蒙愚也，兵爲秦禽，智爲楚笑，過聽於陳軫，失計於韓明也。

同樣把失敗的原因歸之於"計失"與"過聽"。可見縱橫家在處理國與國的關係方面把計策置於何等高的地位，認爲計策正確與否是國家興衰、存亡之所繫了。

縱橫家在處理事務時，還十分重視審時度勢，認爲審時度勢是事件成功之首要條件。如《齊策五》記載蘇秦說齊閔王云：

> 臣聞用兵而喜先天下者憂，約結而喜主怨者孤。夫後起者藉也，而遠怨者時也。是以聖人從事，必藉於權而務興於時。夫權藉者萬物之率也，而時勢者百事之長也。故無權藉，倍（背）時勢，而能事成者寡矣。

他認爲處理事務必須權宜、乘時，此乃"萬物之率"、"百事之長"，否則便一事無成。這種觀點，在記述歷史事件時也反復陳述着。如《楚策四》記載虞卿勸春申君趁楚王年歲已高之際應早定封地說：

> 今燕之罪大而趙怒深，故君不如北兵以德趙，踐亂燕，以定身封，此百代之一時也。

又《楚策一》記載策士江乙向安陵君獻策，令其對楚王表示"必請從死，以身爲殉"，以鞏固其在楚國之地位。安陵君欣然接受了他的計策，但三年"未得間也"。其後，楚王游於雲夢之澤，樂極仰天而嘆曰："樂矣，今日之游也，寡人萬歲千秋之後，誰與樂此矣？"安陵君伺機泣數行下，進言云："願得以身試黃泉，蓐螻蟻，又何如得

此樂而樂之。"表示自己願從死,與楚王同此樂。對此,作者評論説:

> 江乙可謂善謀,安陵君可謂知時矣。

又《宋衛策》記載衛人迎新婦,新婦講了三句話:令僕人鞭笞借用之驂馬,以免勞苦自己之服馬;令送親者回去滅爐竈,以免失火;令將室内之曰移至窗下,以免妨礙走路。對此,作者評論説:

> 此三言者,皆要言也,然而不免爲笑者,蚤晚之時失也。

這三句話皆非新婦所宜言,因此引起人們的譏笑。此爲一件生活趣事,所以喻臣僚當言而不言,乃失忠;不當言而言,則身危。故云"蚤晚之時失也"。這些事例都説明處理一切事務,皆應把握時機,不能絲毫疏忽。所謂"聖人不能爲時,時至而弗失"(《秦策三》),説明時機乃客觀存在,聖人也不能造時,具有特殊意義的某一時機是極其難得的,絶對不應當把它失去,因爲它是決定事情成敗的契機。

縱橫家在推行其策略時,還主張尚賢使能,強調了賢人在其中之作用。《楚策四》記載"客"説春申君云:

> 昔伊尹去夏入殷,殷王而夏亡。管仲去魯入齊,魯弱而齊強。夫賢者之所在,其君未嘗不尊,國未嘗不榮也。

認爲賢者當政,足可尊君榮國。可見賢者在治理國家中之重要性。但是,縱橫家之所謂賢者,並非指具有倫理道德觀念的曾參、尾生、伯夷等,他們認爲"信如尾生"、"廉如伯夷"、"孝如曾參",不過是"所以自爲也,非所以爲人也。皆自覆之術,非進取之道也"。他們的願望是"去自覆之術,而謀進取之道"(《燕策一》)。可見,縱橫家之所謂賢者,是指那些具有"奇策異智"之人,那些巧於辯説,善於長短傾側之術之人。如《宋衛策》記載智伯要伐衛,卻先贈送衛國"野馬四百,白璧一",衛君很高興。南文子則勸諫説:"無功之賞,無力之禮,不可不察也。"意謂大國向小國送禮,違反常規,必有所圖,應當戒備。衛君將南文子的意見告知邊境,邊境之人加強防衛。智伯果然興兵伐衛,然至邊境而還曰:

> 衛有賢人,先知吾謀也。

作者贊揚了南文子之智謀、遠見和料事如神之精神。又《魏策一》記載公叔痤病殆時向前去探病的魏惠王推薦自己的接任者説:"痤有御庶子(家臣)公孫鞅,願王以國事聽之也。"惠王不聽,反以其説爲"悖"。公叔痤死,公孫鞅西之秦,秦孝公用之,文章接着寫道:

> 秦果日以强,魏日以削。此非公叔之悖也,惠王之悖也。

作者批評了魏惠王之愚蠢,贊揚了公叔痤之善於識別人才。又《秦策五》記載趙國不用司空馬而亡於秦,作者評論説:

> 趙去司空馬而國亡。國亡者,非無賢人,不能用也。

説明不任用賢人,會給國家造成何等嚴重的危害。這類例子很多,不勝枚舉。要之,縱橫家高度肯定了進賢的重要意義。

由於縱橫家重視奇策異智,強調審時度勢,肯定舉賢任能,所以在外交活動中似乎把天下大事都運於心中,能够轉禍爲福,轉危爲安,翻雲復雨,隨心所欲,達到蔡澤所謂"計不下席,謀不出廊廟,坐制諸侯,利施三川"(《秦策三》)之目的。

縱橫家大都出身於"鄙人"、"賤人"、"草鄙之人"、"羈旅之臣",在劇烈變化的社會中登上政治舞臺,並在政治鬥爭中發揮了重要作用。他們是當時很有實力的一派人物,他們的政治主張代表着戰國末期新興起的商人階級的思想要求。

二、縱橫家之散文

縱橫家之政治思想,除以上所述,沒有更多值得肯定的地方。但他們文章的成就卻遠遠高於他們的政治思想。前人也有見於此,宋人李文叔在其《書戰國策後》中即説:

> 《戰國策》所載,大抵皆縱橫捭闔譎狂相輕傾奪之説也。其事淺陋不足道,然而人讀之,則必向其説之工,而忘其事之陋者,文辭之勝移之而已。(見四部叢刊《戰國策》附錄)

其中除了對《國策》之記事貶斥過分外,對其文辭之美的贊揚則是完全符合實際的。縱橫家之文章,較之以論説爲主的諸子散文,它長於記事,較之以記事爲主的歷史散文,它長於記言,根據辯説之需要,它把記事、記言二者結合起來,形成自己的特點。

縱橫家之辯説都不是以直接的方式出現的,往往是引類譬喻,借動物、植物、人和生活中習見之其他事物爲喻,循序漸進地達到規勸的目的。如《楚策四》記載莊辛説楚襄王云:

> 莊辛對曰:"臣聞鄙語曰:'見兔而顧犬,未爲晚也;亡羊而補牢,未爲遲也。'臣聞昔湯、武以百里昌,桀、紂以天下亡。今楚國雖小,絶長續短,猶以數千里,豈特百里哉?
>
> "王獨不見夫蜻蛉乎?六足四翼,飛翔乎天地之間,俛啄蚉蝱而食之,仰承甘露而飲之,自以爲無患,與人無爭也。不知夫五尺童子,方將調鈆膠絲,加己乎四仞之上,而下爲螻蟻食也。
>
> "蜻蛉其小者也。黃雀因是以。俯噣白粒,仰棲茂樹,鼓

翅奮翼，自以爲無患，與人無爭也。不知夫公子王孫，左挾彈，右攝丸，將加己乎十仞之上，以其類爲招。晝游乎茂樹，夕調乎酸醎，倏忽之間，墜於公子之手。

"夫雀其小者也，黃鵠因是以。游乎江海，淹乎大沼，俯噣鱔鯉，仰嚙陵衡，奮其六翮，而凌清風，飄搖乎高翔，自以爲無患，與人無爭也。不知夫射者，方將脩其碆盧，治其繒繳，將加己乎百仞之上。被礛磻，引微繳，折清風而抎矣。故晝游乎江河，夕調乎鼎鼐。

"夫黃鵠其小者也，蔡聖侯之事因是以。南游乎高陂，北陵乎巫山，飲茹谿流，食湘波之魚，左抱幼妾，右擁嬖女，與之馳騁乎高蔡之中，而不以國家爲事。不知夫子發方受命乎宣王，繫己以朱絲而見之也。

"蔡聖侯之事其小者也，君王之事因是以。左州侯，右夏侯，輦從鄢陵君與壽陵君，飯封祿之粟，而戴方府之金，與之馳騁乎雲夢之中，而不以天下國家爲事。而不知夫穰侯方受命乎秦王，填黽塞之內，而投己乎黽塞之外。"

襄王聞之，顏色變作，身體戰慄。於是乃以執珪而授之爲陽陵君，與淮北之地。

莊辛針對楚頃襄王"淫逸侈靡，不顧國政"而進諫，說明君如此行徑將遭殺身之禍。他運用了四種譬喻，即蜻蜓因爲無所事事，而被五尺之童所黏捕；黃雀由於同樣的原因，被王孫公子所射殺；黃鵠也被射者用網羅捕獲；蔡聖侯因放蕩、逸樂，被楚大夫子發用繩索捆縛。此四種譬喻，由小到大，逐漸過渡到楚頃襄王本身，指出他之所作所爲，導致了"穰侯方受命乎秦王，填黽塞之內，而投己乎黽塞之外"的危險境地。文章形象生動，引喻諧調，行文舒緩，說理充分，最終達到匡君濟時之效果。這種文字誠如王覺《題戰國策》所説：“辨麗横肆,亦文辭之最。”(見四部叢刊《戰國策》附錄)又《齊策一》記述鄒忌諷齊王納諫,他以其妻、妾、客之所以美譽自己,皆因其偏愛、畏懼和有求於自己爲喻,來規勸齊威王,指出“宫婦左右,莫不私王;朝廷之臣,莫不畏王;四境之内,莫不有求於王。由此觀之,王之蔽甚矣”,使齊威王認識到有被諂媚蒙蔽之危險,因而廣開言路。文章所以爲喻的都是人們切身體驗之生活趣事,没有正面講甚麽道理,全部都是譬喻。譬喻得貼切、深刻、有説服力。

縱横家之辯説由引類譬喻進一步擴大、發展,便成爲寓言了。由於縱横家游説之對象多屬庸主暴君,爲了免禍,其游説方式均迂迴曲折。因此,寓言之巧妙運用便成普遍之文學手法了。劉知幾在《史通》卷六《言語》中説:“戰國虎争,馳説雲湧,人持弄丸之辯,家挾飛鉗之術,劇談者以譎誑爲宗,利口者以寓言爲主。”即説明寓言之形式在縱横家文章中占有重要地位。如《楚策一》記載江乙回答楚宣王“北方之畏昭奚恤”之問時,講了如下一個故事:

> 虎求百獸而食之,得狐。狐曰:“子無敢食我也。天帝使我長百獸,今子食我,是逆天帝命也。子以我爲不信,吾爲子先行,子隨我後,觀百獸之見我而敢不走乎?”虎以爲然,故遂與之行。獸見之皆走。虎不知獸畏己而走也,以爲畏狐也。今王之地方五千里,帶甲百萬,而專屬之昭奚恤;故北方之畏奚恤也,其實畏王之甲兵也,猶百獸之畏虎也。

江乙用狐假虎威的故事以寓昭奚恤之所以爲北方畏懼之原因,生動形象地揭示了昭奚恤假他人之力以炫耀自己的卑劣行徑。又《燕策二》記載趙將伐燕,蘇代也以一段故事説趙惠王云:

> 今者臣來,過易水,蚌方出曝,而鷸啄其肉,蚌合而箝其喙。鷸曰:“今日不雨,明日不雨,即有死蚌。”蚌亦謂鷸曰:

"今日不出,明日不出,即有死鷸。"兩者不肯相舍,漁者得而并禽之。今趙且伐燕,燕、趙久相攻,以敝大衆,臣恐强秦之爲漁父也。

他以鷸、蚌相爭,漁父得利爲寓,説服趙惠王不應伐燕,以免强秦坐收其利。故事比喻貼切,文理顯豁,達到止趙伐燕之效。又《齊策三》記載蘇秦以鬼事勸阻孟嘗君入秦云:

今臣來,過於淄上,有土偶人與桃梗相與語。桃梗謂土偶人曰:"子,西岸之土也,挺子以爲人,至歲八月,降雨下,淄水至,則汝殘矣。"土偶曰:"不然,吾西岸之土也,土則復西岸耳。今子,東國之桃梗也,刻削子以爲人,降雨下,淄水至,流子而去,則子漂漂者將何如耳。"今秦四塞之國,譬若虎口,而君入之,則臣不知君所出矣。

蘇秦以桃梗與土偶人對話,以傅會事理。一者被淄水融解,仍歸本土;一者被水冲去,不知漂流到何方。所以勸誡孟嘗君不要離開本土到秦國去。寓意深刻,並含哲理性。

　　這類寓言在縱橫家的文章中俯拾皆是,大都即事編撰,獨出心裁,比附現實,以表達情意,用具體的形象概括抽象的道理,表現了極强的藝術力量。

　　縱橫家之言辭,爲了説服對方,往往危言聳聽,誇飾其優點以利誘之,申斥其缺點以威逼之。因此,其文章敷張揚厲,恢宏奇偉。章學誠《文史通義》內篇一《詩教上》云:"縱橫之學……其辭敷張而揚厲,變其本而加恢奇焉,不可謂非行人辭令之極也。"即指出其這方面之特點。如《趙策三》記載魯仲連反對尊秦王爲帝,陳述尊秦爲帝之害云:

昔齊威王嘗爲仁義矣,率天下諸侯而朝周。周貧且微,諸侯莫朝,而齊獨朝之。居歲餘,周烈王崩,諸侯皆弔,齊後往。周怒,赴於齊曰:"天崩地坼,天子下席。東藩之臣田嬰齊後至,則斮之。"威王勃然怒曰:"叱嗟,而母婢也。"卒爲天下笑。故生則朝周,死則叱之,誠不忍其求也。彼天子固然,其無足怪。……昔者,鬼侯、鄂侯、文王,紂之三公也。鬼侯有子而好,故入之於紂,紂以爲惡,醢鬼侯,鄂侯爭之急,辨之疾,故脯鄂侯。文王聞之,喟然而歎,故拘之於牖里之庫,百日而欲令之死。曷爲與人俱稱帝王,卒就脯醢之地也?齊閔王將之魯,夷維子執策而從,謂魯人曰:"子將何以待吾君?"魯人曰:"吾將以十太牢待子之君。"夷維子曰:"子安取禮而來待吾君?彼吾君者,天子也。天子巡狩,諸侯避舍,納於筦鍵,攝衽抱几,親膳於堂下,天子已食,退而聽朝也。"魯人投其籥,不果納。不得入於魯,將至薛,假塗於鄒。當是時,鄒君死,閔王欲入弔。夷維子謂鄒之孤曰:"天子弔,主人必將倍殯柩,設北面於南方,然後天子南面弔也。"鄒之群臣曰:"必若此,吾將伏劍而死。"故不敢入於鄒。鄒、魯之臣,生則不得事養,死則不得飯含。然且欲行天子之禮於鄒、魯之臣,不果納。今秦萬乘之國,梁亦萬乘之國。交有稱王之名,睹其一戰而勝,欲從而帝之,是使三晉之大臣不如鄒、魯之僕妾也。

魯仲連所謂秦稱帝之害,主要在天下帝王都不屬其求,臣民們不能滿足其要求,終將被殺害。他列舉了周烈王之責齊威王,殷紂王之醢鬼侯、脯鄂侯、拘文王,齊閔王之欲僕妾鄒、魯等。最後歸結到秦王:"且秦無已而帝,則且變易諸侯之大臣。彼將奪其所謂不肖,而予其所謂賢;奪其所憎,而與其所愛。彼又將使其子女讒妾爲諸侯妃姬,處梁之宮,梁王安得晏然而已乎?"文章肆意地誇張鋪陳,有張有弛,有開有合,把尊秦爲帝之害寫盡了,以致使人們"不敢復言帝秦”，成爲必然的邏輯。又《齊策四》記載趙威后問齊使者一段，也很具特色，如：

> 齊王使使者問趙威后。書未發，威后問使者曰：“歲亦無恙耶？民亦無恙耶？王亦無恙耶？”使者不説，曰：“臣奉使使威后，今不問王，而先問歲與民，豈先賤而後尊貴者乎？”威后曰：“不然。苟無歲，何有民？苟無民，何有君？故有問舍本而問末者耶？”乃進而問之曰：“齊有處士曰鍾離子，無恙耶？是其爲人也，有糧者亦食，無糧者亦食；有衣者亦衣，無衣者亦衣。是助王養其民也，何以至今不業也？葉陽子無恙乎？是其爲人，哀鰥寡，卹孤獨，振困窮，補不足。是助王息其民者也，何以至今不業也？北宫之女嬰兒子無恙耶？徹其環瑱，至老不嫁，以養父母。是皆率民而出於孝情者也，胡爲至今不朝也？此二士弗業，一女不朝，何以王齊國，子萬民乎？於陵子仲尚存乎？是其爲人也，上不臣於王，下不治其家，中不索交諸侯。此率民而出於無用者，何爲至今不殺乎？

全文從提問展開，通過一系列提問表述了趙威后以民爲本和選賢任能的政治思想，同時揭露齊王之賢否不明，不能够治國安民。凡十三問，每一問句法都不同，變幻多端，全在虛字處傳神。最後一問“尚存乎”、“何爲至今不殺乎”，一反前數問之爲賢者鳴不平，而發洩對無所作爲者的憤恨，使文氣一振，文章更具波瀾。

　　總之，《戰國策》之文章具有時代特點，其辯麗恣肆之文風，雄隽華瞻之文采，正是那縱横捭闔時代特點的體現，於文辭語言之運用方面達到新水平。其影響後代文學者至大，特别是對辭賦、駢體文的産生起着促進作用。章學誠在《文史通義》内篇一《詩教下》説：“賦家者流，縱横之派别而兼諸子之餘風。”又《文史通義》内篇一《詩教上》説："京都諸賦，蘇、張縱橫六國侈陳形勢之遺也；《上林》、《羽獵》，安陵之從由龍陽以同釣也。"這都説明賦家之寫作與縱橫家之文章是一脉相承的。如《齊策一》記載蘇秦説齊王合縱云：

> 齊南有太山，東有琅邪，西有清河，北有渤海，此所謂四塞之國也。齊地方二千里，帶甲數十萬，粟如丘山。齊車之良，五家之兵，疾如錐矢，戰如雷電，解如風雨。即有軍役，未嘗倍太山、絶清河、涉渤海也。臨淄之中七萬户，臣竊度之，下户三男子，三七二十一萬，不待發於遠縣，而臨淄之卒，固已二十一萬矣。臨淄甚富而實，其民無不吹竽、鼓瑟、擊筑、彈琴、鬥雞、走犬、六博、蹹踘者；臨淄之途，車轂擊，人肩摩，連衽成帷，舉袂成幕，揮汗成雨；家敦而富，志高而揚。夫以大王之賢與齊之强，天下不能當。今乃西面事秦，竊爲大王羞之。

蘇秦爲了説服齊宣王，極力誇張臨淄之勝。文字不但瑰麗，而且善於譬喻，並注重字句的錘煉，很近似駢體文，若再用韻便成爲一篇完整的賦了。又《秦策一》記載蘇秦以連橫説秦王云：

> 古者使車轂擊馳，言語相結，天下爲一；約縱連橫，兵革不藏；文士並飭，諸侯亂惑；萬端俱起，不可勝理；科條既備，民多僞態；書策稠濁，百姓不足；上下相愁，民無所聊；明言章理，兵甲愈起；辯言偉服，戰攻不息；繁稱文辭，天下不治；舌弊耳聾，不見成功；行義約信，天下不親。於是，乃廢文任武，厚葬死士，綴甲厲兵，劾勝於戰場。夫徒處而致利，安坐而廣地，雖古五帝、三王、五伯、明主賢君，常欲坐而致之，其勢不能，故以戰續之。寬則兩軍相攻，迫則杖戟相撞，然後可建大功。

蘇秦説秦國不要用文士治國，應當用武力經營天下。文字並列排比,誇飾形容,極盡鋪張揚厲之能事,而又幾乎每句有韻。這已經初具賦的形式了。漢初縱橫家陸賈的賦即源於此。此外,賈誼、鼂錯、司馬遷、蘇洵、蘇軾的散文也受其影響很大。賈誼之《治安策》、《論積貯疏》,鼂錯之《論貴粟疏》等奏疏策論在形式上皆取法於戰國縱橫家的文章。司馬遷《史記》中之列傳,也采取了不少"權變"故事,《六國年表序》說:"然戰國之權變亦有可頗采者。"在描寫方法上也多所吸收。蘇洵、蘇軾文章之汪洋恣肆和馳騁論辯的特點,更明顯地得力於《戰國策》。

第六節　雜家之散文

先秦諸子之學說本來是極其鮮明、彼此尖銳對立着的。但是,隨着政治上大一統局面之開始形成,他們之間相互摩蕩,撞擊,使其鋒棱和鮮明性消磨殆盡了,而蛻變其原形,逐漸接近、混合,形成了思想界的混一形態。呂不韋及其《呂氏春秋》便是這種思想大混合的産物。《審分覽・不二》云:"齊萬不同,愚智工拙,皆盡力竭能,如出乎一穴。"即表明其融匯百家於一之意圖。這種百家九流之混合,也就成爲雜家。《漢書》卷三十《藝文志》云:

> 雜家者流,蓋出於議官,兼儒、墨,合名、法,知國體之有此,見王治之無不貫,此其所長也。及盪者爲之,則漫羨而無所歸心。

班固謂雜家"出於議官",則未必然,但謂其"兼儒、墨,合名、法",確是事實。呂不韋確是集合衆門客綜合各家學說而成其《呂氏春秋》的。

一、雜家之創始人呂不韋

關於呂不韋之生平事跡，主要見於《史記》卷八十五《呂不韋列傳》和《戰國策》卷三《秦策五》等。綜合這些史料的記載，我們可以得出以下的認識：他原來是濮陽人，由於經商而家累千金，成爲陽翟大賈。又其經商至趙國都城邯鄲，見到了爲質於趙的秦國之諸庶孼孫子楚，認爲“奇貨可居”，便以金錢令子楚游於賓客，並自以奇物玩好獻給安國君之寵姬華陽夫人，使其向安國君進言，立子楚爲嫡子。安國君欣然允諾，遂厚饋子楚，並令呂不韋傅之。呂不韋從此由經營商業走上政治舞臺。

秦昭王五十六年死，太子安國君立爲王，華陽夫人爲王后，子楚遂爲太子。安國君即位一年而死，太子子楚代立，是爲莊襄王。呂不韋被任命爲丞相，封文信侯，“食藍田十二縣”(《戰國策》卷三《秦策五》)，繼之又“食河南雒陽十萬户”(《史記》卷八十五《呂不列韋列傳》)，之後又得燕之河間十城爲封地(《戰國縱橫家書》二五)，可謂盛極一時。他的政治投機成功了。

莊襄王即位三年便死了。太子政立爲王，尊呂不韋爲相國，號稱“仲父”。秦王政即位時僅十三歲，因此政權全操在呂不韋手中。同時宦官嫪毐受秦王政母(太后)之寵幸，封爲長信侯，又“事皆決於嫪毐”(《史記》卷八十五《呂不韋傳》)。如此，則秦國宮廷存在着呂氏和嫪氏兩大政治勢力的鬥爭。下至駕使車馬的小吏都在說：“與嫪氏乎？與呂氏乎？”(《戰國策》卷八《魏策四》)他們的鬥爭左右着秦國的命運。秦始皇九年，始皇已經二十二歲了。秦國之制度，國君二十二歲行冠禮，纔得親理政務。這一年，始皇自咸陽到舊都雍去行冠禮(因爲這種儀式要在宗廟裏舉行)，嫪毐在雍發動了武裝叛亂，秦始皇誅嫪毐並夷其三族。呂不韋受株連，次年免其相國,令他出居食邑河南。而六國使者及賓客暗中仍與其往來。秦始皇"恐其爲變",又令其遷至蜀郡。吕不韋"自度稍侵,恐誅,乃飲酖而死"(《史記》卷八十五《吕不韋列傳》),吕不韋自莊襄王元年到始皇十年任宰相凡十餘年,在他執政期間繼續推行了秦國傳統的耕戰拓土政策,如進行兼併六國的戰爭,取得了不少三晉土地,建立了三川郡、太原郡和東郡,形成了包圍三晉,有利於各個擊破的局面等,此外,没有甚麽新的政績可言。值得注意的是他編撰的《吕氏春秋》,這部書具有鮮明的政治意義和較高的文學價值。《史記》卷八十五《吕不韋列傳》記載其編撰此書的緣起説:

> 當是時,魏有信陵君,楚有春申君,趙有平原君,齊有孟嘗君,皆下士喜賓客以相傾。吕不韋以秦之强,羞不如,亦招致士,厚遇之,至食客三千人。是時諸侯多辯士,如荀卿之徒,著書布天下。吕不韋乃使其客人人著所聞,集論以爲八覽、六論、十二紀,二十餘萬言。以爲備天地萬物古今之事,號曰《吕氏春秋》。布咸陽市門,懸千金其上,延諸侯游士賓客有能增損一字者予千金。

司馬遷認爲吕不韋編撰此書之目的在於想與列國四公子比賽,恐怕未必然。但謂吕不韋"使其客人人著所聞"而"集論"成書,應當是事實。我們認爲,這部書的編撰有其政治意義。這,可以從其《序意》篇進行考察。《序意》之殘文云:

> 維秦八年,歲在涒灘(歲名),秋甲子朔。朔之日,良人(鄉大夫)請問十二紀。文信侯曰:嘗得學黄帝之所以誨顓頊矣:"爰有大圜(指天)在上,大矩(指地)在下,汝能法之,爲民父母。"蓋聞古之清世,是法天地。凡十二紀者,所以紀治亂存亡也,所以知壽夭吉凶也。上揆(度也)之天,下驗之地,中審

之人,若此,則是非可不可無所遁矣。天曰順(運行),順維生;地曰固,固維寧;人曰信,信維聽。三者咸當,無爲而行。行也者,行其理(數也)也。行其數,循其理,平其私。夫私視使目盲,私聽使耳聾,私慮使心狂。三者皆私設,精則智無由公。智不公,則福日衰,災日隆。以日倪而西望知之。(以下可能是其他篇章之錯簡)

《序意》即書之序言,是全書之總綱。它說明了此書的編撰年代、體例和基本內容。其中冠以"文信侯曰",意謂書雖非出於呂不韋之手筆,卻記載了呂不韋的言論,包含着呂不韋的思想觀點。書成於秦始皇八年,其中雖然雜取百家九流,但其"法天地"、"無爲而行"、崇"公"卑"私"云云,則明顯是黃老的道德思想,説明呂不韋有意畸重於道家。又高誘《呂氏春秋序》説:

> 不韋乃集儒書(應爲"者"字之誤書)使著其所聞,爲十二紀、八覽、六論,訓解各十餘萬言。……然此書所尚,以道德爲標的,以無爲爲綱紀,以忠義爲品式,以公方爲檢格,與孟軻、孫卿、淮南、揚雄相表裏也。

也認爲《呂氏春秋》以道家之"道德"、"無爲"爲內容,以儒家之"忠義"、"公方"爲形式。從全書的具體表現看,道家的思想確實不讓於儒家。高誘的論述是符合實際的。那麼秦國當時的政治思想情況如何呢? 秦自孝公時期即采用了商鞅的法治精神,到秦始皇時始終未變,並又益之以韓非的法治主張,以"嚴刑峻法"治理天下。《呂氏春秋》成書之年,秦始皇二十一歲,適當其親理政務之前夕。呂不韋將其書"布咸陽市門",延諸侯、游士、賓客提意見,不應當是僅僅推敲文字,更重要的是想以自己的學說與秦始皇相對抗,使自己的學說定於一尊,成爲統一天下的輿論工具。這一點，他在《孟夏紀·用衆》中講得很清楚，他説：

> 物固莫不有長，莫不有短，人亦然。故善學者，假人之長
> 以補短。故假人者，遂有天下。……天下無粹白之狐，而有粹
> 白之裘，取之衆白也，夫取於衆，此三皇五帝之所以大立功
> 名也。

這是説他的《呂氏春秋》是綜合各家學説之長處而成，即所謂“假
人之長以補短”，所謂“取於衆”。認爲只有如此，才能“大立功
名”，“遂有天下”。這就是他編制《呂氏春秋》的真正意義。

二、雜家之代表作《呂氏春秋》

《呂氏春秋》是在一個有完整計劃有統一思想體系的情況下
編制而成的。全書分十二紀、八覽、六論三部分。十二紀是全書之
主旨所在。由於本書的編制是以“法天地”爲基礎的，而十二紀即
“大圜在上”之天，所以將其列於全書之首，用以綱領全書。十二
紀每紀之第一篇同於《禮記·月令》，每紀五篇，凡六十篇。其末
尾附《序意》一篇，係殘文。八覽每覽應當是八篇，但《有始覽》僅
七篇，顯然是失落一篇，凡六十三篇。首列《有始覽》，從天地開闢
叙起，以統攝八覽。六論每論六篇，凡三十六篇。首列《開春》，謂
物之相應，與八覽之第二篇《應同》相應。全書共一百六十篇，從
體例上看，紀、覽、論編排得極其整齊，從内容上看，也自成體系，雖
然由於出自衆人之手，不免有牴牾之處。

《呂氏春秋》在政治傾向上是與秦始皇對立的，全書的基本思
想是或明或暗地在譏諷、譴責和批判秦始皇。如其譏諷秦始皇不
禮遇賢士，不任用賢士，《孝行覽·本味》云：

> 雖有賢者，而無禮以接之，賢奚由盡忠？

又《開春論·察賢》云：

> 故賢者之致功名也必乎良醫，而君人者不知疾求，豈不過哉？

揭露秦始皇不瞭解賢能者對治國之重要性，不但不求訪，而且對之倨傲無禮。其嘲笑、譴責秦始皇之愚蠢、昏庸、凶狠、殘暴等，如《審分覽·任數》云：

> 十里之間，而耳不能聞；帷牆之外，而目不能見；三畝之宮，而心不能知；其以東至開梧，南撫多鷃，西服壽靡，北懷儋耳，若之何哉？

《任數》講耳目心知不足任，講"清淨公素"、"無知無爲"。這裏暗喻秦始皇之昏庸、愚昧，咫尺之間的事，都不瞭解，何暇顧及安撫邊區民族呢？又《孟秋紀·懷寵》云：

> 子之在上無道據（與"倨"通）傲，荒怠貪戾，虐衆恣睢自用也。辟遠聖制，謷醜先王，排訾舊典，上不順天，下不惠民，徵斂無期，求索無厭，罪殺不辜，慶賞不當，若此者，天之所誅也，人之所讎也，不當爲君。

《懷寵》講攻伐寢兵。這裏隱喻秦始皇之累累暴行。他不遵聖制，詆毀舊典，暴戾恣睢，誅求無已，不配爲人君，而應當天誅地滅。《呂氏春秋》不但譴責了秦始皇，對秦之先公先王也有所貶斥。如《先識覽·悔過》指斥秦繆公："智不至也。"《先識覽·去宥》譏刺秦惠王："今惠王之老也，形與智皆衰也。"《季冬紀·不侵》譴責秦昭王："不好士。"如此等等，歷數其缺點、過錯。在極端專制主義時代，敢於如此大膽地顯露君過，確是難能可貴的。

　　《呂氏春秋》不但直接譴責秦始皇的缺點和過失，而且通過表

述自己的正面政治主張以貶斥秦始皇之倒行逆施。如主張天下爲公,反對君主專制。《孟春紀·貴公》云:

> 昔先聖王之治天下也,必先公,公則天下平矣。平得於公。……天下,非一人之天下,天下之天下也。

又《恃君覽·恃君》云:

> 置君非以阿君也,置天子非以阿天子也,置官長非以阿官長也。德衰世亂,然後天子利天下,國君利國,官長利官。此國所以遞興遞廢也,亂難之所以時作也。

他認爲人君之置,所以利天下,非"貪戾而求王",若行所私,阿所愛,動亂隨時會發生。要之,天下之治亂,關鍵在人君是否以天下爲公。他又主張重民意,反對殘民、擾民。《季秋紀·順民》云:

> 先王先順民心,故功名成。……故凡舉事必先審民心,然後可舉。

《開春論·愛類》云:

> 賢人之不遠海內之路而時往來乎王公之朝,非以要利也,以民爲務故也。人主有能以民爲務者,則天下歸之矣。

《孟秋紀·懷寵》云:

> 暴虐奸詐之與義理反也,其勢不俱勝,不兩立。

他認爲人君之治國,凡事必先審民心,以民爲務。民心之向背關乎國家之成敗。他還主張無爲而治,以反對煩苛之政舉。《審分覽·君守》云:

> 大聖無事而千官盡能。……故善爲君者無識,其次無事,

有識則有不備矣，有事則有不恢矣。不備不恢，此官之所以
疑，而邪之所從來也。

又《似順論・分職》云：

> 夫君也者，處虛素服而無智，故能使衆智也。智反無能，
> 故能使衆能也。能執無爲，故能使衆爲也。無智、無能、無爲，
> 此君之所執也。

他認爲"無爲"而民自化，"好靜"而民自正，"無事"而民自富，"無
欲"而民自樸。一切巧詐之事，皆由心智產生，所以要"無知"、"棄
智"。應當說這都是針對着秦始皇在政治上的騷亂攪擾、倒行逆施
提出來的。《離俗覽・用民》說："不得造父之道，而徒得其威，無
益於御。人主之不肖者有似於此。"便直接指向秦始皇的專制統
治。前人已有見於此，明方孝孺即說：

> 然其書誠有足取者。其《節喪》、《安死》篇，識厚葬之弊；
> 其《勿躬》篇，言人君之要在任人；《用民》篇，言刑罰不如德
> 禮；《達爵》、《分職》篇，皆盡君人之道，切中始皇之病；其後，
> 秦卒以是數者僨敗亡國。非知幾之士，豈足以爲之哉？……
> 世之謂嚴酷者，必曰秦法。而爲相者，乃廣致賓客以著書，書
> 皆詆訾時君爲俗主，至數秦先王之過無所憚。若是者，皆後世
> 之所甚諱，而秦不以罪。嗚呼！然則秦法猶寬也。（《遜志齋
> 集・讀呂氏春秋》）

秦法並非真寬，而《呂氏春秋》之譏刺秦政確是事實，其政治思想
意義正在於此。

《呂氏春秋》十分重視音樂的作用，《仲夏紀》中之《大樂》、
《侈樂》、《適音》、《古樂》、《季夏紀》中之《音律》、《音初》、《制樂》

諸篇都是討論音樂問題的。如《大樂》云：

> 凡樂，天地之和，陰陽之調也。始生人者天也。人無事
> 焉，天使人有欲，人弗得不求；天使人有惡，人弗得不辟。欲與
> 惡所受於天也，人不得與焉。不可變不可易。世之學者有非
> 樂者矣，安由出哉？

這當然是針對墨家非樂而發的，但他的正面見解認爲音樂的功用
在輔佐政治，調劑刑律，這是對儒家《樂記》理論的繼承和發揮。
從他對作爲文藝之一種的音樂的看法，我們也可以推論他對整個
文學的看法，必然認爲文學具有重要的政治功能和社會功能了。

《呂氏春秋》的文章也兼采戰國諸家之文的長處，而形成自己
的風格，即樸實明快，善設譬喻，富於雄辯精神。如《慎大覽・察
今》云：

> 上胡不法先王之法？非不賢也，爲其不可得而法。先王
> 之法，經乎上世而來者也，人或益之，人或損之，胡可得而法！
> 雖人弗損益，猶若不可得而法。東夏之命，古今之法，言異而
> 典殊。故古之命多不通乎今之言者，今之法多不合乎古之法
> 者。殊俗之民，有似於此。其所爲欲同，其所爲異。口惛之命
> 不愉，若舟車衣冠滋味聲色之不同。人以自是，反以相誹，天
> 下之學者，多辯言利辭，倒不求其實，務以相毀，以勝爲故，先
> 王之法，胡可得而法？雖可得，猶若不可法。
>
> 凡先王之法，有要於時也，時不與法俱至，法雖今而至，猶
> 若不可法。故擇先王之成法，而法其所以爲法。先王之所以
> 爲法者何也？先王之所以爲法者人也，而己亦人也。故察己
> 則可以知人，察今則可以知古。古今一也，人與我同耳。有道
> 之士，貴以近知遠，以今知古，以益所見知所不見。故審堂下

之陰,而知日月之行、陰陽之變;見瓶水之冰,而知天下之寒、魚鱉之藏也。嘗一脟之肉,而知一鑊之味、一鼎之調。

　　荆人欲襲宋,使人先表澭水,澭水暴益,荆人弗知,循表而夜涉,溺死者千有餘人,軍驚而壞都舍。向其先表之時可導也,今水已變而益多矣,荆人尚猶循表而導之,此其所以敗也。今世之主法先王之法也,有似於此。其時已與先王之法虧矣,而曰此先王之法而法之,以爲治,豈不悲哉!

這是一段講變法理論的文字,文章簡勁有力,論辯邏輯周密,用貼切的譬喻把政治哲學原理生動地表現出來。《呂氏春秋》的文章大都如此,舉一端以概其餘。

　　《呂氏春秋》的出現,標誌着戰國時代百家爭鳴的局面已經結束,綜合、統一的思想開始形成;標誌着文章風格豐富多彩的時代已成過去,混合、劃一的整齊文風即將來臨。所以《呂氏春秋》之成書,有其時代意義。這類雜家著作之編纂,對後世也產生一定影響。漢初的《淮南子》即仿效其體制編制的。

第七節　屈原之辭賦

　　戰國時期的詩歌,在內容和形式上都有新的發展,這種發展正如散文一樣,首先表現在文體的變革上。春秋以前的詩歌如《詩經》,多用整齊的四言體,此期的詩歌由於有音樂來伴奏,因此出現了句法參差不齊而生動活潑的歌辭。這類歌辭之最高成就即屈原之辭賦。《史記》卷八十四《屈原列傳》云:"楚有宋玉、唐勒、景差之徒者,皆好'辭'而以'賦'見稱。"這說明"辭"與"賦"是有區別的。一般地說,"辭"是指戰國時期楚國之韻文,"賦"是指漢統一後的一種非詩非文之特殊文體。就體裁範圍講,"賦"大於"辭",

它可以包括"辭",所以屈原之作品也稱作"屈賦"。事實上二者有血緣關係,很難嚴格地劃分開來。

一、楚辭之定義與淵源

按"楚辭"之名,西漢武帝、宣帝時已經流行。《漢書》卷六十四上《朱買臣傳》云:

> 會邑子嚴助貴幸,薦買臣,召見說《春秋》、言"楚辭",帝甚說之。

又《漢書》卷六十四下《王襃傳》云:

> 宣帝時,修武帝故事,講論六藝群書,博盡奇異之好。徵能爲"楚辭"九江被公,召見誦讀。

當時,"楚辭"已經成爲一種專門學問,且爲帝王所喜愛,並與"六經"並重,可見"楚辭"地位之高了。那麼,甚麼叫"楚辭"呢?陳振孫《直齋書録解題》卷十五《楚辭類》引宋黃伯思《翼騷序》云:

> 屈宋諸騷,皆書楚語,作楚聲,紀楚地,名楚物,故可謂之"楚辭"。若些、只、羌、誶、謇、紛、侘、傺者,楚語也;悲壯頓挫,或韻或否者,楚聲也;沅、湘、江、澧、修門、夏首者,楚地也;蘭、茝、荃、藥、蕙、若、芷、蘅者,楚物也。

黃伯思下的界說可謂準確周備,他全面地概括出"楚辭"之特點。

屈原創作辭賦,可能是采用"賦"特有的調子,又吸取了"南音"而完成的。屈原之前,楚地之風謠叫做"南音"。如《呂氏春秋》卷六《季夏紀・音初》記載塗山氏之女作歌,"實始作爲南音";又《詩經・國風》之《周南》、《召南》即南方之音;再如《左傳・成公九年》記載鍾儀"操南音"，所謂"土風"也。"南音"之廣義爲"南方之音"，其狹義爲"楚聲"。

"楚聲"之名，始見於漢代。《漢書》卷二十二《禮樂志》記載，高祖"樂楚聲"；又漢有三調，其一即"楚調"。"楚聲"之特點，從音調上看，即黄伯思所謂"悲壯頓挫，或韻或否"；從語言上看，即慣用"兮"字，如項羽之《垓下歌》、劉邦之《大風歌》者是。項羽、劉邦没有甚麽文化修養，不過是采取楚地之土風即"楚聲"，形成自己的歌謳的。屈原之作品也慣用"兮"字，證明屈原是以"賦"調歌之，又吸取了"南音"的。

"楚辭"之作，實本於楚地風謡，而由屈原擴展爲長篇巨制。其直接淵源應是《九歌》。《九歌》之來源甚古，相傳夏代已經出現了，當時還只是神話性質的。流傳到戰國，由於楚地巫風極盛，便沾染有濃厚的巫術色彩，成爲祭祀時之巫歌。屈原即根據這類巫歌修改、加工成爲現存之《九歌》。王逸在《楚辭章句》卷二《九歌序》中説：

> 昔楚國南郢之邑，沅、湘之間，其俗信鬼而好祠。其祠，必作歌樂鼓舞以樂諸神。屈原放逐……出見俗人祭祀之禮，歌舞之樂，其詞鄙陋，因爲作《九歌》之曲。

長期以來，人們誤解王逸這段話，認爲王逸視《九歌》爲屈原所作。其實，王逸的意見是屈原嫌棄民間祭祀歌辭之鄙陋，"因爲作《九歌》之曲"。"因"字即説明屈原是在民間祭歌的基礎上加工創作《九歌》的。朱熹進一步補充、發揮了這種觀點，他在《楚辭集注》卷二《九歌序》中説：

> 蠻荆陋俗，詞既鄙俚，而其陰陽人鬼之間，又或不能無褻慢淫荒之雜，原既放逐，見而感之，故頗爲更定其詞，去其泰

甚……

他更明確地説明屈原因民間祭歌“不能無褻慢淫荒之雜”，所以
“頗爲更定其詞，去其泰甚”。我們從今存之《九歌》來看，其中含
有濃厚的巫歌色彩，雖經屈原潤色、修飾，但加工的成分並不多。
屈原加工、修飾之《九歌》也都是合樂的，這一點，前人已經指出
過，如《文心雕龍》卷二《樂府》云：

　　　　延年以曼聲協律，朱（朱買臣）、馬（司馬相如）以騷體
　　制歌。

“騷”體即“楚辭”，含《九歌》。

　　又《宋書》卷二十一《樂志》記載之《楚詞》、《陌上桑》，即鈔
《九歌》之《山鬼》篇。這不但證明屈原加工過的《九歌》是合樂的，
而且到漢朝其調仍在傳唱。

　　綜合以上的論述，我們可以得出以下的結論，即屈原采取楚地
之聲調，將民間祭歌加工、修潤成《九歌》，又由《九歌》演變成《離
騷》、《天問》等宏篇巨幅。我們這樣説，並非肯定《九歌》是屈原早
期之作，《九歌》之流傳與屈原之加工原是兩回事，二者不能混爲
一談。

二、屈原生平之事跡

　　探討屈原生平之事跡，《史記·屈原列傳》應該是最可靠最系
統之資料。但是，今本《屈原列傳》卻存在不少問題，以致使屈原
的生平事蹟前後矛盾，造成研究屈原的種種困難。我們只能根據
自己的研究，作一番梳理。

　　司馬遷《屈原列傳》云：“屈原者，名平。”即謂屈原本名屈平，
原是他的字。他的名和字之得來，是與他的生辰有關係的。《離

騷》云：

> 攝提貞於孟陬兮，惟庚寅吾以降。

意謂當太歲逢寅（舊星曆學上稱爲攝提格）的那年正月（孟陬），又是庚寅那一天，我降生了。根據這個記載，歷代人們對屈原的生年作出各種推算，其中以近人浦江清先生之推算最爲精細，他認爲屈原生在楚威王元年（公元前三三九年）正月十四日（見其《屈原生年月日的推算問題》）。這是可取的。

　　值得注意者爲甚麽這是個美好生辰？並且爲他父親所重視？他在《離騷》中説：

> 皇覽揆余初度兮，肇錫余以嘉名。名余曰正則兮，字余曰靈均。

他父親按照歷數爲他命名，説明他父親是一個重視並具有天文星曆知識的人物。他也以自己的生日自豪，認爲是一種“内美”，《離騷》説：“紛吾既有此内美兮，又重之以修能。”甚麽是“内美”呢？王逸注云：“言己之生，内含天地之美氣。”朱熹注云：“生得日月之良，是天賦我美質於内也。”就是説他的生日具有天地之美。那麽，他之所以着重叙述自己之生日，意在表明他擅長天文星曆的家世風範和這個非凡的生日在他才德成長中之作用。

　　屈原的祖先據説是上古帝王顓頊氏，《離騷》開篇即説：“帝高陽之苗裔。”相傳高陽氏有一支六代孫，名叫季連，開始姓羋，楚國即其後代。周文王時，季連的後裔有個名叫鬻熊者，其曾孫熊繹，在周成王時，因爲祖上有功，被封於楚，居丹陽。楚國自鬻熊之後，又姓熊。春秋初年，楚武王熊通之子瑕，以功被封於屈，瑕之後代便以屈爲氏，屈原即屬這一支。在楚國公族中，屈氏受封最早，族人最盛，綿世最久，由春秋到戰國，屈氏之子孫或爲將，或爲相，或爲官，或爲吏，都是顯要人物。戰國中葉以後，屈氏仍與昭、景同爲楚國的"甲氏"或"著封"（見《莊子》卷八《庚桑楚》）。應當注意者是屈原特別提到的"高陽氏"。高陽氏曾命木正（官名）重和火正（官名）黎專司天地曆數。此後他們的後人從堯、舜到夏、商、周世代都掌管這一職事，到戰國時代還使用顓頊曆。可以想見，楚國的天文星曆之術是很發達的。這是一種科學知識，楚公族必然以能掌握這發達的科學而自豪。那麽，屈原着重叙述自己的生日，還意在表明他是繼承這個傳統被認爲是具有天地之美者。屈原把祖先傳統家世風範和個人生辰聯繫起來，説明這個被家族重視之生辰，從幼年起即對他發生過積極作用。

屈原的父親叫伯庸，《離騷》云："朕皇考曰伯庸。"王逸注："伯庸，字也。"這是惟一關於他父親的記載。至於名是甚麽，無從得知。我國古代以"伯"連稱的名字很多，或表示官爵，或表示長幼次序，這裏表示甚麽，已不可考了。屈原有個姐姐，名女嬃，《離騷》云："女嬃之嬋媛兮，申申其詈予。"王逸注："女嬃，屈原姊也。"又《説文》："嬃，女字也。《楚詞》曰'女嬃之嬋媛'，賈侍中説'楚人謂姊爲嬃'。"後人對此多表示懷疑，我們認爲在沒有充分證據之前，不能輕易否定。據《襄陽風俗記》記載，屈原有妻子，這是可以肯定的。又《長沙府志》説屈原有兒子，不知所據。史跡湮沒已久，無從考察了。屈原的家鄉據《水經注》説是秭歸，即今天湖北省西部之秭歸縣。秭歸原是古代的夔國，"夔"與"歸"音相近，是一音之轉。《水經·江水注》引宋忠云："歸即夔，歸鄉，蓋夔鄉矣。古楚之嫡嗣有熊摯者，以廢疾不立而居於夔。"歸國是楚最初建國之地，楚之祖先及一切芈姓公族都可以算作歸人。

屈原是楚國的貴族，《屈原列傳》説他是"楚之同姓"，但就親屬關係上説，他和楚王已比較疏遠。他幼年很"貧賤"，《惜誦》云：

"忽忘身之賤貧。"可能早年曾在郢都附近的鄉村居住過,東方朔《七諫》即說他"平生於國兮長於原野"。可見他幼年蕭條冷落之境遇。

不知從哪一年開始,他做了楚蘭臺宮之文學侍臣,據《文心雕龍》卷九《時序》篇記載:"唯齊楚兩國,頗有文學。齊開莊衢之第,楚廣蘭臺之宮。……鄒子以談天飛譽,騶奭以雕龍馳響,屈平聯藻於日月,宋玉交彩於風雲。"劉勰的説法,應該是有根據的,楚國築蘭臺宮,意在廣延文學之士,屈原是其中之一。由於自己之職位,他曾跟隨楚王游獵於雲夢之澤,賦詩於洞庭之皋。據《七國考》卷七引《拾遺記》記載:"楚懷王之時,舉群才賦於水湄,故云瀟湘洞庭之樂,聽者令人忘老,雖咸池簫韶不能比焉。"按《招魂》云:"與王趨夢兮課後先,君王親發兮憚青兕。"王逸注:"言懷王是時親自射獸,驚青兕牛而不能制也。以言嘗侍從君獵,今乃放逐,嘆而自傷閔也。"可見他曾以侍臣跟隨楚懷王游獵。又《招魂》云:"陳鐘按鼓,造新歌些。""結撰至思,蘭芳假些;人有所極,同心賦些。"則是追述懷王生前宴會時,他曾作歌賦詩以配樂舞之情景。

《屈原列傳》説,屈原"爲楚懷王左徒"。這大概在楚懷王十一年,當楚國任六國縱長,與强秦爭勝負之時,他以"明於治亂"之説辭,爲懷王所重視,因而升爲左徒。這一年,屈原才二十二歲。左徒這個官職,僅次於宰相。屈原由一名文學侍臣一躍而爲左徒,説明他政治才能之出衆和被懷王之信任。屈原在左徒任内,據《屈原列傳》説:"入則與王圖議國事以出號令,出則接遇賓客應對諸侯。"即在内政外交方面都發揮了重大作用。在内政上"造爲憲令"。他曾仿效祖先創立法典的精神,草擬新的法制條文。《惜往日》云:"奉先功以照下兮,明法度之嫌疑。"按《國語》卷十七《楚語上》記載:"屈到……承楚國之政,其法刑在民心而藏在王府,上之

可以比先王，下之可以訓後世，雖微楚國，諸侯莫不譽。"屈原正是
繼承屈到之業績來審明法令的。又《惜往日》云：

> 惜往日之曾信兮，受命詔以昭時。
> ……
> 國富强而法立兮，屬貞臣而日娭。

他勇於任事，果於執法，把國家治理得井然有序，蒸蒸日上。懷王
有這樣的"貞臣"執政，自己便可以安樂無慮了。

懷王十五年，正當屈原被重用之時，同列上官大夫靳尚"心害
其能"。屈原擬訂之法令草稿未完成，靳尚即想奪去看，屈原不給，
靳尚便在懷王面前誣陷屈原，説他自矜功伐，目無君長。懷王於是
"怒而疏屈平"。屈原終於失敗了。

在外交上，屈原主張聯齊抗秦。《新序》卷七《節士》篇記載：
"秦欲吞滅諸侯，并兼天下。屈原爲楚東使於齊，以結强黨。"懷王
既然派他出使齊國，説明他對戰國的形勢有明確的認識。如果真
正實行他聯齊抗秦的政策，楚國在列國中之地位必然增强，秦國吞
滅諸侯之計謀也不會得逞。秦國也看到了這一點，便想方設法破
壞他們的聯合。懷王十六年，秦派張儀到楚國去進行陰謀活動。
一方面通過令尹子蘭、司馬子椒和鄭袖在懷王面前共譖屈原，另一
方面願"獻商於之地六百里"，以誘騙懷王與齊正式絶交。當張儀
的活動得逞之後，楚國之貴族集團都向懷王祝賀，認爲是楚國外交
之一大勝利。僅陳軫識破這個陰謀和騙局，不但不賀，而且獨弔，
當時持同樣認識的，陳軫之外就是屈原。大概屈原被讒見疏之後，
便降職爲三閭大夫。三閭大夫之職是掌管王族屈、景、昭三姓之
事。屈原由身負國家重任之左徒，一降而爲一個無所作爲之閑官，
政治上的挫折不會使他不過問國家大事，對這件事他不能不發表

意見,可能歷史上失載。故當懷王被騙之後,頭腦清醒過來,又急於與齊復交,而被派使齊者還是屈原。《新序・節士》篇説:"是時懷王悔不用屈原之策……"就透露了屈原當時是堅決反對過的。

懷王十七年,懷王由於被張儀所騙而惱羞成怒,便興兵伐秦。丹陽之役,楚軍八萬甲士被殺,大將屈匄、裨將逢侯丑等七十多人被俘,遭到徹底失敗。懷王不但不勵精圖治,反而篤信巫鬼,妄想借鬼神之威力降服秦軍。《漢書》卷二十五《郊祀志下》記載:"楚懷王隆祭祀,事鬼神,欲以獲福助卻秦師。"這種愚蠢行動,卻引起了當時巫風之盛行,促進了巫術音樂之發展。《吕氏春秋》卷五《仲夏紀・侈樂》篇所謂"楚之衰也,作爲巫音"。祭鬼神,興巫音,原是楚國貴族集團腐朽没落的表現,但其中卻包含着對敵人的詛咒和對勝利的祈禱。屈原身爲三間大夫,掌管宗廟祭祀,可能在這時寫了《九歌》中之某些篇章,以抒發自己的愛國思想。

這之後,屈原又被派出使齊國。秦最擔心齊楚復交,便主動提出願退還漢中地之一半來與楚講和。懷王餘恨未消,表示不願要地,但願要張儀之頭始甘心。張儀果然願意去楚。他到楚之後,利用了内奸鄭袖,不但未被殺,反而被放走了。屈原恰巧從齊國回來,"諫懷王曰:'何不殺張儀?'懷王悔,追張儀不及。"(《史記》卷八十四《屈原賈生列傳》)這説明屈原之"合縱"派還有微弱的勢力,對楚國的外交仍能起一定的影響作用。但是懷王之主張不定,齊、楚、秦之關係也在微妙的發展,屈原之地位也隨着變化。懷王二十五年,楚秦黄棘(今河南新野縣)之盟,楚國完全投到秦國之懷抱中了。一向親齊之屈原,這時必然受到更大的排斥,内心也更苦悶,便決心離開郢都(今湖北荆州市江陵)去漢北。這一年屈原三十六歲。在行將遠離故都之時,憂愁幽思開始了《離騷》的寫作。《離騷》説:"余既不難夫離別兮,傷靈修之數化。"即説明是去郢之初寫的。又《離騷》説：“及年歲之未晏兮，時亦猶其未央。”晏是晚，央是半，亦即未過半之意。《離騷》又説：“及余飾之方壯兮。”這都證明《離騷》是他壯年所作。到漢北之後，便作了《九章》中之《抽思》。《抽思》説：“有鳥自南兮，來集漢北。”“惟郢路之遼遠兮，魂一夕而九逝。”就是證明。漢北一帶多楚國之古跡文物，如鄢（今湖北宜城）、北郢（今湖北安陸）都是楚國之故都。屈原到此，目睹楚先王廟及公卿祠堂所圖畫之天地山川神靈及古賢聖怪物行事，呵而問之，便寫成瑰奇的《天問》，對宇宙人生歷史神話等提出了一系列的疑難，表現了一種探索自然社會奧秘之精神。

屈原在漢北大約住了五六年，這五六年楚國又發生了許多不幸的事件。懷王二十六年，齊、韓、魏三國興兵伐楚。懷王二十八年，秦又與齊、韓、魏合兵擊楚，楚軍敗於垂沙，楚將唐昧被殺。懷王三十年，秦軍伐楚，陷楚八城。同年屈原回到郢都，他已經是四十一歲了。這一年又發生了一件大事，即秦昭王下書約楚懷王在武關（今陝西丹鳳縣東南）相會，楚懷王因此被拘於咸陽。《屈原列傳》記載：

> 時秦昭王與楚婚，欲與懷王會。懷王欲行，屈平曰：“秦虎狼之國，不可信，不如毋行。”懷王稚子子蘭勸王行：“奈何絕秦歡！”懷王卒行。入武關，秦伏兵絕其後，因留懷王，以求割地。懷王怒，不聽。亡走趙，趙不內。復之秦，竟死於秦而歸葬。

懷王在秦被扣押了四年，終歸於死。頃襄王三年，秦把懷王之靈柩送回楚國。懷王之死，“楚人皆憐之，如悲親戚”（《史記》卷四十《楚世家》），屈原追念尤甚，因此作《招魂》以招懷王。從此，屈原的政治生命面臨一個轉折點：懷王生前，他雖然被疏，但有時還受信用,頃襄王即位,在外交上徹底投向秦國,他也就完全被拋棄了。

　　屈原目睹頃襄王當政時政治之黑暗和人民之痛若,必然產生極大的不滿,並痛恨那些勸懷王入秦之人,因此就遭到新的禍患。《屈原列傳》記載:

> 長子頃襄王立,以其弟子蘭爲令尹。楚既咎子蘭以勸懷王入秦而不反也。屈平既嫉之。令尹子蘭聞之大怒,卒使上官大夫短屈原於頃襄王,頃襄王怒而遷之。

這是頃襄王二年,屈原四十三歲之事。按頃襄王元年,秦"發兵出武關攻楚,大敗楚軍,斬首五萬,取析十五城"(《史記》卷四十《楚世家》),漢水上游,襄、鄧等漢北地區,備遭秦軍之破壞,當地人民紛紛沿漢水南下逃亡。屈原於頃襄王二年被遷逐,仲春甲日早晨,沉痛地與故都之國門告別,凑巧在江夏之間遇到大批東遷之難民。他與難民同流亡,從夏首東下,經過洞庭、夏浦(今漢口),最後到達陵陽(陵陽在何處,不可考)。在陵陽住了九年,所謂"至今九年而不復",即頃襄王十一年,他已經五十二歲了,回憶起當年與人民共流亡同命運之生活,撫今追昔,不勝感慨,便寫成了《哀郢》,叙述流寓中對故鄉之關懷和對楚國之深憂。大概在第二年春天,他離開了久居的陵陽而遠赴西南,經過鄂渚(今武昌),入洞庭,溯沅水,至辰陽,到達溆浦(辰陽、溆浦皆在今湖南沅陵一帶),便寫了《涉江》,表達了自己老而彌篤之節操。同時寫了《九歌》中《國殤》之外的其他篇章,抒發了長期放逐生活所形成的悲痛心情。頃襄王十三年,他又由溆浦下沅水,"進路北次"在江、湘匯流之地,寫了《懷沙》和《惜往日》,分別流露出自己的大限已近和沉江自殺的決心。可能是他寫《懷沙》、《惜往日》之第二年,便去長沙東北之

汨羅江,投水自盡了。這一天傳說是五月五日。《懷沙》說:

> 滔滔孟夏兮,草木莽莽。傷懷永哀兮,汨徂南土。

《楚辭》用的都是夏曆,孟夏是夏曆四月,假使屈原四月間到達長沙,五月初自沉汨羅,是極可能的。屈原和祖國、人民永別了,可惜他才活了五十五歲。

屈原的一生是堅貞不屈的悲劇性的一生,是鬥爭的一生。他參與了那個時代具有歷史意義的政治鬥爭,代表着那個特定歷史環境的進步力量。他的《九歌》、《離騷》、《天問》、《招魂》、《九章》等二十五篇賦,是他一生鬥爭之實錄,心血之結晶,是有劃時代意義的偉大篇章。

三、屈原之辭賦

《漢書》卷三十《藝文志》"詩賦略"記載屈原賦二十五篇,但其原目已經見不到了。王逸是距離班固時代很近之人,他的標目可能比較接近班固之原目。他在《楚辭章句》中明確標明爲屈原所作者有《離騷》、《九歌》(十一篇)、《天問》、《九章》(九篇)、《遠游》、《卜居》共二十四篇。對《漁父》,他一則認爲是屈原,一則認爲是楚人所記述。對《大招》,他也一面說是屈原,一面說是景差,"疑不能明"。可見,王逸對班固之原目也不十分清楚。後人對這二十五篇多有考證,意見紛紜。我們認爲王逸之目也有明顯錯處,例如《招魂》,司馬遷在《屈原列傳》中明確地說是屈原之作,而王逸卻認爲是宋玉所作,不知何據。又《大招》很明顯是對《招魂》之摹擬,不是屈原的作品。《遠游》應是漢人之僞作。理由有四,其一,上半篇有濃厚的求仙思想,如:"聞赤松之清塵兮,願承風乎遺則。貴真人之休德兮,美往世之登仙。與化去而不見兮,名聲著而日延。"這類尋訪仙跡之事，戰國時代僅流行於燕、齊沿海一帶，南方之楚所信奉者爲鬼神，而非神仙。其二，援引後人之典故。如："奇傅説之託辰星兮，羨韓衆之得一。"按《史記》卷六《秦始皇本紀》三十五年記載，有云："今聞韓衆去不報。"韓衆是秦始皇時之方士，在屈原死後四五十年，屈原如何能羨慕韓衆成仙呢！其三，下半篇自"朝發軔於太儀兮，夕始臨乎於微閭"以下，全是鈔襲《離騷》中之"朝發軔於蒼梧兮，夕余至乎縣圃"以下一段文字，有許多辭句也是相似的，非後人所作而何？上半篇求仙一段，摹擬司馬相如《大人賦》之辭句很多，説明其爲擬《大人賦》，而非自己之創作。這些理由不但證明其爲僞作，而且證明其作於《大人賦》之後。《卜居》、《漁父》亦皆非屈原所作，兩篇開頭都説"屈原既放"，是第三者之語氣，而非屈原的口吻。又《卜居》所記爲屈原與太卜鄭詹尹之對話，疑其自《離騷》中靈氛、巫咸之占去留事化出；《漁父》所記之《滄浪歌》見於《孟子》，時間早於屈原百餘年，屈原怎能記百餘年前之事呢？這兩篇可能是後人根據某些關於屈原的傳説敷衍而成的。

那麼，現在保存的真正屈原的作品，根據王逸之目，除去《遠游》、《卜居》、《漁父》、《大招》，再加上《招魂》，總計是二十三篇。這二十三篇作品奠定了屈原在文學史上崇高地位。

(一)《離騷》

《離騷》是屈原的代表作，是他自叙生平的一首長篇抒情詩，共三百七十多句，近二千五百字。但對《離騷》這個名詞之解釋，古往今來説法卻很分歧，然大體上可分四種：

一者認爲是遭遇憂患。如司馬遷《史記》卷八十四《屈原賈生列傳》云："'離騷'者，猶離憂也。"又班固《離騷贊序》云："離猶遭也；騷，憂也，明己遭憂作辭也。"

二者認爲是離別的憂愁。如王逸《楚辭章句》云："離，別也；騷，愁也；經，徑也。言己放逐離別，中心愁思，猶依道徑以諷諫君也。"

三者認爲是牢騷。據《漢書·揚雄傳》記載，揚雄曾摹仿《離騷》作了一篇《反離騷》，又摹仿《九章》各篇作了《畔牢愁》。"畔"與"叛"通用，"牢愁"即"牢騷"。所以《畔牢愁》亦即《反離騷》，也就是自我寬解，不要牢騷不平之意。

四者認爲是歌曲之名稱。如游國恩《楚辭概論》云："按《大招》云：'楚勞商只'。王逸曰，'曲名也'。按'勞商'與'離騷'爲雙聲字，古音勞在'宵'部，商在'陽'部，離在'歌'部，騷在'幽'部，'宵''歌''陽''幽'，並以旁紐通轉，故'勞'即'離'，'商'即'騷'，然則'勞商'與'離騷'原來是一物而異其名罷了。'離騷'之爲楚曲，猶後世'齊謳''吳趨'之類。"

在此四種説法中，以第一種説法最可信。因爲司馬遷上距屈原的時代不過百年，語言之變化不會很大，他是按照自己對屈原語言之理解加以解釋的。司馬遷這種解釋，在屈原作品中可以找到其他旁證。像《離騷》中之"進不入以離尤兮"，《九歌·山鬼》中之"思公子兮徒離憂"，《九章·思美人》中之"獨歷年而離愍兮"等等。這些"離尤""離憂""離愍"等在原句中都不能解釋爲"別愁"、"牢騷"和楚國之歌曲，如果那樣解釋，豈不面目全非！其實，司馬遷在《屈原列傳》中已經講得很清楚："屈平疾王聽之不聰也，讒諂之蔽明也，邪曲之害公也，方正之不容也，故憂愁幽思而作《離騷》。"可見《離騷》即"憂愁幽思"之意。另外，從語言結構上看，上動下名，構成詩之題目，在屈原作品中也不乏其例，像《九章》中之《惜誦》、《抽思》等。這都證明司馬遷之説法是正確的。

《離騷》之名，自王逸之後，經常被用作楚辭之代名詞。王逸在《楚辭章句》中把自己認爲是屈原的作品都題作《離騷》，如題《九章》爲《離騷·九章》，把凡是摹擬屈原的作品都題作《續離騷》，如題《九辯》爲《續離騷·九辯》等。到了後代，劉勰《文心雕龍》就以《辨騷》名篇，與《詮賦》並列，《文選》則把《騷》、《賦》分成兩種體裁。《新唐書·柳宗元傳》有所謂"倣《離騷》數十篇"，《宋史·晁補之傳》有所謂"論集屈宋以來賦詠，爲《變離騷》等三篇"，《宋史·藝文志》有黃伯思之《翼騷》等，都是以"騷"代稱楚辭。

《離騷》是一篇具有强烈政治傾向性的詩歌。其感情脈絡是很清楚的，它反映了屈原對楚國黑暗、腐朽政治的憤慨、不滿，和他熱愛楚國、願爲之效力而不可得，又不肯離開楚國之悲痛心情。他内心之感情强烈地燃燒着，以至於使他的苦悶、哀傷不可遏止地更番迸發，從而形成他詩歌形式上之回旋復沓。這種回旋復沓，乍看起來好像無章次文理可尋，其實正是他思想感情有規律的反映。如女嬃、靈氛、巫咸三人都是同情屈原的，由於地位、身份不同，他們勸誡屈原之口吻亦不同，觀點亦有差異。女嬃是屈原最親近之人，她告誡屈原處在是非混淆、黑白顛倒之社會，如果不改變其耿介剛直之作風，不但不能見容於世，而且會遭殺身之禍。她是從關心體貼的角度出發，勸屈原明哲保身的。屈原便借"就重華陳詞"，從理論上加以否定。他引用了許多史實，以古鑑今，來説明任何政治昏憒之朝代終歸要覆亡，只有"舉賢才"、"循繩墨"實行美政，才能富國强兵。他是不能放棄自己的操守而同於流俗的。靈氛對占辭的回答，是從屈原之政治前途着眼，他勸屈原離開楚國，到其他地方去尋求自己理想的實現。巫咸則勸屈原遷就現實，以求政治上之同道。屈原對楚國之現實和自己之處境作了深入地分析，認識到整個環境在日益惡化，即使自己能堅持理想，但希望又在哪裏？因此發生了動搖，要"周流上下"，"浮游求女"。可是其愛國熱忱誘使他戀眷楚國,不忍離開楚國,他最終以自己之行動完成了堅貞崇高之品格。對這三個人的談話,屈原都沒有作正面的回答,而是以具體的行動予以拒絕,其感情脈絡是極其清楚的。

　　這首詩是屈原自叙生平之作,但是屈原之一生是和楚國之政治鬥爭緊密聯繫着的。因此在屈原自叙生平之時,也反映了當時楚國的政治環境和他對這種黑暗的政治環境之不屈服精神。對楚國黑暗政治之不屈服,是貫徹於《離騷》中之屈原的基本精神。儘管隨着楚國政治形勢之不斷變化,屈原的思想態度也在發展、變化,但這種精神卻一以貫之,始終未變。如他反復表示:

> 豈余身之憚殃兮,恐皇輿之敗績。……
> 余固知謇謇之爲患兮,忍而不能舍也!……
> 苟余情其信姱以練要兮,長顑頷亦何傷。……
> 雖不周於今之人兮,願依彭咸之遺則。……
> 亦余心之所善兮,雖九死其猶未悔。……
> 甯溘死以流亡兮,余不忍爲此態也!……
> 伏清白以死直兮,固前聖之所厚。……
> 雖體解吾猶未變兮,豈余心之可懲!……
> 懷朕情而不發兮,余焉能忍與此終古!……
> 既莫足與爲美政兮,吾將從彭咸之所居。

這是《離騷》中主要之感情脈絡,是貫穿於全篇之一條主綫。只有掌握這條主綫,才能領會《離騷》之基本精神。屈原之一生,是由對立和矛盾之社會諸現象交織而成的,是由嚴峻、冷酷之現實鬥爭伴隨着的。鬥爭導致失敗是經常的,但他始終不甘心;鬥爭使他心靈不能平靜,困擾不安,但他仍去尋求政治上之同道,探索美的政治理想。他之創作激情,他本身之遭遇,他之悲劇性死亡,熔鑄成一個崇高的人格,爲我們民族之人民樹立了一個楷模。屈原在政治上失敗了,但他之不屈服精神和高尚思想卻光輝閃耀地取得了勝利。這種勝利是在戰國時期人民之苦難和鬥爭之基礎上獲得的,因而使其精神和思想便具有偉大的時代意義!

《離騷》在寫作上是把對現實之叙述和幻想之馳騁結合起來。開始是對現實之叙述,接着是對現實問題加以詳盡之分析與說明,爲的是探索一條政治出路。事實上在當時黑暗的現實中是找不到出路的,因此他那種對醜惡之憎恨和光明之追求的心靈,就使他進入一個虛無縹緲之幻想境界,《離騷》之絶大部分篇幅寫的是幻想境界,即屈原之神游天國和求女。這種幻想境界是以豐富之神話題材爲基礎的,我國古代關於升天神游之神話很早即出現了。據《山海經》卷十六《大荒西經》記載:

> 西南海之外,赤水之南,流沙之西,有人珥兩青蛇,乘兩龍,名曰夏后開。開上三嬪於天。

夏啓三次上達天庭,并馭使自然萬物。這種現象在古神話中極爲普遍。如"南方祝融,獸身人面,乘兩龍"(《海外南經》),"蚩尤請風伯雨師,縱大風雨"(《大荒北經》),"西王母梯几而戴勝杖,其南有三青鳥,爲西王母取食"(《海内北經》)等等,不勝枚舉。又《淮南子》卷二《俶真訓》有這樣一段記載:

> 若夫真人則動溶於至虛,而游於滅亡之野,騎蜚廉(獸名,長毛有翼)而從敦圄(獸名,似虎而小),馳於方外,休乎宇内,燭十日而使風雨,臣雷公,役夸父(仙人也),妾宓妃,妻織女。天地之間何足以留其志。

這段記叙表現了神仙家求仙遁世之思想,然就其内容之超脱現實來看,與屈原之神游天界相似,而且在表現手法上與《離騷》也完全一致。很顯然，這兩者應當是源於同一神話題材。《韓非子》卷三《十過》也有一段記載：

> 昔者黃帝合鬼神於泰山之上，駕象車而六蛟龍，畢方並鎋，蚩尤居前，風伯進掃，雨師灑道，虎狼在前，鬼神在後，騰蛇伏地，鳳皇覆上，大合鬼神，作爲《清角》。

這是師曠回答晉平公關於如何纔能奏《清角》之樂時講的一段話。其所叙述與《離騷》中屈原神游一段情景又何其相似！而時代當在《離騷》之前，或爲屈原寫作之根據。

《離騷》中集中表現屈原馭使自然萬物而神游天地之間者，莫如就重華陳詞之後上下求索一段和聽靈氛吉占之後離開楚國、遨游天界一段。如其上下求索一段云：

> 跪敷衽以陳辭兮，耿吾既得此中正。駟玉虬以乘鷖兮，溘埃風余上征。朝發軔於蒼梧兮，夕余至乎縣圃。欲少留此靈瑣兮，日忽忽其將暮。吾令羲和弭節兮，望崦嵫而勿迫。路曼曼其修遠兮，吾將上下而求索。飲余馬於咸池兮，總余轡乎扶桑。折若木以拂日兮，聊逍遥以相羊。前望舒使先驅兮，後飛廉使奔屬。鸞皇爲余先戒兮，雷師告余以未具。吾令鳳鳥飛騰兮，繼之以日夜。飄風屯其相離兮，帥雲霓而來御。紛總總其離合兮，斑陸離其上下。

又如其聽靈氛之吉占，遨游天界一段云：

> 靈氛既告余以吉占兮，歷吉日乎吾將行。折瓊枝以爲羞兮，精瓊靡以爲粻。爲余駕飛龍兮，雜瑶象以爲車。何離心之可同兮，吾將遠逝以自疏。邅吾道夫昆侖兮，路修遠以周流。揚雲霓之晻藹兮，鳴玉鸞之啾啾。朝發軔於天津兮，夕余至乎

西極。鳳皇翼其承旂兮,高翱翔之翼翼。忽吾行此流沙兮,遵赤水而容與。麾蛟龍使梁津兮,詔西皇使涉予。路修遠以多艱兮,騰衆車使徑待。路不周以左轉兮,指西海以爲期。屯余車其千乘兮,齊玉軑而并馳。駕八龍之婉婉兮,載雲旗之委蛇。抑志而弭節兮,神高馳之邈邈。奏《九歌》而舞《韶》兮,聊假日以媮樂。

《山海經》所記皆爲極其遠古之材料,應爲屈原寫作所攝取;《淮南子》所記與屈原所寫當出於同一個來源;《韓非子》所録可能是屈原寫作之直接依傍。可見屈原是在綜合、分析、提煉這些神話素材之基礎上完成自己的創作的。

《離騷》中所描寫之一系列幻想境界,以及屈原在思想中之一切感受,都是"溷濁不分,蔽美稱惡"的黑暗現實之反映,它與現實密切地融合在一起,因此也可以説是現實之一部分。這種幻境使我們能從另一方面觀察現實,甚至使我們能更清晰、更深刻地觀察現實。其中各種神奇之人與物,都是以怪誕的形式出現的,是把現實理想化了,所以《離騷》的表現方法是現實與理想之結合。

(二)《天問》

《天問》是我國文學史上罕見的一篇奇文,它以一個"曰"字領起,從頭至尾共提出一百七十多個關於天地萬物之問題。《天問》之名最早見於《史記》卷八十四《屈原賈生列傳》太史公之"贊"語:

> 余讀《離騷》、《天問》、《招魂》、《哀郢》,悲其志。

這不但説明《天問》是屈原所作,而且表示了司馬遷對《天問》中提出的看法和表露的思想產生了共鳴。那麽何謂《天問》呢? 王逸《楚辭章句》云:

> 何不言問天? 天尊不可問,故曰"天問"也。

洪興祖《楚辭補注》則進一步發揮了這一説法。這種説法完全是望文生義，出於揣測，毫無意義。又王夫之《楚辭通釋》云：

> 原以造化變遷，人事得失，莫非天理之昭著；故舉天之不測不爽者，以問憒不畏明之庸主具臣，是爲“天問”，而非問天。

他之説法與王逸等不同，但仍拘泥於注家諷諫之義，與《天問》之題旨不合。《天問》中有些詩句固然有諷諫意義，有些則與諷諫無關，所以他的説法不全面。戴震在《屈原賦注》中解釋得好，他説：

> 問，難也。天地之大，有非恒情所可測者，設難疑之。

這種説法比較確切而接近事實。所謂“天問”是舉凡歷史和自然界一切現象之不可理解者以爲問，是探討宇宙一切事物變化之原理。其中有關於天象的，像對天地未辟、陰陽變化之理的探索；也有關於人事的，像對往古朝代理亂興衰之故的尋求。把一切人事紛紜錯綜而無端緒和天體天象之變幻無常等不可思議之現象，都一同提出來問難，這就是“天問”。屈原一生之遭遇是不幸的，他熱心爲國，反而被讒受謗，他“正道直行，竭忠盡智”，反而被排擠打擊，所謂“天道”是否公平？他產生了懷疑。《史記·屈原列傳》説：

> 夫天者，人之始也；父母者，人之本也。人窮則反本，故勞苦倦極，未嘗不呼天也；疾痛慘怛，未嘗不呼父母也。

這就明確地把屈原作《天問》之動機揭示出來。

《天問》是一篇內容極其豐富之詩歌。它保存了大量古代的神話傳説，是我們研究古代社會史之重要資料。它提出之問題，從天地開辟一直到屈原自己，包括對自然和社會之各種各樣之疑難。

魯迅在《摩羅詩力説》中説：“懷疑自遂古之初，直到百物之瑣末，放言無憚，爲前人所不敢言。”問題雖多，但大體上可以歸納爲關於自然現象和社會現象兩部分。自“遂古之初，誰傳道之”到“羿焉彃日，烏焉解羽”這一部分是問天地之形成，即關於大自然之傳説；自“禹之力獻功，降省下土四方”到“何試上自予，忠名彌彰”這一部分是問人事之興衰，即關於社會歷史之傳説。爲了説明問題，我們又可將這兩大部分中之各部分分爲若干小段落。如自“遂古之初，誰傳道之”至“角宿未旦，曜靈安藏”二十二句問天象，即天體之形成過程。自“不任汩鴻，師何以尚之”至“羿焉彃日，烏焉解羽”三十四句問地形，即大地之形成過程。自“禹之力獻功，降省下土四方”到“何由并投，而鯀疾修盈”二十句問夏朝之史事。自“白蜺嬰茀，胡爲此堂”到“釋舟陵行，何以遷之”八句問物類之各種神異現象。因爲上文有鯀神化爲黃熊之問，這裏連類而及之。自“惟澆在户，何求於嫂”到“何條放致罰，而黎大説”二十二句仍問夏朝史事，兼及商、周史事。自“會鼂爭盟，何踐吾期”到“齊桓九合，卒然身殺”十六句問周朝史事，而春秋五霸齊桓公最强，故特志之。自“彼王紂之躬，孰使亂惑”到“何卒官湯，尊食宗緒”二十六句又問商、周興衰之原因。自“勛闔夢生，少離散亡”到“易之以百兩，卒無禄”十句仍雜問商、周史事，並春秋時吳王闔廬和秦景公之事。夏、商之間，商、周之際，治亂興衰最爲突出，篇中屢見，乃三致意焉。自“薄暮雷電，歸何憂”到“何試上自予，忠名彌彰”十句，都是就楚國之歷史和時事發問，希望楚王改過，痛悼楚王棄賢，哀傷楚王信讒多忌，正寓屈原“舉賢授能”之政治理想。可見全篇之章節、文義是清楚的，先問天地之形成，次問人事之興衰，最後歸結到楚國之現實政治，乃順理成章，並不像王逸所謂“文義不次序”云云。林雲銘在《楚辭燈》中評云：

> 看來只是一氣到底，序次甚明，未嘗重復，亦未嘗倒置……其從天地未形之先説起，以有天地方有人，有人方成得世界，自此後，茫茫終古，治亂紛紜，皆非人意計所能及，恐無時問得盡也。

可謂深有體味之論。其中雖然由於錯簡，並非"未嘗倒置"，而是難免有個別倒置之現象，但其文理、層次基本上是清晰、分明的。我們從其分明之層次和清晰之文理中，可以把握、領會並得出《天問》之主題。那麼《天問》之主題是甚麼？一言以蔽之，即探討歷史上朝代興亡之答案。這一點，前人已經見到了。蔣驥在《山帶閣注楚辭》中即説：

> 其意念所結，每於國運興廢，賢才去留，讒臣女戎之搆禍，感激徘徊，太息而不能自己。

他的看法可謂抓住問題之關鍵。王夫之在《楚辭通釋》中也説：

> 篇内言雖旁薄，而要歸之旨，則以有道而興，無道則喪。黷武忌諫，耽樂淫色，疑賢信姦，爲廢興存亡之本。

他們都持相同之見解。可見我們認爲《天問》之中心思想是探討歷史上朝代興亡的原因這一結論是可以得到印證的，是可以確立的。更進一步，我們可以認識到《天問》所表現的這種思想集中在對夏、商、周三代史事之問難上。作品中問難夏、商、周史事之詩句占大部分篇幅，而且開篇對天地開闢之問難，是和其餘對社會歷史之問難聯繫着的，最後並歸結到夏、商、周三代之興衰。所以問難夏、商、周三代之興衰，是全篇之基幹，是全篇之中心。林雲銘在《楚辭燈》中也説：

> 兹細味其立言之意，以三代之興亡作骨，其所以興在賢

臣,所以亡在惑婦;惟其有惑婦,所以賢臣被斥,讒諂益張,全
爲自己抒胸中不平之恨耳。

屈原對歷史興亡之"不平之恨",或隱或顯地流露於對史事問難之
字裏行間,蔣驥所謂"蓋寓意在若有若無之際,而文體結撰,在可知
不可知之間"(《山帶閣注楚辭》)。我們不應當用尋章摘句之方法來
論證其興亡之恨,而應當從全詩所體現之感情脈絡中去把握。從
全詩的感情脈絡中去體會,則屈原所尋求之歷史興亡之答案是甚
麽?簡單地説,選任賢能則興,聽信讒諂則亡;重民納諫則興,忌諫
淫色則亡;行仁政則興,施暴行則亡。這就是他所得出之結論,也
就是他對朝代之所以興或亡、歷史之所以前進或倒退之認識。他
認爲這是客觀規律,天命豈能奈何?因此他指控説:

> 天命反側,何罰何佑?……
> 皇天集命,惟何戒之?受禮天下,又使至代之。

天命反復無常,賞罰没有個標準!上天既賜天命與殷,殷應當有所
警惕來保持天下,爲何又令其被周所取代呢?屈原認爲朝代之興
亡不在天命而在人事。司馬遷讀《天問》而"悲其志",我認爲應當
即指屈原從歷史上探求朝代所以興亡這一答案之苦心孤詣。這與
司馬遷在歷史觀方面反天道重人事之觀點是一致的。司馬遷之
"悲其志",一方面是對屈原的深切同情和理解,另一方面也是自
悲,是他同樣感情、觀點之傾瀉。

　　《天問》是問話體之詩歌,夏大霖《屈騷心印》即説:"《天問》
之文,今策問之式也。"以這種形式賦詩言志,在文學史是首創。而
且其包舉天地萬物,囊括古今歷史之氣概,其記述琦瑋僑佹之事,
驚世絶俗之論,以及其探索宇宙和社會人生本原之精神,也都是前
無古人的。這充分體現了屈原博聞强識之學和嫻於辭令之才。譚

介甫先生認爲《天問》與《莊子·天運》篇取義相同,他說:"《莊子》有《天運》篇,共分七章,首末二章言天地現象的變化,中間五章皆言人事,其取義頗和《天問》相同。"(見《屈賦新編》)他的看法確有可取之處。儘管《天運》中間五章所言人事之内容與《天問》大不相同,然而其爲人事則一。不過譚先生"疑《天問》本作《天運》",則未必然。《天問》自有其體制,自有其内容,自有其構思,與《天運》之基本精神不同。它不是齊都稷下道家者流散漫無緒之作,而是屈原獨具匠心之創造。

　　《天問》之句式基本上以四言爲主,四句爲一組,每組爲一韻,也有極少數兩句爲一韻者。全篇未用一個語氣詞"兮"字,然而並不板滯,而是問得參差錯落,奇矯活突,驚爲神工。賀貽孫《騷筏》說:"然自是宇宙間一種奇文。"這樣一篇奇文,歷代人卻很少注意,到唐代柳宗元作了一篇《天對》,對屈原所提出的問題,逐一作了解答,從而繼承和發展了屈原反天道之思想。

　　(三)《招魂》

　　《招魂》是楚辭中另一篇奇文。關於它之作者,最早司馬遷在《屈原列傳》中認爲是屈原,不知何據,王逸在《楚辭章句》中認爲是宋玉,王逸說:

> 《招魂》者,宋玉之所作也。……宋玉憐哀屈原忠而斥棄,愁懣山澤,魂魄放佚,厥命將落,故作《招魂》,欲以復其精神,延其年壽。外陳四方之惡,内崇楚國之美,以諷諫懷王,冀其覺悟而還之也。

其說法流行了一千餘年,至明黃文煥之《楚辭聽直》才發生懷疑,給以批駁,而贊成司馬遷的意見。清人林雲銘在其《楚辭燈》中對黃文煥之說法加以闡發。他認爲王逸之所以稱《招魂》爲宋玉所作,與後人之所以信王逸是一個道理,即都把《招魂》看作是出於他人之口,而不知是自招。他並且徵引朱熹的話補充説:後人不但招死人之魂,同時也招生人之魂,杜甫《彭衙行》云"煖湯濯我足,剪紙招我魂"便是證明。他還認爲《招魂》篇首自序和篇末亂辭中之"朕""吾",皆屈原自稱,而非宋玉代屈原作辭。蔣驥繼承了林雲銘之意見,並參看《招魂》、《大招》加以引申説:

> 參之二《招》本文,皆條暢愜適,初無强前人以附己意之病。然則《大招》所以招君,故其辭簡重爾雅;《招魂》所以自招,則悲憤發爲諧謔;不妨窮工極態,故爲不檢之言以自嘲。

《大招》是否屈原所作,另當別論。然他認爲《招魂》是自招,並且有自嘲語,那就從另一方面説明《招魂》爲屈原所作。我們再從《招魂》本身看,那瑰麗豐富之辭藻,饒有故事性之情節,感情之充沛,想象力之奔放,對天堂地獄之探求等,在不同程度上和《離騷》、《天問》、《九歌》是一致的,在當時是舍屈原莫能爲的。這些情況,都從不同角度證明《招魂》是屈原所作,證明司馬遷看法之正確,後人舍司馬遷而信王逸,不亦謬乎!

《招魂》究竟招誰?是自招嗎?當然不是。因爲《招魂》所反映者乃是先秦之習俗,這種習俗產生之初謂之"復",意謂"升屋呼魂以復於魄",即是令死者還魂於魄,死而復生。日久之後,這種儀式便成爲舉行喪禮時對死者表示哀傷之一種活動。如《禮記》卷七《禮運》篇記載:

> 及其死也,升屋而號,告曰:"皋某復!"

據《儀禮》卷十二《士喪禮》鄭玄注:"皋,長聲也。某,死者之名也。"至於"升屋而號",《禮記》卷十三《喪大記》有更具體之記載:

> 復，有林麓，則虞人設階；無林麓，則狄人設階。……升自
> 東榮，中屋履危，北面三號；捲衣投於前，司服受之，降自西
> 北榮。

據鄭玄注："階，梯也。""榮，屋翼。"意謂這種"復"之儀式是令人設梯子從屋子東簷上升，到達屋子之中央，再踏上屋棟，上升到屋子最高處，向北方長聲呼喊死者之名三遍，然後捲起所復之衣服，從屋前投給司服者，最後從屋子西北簷下來。這便是古代"復"之儀式，亦即"招魂"之儀式。據《禮記·檀弓》"正義"，古代所謂"復"，到屈原才名之爲"招魂"。可見先秦之習俗是生人招死人之魂。至於後代演變爲招生人之魂，或自我招魂，那是後代之習俗，不能以今證古。《招魂》既不是屈原自招，是招死者，最合理之解釋爲招懷王。郭沫若在《屈原研究》中説："文辭中所叙的宮殿居處之美，飯食服御之奢，樂舞游藝之盛，不是一個君主是不能够相稱的。"屈原自稱"賤貧"，怎能有這種排場？其看法完全正確。《招魂》開篇云：

> 朕幼清以廉潔兮，身服義而未沬。主此盛德兮，牽於俗而
> 蕪穢。上無所考此盛德兮，長離殃而愁苦。

此處之"朕"乃屈原自稱。"主"應依朱熹説："言己之所行，雖常以此盛德爲主。""上"指懷王。至於"牽於俗而蕪穢"之主語，仍應是上文之"朕"。此句之意是屈原指他自己因受世俗之牽累，被懷王看成了"蕪穢"，所以，接着説懷王"無所考此盛德"。又《招魂》中有"與王趨夢兮課後先，君王親發兮憚青兕"之句。王逸注："言懷王是時親自射獸，驚青兕牛而不能制也。以言嘗侍從君獵，今乃放逐，嘆而自傷閔也。"是屈原回憶曾與懷王生前同游夢澤之事。郭沫若解《招魂》之方法，很受林雲銘解《大招》之啓示。林雲銘在

《楚辭燈》中説：

> 原自放流以後，念念不忘懷王，冀其生還楚國，斷無客死歸葬寂無一言之理。骨肉歸於土，魂魄無不之。人臣以君爲歸，升屋履危，北面而臯，自不能已，特謂之大，所以別於自招，乃尊君之詞也。篇中段段細叙，皆是對懷王語。……所云飲食之豐，音樂之盛，美人之色，苑囿之娛，皆向日所固有，其中亦各有制，與《招魂》大不相同。

可見郭沫若認爲《招魂》是招懷王之理由，正是林雲銘認爲《大招》是招懷王之理由。此外，根據楚辭研究者們考證，《大招》完全是摹仿《招魂》之作，那麼《大招》既然是招懷王，《招魂》之爲招懷王也就很清楚了。

《招魂》之文由三部分組成，即開篇有引言，結尾有"亂辭"，中間是正文。在引言裏叙述他和懷王之關係，他"離殃愁苦"之原因、經過以及他是在甚麼情況下、以甚麼心情寫這篇文章的。然後叙述上帝命巫陽招魂之經過：

> 帝告巫陽曰："有人在下，我欲輔之。魂魄離散，汝筮予之！"巫陽對曰："掌薎！上帝其命難從！""若必筮予之，恐後之謝，不能復用。"巫陽焉乃下招曰：魂兮歸來，去君之恒幹，何爲四方些？舍君之樂處，而離彼不祥些。

招魂須先占卜魂在哪裏，然而這卻是掌薎者主管之事，但怕延誤時間，使死者不得還魂，巫陽也就既占卜又招魂了。極寫招魂之迫不及待。在正文中分"外陳四方之惡"與"內崇楚國之美"兩方面來陳述。其陳述"四方之惡"云：

> 魂兮歸來！東方不可以託些。長人千仞，惟魂是索些。

十日代出，流金鑠石些。彼皆習之，魂往必釋些。歸來歸來！
不可以託些。

魂兮歸來！南方不可以止些。雕題黑齒，得人肉以祀，以
其骨爲醢些。蝮蛇蓁蓁，封狐千里些。雄虺九首，往來儵忽，
吞人以益其心些。歸來歸來！不可以久淫些。

魂兮歸來！西方之害，流沙千里些。旋入雷淵，靡散而不
可止些。幸而得脱，其外曠宇些。赤蟻若象，玄蠭若壺些。五
穀不生，藂菅是食些。其土爛人，求水無所得些。彷徉無所
倚，廣大無所極些。歸來歸來！恐自遺賊些。

魂兮歸來！北方不可以止些。增冰峨峨，飛雪千里些。
歸來歸來！不可以久些。

魂兮歸來！君無上天些。虎豹九關，啄害下人些。一夫
九首，拔木九千些。豺狼從目，往來侁侁些。懸人以娭，投之
深淵些。致命於帝，然後得瞑些。歸來歸來！往恐危身些。

魂兮歸來！君無下此幽都些。土伯九約，其角觺觺些。
敦脄血拇，逐人駓駓些。參目虎首，其身若牛些。此皆甘人。
歸來歸來！恐自遺災些。

描寫上下四方環境之險惡，如東方有專愛吃人靈魂之千仞長人，南
方有殺人以祭鬼之雕題黑齒，西方有能埋没人之千里流沙，北方有
可以凍死人之峨峨層冰，天上有啄害人之虎豹，幽都有血拇逐人之
土伯，等等，總之"天地四方，多賊姦些"。其陳述"楚國之美"云：

魂兮歸來！入修門些。……像設君室，靜閒安些。高堂
邃宇，檻層軒些。層臺累榭，臨高山些。網户朱綴，刻方連些。
冬有突廈，夏室寒些。川谷徑復，流潺湲些。光風轉蕙，氾崇
蘭些。經堂入奥，朱塵筵些。砥室翠翹，挂曲瓊些。翡翠珠

被，爛齊光些。蒻阿拂壁，羅幬張些。纂組綺縞，結琦璜些。室中之觀，多珍怪些。蘭膏明燭，華容備些。二八侍宿，射遞代些。九侯淑女，多迅衆些。盛鬋不同制，實滿宮些。……魂兮歸來，何遠爲些。

室家遂宗，食多方些。稻粢穱麥，挐黃粱些。大苦醎酸，辛甘行些。肥牛之腱，臑若芳些。和酸若苦，陳吳羹些。胹鼈炮羔，有柘漿些。鵠酸臇鳧，煎鴻鶬些。露雞臛蠵，厲而不爽些。粔籹蜜餌，有餦餭些。瑤漿蜜勺，實羽觴些。挫糟凍飲，酎清涼些。華酌既陳，有瓊漿些。歸反故室，敬而無妨些。

肴羞未通，女樂羅些。陳鐘按鼓，造新歌些。涉江采菱，發揚荷些。美人既醉，朱顏酡些。娭光眇視，目曾波些。被文服纖，麗而不奇些。長髮曼鬋，艷陸離些。二八齊容，起鄭舞些。衽若交竿，撫案下些。竽瑟狂會，搷鳴鼓些。宮庭震驚，發激楚些。吳歈蔡謳，奏大呂些。士女雜坐，亂而不分些。放陳組纓，班其相紛些。鄭衛妖玩，來雜陳些。激楚之結，獨秀先些。……魂兮歸來！反故居些。

描寫楚國生活之美，有層臺臨山、高堂邃宇之宮殿，砥室翠翹、翡翠曲瓊之陳設，華容美貌之侍妾，高貴閒雅之淑女。還有米麥黃粱糝雜做成之美食，胹鼈炮羊之佳肴，清涼醇厚之春酒。更有造新歌之女樂，衽若交竿之鄭舞，奏大呂之吳蔡之歌，等等，總之"酎飲盡歡，樂先故些"。楚國之生活不但生人盡歡，祖先之靈魂也得到享樂。

一方面是"四方之惡"，另一方面是"楚國之美"，通過對比，以招喚亡靈不要留滯異鄉，而應及早返回楚國。其中也反映了當時宮廷生活之奢侈與腐化，劉勰所謂雜有"荒淫之意"。作者這樣寫，含有一種内心之隱痛，可以發人深省。在"亂辭"中，屈原叙述自己浪跡南征之情景：

> 獻歲發春兮,汩吾南征。菉蘋齊葉兮,白芷生。路貫廬江兮,左長薄。倚沼畦瀛兮,遙望博。青驪結駟兮,齊千乘。懸火延起兮,玄顔烝。步及驟處兮,誘騁先。抑騖若通兮,引車右還。與王趨夢兮,課後先。君王親發兮,憚青兕。朱明承夜兮,時不可以淹。臯蘭被徑兮,斯路漸。湛湛江水兮,上有楓。目極千里兮,傷春心。魂兮歸來,哀江南!

他經過菉蘋白芷、"沼畦瀛"之地區,縱目遠望,回想起當年懷王在雲夢澤狩獵之情景,其車騎之盛,侍衛之強,君王之勇,猶歷歷在目,今日留下的則祇有一片荒蕪。撫今追昔,不勝感慨。死者已矣,希望歸來的,祇有流散在異鄉之魂魄。"哀",動詞,依也。乃招喚亡魂歸依江南。蔣驥云:"卒章魂兮歸來依江南,乃作文本旨,餘皆幻設耳。"(《山帶閣注楚辭》)可謂一語破的。全文就是如此在引言裏說明作文的原因,然後是正式招魂,最後歸結爲通篇之用意所在,點明主題。

引言是敘事,間雜散行句式。"亂辭"之句尾用"兮"字,與屈原其他作品之句式相似。正文之句尾用"些"字,是古代楚國"巫音"之殘存。整個形式應是采用民間流行之招魂詞寫成的。

這篇作品在手法上着重鋪張,它從各方面描寫楚國本土生活之富庶與歡樂,也從各方面描寫異鄉環境之惡劣與恐怖。這種鋪敘作風對後來之文學影響很大,《大招》之寫作方法便是以它爲模式的,漢賦鋪張揚厲之特點,也是其文風之進一步發展。

(四)《九章》

《九章》是與《離騷》內容相似之作品,敘述屈原之身世和遭遇,共九篇。《九章》之篇義是甚麼?王逸《楚辭章句》説:

> 章者,著也,明也。言己所陳忠信之道甚著明也。

這完全是一種望文生義、故神其說之解釋，不可信。朱熹《楚辭集注》則說：

> 屈原既放，思君念國，隨事感觸，輒形於聲。後人輯之，得其九章，合爲一卷，非必出於一時之言也。

從《九章》各篇之內容看，他的說法是符合實際的。《九章》並不像《九歌》、《九辯》那樣是個專名詞，而是九篇詩歌之總稱。這從《九章》之名後出可以看出來。司馬遷在《屈原列傳》中錄《懷沙》全文，稱作《懷沙》之賦，同時在贊語裏將《哀郢》和《離騷》、《天問》、《招魂》並列。《懷沙》、《哀郢》都是《九章》中之篇名，司馬遷不稱《九章》，而單稱其篇名，可見當時還沒有《九章》之名稱。《九章》之名，最早見於西漢末年劉向之《九嘆》，其中之《憂苦》有云：

> 嘆《離騷》以揚意兮，猶未殫於《九章》。

劉向是《楚辭》最初之編輯者，《九章》之名應該就是他加上的。或者當時流行不廣，還未被學界所認可，因此稍後的揚雄，並不用此名。《漢書》卷八十七《揚雄傳》記載：

> （雄）又旁《惜誦》以下至《懷沙》一卷，名曰："畔牢愁。"

他還是當散行篇章看待的，並不說揚雄"旁《九章》"。到了東漢初年，王逸作《楚辭章句》，沿用劉向舊題，加上自己之解釋，始將此名固定下來。

如此，便產生了一個問題，即今本《九章》之編次，《懷沙》以下還有《思美人》、《惜往日》、《橘頌》、《悲回風》四篇，這四篇是否屈原所作呢？對此，歷代人們爭論不休，其中有代表性者如清吳汝綸在《古文辭類纂點勘記》中說：

> 《九章》自《懷沙》以下，不似屈子之辭。子雲《畔牢愁》所

仿，自《惜誦》至《懷沙》而止。蓋《懷沙》乃投汨羅時絕筆，以後不得有作。

近人劉永濟在其《屈賦通箋》中也主張此説。應當怎樣理解呢？揚雄之《畔牢愁》已經失傳，他依傍之"《惜誦》以下至《懷沙》一卷"所撰述之内容如何，亦無從考察。但從吳汝綸等人對《揚雄傳》記載之理解看，揚雄仿《九章》而止於《懷沙》是因爲當時人把《懷沙》看作是屈原自投汨羅之絕筆。西漢時期，《九章》之名雖已出現，但其編排次序並未固定。最初之編輯者劉向可能即認爲《懷沙》是屈原之絕筆，便把它編於九篇之末。揚雄所見到者大概即是這種編次，王逸注《九章》所依據者也是這種編次。今本《懷沙》以下四篇，在當時應該都編排在《懷沙》之前。湯炳正先生在其《屈賦新探》中，根據揚雄之《反離騷》不但隱括《離騷》之語義，而且廣泛涉及《九章》諸篇之内容，其中包括《思美人》、《悲回風》等後四篇，説明揚雄是讀過《懷沙》以下之篇章的。其論證有據，足可徵信。因此，我們不能根據《漢書·揚雄傳》中之一句話，即認爲揚雄只看到前五篇，而未看到後四篇，或認爲後四篇非屈原作，而是漢人所作等。

這九篇作品被編輯在一起，不是簡單地集合，而是以類相從的。今本《九章》篇目之次序爲：《惜誦》、《涉江》、《哀郢》、《抽思》、《懷沙》、《思美人》、《惜往日》、《橘頌》、《悲回風》。很明顯，編者是把篇幅長短相似，風格語言相似，並且都和作者之生平遭遇有關之作品編成一組的。兹按其寫作時代之先後評述如下：

《橘頌》應是《九章》中最早的作品，清人陳本禮在其《屈辭精義》中説：

　　其曰"嗟爾幼志"、"年歲雖少"，明明自道，蓋早年童冠時作也。

又吳汝綸在其《古文辭類纂評點》中持同樣觀點。他們的意見是合理的。《橘頌》是一篇借詠物以抒情之作，名義是頌橘，實際是以橘自喻，通過橘來述志。橘之所以值得贊頌者是甚麼？是其純潔之品德與高尚之情操，是其高風亮節。如原文云：

> 后皇嘉樹，橘徠服兮。受命不遷，生南國兮。深固難徙，更壹志兮。綠葉素榮，紛其可喜兮。曾枝剡棘，圓果摶兮。青黃雜糅，文章爛兮。精色內白，類可任兮。紛縕宜修，姱而不醜兮。
>
> 嗟爾幼志，有以異兮。獨立不遷，豈不可喜兮！深固難徙，廓其無求兮。蘇世獨立，橫而不流兮。閉心自慎，終不失過兮。秉德無私，參天地兮。願歲并謝，與長友兮。淑離不淫，梗其有理兮。年歲雖少，可師長兮。行比伯夷，置以爲像兮。

全文明顯地可劃分爲兩段，前一段是正面詠橘，後一段則是對橘之贊美，亦即述志。"嗟爾幼志，有以異兮"是一篇之關鍵所在，整篇詩歌都是在抒發橘樹心志之不凡。其不同凡響處在於獨立特行而不變節，根深蒂固而不可遷移，心胸開朗而無所求，卓然屹立而不隨波逐流，堅貞自守而無過失。品德如此無私無畏，可以參配天地，比美伯夷，作爲榜樣，可師可法。朱熹《楚辭集注》說："'舊說'原自比志節如橘，不可移是也。……言橘之高潔可比伯夷，宜立以爲像而效法之，亦因以自託也。"具體說明了此詩之篇義。屈原借詠橘所述之志，究竟緣何而發？各家意見不同。蔣驥在《山帶閣注楚辭》中說：

> 舊解徒知以"受命不遷"，明忠臣不事二君之義，而不知

> 以"深固難徙",示其不能變心從俗,尤爲自命之本。蓋"不
> 遷""難徙",義各不同,故特著之曰:"更壹志也。"

蔣驥認爲此篇是屈原晚年所作,與我們之看法不同。但他認爲《橘
頌》所述屈原之志是"示其不能變心從俗,尤爲自命之本",可謂得
其要領。在我們對《橘頌》之寫作年代不能更具體地確定之前,對
《橘頌》之寫作意圖,也不能作更具體地推測,否則便會有穿鑿附
會之嫌。

　　整篇詩歌都用比興體,即象徵手法,這對《詩經》之只用比興
發端是個發展。詠物則物中有人,詠人則人中有物。前半篇主要
是詠橘,把橘人格化,後半篇主要是述志,把人物性格化,做到了物
我融匯、和諧統一。林雲銘所謂"看來兩段中,句句是頌橘,句句不
是頌橘,但見原與橘分不得是一是二,彼此互映,有鏡花水月之妙"
(《楚辭燈》)。這種借詠物以抒情之作,爲後代之詠物詩奠定了基
礎。通體用四言,句法少變化,呈現出屈原早期文學創作之個性。

　　《惜誦》應作於被讒見疏之後。林雲銘《楚辭燈》説:

> 《惜誦》乃懷王見疏之後,又進言得罪所作,然亦未
> 放。……大約先被讒止見疏,本傳所謂"不復在位",以其不
> 復在左徒之位,未嘗不在朝也,故有使於齊及諫張儀二事。

蔣驥在《山帶閣注楚辭》中持相同觀點,他們都認爲《惜誦》作於被
讒見疏之後放逐之前。證之作品的内容,表現了他既被讒又不肯
離開楚都之情緒,正與他此時此際之心境相符合。

　　這篇作品之内容與結構很像《離騷》,應當是《離騷》創作前之
初稿。這可以從劉向《九歎・憂苦》之"歎《離騷》以揚意兮,猶未
殫於《九章》"之句意中得到證明。對這句話,王逸注云:"乃歎唫
《離騷》之經以揚己志,尚未盡《九章》之篇。"認爲指九篇之作未完

成，是不正確的。這是一個連貫句，上句之賓語"意"，即下句之主語而被省略了。"未殫"，是意猶未盡。"殫"下用介詞"於"，意謂可以嘆息者用《離騷》來表達自己之意志，而此意志在《九章》中還未表達完。這說明《離騷》是進一步發揮了《九章》之思想。儘管《九章》諸篇不是一時一地之作，也不都作於《離騷》之前，但其中確有在思想內容方面酷似《離騷》之篇章者如《惜誦》。《惜誦》敘述自己在政治上被讒見疏之過程，先說自己因忠君而招禍，次述自己招禍之後心中之沉鬱痛苦，最後表示堅貞不屈之決心。《離騷》之思想脈絡與此完全相同。劉向所謂"猶未殫於《九章》"，而"歎《離騷》以揚意"當指此。

《惜誦》是《離騷》寫作之雛形，不但在思想脈絡上爲《離騷》所繼承，而且在結構上也爲《離騷》所吸取。如《惜誦》中有屬神占卜以勸誡屈原一段，《離騷》中則有女嬃規勸屈原一節，情境相似。在遣詞造句方面也前後呼應，如《惜誦》云："心鬱邑余侘傺兮，又莫察余之中情。"《離騷》則云："忳鬱邑余侘傺兮，吾獨窮困乎此時也！""荃不察余之中情兮，反信讒而齌怒。"又如《惜誦》云："行婞直而不豫兮，鯀功用而不就。"《離騷》則云："女嬃之嬋媛兮，申申其詈予，曰：鯀婞直以亡身兮，終然殀乎羽之野。"這些都說明它們前後之承襲關係，說明《惜誦》是《離騷》之初稿，其寫作時間應早於《離騷》。

《惜誦》是一篇述志之作，是一篇表明自己思想態度之文。它反復申訴自己之不平遭遇，並爲其不平遭遇辯釋。其中充滿了辯釋之語言，以辯釋來抒發自己之怨恨，是本篇之特點，爲其他篇章所不見。如：

> 惜誦以致愍兮，發憤以抒情。所作忠而言之兮，指蒼天以
> 爲正。令五帝以枑中兮，戒六神與嚮服。俾山川以備御兮，命

昝縣使聽直。竭忠誠以事君兮，反離群而贅肬。忘儇媚以背
衆兮，待明君其知之。言與行其可跡兮，情與貌其不變。故相
臣莫若君兮，所以證之不遠。吾宜先君而後身兮，羌衆人之所
仇。專惟君而無他兮，又衆兆之所讎。壹心而不豫兮，羌不可
保也。疾親君而無他兮，有招禍之道也。

思君其莫我忠兮，忽忘身之賤貧。事君而不貳兮，迷不知
寵之門。忠何罪以遇罰兮？亦非余心之所志。行不群以巔越
兮，又衆兆之所咍。紛逢尤以離謗兮，謇不可釋。情沉抑而不
達兮，又蔽而莫之白。心鬱邑余侘傺兮，又莫察余之中情。固
煩言不可結詒兮，願陳志而無路。退靜默而莫余知兮，進號呼
又莫吾聞。申侘傺之煩惑兮，中悶瞀之忳忳。

這類辯釋話之多，不勝枚舉。而且這些辯釋語言，都是對自己心志
之正面、明快地表述，毫無寄託。朱熹《楚辭集注》云：“此篇全用
賦體，無他寄託。其言明切，最爲易曉。而其言作忠造怨、遭讒畏
罪之意，曲盡彼此之情狀。”正道出本篇寫作之特點。即通過直賦
其事，以表現其“作忠造怨，遭讒畏罪之意”。洪興祖《楚辭補注》
云：“此章言己以忠信事君，可質於明神，而爲讒邪所蔽，進退不可，
惟博采衆善以自處而已。”是對《惜誦》主題思想簡明扼要之概括。

《抽思》是屈原在漢北所作。但具體作於何時呢？《抽思》説：
“昔君與我成言兮，曰‘黄昏以爲期’。羌中道而回畔兮，反既有此
他志。”很明顯追述他從前做左徒時受懷王之信任，現在被抛棄了
之心情。所以這篇作品應作於懷王時期。

《抽思》與《離騷》皆因同一事故而作，應是《離騷》之續篇。因
此，其前半部分在思想情緒上與《離騷》中之“荃不察余之中情兮”
一節有相應合之處。如《抽思》云：

昔君與我成言兮,曰:"黃昏以爲期。"羌中道而回畔兮,
反既有此他志。憍吾以其美好兮,覽余以其修姱;與余言而不
信兮,蓋爲余而造怒。願承間而自察兮,心震悼而不敢;悲夷
猶而冀進兮,心怛傷之憺憺。兹歷情以陳辭兮,蓀詳聾而不
聞;固切人之不媚兮,衆果以我爲患。初吾所陳之耿著兮,豈
至今其庸亡? 何獨樂斯之謇謇兮,願蓀美之可光。望三五以
爲像兮,指彭咸以爲儀。夫何極而不至兮,故遠聞而難虧。善
不由外來兮,名不可以虛作。孰無施而有報兮,孰不實而
有穫?

《離騷》則云:

　　荃不察余之中情兮,反信讒而齌怒。余固知謇謇之爲患
　　兮,忍而不能舍也! 指九天以爲正兮,夫唯靈修之故也。曰黃
　　昏以爲期兮,羌中道而改路。初既與余成言兮,後悔遁而有
　　他。余既不難夫離別兮,傷靈修之數化。

這兩段引文,不但在思想情緒上相似,語氣上相似,甚至在言辭上
也極相似。這種相似,可以看作是《抽思》對《離騷》之解釋。又
《離騷》中有一段寫屈原遨游天地,尋求美女而不可得,便問卜於
靈氛、巫咸之事。靈氛勸屈原離開楚國,另作他求。屈原不聽靈氛
之勸告云:

　　欲從靈氛之吉占兮,心猶豫而狐疑。

《抽思》則云:

　　願搖起而橫奔兮,覽民尤以自鎮。

二者之情景,又何其相似! 這種相似不是偶然的,而是由於處於同
一個環境,爲了同一件事故,所産生相同的思想感情。是屈原在相

同的時間、相同的遭際下，對自己思想情感之表白。

《抽思》之內容是敘述自己多次進諫，耿耿忠心，而懷王始終不聽，以致使自己流浪異鄉，心境無由上達之愁苦。蔣驥《山帶閣注楚辭》云：

> 前欲陳辭以遺美人，終以無媒而憂誰告。蓋君恩未遠，猶有拳拳自媚之意；而於所陳耿著之辭，不憚疊疊述之，則猶幸其念舊而一悟也。視《涉江》、《哀郢》、《惜往日》、《悲回風》諸篇，立言大有逕庭矣。

蔣驥之體味可謂深入細緻。作品主要抒發了對懷王之言而無信、反復無常之怨恨和希望懷王能痛改前非、重新任用自己之心情。

《抽思》之結構不同於其他各篇，篇末有"少歌"，有"倡辭"，有"亂辭"。"少歌"以總結並申明前文；"倡辭"以敘述遷居漢北之後，終不忘君之意；"亂辭"以序作賦時自漢北南行之事。其作用在於把自己對懷王之怨恨與希望和自己愁苦無由上達之心境發揮得淋漓盡致。洪興祖所謂"'少歌'之不足，則又發其意而爲'倡'。獨'倡'而無與和也，則總理一賦之終，以爲'亂辭'云爾。"

《思美人》應是屈原在漢北繼《抽思》之後所作。蔣驥《山帶閣注楚辭》云：

> 美人，即《抽思》所欲陳詞之美人。

從作品本身看，《抽思》開篇要"陳詞美人"，篇末云"斯言誰告"；本篇首言"舒情莫達"，終云"效彭咸死諫"；前後相承，脈絡分明。兩篇都眷戀美人，而苦於無媒通達，思想感情也完全相似。又《思美人》云："指嶓冢之西隈兮，與曛黃以爲期。""吾且儃佪以娛憂兮，觀南人之變態。""獨煢煢而南行兮，思彭咸之故也。"蔣驥《山帶閣注楚辭》云：

嶓冢，山名，漢水發源之處，在今漢中府甯羗州，楚極西地。原居漢北，舉漢水所出以立言也。

又云：

南人，指郢中之人。

林雲銘《楚辭燈》亦云：

其稱造都爲南行，朝臣爲南人，置在漢北無疑。

方晞原亦云：

上云"觀南人之變態"，此云"煢煢而南行"，宜爲在漢北所言。（見戴震《屈原賦注》引）

他們之説法都是正確的。至於説"遵江夏以娛憂"，乃是作者想象之詞。江夏雖在郢都東南，但離郢都較近，他想象到江夏可以"娛憂"，並不是説這篇詩歌作於江夏。再從作品之思想情緒看，其思君念國之情，尚未達到絕望之程度，仍然希望懷王翻然悔悟，發奮圖强。這和他被放逐到江南之後的作品所表露之情緒絕然不同。《思美人》以文辭簡潔雅淡與文氣平和順暢爲特點，舒緩自如而不震蕩迫促，如：

思美人兮，擥涕而竚眙。媒絕路阻兮，言不可結詒。蹇蹇之煩冤兮，陷滯而不發。申旦以舒中情兮，志沈菀而莫達。願寄言於浮雲兮，遇豐隆而不將。因歸鳥而致辭兮，羌迅高而難當。

高辛之靈盛兮，遭玄鳥而致詒。欲變節以從俗兮，媿易初而屈志。獨歷年而離愍兮，羌馮心猶未化。寧隱閔而壽考兮，何變易之可爲！知前轍之不遂兮，未改此度。車既覆而馬顛

兮，蹇獨懷此異路。勒騏驥而更駕兮，造父爲我操之。遷逡次
而勿驅兮，聊假日以須時。指嶓冢之西隈兮，與曛黃以爲
期。……

汪瑗《楚辭集解》云："其文嚴整潔淨，雅談沖和，文之精粹者
也。豈年垂老，其氣漸平，而所養益純也歟？"汪瑗認爲本篇作
於頃襄王時期之說，不可取。但他論述本文之文章風格，則得
其要領。

《思美人》之內容，是叙述自己對懷王之極端忠貞，卻不被懷
王理解，然而也永不變節。《離騷》所謂"不吾知其亦已兮，苟余情
其信芳"，終以傚效彭咸之死諫，而希望懷王之醒悟。這一題旨，洪
興祖在《楚辭補注》中作了明確地闡發："此章言己思念其君，不能
自達，然反觀初志，不可變易，益自修飭，死而後已也。"

《哀郢》是屈原被放逐到江南以後之作，這從其"去故都"、"哀
故都"、"出國門"等詞義可以看出來。蔣驥《山帶閣注楚辭》亦云：

> 《涉江》、《哀郢》皆頃襄王時放於江南所作。然《哀郢》發
> 郢而至陵陽，皆自西徂東；《涉江》從鄂渚入溆浦，乃自東北往
> 西南，當在既放陵陽之後。

他不但看出這兩篇作品都是放逐到江南之後所作，而且看出《涉
江》作於《哀郢》之後，都是很有見地的。對這篇作品之寫作背景，
王夫之《楚辭通釋》認爲是頃襄王二十一年秦將白起破郢之事，無
奈這個時間未免太晚了，屈原當時不一定還活着。這篇作品應當
寫於他在陵陽住了九年，即頃襄王十一年之時。

《哀郢》之結構可分爲三部分，即篇首之四句，所以籠罩全篇，
像是全篇之"序言"，簡述東遷之原因。篇末之"亂辭"，以不反故
鄉，無罪被逐作結。意思與篇首四句相應。中間爲正文，記述流亡

之路綫與感受,很像一首紀行詩。正文又可分爲兩大段,前二十四句爲第一大段,追述九年前遷徙之過程;後三十二句爲第二大段,雖然也紀行程,但重在抒發自己的身世之感。其第一段云:

> 去故鄉而就遠兮,遵江夏以流亡。出國門而軫懷兮,甲之鼂吾以行。發郢都而去閭兮,荒忽其焉極? 楫齊揚以容與兮,哀見君而不再得。望長楸而太息兮,涕淫淫其若霰。過夏首而西浮兮,顧龍門而不見。心嬋媛而傷懷兮,眇不知其所蹠。順風波以從流兮,焉洋洋而爲客。凌陽侯之氾濫兮,忽翺翔之焉薄? 心絓結而不解兮,思蹇産而不釋。將運舟而下浮兮,上洞庭而下江。去終古之所居兮,今逍遥而來東。

叙述中兼抒情,亦情亦景,情景相生。繪聲繪色,歷歷在目。其第二段云:

> 羌靈魂之欲歸兮,何須臾而忘反。背夏浦而西思兮,哀故都之日遠。登大墳以遠望兮,聊以舒吾憂心。哀州土之平樂兮,悲江介之遺風。當陵陽之焉至兮,淼南渡之焉如? 曾不知夏之爲丘兮,孰兩東門之可蕪? 心不怡之長久兮,憂與愁其相接。惟郢路之遼遠兮,江與夏之不可涉。忽若去不信兮,至今九年而不復。慘鬱鬱而不通兮,蹇侘傺而含慼。……

情緒激烈,聲調慷慨,與第一段之境界迥然不同。屈原本來是時刻不忘君的,但在這裏由於感情沉鬱,悲憤至極,言辭之中已不見"君"字了。全篇思想脈絡分明,章法謹嚴,文辭宛轉,將憤激之情發揮得淋灕盡致。

"郢"是楚國之政治中心,是楚國之象徵。屈原是懷着一種永別之心情離開這裏的。他想到國家垂危之命運,看到人民苦難之遭遇,感受到被排斥之悲痛,其《哀郢》即表現了對楚國滅亡前夕之悼念，表現了對受災受難人民之同情與自己被遷謫之感傷。林雲銘《楚辭燈》説：

> 不曰思郢而曰哀郢者，以頃襄初立，子蘭爲令尹，上官大夫等獻媚固寵，妒賢害國，較之懷王之世尤甚。當初放時，已見百姓之震愆離散，不知此九年中，更作何狀？恐天不純命，實有可哀者。

他認爲屈原所哀傷者乃是國家和人民之命運，而不是其他。這是十分正確的。太史公讀《哀郢》而"悲其志"者，即指他對國家和人民命運之關心。洪興祖認爲指屈原"思見君而不得"，則失其本意。

《涉江》是繼《哀郢》之後所作，《哀郢》作於頃襄王十一年，那末《涉江》應作於頃襄王十二年。《涉江》開頭説"年既老"，但還"不衰"，可能他這時已經五十多歲了。和《哀郢》相同，篇中也記述了其流亡之路綫，同樣像一首紀行詩。如：曰鄂渚、曰山皋、曰方林、曰上沅、曰枉陼、曰辰陽、曰溆浦等，皆道其所經之地。汪瑗《楚辭集解》説："實紀道路之曲折，非泛語也。"大概於其寫《哀郢》之第二年春天，離開了久居的陵陽，遠去西南，由鄂渚至方林，入洞庭，溯沅水，經枉陼，至辰陽，東達溆浦。在這一過程中寫了《涉江》。

《涉江》之内容乃寫屈原義行高潔，而不爲世人所理解，竟遭讒被逐。然而自己終不變心從俗，而是獨立特行，甘心愁苦以終窮。洪興祖《楚辭補注》説："此章言己佩服殊異，抗志高遠，國無人知之者，徘徊江之上，歎小人在位，而君子遇害也。"可謂得之。此篇與《哀郢》作於同時，但情感格調絕不相同。蔣驥《山帶閣注楚辭》云：

其命意浩然一往，與《哀郢》之鳴咽徘徊，欲行又止，亦絕
不相侔。蓋彼迫於嚴譴而有去國之悲，此激於憤懷而有絕人
之志，所由來者異也。

與作於其前之《惜誦》之情感格調也不相同。汪瑗《楚辭集解》云：

> 前篇（指《惜誦》）其志悲，此篇其志肆。

所謂"浩然一往"、"激於憤懷而有絕人之志"和"其志肆"，其實是
一個意思，即指其思想感情之抒發自如，傾瀉無餘。這是《涉江》
文章之特點。如他在開篇隱括自己之生平、訴說自己之高尚情
操說：

> 余幼好此奇服兮，年既老而不衰。帶長鋏之陸離兮，冠切
> 雲之崔嵬。被明月兮佩寶璐。世溷濁而莫余知兮，吾方高馳
> 而不顧。駕青虬兮驂白螭，吾與重華游兮瑤之圃。登昆侖兮
> 食玉英，與天地兮同壽，與日月兮齊光。

文氣從容沖雅，舒暢跌蕩，是直抒胸臆之辭。又如他叙述其途中所
見所歷，以景抒情說：

> 哀南夷之莫吾知兮，旦余濟乎江湘。乘鄂渚而反顧兮，欸
> 秋冬之緒風。步余馬兮山皋，邸余車兮方林。乘舲船余上沅
> 兮，齊吳榜以擊汰。船容與而不進兮，淹回水而疑滯。朝發枉
> 陼兮，夕宿辰陽。苟余心其端直兮，雖僻遠之何傷！

這裏所寫之實景，楚鄉之風物，一一如畫。同時也將一個逐臣
遷客、千回百折的去國之情抒發得淋灕酣暢。再如對其遷逐之
地之描寫：

> 入溆浦余儃佪兮，迷不知吾所如。深林杳以冥冥兮，猨狖

之所居。山峻高以蔽日兮，下幽晦以多雨。霰雪紛其無垠兮，
雲霏霏而承宇。哀吾生之無樂兮，幽獨處乎山中。吾不能變
心而從俗兮，固將愁苦而終窮！

這些深山密林嶔崟幽邃之景物，流蕩恣肆地表現了屈原當時之心
境。王夫之《楚辭通釋》說：“沅西之地，與黔粵相接，山高林深，四
時多雨，雲嵐垂地，簷宇若出其上。江北之人，習居曠敞之野，初至
於此，風景幽慘，不能無感。被讒失志之遷客，其何堪此乎！”道出
此段文字曲盡人情之妙。

　　整篇作品沒有嗚咽之悲泣，沒有憤激之情感，篇末援引古人以
自慰。其詞和，其氣平，其文簡而潔，於從容、淡薄中見精神。

　　《懷沙》舊說認爲是屈原之絕命詞，這是根據司馬遷在《屈原
列傳》中之記載：

　　　　乃作《懷沙》之賦……於是懷石，遂自投汨羅以死。

司馬遷是根據屈原“懷石自沉”之歷史傳說，並當時流行的本子
《懷沙》編次在《九章》之末，而認爲《懷沙》是屈原之絕筆，並無其
他憑證。其實這是不正確的。屈原在《懷沙》中雖然表示要死，但
並未流露“自沉”之意，更無“懷石”之痕跡。他說“明告君子，吾將
以爲類兮”，謂其最後將以死自處，並非立刻即死。可見《懷沙》既
非屈原之絕筆，亦非謂“懷沙自沉”。《懷沙》者，應指懷念長沙。
蔣驥《山帶閣注楚辭》說：

　　　　後世釋《懷沙》者，皆以懷抱沙石爲解，若東方《七諫》“懷
　　　沙礫而自沈”；《後漢·高鳳傳》“委體淵沙”；相沿舊矣，然以
　　　沙爲石殊未妥。按李陳玉云：“懷沙，寓懷長沙也。”其說特創
　　　而甚可玩。

舊解以懷沙爲懷石,乃甚迂曲,若直解爲懷沙,則沙如何懷? 因此,他認爲"懷沙"指懷念長沙,是可取的。證之以《哀郢》、《涉江》,"沙"當是地名。長沙之名起源甚早,《戰國策》、《山海經》、《遯甲經》、《路史》等書都有記載。汨羅離長沙不遠,本篇開端說"汨徂南土",結尾說"知死不可讓,願勿愛兮",說明屈原思念長沙是爲了尋找一個適當之地點作爲生命之歸宿。那麼《懷沙》並非屈原之絶筆,但距屈原之死一定很近。它應當是緊接着《涉江》寫的,《涉江》之路程是由鄂渚到辰陽、溆浦,方向是從東北向西南,故云"汨徂南土"。這篇作品之路程則是由辰陽、溆浦到汨羅,方向是從西南向東北,故云"進路北次"。方晞原說:"據《涉江》篇,由沅入溆,乃至遷所,則沈羅淵當北行,故有'進路北次'之語。"(戴震《屈原賦注》引)這個看法是正確的。

這篇作品抒發了屈原瀕臨死亡時之憤激和悲哀。洪興祖《楚辭補注》說:"此章言己雖放逐,不以窮困易其行。小人蔽賢,群起而攻之。舉世之人,無知我者,思古人而不得見,仗節死義而已。"乃對本篇作品主題之準確概括。屈原說"知死不可讓",是爲全篇之重心。屈原爲何要死? 汪瑗認爲"以己之謫居長沙,長沙卑濕,自以爲壽不得長,乃作此篇以自廣其意,聊慰其心,如賈誼之所爲也。"這是不正確的。屈原之所以不愛其死者,並非如賈誼之被貶長沙,以爲長沙卑濕,年壽不會長,才矢志一死。而是因爲讒諛用事,國君昏憒,自己不肯與世俗同流合污,便以死來表明心跡。如洪興祖所說,是"仗節死義",這才是屈原拳拳之本心。

由於本篇作品是將死時之作,所以其中充滿了激切之言辭和悲慘之情調。王夫之《楚辭通釋》說:

　　其詞迫而不舒,其思幽而不著,繁音促節,特異於他篇云。

確是道出了本篇在文辭、思想、感情、音節諸方面之不同凡響
處。如：

> 滔滔孟夏兮，草木莽莽。傷懷永哀兮，汨徂南土。眴兮杳
> 杳，孔靜幽默。鬱結紆軫兮，離愍而長鞠。撫情效志兮，冤屈
> 而自抑。

> 刓方以爲圜兮，常度未替。易初本迪兮，君子所鄙。章畫
> 志墨兮，前圖未改；内厚質正兮，大人所盛。巧倕不斲兮，孰察
> 其撥正。玄文處幽兮，矇瞍謂之不章；離婁微睇兮，瞽以爲無
> 明。變白以爲黑兮，倒上以爲下。鳳皇在笯兮，雞鶩翔舞。同
> 糅玉石兮，一概而相量。夫惟黨人之鄙固兮，羌不知余之
> 所臧。

> 任重載盛兮，陷滯而不濟；懷瑾握瑜兮，窮不知所示。邑
> 犬之群吠兮，吠所怪也；非俊疑傑兮，固庸態也。文質疏内兮，
> 衆不知余之異采。材朴委積兮，莫知余之所有。重仁襲義兮，
> 謹厚以爲豐。重華不可遌兮，孰知余之從容！古固有不並兮，
> 豈知其故也！湯禹久遠兮，邈不可慕也。懲連改忿兮，抑心而
> 自强。離愍而不遷兮，願志之有像。進路北次兮，日昧昧其將
> 暮；舒憂娛哀兮，限之以大故。

整篇文章氣勢盎然，音調悲切，前後思想感情一以貫之，叙述其生
平之抱負與操守。林雲銘《楚辭燈》説："最爲鬱勃，亦最爲哀
慘……其章法句法，承接照應，無不井然。"陳本禮《屈辭精義》又
説："悽音慘慘，至今猶聞紙上。已上又似一篇自祭文。亂曰以下，
則自題墓志銘也。"皆確當之論。

《悲回風》作於何時？朱熹在其《楚辭辯證》中説：

> 至《惜往日》、《悲回風》，則其身已臨沅湘之淵，而命在晷

刻矣。

認爲是臨死之前所作。王夫之也持同樣之看法,他在《楚辭通釋》中説:

> 蓋原自沈時,永訣之辭也。

按:篇中有"任重石之何益"之語。"任石",即抱石或負石。《莊子》卷九《盜跖》篇有申徒狄因諫諍而不被采納"負石自投於河"之記載,《荀子》卷二《不苟》篇也有申徒狄恨道之不行遂"負石而赴河"之記載。屈原所謂"任重石",即承上句"悲申徒之抗跡"而來。屈原在這裏第一次提出"任重石"問題,聯繫上句"驟諫君而不聽兮",則其意思是既然諫君不被采納,效申徒狄之負石自沈,又有甚麼用呢!可見此時他要死之決心還不堅定。不過從他反復著明慕彭咸之志之情緒看,這篇作品之寫作時間絕對離他沉江不遠。

作品抒發屈原爲讒佞當權而憂慮,因此託游天地之間,以泄憤懣。然而終於想自沉汨羅,效法伍子胥、申徒狄,以完成自己之志節。通篇皆抒情,未記述任何事實。感情極其深沉、憂鬱。朱熹説:"其志之切,而詞之哀,蓋未有甚於此數篇(指《悲回風》、《惜往日》等)者。"(《楚辭辯證》)如:

> 悲回風之搖蕙兮,心冤結而内傷。物有微而隕性兮,聲有隱而先倡。夫何彭咸之造思兮,暨志介而不忘!萬變其情豈可蓋兮,孰虚僞之可長!鳥獸鳴以號群兮,草苴比而不芳。魚葺鱗以自別兮,蛟龍隱其文章。故荼薺不同畝兮,蘭茝幽而獨芳。惟佳人之永都兮,更統世而自貺。眇遠志之所及兮,憐浮雲之相羊。介眇志之所惑兮,竊賦詩之所明。
> 惟佳人之獨懷兮,折若椒以自處。曾歔欷之嗟嗟兮,獨隱

伏而思慮。涕泣交而悽悽兮，思不眠以至曙。終長夜之曼曼兮，掩此哀而不去。寤從容以周流兮，聊逍遥以自恃。傷太息之愍憐兮，氣於邑而不可止。糺思心以爲纕兮，編愁苦以爲膺。折若木以蔽光兮，隨飄風之所仍。存仿佛而不見兮，心踊躍其若湯。撫珮祍以案志兮，超惘惘而遂行。歲曶曶其若頽兮，時亦冉冉而將至。蘋蘅槁而節離兮，芳以歇而不比。憐思心之不可懲兮，證此言之不可聊。寧逝死而流亡兮，不忍爲此之常愁。孤子吟而抆淚兮，放子出而不還。孰能思而不隱兮，昭彭咸之所聞。

　　登石巒以遠望兮，路眇眇之默默。入景響之無應兮，聞省想而不可得。愁鬱鬱之無快兮，居戚戚而不可解。心鞿羈而不形兮，氣繚轉而自縛。穆眇眇之無垠兮，莽芒芒之無儀。聲有隱而相感兮，物有純而不可爲。藐蔓蔓之不可量兮，縹綿綿之不可紆。愁悄悄之常悲兮，翩冥冥之不可娛。凌大波而流風兮，託彭咸之所居。……

陳本禮在《屈辭精義》中對本篇之文義進行逐層地劃分："且首自'悲回風'起，至'詩之所明'，乃其賦序。舊話亦未截斷。自'寤從容'以下，皆託言夢境。'登石巒'以下，心不志鄄，仍屬魂游。自'傾寤'以下，盡言死後魂在波中漂蕩之苦。至若'悲霜雪之俱下，聽潮聲之相擊'，則又慘不可讀矣。末則不悲自己，反悲申徒之壬石，恐已空死無益，亦猶申徒之抗跡也。"陳本禮認爲本篇作於懷王入秦不反之時，未免有誤，但其對全篇文義之劃分，尋繹文理，揣摹詩脈，可謂深有體味。此時之屈原已不再怨天尤人，而完全是自我之哀訴。這種哀訴又得不到任何反響，竟成爲絕望之慘叫。王夫之《楚辭通釋》説："無所復怨於讒人，無所興嗟於國事，既悠然以安死，抑戀君而不忘。述己志之孤清，想不亡之靈爽，合幽明於一致，韜哀怨於獨知。"正道出《悲回風》所抒發之屈原之心境。爲了表現其此時此地之思想感情，作品中運用了許多雙聲疊韻之雙音節詞，像"相羊""歔欷""從容""周流""逍遥""於邑""髣髴""踊躍""惆悵"等等。這些聯綿詞豐富了詩之音樂美，增强了詩之感染力。在屈原的作品中獨具特點。

《惜往日》是屈原最後之作品，是其絶筆。蔣驥《山帶閣注楚辭》説：

> 《惜往日》，其靈均絶筆歟？夫欲生悟其君不得，卒以死悟之，此世所謂孤注也。默默而死，不如其已，故大聲疾呼，直指讒臣蔽君之罪，深著背法敗亡之禍，危辭以撼之，庶幾無弗悟也。苟可以悟其主者，死輕於鴻毛。故略子推之死而詳文君之悟，不勝死後餘望焉。

蔣驥説明了《惜往日》是絶筆及其所以是絶筆之理由。然而自明代以來流行着一種否定是屈原所作之説法。如明人許學夷在其《詩源辨體》中説："《惜往日》云：'不畢辭而赴淵兮，惜壅君之不識'……是豈屈子口語耶？蓋必唐勒、景差之徒爲原而作，一時失其名，遂附入屈原耳。"清人吳汝綸在《古文辭類纂評點》中也説："'恐禍殃之有再'，豈屈子語？"他們之共同理由都認爲自己所舉之例句非屈原語氣，而是他人之陳述。但是，我們仔細琢磨上下文意，此數句出於屈原之口吻乃確當不易。案許學夷所引兩句之前，還有"臨沅湘之玄淵兮，遂自忍而沈流。卒没身而絶名兮，惜壅君之不昭"四句，是屈原自云沉江自盡，身名俱滅，本不足慮，而楚君之仍被蒙蔽不悟，則是很可痛惜的。這與"不畢辭而赴淵兮，惜壅君之不識"意思相同，而前後照應。屈原反復申述此意，説明他死之決心已定，怎能説非屈原語氣呢！又吳汝綸所引"恐禍殃之有再"之上句爲"甘溺死而流亡兮"。顧炎武《日知錄》卷九《楚辭注》解此二句云："一身不足惜,其如社稷何!《史記》所云:'楚日以削,數十年竟爲秦所滅。'即屈原所謂'禍殃之有再'者也。"完全是順應屈原之口吻作解釋。可見這是屈原的話無疑。《惜往日》既然全是屈原之自述,那麼其爲屈原所作便毫無問題。屈原在作品中以彭咸自矢,一篇之中三致意焉,説明是其臨死之前所作,是其絕命詞,也是可以肯定的了。

《惜往日》概括地叙述屈原自己生平之政治遭遇,痛恨讒人之"罷君",因而自己之理想不能實現,説明自己所以必死之苦衷,希望以死來激發頃襄王最終能醒悟。朱熹《楚辭集注》説:"其臨絕之音……尤憤懣而極悲哀,讀之使人太息流涕而不能已。"如:

> 惜往日之曾信兮,受命詔以昭時。奉先功以照下兮,明法度之嫌疑。國富强而法立兮,屬貞臣而日娭。秘密事之載心兮,雖過失而弗治。心純厖而不泄兮,遭讒人而嫉之。君含怒而待臣兮,不清澂其然否。蔽晦君之聰明兮,虚惑誤又以欺。弗參驗以考實兮,遠遷臣而弗思。信讒諛之溷濁兮,盛氣志而過之。

> 何貞臣之無罪兮,被離謗而見尤?慚光景之誠信兮,身幽隱而備之。臨沅湘之玄淵兮,遂自忍而沈流。卒没身而絕名兮,惜壅君之不昭。君無度而弗察兮,使芳草爲藪幽。焉舒情而抽信兮,恬死亡而不聊。

> 獨鄣壅而蔽隱兮,使貞臣爲無由。……

其感情之沉痛,心緒之悲怨,纏綿悱惻而不能自已。王夫之《楚辭通釋》亦云:"故決意沈淵,而餘怨不已。"語言平實淺顯,通俗易懂,與其他篇章不同。蔣驥《山帶閣注楚辭》又云:"《九章》惟此篇詞最淺易,非徒垂死之言,不暇雕飾,亦欲庸君入目而易曉也。"在其作品中別具一格。

《九章》與《離騷》是同類型之作,全爲自叙生平之抒情詩。不同者《離騷》是綜合性之自叙傳,《九章》則是屈原某些生活片斷之實録。《九章》各篇在思想內容和藝術手法上皆具不同的特點,但大都與《離騷》聯繫着,有的甚至和《離騷》相似,是對《離騷》之充實和豐富。其中記叙屈原之生活片斷,是研究屈原生平思想之最有價值之資料。

(五)《九歌》

古《九歌》相傳是一種神聖而美妙之歌曲,與楚地流傳之巫歌不同。但古《九歌》傳至戰國,沾染了濃厚之巫風,便成爲祭神之樂歌。這種樂歌,與古《九歌》之原調並無關係,而是用楚聲歌唱的,黃文煥《楚辭聽直》云:"余謂《九歌》之名,自古有之,非楚俗之歌也。……兹之有作,如後人擬古樂府、代古樂府,因其名而異其詞云爾。"這是有道理的。屈原便是在這種祭神巫歌之基礎上修潤、加工成爲現存之《九歌》的。這種情況,我們可以從唐代詩人劉禹錫作《竹枝》辭得到佐證。《新唐書》卷一六八《劉禹錫傳》記載:

> 憲宗立,叔文等敗,禹錫貶連州刺史,未至,斥朗州司馬。州接夜郎諸夷,風俗陋甚,家喜巫鬼。每祠歌《竹枝》,鼓吹裴回,其聲傖佇。禹錫謂屈原居沅湘間作《九歌》,使楚人以迎送神,乃倚其聲作《竹枝》辭十餘篇,於是武陵夷俚悉歌之。始坐叔文貶者八人,憲宗欲終斥不復,乃詔"雖後更赦令,不得原"。

這是劉禹錫被貶到朗州後之一段史實。朗州在沅江入洞庭湖之處，即今天湖南省常德市，亦即屈原放逐之地。劉禹錫雖係被貶，但從"雖後更赦令，不得原"之詔令看，實際等同放逐。他遭受到與屈原相同之命運，所貶之處也與屈原相同，其感受也必然與屈原相一致。他想到屈原作《九歌》使楚人以迎送神，自己也采集當地祭祀時所歌之《竹枝》，作《竹枝》辭十餘篇。此二人所作之歌辭雖然不同，而其意義則一，即都是采用楚地流行之歌曲以鑄偉詞的。這不但可以證明《九歌》是屈原利用楚地歌曲作素材修潤、加工而成的，而且可以證明它是屈原放逐到江南、流浪沅湘一帶所作。

　　《九歌》之寫作時間，王夫之認爲是被讒見疏後在漢北所作（見《楚辭通釋》），郭沫若認爲是青年得意時之作（見《屈原研究》），游國恩則認爲作於懷王十七、八年（見《屈原》），他們的説法都不可信。從《九歌》之内容看，其描寫之方面很廣，既有南方之沅湘，亦有北方之黄河與西方之巫山，并且包括各種神祇。要描寫、加工之素材如此廣闊，必須經過一個搜集整理之過程。此過程可能比較長，因此它不是一時一地之作，但最後寫完應在頃襄王時被放逐到江南以後。這一點，王逸、劉禹錫、朱熹之意見是可取的。作品雖然在文字上看不到放逐之痕跡，但從其輕歌微吟中卻散發出一種不可抑制之憂愁幽思，他那種貞潔自好、哀怨感傷之情緒，正是長期放逐生活之心情的自然流露。

　　《九歌》共十一篇，但歷代之《楚辭》研究者中有人卻想盡理由把某些篇目合併，湊成九篇之數。如黄文焕、林雲銘把《山鬼》、《國殤》、《禮魂》合爲一篇，理由是此三篇都是祭鬼。蔣驥把《湘君》和《湘夫人》、《大司命》和《少司命》各合爲一篇，理由是所祭者是同類之神。這種削足適履之做法，都是由於對《九歌》篇名之錯誤解釋造成的。《九歌》並非九篇歌曲，而是一首樂章之專名詞。洪興祖《楚辭補注》説：

　　以"九"爲名者,取"簫韶九成,啓《九辯》、《九歌》"之義。

這是十分正確的,不應拘泥於"九"篇之數。值得注意者《九歌》十一章既爲祭神之樂歌,其中除了《禮魂》爲送神曲之外,爲何出現了祭鬼之篇章如《山鬼》、《國殤》?我們認爲《山鬼》名義上是鬼,實際上仍然是神。顧天成《九歌解》即認爲山鬼是巫山女神。至於《國殤》雖然祭的是鬼,但這些爲國犧牲之烈士,其功績在屈原看來不同一般,而近於神靈,所以將其當作神來配享,作品中説"身既死兮神以靈"就説明了這個意思。

　　《九歌》是屈原在當時楚國祭歌之基礎上加工而成的,或者説是爲楚人祭祀和娛樂鬼神而寫的,它是一套歌舞辭。正因爲如此,我們必須瞭解其神、巫之配置關係,纔能對作品之内容作確切的瞭解。朱熹在《楚辭集注》之《東皇太一》注中説:

　　　　古者巫以降神……蓋身則巫而心則神也。

又其在《楚辭辯證》中説:

　　　　楚俗祠祭之歌,今不可得而聞矣。然計其間,或以陰巫(即女巫)下陽神(即男神),或以陽主(即男巫)接陰鬼(即女神),則其辭之褻慢淫荒,當有不可道者。

朱熹不但指出巫覡之一身二任,而且提出"或以陰巫下陽神,或以陽主接陰鬼"之男女相配的看法,此乃其創見。又陳本禮在《屈辭精義》中説:

　　　　《九歌》之樂,有男巫歌者,有女巫歌者,有巫覡歌者,有一巫倡而衆巫和者。

他進一步提出在娛神時有獨唱獨舞,對唱對舞和合唱合舞等現象。廓清了這些現象,纔有助於我們對《九歌》各篇内容之分析。

　　《東皇太一》是《九歌》之第一篇。"太一"之名，或認爲是星宿者，或認爲是紫微宫之神者，或認爲是北辰者。衆説紛紜，莫衷一是。按宋玉《高唐賦》云：

> 進純犧，禱琁室，醮諸神，禮太一。

劉良注云：

> 諸神，百神也。太一，天神也。天神尊敬稱禮也。

這是楚人自己對"太一"之解釋，應當可信。從《九歌》看，"東君"、"雲中君"以下即百神，而"東皇太一"即天神。天神爲太一，居天之中，是萬物之主宰，所以最爲尊貴。"東皇"即原文中之"上皇"。《莊子》卷六《秋水》云：

> 且彼方跐黄泉而登大皇。

成玄英疏云：

> 大皇，天也。

這裏所謂之"上皇"，即《秋水》篇中之"大皇"。大猶太，尊之則稱上皇，狀之則稱太皇。莊周楚人，指天爲皇，乃楚人語言。因爲祭祀在楚之東方，所以稱"東皇"。然則"東皇太一"是一名而疊用，即皇天上帝之意。

　　這篇作品所祭者是天神。天神乃自然萬物産生之本原，福善禍淫之主宰，其威力至大無邊，又至高無上。祭祀時由男巫扮東皇太一，由女巫扮主祭者。女巫獨唱獨舞，或群巫合唱：

> 吉日兮辰良，穆將愉兮上皇。撫長劍兮玉珥，璆鏘鳴兮琳琅。瑶席兮玉瑱，盍將把兮瓊芳。蕙肴蒸兮蘭藉，奠桂酒兮椒漿。揚枹兮拊鼓，疏緩節兮安歌，陳竽瑟兮浩倡。

　　靈偃蹇兮姣服，芳菲菲兮滿堂。五音紛兮繁會，君欣欣兮
樂康。

從作品之內容看，被祀者東皇太一尚未降臨，所以未描寫神之形
貌，也未描寫神之靈驗，這一點與其他各篇明顯不同。而只寫主祭
之巫出場後，以佈置肴饌之精、陳設之盛、歌舞之美，來表達敬神之
心、娛神之意，表示對神之虔誠，並烘託神之聖潔。最後是群巫姣
服偃蹇、曼舞緩歌，在五音交會中，一同浩唱。王夫之《楚辭通釋》
說："太一最貴，故但言陳設之盛，以儌神降，而無婉戀頌美之言。"
蔣驥《山帶閣注楚辭》也說："太一最貴，故作歌者但致其莊敬，而
不敢存慕戀怨憶之心，蓋頌體也。"都道着本篇之特點。全文以
"穆將愉兮上皇"爲統領，以"君欣欣兮樂康"作結尾，前後呼應，貫
串着主祭人蕭穆虔敬之精神活動。

　　《東君》應是《九歌》之第二篇，今本《楚辭》卻將其列於《少司
命》與《河伯》之間，很明顯是錯簡。聞一多《楚辭校補》云：

　　《東君》與《雲中君》皆天神之屬，其歌辭宜亦相次。顧今
本二章部居懸絶，無義可尋，其爲錯簡，殆無可疑。余謂古本
《東君》次在《雲中君》前。《史記・封禪書》、《漢書・郊祀
志》並云"晉巫祠五帝、東君、雲中君"，《索隱》引王逸亦云"東
君、雲中君"見《歸藏易》（今本注無此文），咸以二神連稱，明
楚俗致祭，詩人造歌，亦當以二神相將。且惟《東君》在《雲中
君》前，《少司命》乃得與《河伯》首尾相銜，而《河伯》首二句
乃得闌入《少司命》中耳。

此乃極精辟之見解。"東君"是日神，《廣雅・釋天》云："朱明、耀
靈、東君，日神也。"古時祭祀日月星辰，《儀禮》卷十《覲禮》云："天
子乘龍，載大斾，象日月，升龍降龍，出拜日於東門之外，反祀方明，

禮日於南門外。”又《禮記》卷九《玉藻》云：“天子玉藻十有二旒，前後邃延，龍卷以祭，玄端而朝日於東門之外。”日出東方，祭日必須在東方舉行，所以稱“東君”。

這篇作品描寫對日神之祭祀，由男巫扮東君，女巫扮主祭者。男巫、女巫對唱對舞：

> 暾將出兮東方，照吾檻兮扶桑。撫余馬兮安驅，夜皎皎兮既明。駕龍輈兮乘雷，載雲旗兮委蛇。長太息兮將上，心低佪兮顧懷。羌聲色兮娛人，觀者憺兮忘歸。

> 緪瑟兮交鼓，簫鐘兮瑶簴，鳴篪兮吹竽，思靈保兮賢姱，翾飛兮翠曾，展詩兮會舞，應律兮合節。靈之來兮蔽日。

> 青雲衣兮白霓裳，舉長矢兮射天狼。操余弧兮反淪降，援北斗兮酌桂漿。撰余轡兮高馳翔，杳冥冥兮以東行。

其第一段由扮東君之男巫所唱，第二段由扮主祭者之女巫所唱，第三段仍由扮東君之男巫所唱。蔣驥所謂“前音後舞，樂有節奏，詩有間合”（《楚辭餘論》卷上），其寫祭祀之情景有與《東皇太一》相同處，亦有不同處。相同處是寫祭之場面極其隆重熱烈，展詩會舞，鼓瑟吹竽，應律合節，擊鐘鳴篪。戴震所謂“此歌備陳樂舞之事，蓋舉迎日典禮賦之”（《屈原賦注》），以致“羌聲色兮娛人，觀者憺兮忘歸”，使觀衆爲之出神而忘歸。不同處是其描繪了日神之鮮明形象。此日神駕龍舟，載雲旗，衣白霓，挾長矢，散發出無窮之光焰。其升起於東方，墜落於西方，不息地運動，被迎接來了，但不能作片刻停留，因爲他還要用自己之光和熱去造福其餘的人們。通篇包含着對日神之崇敬和禮贊。

《雲中君》是雲神。洪興祖《楚辭補注》云：“雲神豐隆也，一曰屏翳。”朱熹《楚辭集注》亦云：“謂雲神也。”《離騷》中也有“吾令豐隆乘雲兮”之語。可見“雲中君”即雲中之神，名豐隆，又名屏翳。與《東皇太一》、《東君》等天神同類。而徐文靖（《管城碩記》）、陳培壽（《楚辭大義述》）、王闓運（《楚辭釋》）則認爲“雲中”是楚國澤名，即雲夢。“君”是澤中之神，猶“湘君”爲湘水之神然。但細審原文，有許多地方解釋不通，所以不可取。又姜亮夫（《屈原賦校注》）認爲是月神，更難置信。

　　本篇所祭者是雲神。但雲與雨密切聯繫着，雲神與雨師有時名字也相同，如《山海經·海外東經》郭璞注云：“雨師，謂屏翳也。”因此祭雲神含有祈求布雨之意思在。對人類之生活，萬物之滋生，陽光是很重要的，而雨也是必須的。故而人們對雲雨有特殊之感情，此其所以祭之也。由男巫扮雲神，女巫扮主祭者。女巫獨唱獨舞：

　　　　浴蘭湯兮沐芳，華采衣兮若英。靈連蜷兮既留，爛昭昭兮未央。蹇將憺兮壽宮，與日月兮齊光。龍駕兮帝服，聊翱遊兮周章。

　　　　靈皇皇兮既降，猋遠舉兮雲中。覽冀州兮有餘，橫四海兮焉窮。思夫君兮太息，極勞心兮忡忡。

女巫唱“浴蘭湯兮沐芳”二句以迎神，扮雲神之男巫降臨，女巫見了唱“靈連蜷兮既留”六句。雲神既降，不久又騰空而去，女巫又唱“靈皇皇兮既降，猋遠舉兮雲中”四句，女巫對之表現了無限思念之情，因此唱“思夫君兮太息”二句。其中雲、神、巫形成一體，以巫之衣裳象徵雲彩，又以雲彩之皎潔表現神之品格。寫神之將降未降，有許多連蜷曲折，既降之後，一瞬間又猋舉遠去。蔣驥《山帶閣注楚辭》云：“此篇皆貌雲之辭。”林雲銘《楚辭燈》亦云：“雲之爲章於天，無遠不到，或行或止，皆使人可望而不可即，其爲神亦猶是也。"皆確當之論。最後贊揚雲神之德澤:"覽冀州兮有餘,橫四海兮焉窮。"其仁惠遍及九州四海而無窮。雲神乍降旋歸,來往急速,因此主祭者女巫勞心憂思,惟恐祈禱不靈,得不到雨露滋養,從而依戀而嘆息。

《湘君》和《湘夫人》是湘水之神,是楚地民俗普遍崇奉之神。最初它和日神、雲神一樣,只是楚人民崇奉自然之一種心理狀態之反映,並没有具體的人物。可是隨着歷史之發展,時代之變化,便將歷史傳説中帝舜與其妃子娥皇、女英附麗於他們身上,賦予他們以具體人之形象、情感和思想。大概舜撫三苗之威在楚地民俗中影響很大,而二妃死於湘江之説在民間也流傳很廣,楚人民出於對他們的崇敬與同情,便將他們神化了,看作是湘水之神。《禮記》卷二《檀弓上》云:

> 舜葬於蒼梧之野,蓋二妃未之從也。

鄭玄注:

> 《離騷》(指《九歌》)所歌《湘夫人》舜妃也。

可見最初舜南巡時,二妃未相從。酈道元《水經・湘水注》云:

> 大舜之陟方(巡視四方)也,二妃從征,溺于湘江,神游洞庭之淵,出入瀟湘之浦。

後來追蹤而至,聽到舜死之消息,便自投湘水而死,成爲湘水之神。又《史記》卷六《秦始皇本紀》記載,始皇南巡,至湘山祠,遇大風,問博士曰:

> "湘君何神?"博士對曰:"聞之,堯女,舜之妻,而葬此。"

這好像是以湘君爲堯之二女。而司馬貞《索隱》則云:

夫人是堯女，則湘君當是舜。今此文以"湘君"爲堯女，是總而言之。

這個理解是正確的，以湘君爲堯之二女，乃總括而言。王闓運《楚辭釋》云：

湘以出九疑，爲舜靈，號"湘君"；以二女嘗至君山，爲"湘夫人"焉。

可見娥皇、女英是湘水之女神，而舜是湘水之男神。但歷史上不少人把湘君、湘夫人都看作二女，這與作品所表現之互相贈答與愛戀之内容是不符合的。作品所表現的感情，很明顯是一對配偶神，而不是其他。

《湘君》由男巫扮舜，由女巫扮主祭者，同時即代表娥皇、女英。男女對唱對舞：

君不行兮夷猶，蹇誰留兮中洲？美要眇兮宜修，沛吾乘兮桂舟。令沅湘兮無波，使江水兮安流。望夫君兮未來，吹參差兮誰思？

駕飛龍兮北征，邅吾道兮洞庭。薜荔柏兮蕙綢，蓀橈兮蘭旌。望涔陽兮極浦，橫大江兮揚靈。揚靈兮未極，女嬋媛兮爲余太息。橫流涕兮潺湲，隱思君兮陫側。

桂櫂兮蘭枻，斲冰兮積雪。采薜荔兮水中，搴芙蓉兮木末；心不同兮媒勞，恩不甚兮輕絶。石瀨兮淺淺，飛龍兮翩翩。交不忠兮怨長，期不信兮告余以不閒。

鼂騁騖兮江皋，夕弭節兮北渚。鳥次兮屋上，水周兮堂下。

捐余玦兮江中，遺余佩兮醴浦，采芳洲兮杜若，將以遺兮下女。時不可兮再得，聊逍遙兮容與。

這是一篇悽惋之悲歌。主祭者飾湘夫人在江邊徘徊,若有所待。她看到湘君之身影,便乘着桂舟去迎接,吹着鳳簫相召喚。湘君終於駕着飛龍降臨了,他向北走,涉洞庭之波,絕大江之口,見湘夫人在爲想戀他而嘆息,他則欲言而未言。湘夫人則鑿寒冰、開積雪,於艱難環境中乘舟去追求,總由於恩愛不深,而求之不得。湘君臨別將玦佩拋入江中,將杜若送給湘夫人,因爲不可能再見,所以在江邊稍事徘徊。全篇皆寫湘夫人對湘君之追求、切望,而湘君之態度則比較冷淡。王夫之《楚辭通釋》云:"望之切,疑之甚,自述其情,以冀神之鑒。凡此類皆原情重誼深,因事觸發,而其辭不覺其如此,固可想見忠愛篤至之情。"湘夫人對湘君之熱烈追求,滲透着屈原自己之忠愛之情。至於在人物描寫上,陳本禮《屈辭精義》云:"其寫神之不測處,真得神之情狀矣。"

《湘夫人》由女巫扮娥皇、女英,由男巫扮主祭者,同時即代表舜。男女對唱對舞:

　　帝子降兮北渚,目眇眇兮愁予。嫋嫋兮秋風,洞庭波兮木葉下。登白蘋兮騁望,與佳期兮夕張。鳥何萃兮蘋中,罾何爲兮木上?

　　沅有茝兮醴有蘭,思公子兮未敢言。荒忽兮遠望,觀流水兮潺湲。

　　麋何食兮庭中,蛟何爲兮水裔?朝馳余馬兮江皋,夕濟兮西澨。聞佳人兮召予,將騰駕兮偕逝。築室兮水中,葺之兮荷蓋。蓀壁兮紫壇,播芳椒兮成堂。桂棟兮蘭橑,辛夷楣兮藥房。罔薜荔兮爲帷,擗蕙櫋兮既張。白玉兮爲鎮,疏石蘭兮爲芳。芷葺兮荷屋,繚之兮杜衡。合百草兮實庭,建芳馨兮廡門。九疑繽兮並迎,靈之來兮如雲。

　　捐余袂兮江中,遺余褋兮醴浦。搴汀洲兮杜若,將以遺兮遠者。時不可兮驟得，聊逍遙兮容與。

這同樣是一篇悽惋之悲歌。主祭者飾湘君迎候湘夫人於洞庭始波、木葉凋零之季節，但可望而不可即。然而湘夫人終於降臨了，她雖有思念湘君之心，卻不敢明言。湘君聽見有人召喚，便用各種芳香之草木築成水中之宮殿，以待湘夫人。湘夫人從九疑山上乘雲駕霧來了，但旋來即反，臨別時將袂褋拋入江中，把杜若送給湘君，留下一絲再會之希望。全篇皆寫湘君對湘夫人之追求、愛慕，湘夫人雖對之留情，卻仍紛然離去，湘君則忍恨終生。篇中最能狀湘夫人之情者，是"沅有茝兮醴有蘭，思公子兮未敢言。荒忽兮遠望，觀流水兮潺湲"四句，寫其思念之切，以至於精神恍惚，不敢吐露內情，只有面對潺湲之江水出神。明都穆《南濠詩話》云："'思公子兮未敢言'，惟其不言，所以爲思之至。"可謂把握着湘夫人之精神內涵。

這兩篇作品在內容上相同，結構上相似，語氣上前後呼應，雖然獨自成篇，實則渾然一體。他們共同表現了一種生離死別、會合無緣之悲痛與怨恨。湘君和湘夫人各自對對方熱烈地追求着懷戀着，但始終未見到，可望而不可即。這種描寫手法和《詩經》之《周南》中之《漢廣》、《秦風》中之《蒹葭》、《邶風》中之《靜女》很相似，而感情卻深沉悲切得多。兩篇都以候人作綫索，儘管在悵惘之期待中對對方表示尤怨，然自己仍堅貞不渝。兩篇在寫法上也有不同之處，前人已有見於此。如林雲銘《楚辭燈》云：

　　是篇（指《湘夫人》）與前篇，同一迎祭湘水之神，而行文落想迥別。《湘君》自始至終不一顧，《湘夫人》則方降而即相憐，是訂期以陳供具，可不嫌於唐突。方迎而先見召，是築室以效薦馨，亦不涉於支離。皆於不經意中，生出許多疑信、許多歡幸。乃忽爾捨北渚而還九嶷,究竟末後一着,仍與《湘君》一般發付。……中間提出"悅忽"二字,作前後眼目。末段把前篇語換個"驟"字,以前此曾有相關之意,冀將來從容圖之,或可庶幾一遇。癡想到底,不比《湘君》"時難再得",其望便絶。此惓惓之深哀也。

林雲銘之分析鞭辟入裏,細微之極,確是道着兩篇作品之不同處。這兩篇作品對湘君、湘夫人之形象未作正面描寫,而是通過心理刻畫,環境摹繪,將他們烘託出來。他們具有優美之形貌、高潔之情操,他們之生死契闊具有悲劇意義。

《大司命》和《少司命》原是兩顆星宿名,據説它們主宰人們之壽命。《周禮》卷五《春官·大宗伯》云:

> 以櫙燎祀司中、司命。

"疏"引《星傳》云:

> 三臺……上臺司命,爲太尉。……文昌宮第四日司命……二文俱有司中司命,故兩載之。

文中稱兩司命,然則三臺星之一上臺即大司命,文昌第四星即少司命。《漢書》卷二十五《郊祀志》云:

> 荆巫祠司命。師古注:説者曰:文昌,第四星也。

説明古代已有楚巫迎降司命之神。洪興祖《楚辭補注》引五臣云:

> 司命,星名。主知生死,輔天行化,誅惡護善也。

又《莊子》卷六《至樂》篇云:

> 吾使司命復生子形,爲子骨肉肌膚。

則知司命執掌壽夭之事，在楚地流傳很廣。大司命總管人類之生死，故稱大；少司命專管兒童之命運，故稱少。

《大司命》由男巫扮神，女巫扮主祭者。男女對唱對舞：

> 廣開兮天門，紛吾乘兮玄雲。令飄風兮先驅，使涷雨兮灑塵。君回翔兮以下，逾空桑兮從女。紛總總兮九州，何壽夭兮在予！

> 高飛兮安翔，乘清氣兮御陰陽。吾與君兮齋速，導帝之兮九坑。

> 靈衣兮被被，玉佩兮陸離。壹陰兮壹陽，衆莫知兮余所爲。

> 折疏麻兮瑤華，將以遺兮離居。老冉冉兮既極，不寖近兮愈疏。乘龍兮轔轔，高馳兮冲天。結桂枝兮延佇，羌愈思兮愁人。愁人兮奈何，願若今兮無虧。固人命兮有當，孰離合兮可爲？

祭祀開始，大司命之神大開天門，乘雲而降。主祭之女巫立刻逾空桑相迎。然而大司命瞬降即逝，要去請天帝到人間來，因爲自己雖主人之壽命，乃是代天宣化，不敢自專，所以説"衆莫知兮余所爲"。主祭之女巫悵惘神離去太急，"不寖近兮愈疏"，急欲與神親近，設法挽留，然終無效驗。"愁人兮奈何"，從無可奈何中想出一種解愁之方，即"固人命兮有當，孰離合兮可爲"，人之壽命既然有一定限度，與神無關，那麼人與神之親近和離別，又有甚麼要緊呢？進行自我寬解。這裏提出一個問題，即大司命並不能解決人之壽夭。林雲銘《楚辭燈》説："原以忠見疏，不得復用，老已至矣，人壽幾何？安能留爲有待！此二《司命》所由作也。"屈原寫這篇作品，確是滲透着自己被斥逐後之思想感情，他在爲自己之生命擔憂，然而求神之結果，未來之吉凶禍福仍然渺茫。

《少司命》也是由男巫扮神，女巫扮主祭者，男女對唱對舞：

> 秋蘭兮麋蕪，羅生兮堂下。綠葉兮素枝，芳菲菲兮襲予。
> 夫人自有兮美子，蓀何以兮愁苦！
>
> 秋蘭兮青青，綠葉兮紫莖。滿堂兮美人，忽獨與余兮
> 目成。
>
> 入不言兮出不辭，乘回風兮載雲旗。悲莫悲兮生別離，樂
> 莫樂兮新相知。
>
> 荷衣兮蕙帶，儵而來兮忽而逝。夕宿兮帝郊，君誰須兮雲
> 之際？
>
> 與女沐兮咸池，晞女髮兮陽之阿。望美人兮未來，臨風怳
> 兮浩歌。
>
> 孔蓋兮翠旍，登九天兮撫彗星。竦長劍兮擁幼艾，蓀獨宜
> 兮為民正。

主祭者女巫先感覺到少司命之神即將降臨，告訴人間自有好兒女，
你何必為他們之安康愁苦？少司命降臨了，見滿堂美人齊舞，惟獨
主祭之女巫向他眉目傳情。他不言不語，一剎時即離去了。主祭
之女巫感到好景不常，十分悲哀，從雲際望候那已回天界之少司
命。少司命表示願與主祭之女巫沐於咸池，在暘谷晞髮，但久待不
來，只有臨風惆悵而悲歌了。最後主祭之女巫稱頌少司命上天之
後，持彗星、執長劍，保護少年兒女，司下民之命。這篇作品之寓意
與《大司命》相同，但寫作方法卻迥異。林雲銘《楚辭燈》說：“開手
以堂下之物起興，步步說來；中間故意作了許多波折，恣意搖曳，但
覺神之出入往來，飄忽迷離，不可方物；末以贊歎之語作結，與《大
司命》篇另是一樣機軸。極文心變化，而步伐井然，一絲不亂。”大

司命總管人類之壽夭，是嚴肅之神；少司命專管兒童之命運，是溫柔之神。所以蔣驥《山帶閣注楚辭》說：“《大司命》之辭肅，《少司命》之辭昵。”由於所寫之對象不同，其文辭也迥異。在内容上，《大司命》描寫人們爲了祈求永壽延年，對掌壽命之神表現了迫切而虔誠之心情，而壽命之神卻對之冷酷無情，使人們産生無可奈何之愁思，最後以“人命有當”、“若今無虧”安慰自己。《少司命》描寫神在人們之祈求下，時刻爲人們之子嗣而“愁苦”，他嚴守自己之職位，“撫彗星”、“竦長劍”來保護兒童，取得人們對他的崇敬和贊揚：“蓀獨宜兮爲民正。”這兩篇作品就感情之纏綿宛轉講，與《湘君》、《湘夫人》很相似，但也有不同處，陳本禮《屈辭精義》說：“前《湘君》、《湘夫人》，兩篇章法蟬遞而下，分之爲兩篇，合之實一篇也。此篇《大司命》與《少司命》兩篇並序，則合傳體也。”就文章之章法講，確是如此。

　　《河伯》是黄河之神。《山海經·海内北經》云：

　　　從極之淵，深三百仞，維冰夷恒都焉。

冰夷即馮夷，也即河伯。

　　洪興祖《楚辭補注》引《抱朴子·釋鬼》篇云：

　　　馮夷以八月上庚日渡河溺死，天帝署爲河伯。

黄河與楚國相隔很遠，據説直到春秋末年，楚並不祭河。《左傳·哀公六年》記載：

　　　初，昭王有疾，卜曰：“河爲祟。”王弗祭。大夫請祭諸郊。
　　王曰：“三代命祀，祭不越望。江、漢、睢、漳，楚之望也。禍福
　　之至，不是過也。不穀雖不德，河非所獲罪也。”遂弗祭。

但楚是巫風很盛之國家，不只在民間，即使在宫廷也隆祭祀、事鬼

神。不管黃河是否在楚國境內,當時祭河神之事是存在的。又《莊子》卷六《秋水》、卷九《外物》諸篇,皆侈談河伯,可見楚地河伯故事流傳之廣,那麼祭河伯在民間應是很普遍的。

　　這篇作品既是祭河神,自然寫的是祭者對河神之迎送過程。但是有人卻認爲其所寫是河伯娶婦或洛神宓妃與河神戀愛之事,未免附會穿鑿,而且與整個《九歌》所寫爲祭祀這一內容不符。黃河自古以來即爲害人民,當人民對這種自然現象還不能正確認識時,便認爲是河伯作祟。爲了消除災禍,就用宗教之形式進行祈禱。祭祀時由男巫扮河伯,女巫扮主祭者,男女對唱對舞:

　　　　與女游兮九河,衝風起兮揚波。乘水車兮荷蓋,駕兩龍兮驂螭。登昆侖兮四望,心飛揚兮浩蕩。日將暮兮悵忘歸,惟極浦兮寤懷。魚鱗屋兮龍堂,紫貝闕兮朱宮,靈何爲兮水中。
　　　　乘白黿兮逐文魚,與女游兮河之渚,流澌紛兮將來下。
　　　　子交手兮東行,送美人兮南浦。波滔滔兮來迎,魚隣隣兮媵予。

主祭迎神之女巫想迎衝風而駕龍螭,與河神馳騁於廣闊的九河之中。但是徧求而不得,又不舍得離去,只有日夜思念而已。忽然於以龍鱗爲堂、紫貝爲宮之水中見到河神,驚訝而呼之。河神則乘白黿、從文魚而來,但無暇馳騁於九河,只能和她游於河之渚,然而流水紛然驟至,又不能久留。何其見難而別易也!最後主祭女巫送河神於南浦,波滔、魚隣相從,以壯行色。這篇作品描寫了人們在祭祀時對河神之追求、留戀與惜別之情。開始是極切之懷念、尋找,繼而見之於河中,最後是倉促之間送別。在離合遲速之際,包含着無限之悲傷與感慨。戴震《屈原賦注》説:“屈原之歌河伯,歌辭但言相與游而已。蓋投汨羅之意已決,故曰‘靈何爲兮水中’,

亦以自謂也。又曰：'波來迎'、'魚勝予'，自傷也。"這是更深入一層言之了。

《山鬼》是山中之神。洪興祖《楚辭補注》云：

> 《莊子》曰："山有夔"，《淮南》曰："山出噢陽"，楚人所祠，豈此類乎？

細繹文義，楚人所祭並非鬼，而是山中之女神。但楚國之名山很多，倒底是哪山之女神？例之以《湘君》、《湘夫人》、《河伯》專指一水之神，那麼《山鬼》也不應該是泛稱。按原文云：

> 采三秀兮於山間。

郭沫若在其《屈原賦今譯》中認爲：

> 於山即巫山，凡楚辭"兮"字每具有"於"字作用，如"於山"非巫山，則"於"字爲累贅。

此乃十分精確之見解。《九歌》裏"兮"字之用法，一般都具有"於"字之意義，如"鳥次兮屋上，水周兮堂下"、"捐余玦兮江中，遺余佩兮澧浦"等等，很多。如果把"采三秀兮於山間"之"於"字照本義解，便與"兮"字重複，所以解"於山"爲巫山，是完全正確的。"於"古音巫，同聲假借。那麼本篇所寫應即巫山之神。此巫山女神，或即楚襄王所夢之巫山女神？《高唐賦》寫的是夢境，所以極力描摹男女配合之事，本篇寫的是祭祀，所以只是表達相思之意。

《山鬼》是由女巫扮神，男巫扮主祭者。男女對唱對舞：

> 若有人兮山之阿，被薜荔兮帶女羅。既含睇兮又宜笑，子慕予兮善窈窕。

> 乘赤豹兮從文狸，辛夷車兮結桂旗。被石蘭兮帶杜衡，折芳馨兮遺所思。余處幽篁兮終不見天，路險難兮獨後來。

　　表獨立兮山之上，雲容容兮而在下。杳冥冥兮羌晝晦，東
風飄兮神靈雨。留靈修兮憺忘歸，歲既晏兮孰華予。

　　采三秀兮於山間，石磊磊兮葛蔓蔓。怨公子兮悵忘歸，君
思我兮不得閒。山中人兮芳杜若，飲石泉兮蔭松柏，君思我兮
然疑作。雷填填兮雨冥冥，猿啾啾兮狖夜鳴。風颯颯兮木蕭
蕭，思公子兮徒離憂。

祭祀之始，主祭者男巫仿佛看見巫山女神在山之曲隅處，被薜帶
荔，對他含情而視。隨之，女神出現了。她乘豹從狸，手折香草送
給男巫，並自敘居處幽篁蔽日、道路艱險，所以來遲了。接着是男
巫想象女神在山中之境況：濃雲浮動，林深杳冥，白日昏暗，淫雨連
綿。然後是自己留戀女神，敘述相遇之樂，然年華已逝，誰還喜愛？
作美人遲暮之嘆。最後女神又以服飾、飲食之芳香，表明自己志行
之高潔。她飲泉蔭松，於磊石蔓葛之中采集芝草。她怨恨男巫使
她悵惘忘歸，對男巫對她的感情信疑參半。她眼前一片昏暗，雷雨
交作，猿狖啼鳴，風聲颯颯，木葉蕭蕭，她又陷入深沉的哀思之中。
整篇作品集中地塑造了巫山女神之優美形象。她意態閒雅，姿容
秀麗，於沈靜之中脈脈含情，在與主祭者相互眷戀、追慕之過程中，
表現了真摯之情意和無限之哀思。其情感纏綿宛轉、千迴百折，悽
涼與孤獨共存，高尚與貞潔並茂，使此女神之形象"表獨立"於字
裏行間。

　　按本篇所寫之地理環境與《涉江》有許多相似處，如《涉江》
云："深林杳以冥冥兮，猿狖之所居。山峻高以蔽日兮，下幽晦以多
雨。霰雪紛其無垠兮，雲霏霏而承宇。哀吾生之無樂兮，幽獨處乎
山中。"即本篇所寫女神身處之幽篁苦境。因此，可以推斷本篇與
《涉江》應作於同時，都是頃襄王時屈原被放逐到江南時所作。屈
原身居異域，自料已不能生還，乃得與鬼神相親，於寫祭歌之際，借

鬼神抒發自己之悲苦。所以戴震《屈原賦注》説:"《山鬼》六章。通篇皆爲山鬼與己相親之辭,亦可以假山鬼自喻。蓋自弔其與山鬼爲伍,又自悲其同乎山鬼也。歌辭反側讀之,皆其寄意所在。"可謂洞察此詩之底藴。

《國殤》是祭祀陣亡之將士。洪興祖《楚辭補注》云:

> (《國殤》)謂死於國事者。《小爾雅》曰:"無主之鬼謂之殤。"

又戴震《屈原賦注》云:

> 殤之義二:男女未冠笄而死者,謂之殤;在外而死者,謂之殤。殤之言傷也。國殤,死國事,則所以別於二者之殤也。

則國殤,即爲國犧牲之人。譚介甫《屈賦新編》、孫作雲《論〈國殤〉與〈九歌〉的寫作年代》(見《開封師院學報》一九五六年第一期)都認爲本篇是祭祀在丹陽大戰中陣亡之將士,特別是祭祀大將軍屈匄。這種看法未免有拘泥之嫌。按懷王時期與秦作戰,屢次失敗,將帥迭遭陣亡。十七年大將軍屈匄、裨將軍逢侯丑敗死於丹陽是其一,此外,二十七年唐昧戰死於垂沙,二十九年景缺亦陣亡,三十年懷王被秦騙到咸陽,含恨喪命。這些國耻深深地刺痛了屈原之思想感情,他不會因爲屈匄是同族而只悼念屈匄,而是悼念對秦作戰之全部陣亡將士。這一點,林雲銘之看法比較全面,他在《楚辭燈》中説:"懷王時,秦敗屈匄,復敗唐昧,又殺景缺。大約戰士多死於秦,其中亦未必悉由力鬥。然《檀弓》謂死而不弔者三,畏居一焉。《莊子》曰,戰而死者,葬不以翣,皆以無勇爲耻也。故三閭先叙其方戰而勇,既死而武,死後而毅。極力描寫,不但以慰死魂,亦以作士氣,張國威也。"林雲銘講的實際是一種創作過程,屈原所寫的並不限於一人一事,也未必都是力戰之勇士,他是運用文學手法,綜合、概括了歷次對秦戰爭中將士們英勇不屈之基本精神，作爲死難之"國魂"來祭祀。

《國殤》由男巫扮神，並由男巫扮主祭者。對唱對舞：

操吳戈兮被犀甲，車錯轂兮短兵接。旌蔽日兮敵若雲，矢交墜兮士爭先。凌余陣兮躐余行，左驂殪兮右刃傷。霾兩輪兮縶四馬，援玉枹兮擊鳴鼓。天時墜兮威靈怒，嚴殺盡兮棄原野。

出不入兮往不反，平原忽兮路超遠。帶長劍兮挾秦弓，首身離兮心不懲。誠既勇兮又以武，終剛強兮不可凌。身既死兮神以靈，子魂魄兮爲鬼雄。

篇意爲楚將士執戈披甲上陣，與敵人短兵相接，爭先恐後，衝鋒陷陣。敵人兵多勢强，衝破了楚軍之行伍，殺死了左驂，砍傷了右驂。楚軍已敗，但士氣彌銳，仍堅守陣地，擂鼓進攻，苦戰到日暮，終於全軍覆沒。楚軍棄尸遍野，還帶劍挾弓，頭雖斷而心不創痛，表現出雖敗猶榮之氣概。最後是主祭者與群巫盛贊陣亡將士之威武、剛强不可凌犯，爲神以靈，爲鬼以雄。劉永濟《屈賦通箋》云："今細翫之，蓋弔爲國戰死者之辭，與前九篇賦巫迎神之事不類。首叙其戰之勇，次言其死之烈，終閔其情，壯其志，故予疑爲屈子之《招魂》篇也。"他認爲本篇是"弔爲國戰死者之辭"，是正確的，但"疑爲屈子之《招魂》篇"，則缺乏根據。屈原自有《招魂》，豈容混淆！作品歌頌了戰士們頑强殺敵之悲壯事蹟，生動地描寫了壯嚴而激烈之戰鬥場面，表現了戰士們用生命與鮮血保衛國家之高尚品質和寧死不屈之堅强鬥志，以激發人們報仇雪恥之決心。最後，以"子魂魄兮爲鬼雄"，突出了戰士們之英靈不朽！蔣驥《山帶閣注楚辭》云："懷襄之世，任讒棄德，背約忘親，以至天怒神怨，國蹙兵

亡,徒使壯士橫尸膏野,以快敵人之意。原蓋深悲而極痛之,其曰
'天時懟兮威靈怒',著衂兵之非偶然也。嗚呼!其旨微矣。"說明
屈原本篇創作含有對當時政治之批判意義。這是很有道理的。明
顯之例子如"出不入兮往不反,平原忽兮路超遠",謂將士一去不
返,長眠邊遠之地,即對懷王有微辭。壯士陣亡,辱國失地,事過若
忘,詩人能無慨乎!

　　作品從戰鬥之經過寫到將士之應當哀悼與歌頌。戰鬥經過寫
得越悲壯激烈,就越能表現出戰士之英雄氣概。戰鬥寫得越生動
真實,就越令人感到戰士之值得哀悼與歌頌。戴震《屈原賦注》評
其寫作手法爲"直賦其事",是抓住了本篇之特點。熱烈之禮贊,
慷慨之悲歌,形成了剛健質樸之風格,在《九歌》之纏綿宛轉之整
體文風中獨樹一幟。

　　《禮魂》是前十篇之送神曲,是祭祀中最後之程序。汪瑗《楚
辭集解》云:

> 蓋魂猶神也。禮魂者,謂以禮而祭其神也,即章首"成
> 禮"之"禮"字。……蓋此篇乃前十篇之亂辭,故總以《禮魂》
> 題之。

又王夫之《楚辭通釋》云:

> 《禮魂》。凡前十章,皆各以所祀之神而歌之。此章乃前
> 十祀之所通用。而言終古無絕,則送神之曲也。

謂之亂辭或送神曲,以送神曲爲勝。魂者,氣之神也,即神靈之本
名。細繹本篇文義,應當是祭祀完了之後,一群女巫集合起來共同
歌舞:

> 成禮兮會鼓,傳芭兮代舞,姱女倡兮容與。春蘭兮秋菊,

　　長無絶兮終古。

女巫舞蹈時，手持花朵互相傳遞，更番跳舞。一巫領唱，衆巫和之。一年四季，永祀不絶。祭禮之全過程完成後，即以千秋萬代崇祀不絶奉告諸神靈，以表示對諸神靈之虔誠，並希望諸神靈永遠賜福。林雲銘《楚辭燈》云：“‘長無絶兮終古’句，雖指世世長享其祭，亦因楚師屢敗於秦，欲自此以往，不復用兵，使民得送死爲幸。其憂國憂民之意微矣。”其體味可謂深矣。

　　《九歌》是一組祭歌。也是一組優美之抒情歌。屈原在創作、加工之過程中，吸收了不少民間文學素材，保存了濃厚之民間文學色彩，同時也滲透了自己之思想、情感與愛好。他既表現了人民群衆對變化無常之自然現象不能正確理解，從而歸之於神之天真想象，同時也表現了自己在政治上屢經挫折之後對生活理想之探索、追求與哀傷。他以其豐富之感情旋律，完成了一支和諧動人、好像一個錯亂音符也没有之樂曲。唐沈亞之在其《屈原外傳》中説，屈原作《九歌》至《山鬼》篇成，“四山忽啾啾若啼嘯，聲聞十里外，草木莫不萎死”，這當然不會是事實，但也從某一角度説明了《九歌》之藝術威力。

四、屈原之美政理想

　　屈原是以我們民族自母系氏族公社至春秋戰國時代、特別是楚國社會狀況爲實際内容，並以自己之美政理想爲軸心，構成其詩篇的。那麼，屈原之美政理想是甚麼？具體内容有哪些？這是研究屈原之重要課題。《離騷》結尾説：

　　既莫足與爲美政兮，吾將從彭咸之所居。

他向世人表述，由於自己之政治主張不被采用，美政理想不能實現,寧願以死來殉自己之理想。這種對自己之理想堅貞、執著和矢志不移之精神,激蕩着千百年後人們之心弦。那麼他之美政理想究竟有甚麼意義呢?

　　首先,我們認爲屈原美政理想之一個重要內容,是對大一統國家之憧憬,對天下一統之追逐。這種憧憬和追逐,可能受抒情詩歌形式之限制,未能得到直接地表露,但是通過他所推崇之古代聖君、賢相,所批判之獨夫、民賊,也曲折地反映出來。郭沫若在《屈原研究》中分析當時之歷史情況說:

> 爲統一中國起見,極力主張消弭各個氏族集團的個別的傳統,特別是個別的氏族傳統,而倡導出中國民族的大公祖以爲統一的基點,道家捧出黃帝,儒家捧出堯舜,墨家捧出夏禹,都是這個用意。……故黃帝、堯、舜的出現,在當時也實在是革命的出現,主要的目的就是在於企圖泯卻各族的差別觀,而在政治上求得中國的大一統。

郭沫若之見解極其精辟,他從道家、儒家、墨家之推崇黃帝、堯、舜、禹,看出歷史發展之趨勢。這就是何以屈原在其作品中談到歷史史實和人物時,從來不舉楚國而舉全中國爲例之原因。《離騷》說:

> 彼堯舜之耿介兮,既遵道而得路。……
> 濟沅湘以南征兮,就重華而陳辭。……
> 湯禹儼而祇敬兮,周論道而莫差。……

堯、舜、禹、湯、文王,都被他贊不絕口,而這些人物並非屬於楚國,而是作爲華夏民族天下一統之政治領袖來看待的。又如他所例舉之昏君賊臣,像夏啓、太康、五子、羿、澆、夏桀、后辛等,也都並不屬楚國,而是當時天下所公認之歷史上應引以爲戒之人物。再如他所推崇之賢相，像皋繇、傅説、吕望、寧戚等，也都並非楚國之人才，而是華夏諸國共同之"理想"宰輔。不僅對人物如此，對疆域也如此。像屈原神游過之蒼梧、縣圃、崦嵫、白水、閬風、流沙、赤水、西海、不周山等，都是神話傳説中之中國廣大疆土。

　　屈原這種對天下一統之憧憬，是當時歷史發展趨勢之投影。早在春秋時期，孔子即主張從周尊王，復興周道，以求政治上之安定統一。又《公羊傳・隱公元年》説："何言乎王正月，大一統也。"何休注："統者始也，總繫之詞。王者始受命改制，布政施教於天下，自公侯至於庶人，自山川至於草木昆蟲，莫不一一繫於正月，故云政教之始。"又《漢書》卷七十二《王吉傳》説："《春秋》所以大一統者，六合同風，九州共貫也。"這是較早者關於大一統觀念之記載。至於《尚書》所記，上起《堯典》，下訖《秦誓》，初步建立起以虞、夏、商、周爲重心之統一歷史觀。成於戰國人之手的《禹貢》篇，記載禹定天下爲九州，造成我國歷史上政治自來是統一的，疆域自來是廣大的堅强信念。當時之思想家都在探討如何使天下一統。孔子主張以禮樂仁義統一天下；墨子主張上同於天，等待上天選擇有德者爲天子；老子主張以清静無爲治天下，商鞅主張以耕戰經營天下。他們之主張不同，但要求得政治上之大一統則一。《離騷》説：

　　　　思九州之博大兮，豈唯是其有女。

屈原對天下一統之向往，正是當時歷史發展趨勢之反映。

　　其次，屈原之美政理想，還包括民本主義思想，民本主義是他理想之核心。他主張"有德在位"、"舉賢授能"、"勤儉治國"、"法治觀念"等等，正是這種民本思想之表現。像《離騷》説：

　　　　皇天無私阿兮，覽民德焉錯輔。夫唯聖哲以茂行兮，苟得用此下土。

這種思想是西周以來的一種時代思潮,古代典籍有許多記載,其中與屈原此段詩文最相似者莫如《左傳·僖公五年》所載虞公和宮之奇一段對話:

> 公曰:"吾享祀豐潔。神必據我。"對曰:"臣聞之,鬼神非人實親,唯德是依。故《周書》曰:'皇天無親,唯德是輔。'又曰:'黍稷非馨,明德唯馨。'又曰:'民不易物,唯德繄物。'如是則非德民不和、神不享矣。神所憑依,將在德矣。"

這段話中雖然雜有一些神權觀念,但是,很明顯地包含着一種"德政"思想,對"民"之地位相當重視。

此外,如《尚書》卷二《皋陶謨》説:

> 天聰明自我民聰明,天明畏自我民明威。

同樣《尚書》卷六《秦誓》説:

> 天視自我民視,天聽自我民聽。

不管皋陶和周武王是否講過這些話,至少《皋陶謨》和《秦誓》之作者有這種思想。

又《左傳·襄公十四年》記載,師曠對晉侯説:

> 天生民而立之君,使司牧之,勿使失性。……天之愛民甚矣,豈其使一人肆於民上,以從其淫,而棄天地之性? 必不然矣。

《左傳·襄公二十九年》記載,鄭裨諶説:

> 善之代不善,天命也,其焉辟子產?

《左傳·襄公三十一年》記載,魯穆叔引《大誓》説:

> 民之所欲,天必從之。

這些都表現了一種重民之德政思想,有德者始在位,反之,天也不輔佑他。這種思想,到戰國時期更盛行起來,在諸子之著作中有很多記載。這說明了奴隸之地位提高了,新興之地主階級爲了奪取政權,不得不以"重民"之口號博取人民之擁護,向奴隸主進行鬥爭之歷史現象。

在這種德政思想之指導下,既然天子諸侯應該是"有德在位",那麼對他們手下之公卿大夫就要"選賢任能",乃是必然之邏輯。《離騷》說:

> 湯禹儼而祗敬兮,周論道而莫差。舉賢而授能兮,循繩墨而不頗。

屈原這種思想亦有其歷史根據,是植根於那個時代之政治環境中的。據《尚書》卷五《說命下》記載,殷王武丁即說:

> 股肱惟人,良臣惟聖。

把國君選用賢臣比作人之有手足。又《尚書》卷五《說命中》記載殷臣傅說說:

> 惟治亂在庶官,官不及私昵,惟其能;爵罔及惡德,惟其賢。

認爲國君選擇官吏是否得人,關乎國家之治亂。他們對選賢任能於治國之重要性有共同的認識。武丁就是根據這種認識擢用傅說的。只有不夾雜個人之好惡,不偏私,不結黨,秉公擇賢,才能使國家走向平坦之路。《尚書》卷七《洪範》說:

> 無偏無陂,遵王之義;無有作好,遵王之道;無有作惡,遵

王之路;無偏無黨,王道蕩蕩;無黨無偏,王道平平;無反無側,
王道正直。

《洪範》篇是周人所作,反映了周人之思想。而屈原之"循繩墨而
不頗"與這種思想是完全一致的。

"舉賢授能"實質上是打破奴隸主貴族政權壟斷之局面,而使
新興之地主階級參政。從當時之情況看,奴隸主作爲一個垂死之
階級,已經非常昏庸、腐敗、無能了,而地主作爲一個新興之階級則
尚能勵精圖治。《左傳・昭公三十二年》記載:

> 魯君世從其失,季氏世修其勤。

即是當時代表奴隸主之諸侯和代表新興地主之世卿的不同作風之
鮮明概括。這類新興階級爲了自身之政治利益,還部分地聯繫了
下層人民,像奴隸、農奴、罪犯、屠夫等等,爲他們謀取在政治上之
出路。《離騷》説:

> 説操築於傅巖兮,武丁用而不疑;吕望之鼓刀兮,遭周文
> 而得舉;寧戚之謳歌兮,齊聞以該輔。

傅説是罪犯,吕望是屠夫,寧戚是商販,而屠夫、商販在周朝之地位
和奴隸相等,他們都是社會之最低層。社會最低層之人,也可以參
與國家政權,便足以説明屈原"舉賢授能"思想之真正意義了。韓
非對這種從社會最低層選拔人才之作用作了明確地説明,如《韓非
子》卷十七《説疑》篇説:

> 觀其所舉,或在山林藪澤巖穴之間,或在囹圄緤紲纏索之
> 中,或在割烹芻牧飯牛之事。然明主不羞其卑賤也,以其能爲
> 可以明法,便國利民,從而舉之,身安名尊。

這種"不羞其卑賤"地"舉賢授能"之目的,在於明法、便國、利

民，即打破奴隸社會世卿制度和血緣宗族政治之統治，建立地
主階級之封建制度。《荀子》卷八《君道》論述周文王用太公一
事説：

> 夫文王非無貴戚也，非無子弟也，非無便嬖也，倜然乃舉
> 太公於州人而用之，豈私之也哉？以爲親邪？則周姬姓也，而
> 彼姜姓也；以爲故邪？則彼未嘗相識也；以爲好麗邪？則夫人
> 行年七十有二，齞然而齒墮矣。

這些社會最底層的人，有一種勤苦作風。《呂氏春秋》卷二十四
《博志》記載寧戚居貧處賤時之情況説：

> 寧越（即寧戚）中牟之鄙人也。苦耕稼之勞，謂其友曰：
> "何爲而可以免此苦也？"其友曰："莫如學，學三十歲則可以
> 達矣。"寧越曰："請以十五歲。人將休，吾將不敢休，人將臥，
> 吾將不敢臥。"十五歲而周威公師之。

寧戚之要想脫離勞動而向上爬之思想是庸俗的，但其孜孜不倦之
精神，卻是社會變革時期一般有志於事業者所共有的。正因爲如
此，他們對時光特別看重。《荀子》卷十一《強國》篇説：

> 積微，月不勝日，時不勝月，歲不勝時。凡人好敖慢小事，
> 大事至然後興之務之，如是則常不勝夫敦比於小事者矣。是
> 何也？則小事之至也數，其縣日也博，其爲積也大。大事之至
> 也希，其縣日也淺，其爲積也小。故善日者王，善時者霸，補漏
> 者危，大荒者亡。

荀子重視做事之功效，強調抓緊時間，不可忽怠。屈原在《離騷》
中也説：

> 汨余若將不及兮，恐年歲之不吾與。……

> 日月忽其不淹兮,春與秋其代序。……
> 不撫壯而棄穢兮,何不改乎此度也。……

他們珍惜時光之目的,就是爲了做一番事業。《韓非子》卷四《孤憤》説:"人臣之欲得官者,其修士且以精潔固身,其智士且以治辦進業。"由於歷史發展之需要,不但一些政治革新者以勤奮著稱,即使一般"士"階層,也奮勉自勵。《易・乾卦・象辭》云:"天行健,君子以自强不息。"屈原同樣如此,《離騷》説:

> 扈江離與薜芷兮,紉秋蘭以爲佩。……
> 朝搴阰之木蘭兮,夕攬洲之宿莽。……
> 乘騏驥以馳騁兮,來吾導夫先路也!

他運用藝術手法,把其勤修苦練之形象更提高了。這些人不但講勤修,而且講儉約,《禮記》卷七《禮器》記載春秋末年一個政治革新家晏子之情況:"晏平仲祀其先人,豚肩不揜豆,澣衣濯冠以朝。"和晏子同時之孔子雖然講究飲食、衣着,但也倡導儉約。《論語》卷二《八佾》説:

> 禮,與其奢也,寧儉;喪,與其易也,寧戚。

又其卷四《泰伯》對大禹之節衣縮食極爲贊揚:

> 禹,吾無間然矣。菲飲食而致孝乎鬼神,惡衣服而致美乎黻冕,卑宮室而盡力乎溝洫。禹,吾無間然矣。

比孔子時代稍晚之墨子更崇尚節儉,《墨子》卷六《節用上》説:

> 聖人爲政一國,一國可倍也;大之爲政天下,天下可倍也。其倍之,非外取地也,因其國家,去其無用之費。

這種精神在屈原身上也有反映,《離騷》説:

進不入以離尤兮，退將復修吾初服。制芰荷以爲衣兮，集
芙蓉以爲裳。

王逸注云："言己進不見納，猶復裁制芰荷，集合芙蓉以爲衣裳。被
服愈潔，修善益明。"此正如司馬遷所稱頌之"其志潔，故其稱物
芳"（《史記》卷八十四《屈原賈生列傳》）。當然，這裏不止是儉約問題，
而是進一步表現了屈原之高潔品格。

　　此外，屈原之美政理想，還應當包括"法治觀念"。這類思想
是法家思想之直接表露。他們以此作爲對奴隸主貴族鬥爭之武
器，《韓非子》卷二《有度》説"法不阿貴，繩不撓曲"，就直接道出法
治思想對奴隸主貴族之衝擊作用。屈原《惜往日》説：

　　君無度而弗察兮，使芳草爲藪幽。

這裏之"度"即法度，"無度"即没有法度。如《荀子》卷十八《成
相》云："正直惡，心無度，邪枉辟回失道途。"又《韓非子》卷十九
《顯學》云："以仁義教人，是以智與壽説也，有度之主弗受也。"其
所謂"有度"、"無度"，都指有法度與無法度而言。韓非子專有
《有度》篇，論"審得失有法度之制者"，認爲人主當有法度之
制，以審理事件之得失。那麽，屈原這兩句詩是正面對楚王不
以法度審理是非，致使賢臣斥逐之作風之譴責。又《離騷》説：

　　固時俗之工巧兮，偭規矩而改錯。背繩墨以追曲兮，競周
　　容以爲度。

所謂"規矩"、"繩墨"，先秦法家也多用以代表法度。如《商君書》
卷五《定分》云："不待法令繩墨而無不正者，千萬之一也。"又《韓
非子》卷二《有度》云："巧匠目意中繩，然必先以規矩爲度。"因此
"偭規矩而改錯"、"背繩墨以追曲"，就是對當時楚國貴族集團違

法亂紀行爲之指斥。《韓非子·有度》又云："故審得失有法度之制者加以群臣之上，則主不可欺以詐僞；審得失有權衡之稱者以聽遠事，則主不可欺以天下之輕重。"說明以法治國之重要性。屈原《惜往日》則說：

> 奉先功以照下兮，明法度之嫌疑。……
> 背法度而心治兮，辟與此其無異。

他以明法自居，並以是否執法爲尺度來衡量楚王政治之得失。屈原這種法治觀念，是出於春秋戰國時期法家思想，則一目瞭然。

　　法家之能法矯姦，是爲了愛民，愛民就必須在一定程度上和人民"同好惡"。這在《離騷》中也有反映：

> 民好惡其不同兮，此唯黨人其獨異。

楚國之王公貴族、元老重臣之好惡與人民之好惡是完全不同的，而屈原在一定程度上則與人民之好惡統一起來了。

　　正因爲他們重民，對苦難之人民表示一定的同情，所以往往以人民生活之好壞，來衡量貴族階級政治之好壞。前面我們所引用的《墨子》之材料中，就是把皇室貴族驕奢淫逸之生活，和廣大人民之苦難聯繫在一起的。屈原《離騷》說：

> 長太息以掩涕兮，哀民生之多艱。……
> 怨靈修之浩蕩兮，終不察夫民心。……
> 瞻前而顧後兮，相觀民之計極。

又《哀郢》說：

> 皇天之不純命兮，何百姓之震愆！

又《抽思》說：

願摇起而横奔兮，覽民尤以自鎮。

這些都是很明顯之例子。另外還有一些在屈原徵引史實以古諷今時，也曲折隱晦地表現了重民之觀點。像《離騷》說：

羿淫游以佚畋兮，又好射夫封狐。固亂流其鮮終兮，浞又貪夫厥家。澆身被服強圉兮，縱欲而不忍。日康娛以自忘兮，厥首用夫顛隕。

這裏雖然表面上未提到人民，但他揭露統治階級之淫逸生活，卻是從人民角度出發的。這段史實在《左傳·襄公四年》是如此記載着：

昔有夏之方衰也，后羿自鉏遷於窮石，因夏民以代夏政。恃其射也，不修民事，而淫於原獸。棄武羅、伯因、熊髡、龍圉，而用寒浞。寒浞，伯明氏之讒子弟也。伯明后寒棄之，夷羿收之，信而使之，以爲己相。浞行媚於內，而施賂於外，愚弄其民，而虞羿於田，樹之詐慝，以取其國家。外內咸服。羿猶不悛。將歸自田，家衆殺而烹之，以食其子。其子不忍食諸，死於窮門。靡奔有鬲氏。浞因羿室，生澆及豷，恃其讒慝詐偽，而不德於民。使澆用師，滅斟灌及斟尋氏。處澆於過，處豷於戈。靡自有鬲氏收二國之燼，以滅浞而立少康。少康滅澆於過。后杼滅豷於戈。有窮由是遂亡，失人故也。

《左傳》對這段史實之評述，始則指出是"不修民事"，繼而說是"不德於民"，最後總叙其失敗之原因是"失人故也"。可謂一篇之中，三致意焉。可是到洪興祖《補注》卻删其大半，只録取開頭之"不修民事"一段，結果使這段史實之意義曖而不章，這就說明屈原重民之觀點，不但體現在他作品中那些對人民苦難之明顯同情上,即使是對統治階級之揭露,也都是從關心和同情人民的角度出發的。

總之,我們可以説,屈原對天下一統之憧憬,對民本思想、法治觀念等之堅持,是符合歷史發展之趨勢的,是站在歷史發展之進步方面的。即使他的"德政"理想與人民所要求之政治理想有絕然不同之階級内容,但也曲折地反映了當時處於殘酷壓迫、剥削、勞役、兵役之下之人民希望改革政治之苦痛要求。那麼,我們還可以説,屈原之思想、言行,與當時興起之地主階級有許多一致之處。他之"民本思想"就是屬於這個階級的,他是從這一階級之利益出發去關心和同情奴隸和農奴的。當然,作爲文學家之屈原,和作爲地主階級思想家之荀卿、韓非不同,他長期的流亡生活,使他更接近人民,更聯繫着人民,特別是郢都破滅之時,他與人民共流亡、同生活,就更瞭解人民,因此使他的作品具有更豐富、更深刻之民主性。此即屈原所以傑出之處。

五、屈原辭賦在藝術上之創造

屈原在藝術上進行了巨大之創造。他把豐富、深刻之思想内容,通過完美、精練和光彩奪目之藝術形式表現出來,與以前之《詩經》相比,在藝術上達到了一個新的、更高的境界。其作品是豐富多彩的,每一篇或每一組辭賦都具有獨特之風格,絕對沒有雷同和重複之現象。這在我國文學史上是少見的。

(一)美學觀點

屈原沒有系統的美學理論,他是在藝術實踐中體現了自己之美學觀點。由於藝術實踐之豐富,使其美學觀點更充實了,由於美學觀點之充實,使其藝術實踐焕發出燦爛奪目之光彩。

屈原總是以美麗芳香之事物比喻公正、廉潔、勤勞、崇高之品德，而以惡臭之東西比喻卑鄙、自私、貪婪、姦佞之習性。他以自然物本身之形象表現出具有與人之美德相似之特徵。這種觀點與儒家對自然美之"君子比德焉"的看法是一致的。孔子説："智者樂水，仁者樂山。"（《論語》卷三《雍也》）即在孔子看來"山""水"具有與"仁者""智者"之美德類似之特徵，所以其形象在仁者、智者看來就美。《論語》卷五《子罕》篇云：

> 歲寒，然後知松柏之後凋也！

孔子贊美不凋之松柏，即贊美那些與松柏有相似品格之人的堅貞不屈精神。這種用自然美表現道德美之審美觀點，在戰國時代是比較普遍的。屈原在自己之創作中則更具體更廣泛地表現出來。如在《橘頌》中，他以橘自喻，通過頌橘來抒寫自己精神品質之高尚：

> 后皇加樹，橘來服兮。受命不遷，生南國兮。深固難徙，更壹志兮。綠葉素榮，紛其可喜兮。曾枝剡棘，圓果摶兮。青黃雜糅，文章爛兮。……蘇世獨立，橫而不流兮。閉心自慎，終不失過兮。秉德無私，參天地兮！

屈原用自然之美表現道德之善，也用自然之醜表現道德之惡，他把屬於美學範疇之美、醜，和屬於道德範疇之善、惡緊密地結合起來，對美的善的乃是贊揚歌頌，對醜的惡的則是詛咒擯棄。他贊揚和批判之標準，與儒家對事物之褒貶尺度也有密切關係。《禮記》卷十九《大學》云：

> 所謂誠其意者，毋自欺也，如惡惡臭，如好好色。

《大學》的作者認爲嗅到惡臭而感到憎惡，見到美色而感到喜愛，這是天下最真誠之道理。這種看法到了孟子又有了發展。《孟子》卷十一《告子上》云：

> 口之於味，有同耆也；易牙，先得我口之所耆者也。如使
> 口之於味也，其性與人殊，若犬馬之與我不同類也，則天下何
> 耆從易牙之於味也？至於味，天下期於易牙，是天下之口相似
> 也。唯耳亦然。至於聲，天下期於師曠，是天下之耳相似也。
> 唯目亦然。至於子都，天下莫不知其姣也，不知子都之姣者，
> 無目者也。……至於心，獨無所同然乎？心之所同然者何也？
> 謂理也，義也。聖人先得我心之所同然耳。故理義之悦我心，
> 猶芻豢之悦我口。

這是孟子美學觀點之一個重要課題，他和《大學》作者對美之看法
有共同性，即把憎惡惡臭，喜愛美色，看成生理上之要求。荀子在
《性惡》、《榮辱》等篇中，也有同樣看法，這自然是對的。但是，他
們把人之耳目對"美色""音聲"等精神上之享受，和生理上之要求
等同起來，卻是錯誤的。耳目之於"美色""音聲"的審美感受，是
人類社會意識之活動，是社會生活環境影響與教育之結果，並非出
於人之本性。因此，認爲同一種美爲天下人所共愛，這就抹煞了美
之階級性。屈原繼承了儒家這種傳統的看法，但有進一步之發展。
《離騷》説：

> 民好惡其不同兮，唯此黨人其獨異。户服艾以盈腰兮，謂
> 幽蘭其不可佩。

屈原未從生理上論述美之共同性，而是通過社會實踐認識到不同
階級之人即有不同之審美趣味。他明確指出"民"與"黨人"好惡
之不同，明確指出對待事物的愛憎之階級性。這種發展是他參加
火熱階級鬥爭之結果，是他接近人民之結果。由於他參加了階級
鬥爭，對人和物之階級界限看得更清楚了；由於他接近了人民，對

人民之好惡有所體會；因此他所贊揚和批判的往往體現了一些人
民之好惡，而與當時統治階級和世俗之好惡則全異其趣。屈原所
喜愛之美，是健康之美；當時統治階級和世俗所喜愛之美，是病態
之美。《荀子》卷三《非相》篇云：

> 今世俗之亂君，鄉曲之儇子，莫不美麗姚冶，奇衣婦飾，血
> 氣態度，擬於女子。

荀子所說者可能是指山東各諸侯及鄉曲大小奴隸主子弟之作爲。
又《韓非子》卷二《二柄》篇云：

> 楚靈王好細腰，而國中多餓人。

同樣之事實，在《墨子》、《管子》、《荀子》、《戰國策》中都有記載。
這是一種沒落階級之醜惡風尚。屈原與此卻絕然不同。《離
騷》說：

> 高余冠之岌岌兮，長余佩之陸離。

《九章·涉江》又說：

> 余幼好此奇服兮，年既老而不衰。帶長鋏之陸離兮，冠切
> 雲之崔嵬。被明月兮佩寶璐，世溷濁而莫余知兮，吾方高馳而
> 不顧。

《九章·抽思》又說：

> 固切人之不媚兮，衆果以我爲患。

這種品格、風度、服飾與細腰之朝臣、婦飾之儇子是兩種鮮明之對
照。這說明屈原之愛憎態度、善惡觀念和自身之作爲，與當時之統
治者是完全對立的。

　　屈原之美學觀點，與道家之美學觀點也是尖銳對立的。道家

之代表人物莊子和屈原之"善鳥香草以配忠貞,惡禽臭物以比讒佞"相反,而是以醜陋之人物來表現所謂高尚之道德。他在《德充符》中描寫了一些被刖足缺趾的殘形之人像王駘、申徒嘉、叔山無趾等,也描寫了一些有各種病態之畸形怪人像哀駘它、闉跂支離無脤、甕㼜大瘿等。對他們之行爲表示同情和贊嘆。特別是《人間世》中對支離疏之描寫,更是奇醜無比:

> 頤隱於臍,肩高於頂,會撮指天,五管在上,兩髀爲脇。

他對這種奇醜之形象抱着欣賞之態度,認爲"猶足以養其身,終其天年,又況支離其德者乎?"這完全是没落奴隸主階級之腐朽美學觀點。這種觀點,最突出地表現在《山木》篇裏:

> 陽子之宋,宿於逆旅。逆旅有妾二人,其一人美,其一人惡,惡者貴而美者賤。陽子問其故。逆旅小子對曰:"其美者自美,吾不知其美也;其惡者自惡,吾不知其惡也。"陽子曰:"弟子記之,行賢而去。自賢之行,安往而不愛哉!"

莊子把美與醜之位置顛倒了,認爲"惡者貴而美者賤"。這種對美、醜之看法,和屈原是針鋒相對的。特別是其中關於"自賢之行,安往而不愛哉"之"愛",應是"薆"之假借字,亦即掩蔽之意,即《離騷》中"何瓊佩之偃蹇兮,衆薆然而蔽之"之"薆"。可見,莊子這段記述,是實有所指,應該就是爲了反對像屈原這類砥礪德行之人。

屈原之美學觀點與這種處於統治地位之階級和没落奴隸主階級之觀點是尖鋭對立的。這些大小諸侯領主和奴隸主之美學觀點是腐朽、没落的,而屈原之愛憎態度、善惡觀念和自身之作爲,則體現了當時進步社會力量之思想和願望。他以其進步之美學觀點從事創作,表現了他對美之理想之追求和對反動、醜惡、腐朽之貴族集團之批判,完成了歷史上千古不朽之詩篇!

（二）比興手法

對比興手法之運用，是屈原作品中之一大特色。這種手法在《詩經》中已經比較多地運用了，屈原卻對之作了很大的發展。比，是以彼物比此物；興，是用彼物引起所象之物。二者在某種情況下又很難區分。不過，都同樣是一種表情達意之形象思維方法，是用形象思維表現生活本質之方法，王逸在《離騷序》中說：

> 《離騷》之文，依《詩》取興，引類譬喻，故善鳥、香草以配忠貞，惡禽、臭物以比讒佞；靈修、美人以媲於君，宓妃、佚女以譬賢臣；虬龍、鸞鳳以託君子，飄風、雲霓以爲小人。

王逸的話雖然不完全準確，但是他明確指出屈原之作品發展了《詩經》之比興手法，卻是真知卓識。

《詩經》中對比興手法之運用，是憑對客觀景物直覺聯想之一種類比，並無幻想和虛構。像《周南·螽斯》："螽斯羽詵詵兮，宜爾子孫振振兮。"《邶風·終風》："終風且暴，顧我則笑。謔浪笑敖，中心是悼。"（此詩《毛傳》認爲是"興"，朱熹《詩集傳》將其歸爲"比"類，比較合理）螽斯羽之詵詵和子孫之振振，是同一類之物，"終風且暴"和"謔浪笑敖"，又是同一類之事。這都是現實中存在的，作者可能並未親見過，但卻可以憑經驗加以類比，寫入詩篇。

關於"興"，像《周南·關雎》："關關雎鳩，在河之洲。窈窕淑女，君子好逑。"《召南·草蟲》："喓喓草蟲，趯趯阜螽。未見君子，憂心忡忡。亦既見止，亦既覯止，我心則降。"是作者看見禽鳥和鳴，草蟲躍逐，誘發起自己之情思。

以上是《詩經》中運用比興之情況，它與屈原之多用寓言、全憑想象大不相同。至於"香草美人"，在《詩經》中都是實指，極少以此喻彼之現象。如《衛風·碩人》：

> 碩人其頎，衣錦褧衣。……手如柔荑，膚如凝脂，領如蝤
> 蠐，齒如瓠犀，螓首蛾眉，巧笑倩兮，美目盼兮。

又《鄭風·有女同車》：

> 有女同車，顏如舜華。將翱將翔，佩玉瓊琚。彼美孟姜，
> 洵美且都！

前一首是詠莊姜，後一首是詠文姜。莊姜，據《左傳·隱公三年》
記載：“美而無子，衛人所爲賦《碩人》也。”是一個有色有德之女
子。文姜，據孔穎達《毛詩正義》引《鄭志》載：“文姜內淫，適人殺
夫，幾亡魯國。”是一個有色無德之壞女人。但是，詩人對他們的描
寫，並未因其道德敗壞，而掩蔽其美色。可見當時美色還未成爲善
德之象徵。不只是對女子之描寫如此，對男子之描寫同樣如此。
如《齊風·盧令》：

> 盧令令，其人美且仁。
> 盧重環，其人美且鬈。
> 盧重鋂，其人美且偲。

這首詩根據《左傳·莊公八年》、《國語·齊語》、《管子·小
匡》篇之記載，可以證明小序所説“刺襄公”之意見是正確的。
襄公是個游獵無度不修國事之昏君，但他喜歡冶容飾貌，顧影自
憐。詩人就抓住這一點，加以貶斥。也可以説明當時一般還沒有
把“美”作爲“善”之表徵。應該特別注意者乃是《邶風·簡兮》，其
末章云：

> 山有榛，隰有苓，云誰之思，西方美人。彼美人兮，西方之
> 人兮。

《鄭箋》云:"我誰思乎? 思周室之賢者,以其宜薦碩人,與在王位。彼美人,謂碩人也。"這裏已經出現了以美人代稱賢者之現象。這是由實際意義之描寫過渡到以美代善、以醜代惡之比興法描寫之端倪。同時還應該注意,這個被稱爲美人之碩人,究竟是甚麼樣之人呢?《簡兮》首章云:

> 簡兮簡兮,方將萬舞。日之方中,在前上處。碩人俣俣,公庭萬舞。

《毛序》説:"刺不用賢也。衛之賢者,仕於伶官,皆可以承事王者也。"《鄭箋》云:"伶官,樂官也。伶氏世掌樂官而善焉,故後世多號樂官爲伶官。"我們雖然不同意《毛序》認爲此詩是"刺不用賢",但他所説之伶官萬舞,卻與此詩之內容相符。伶官載歌載舞,是我國戲劇之開端。以優孟可以扮演孫叔敖一事例之,則以美人扮賢者,對伶官來説,應當是很平常之事。因此,我們認爲以"美人"比賢者,源於伶官之扮演。這是我們對屈原以前關於以美代善之考查。

到了屈原已經不局限於字詞之本義,而極大地發展了這種比興手法。凡談到美人,或比聖君,如《離騷》:

> 惟草木之零落兮,恐美人之遲暮。

又如《抽思》:

> 結微情以陳詞兮,矯以遺夫美人。

又如《思美人》:

> 思美人兮,擥涕而竚眙。

或比賢臣,如《離騷》:

> 忽反顧以流涕兮,哀高丘之無女。……
>
> 吾令豐隆乘雲兮,求宓妃之所在。……
>
> 望瑤臺之偃蹇兮,見有娀之佚女。……
>
> 及少康之未嫁兮,留有虞之二姚。……

或比自己理想中之人,如《少司命》:

> 望美人兮未來,臨風怳兮浩歌。

又如《河伯》:

> 子交手兮東行,送美人兮南浦。

把比興手法提高到一個新境界,用鮮明之形象,概括豐富之內容。美化了所描寫之對象,升華了所描寫對象之素質、品格。

此外,他還以美、醜比喻公正之士和奸佞者輩。如司馬遷在《屈原列傳》中叙述他之遭遇説"讒諂之蔽明,邪曲之害公",他是怎樣表現的呢?《離騷》中説:

> 衆女嫉余之蛾眉兮,謡諑謂余以善淫。

這種簡約之手法表現得多麼有力!《荀子》卷八《君道》篇有同樣之記載:

> 好女之色,惡者之孽也。公正之士,衆人之痤也。

把荀子這兩句話和屈原之描寫作比較,可以相得益彰。奸佞者輩那種惡濁之靈魂,只有醜女妬色之心情才能比喻得恰當。

《詩經》中有關草木之描寫,多用本義,託喻之成分很少。例如詠《葛覃》,是爲它可以爲絺爲綌;采《苤苢》,則因爲它是懷妊之藥;述《采蘩》,是用它做祭祀品;作《甘棠》,因爲它是賢者召公親手種植。此外,如"依依楊柳"是士兵回憶辭別家鄉之時節,"皇皇者華”是使臣記述旅途中之實際景色。這些關於草木之吟詠，都是現實中之實際景物，並無其他含義。值得注意者是《荀子》卷十《議兵》篇有這樣幾句：

> 其民之親我，歡若父母；其好我，芬若椒蘭。

這裏實際上是以香草象徵美德。又《荀子》卷一《勸學》篇説：

> 蘭槐之根是爲芷，其漸之潃，君子不近，庶人不服。

這是以香草變成臭草比喻人之品德由善轉爲惡。屈原發展了這種手法，他既以香草比美德，又以臭草比惡德，並進而把香草、臭草都人格化了。如在《離騷》中他用鮮花、香草比喻人之品質、志行之高尚和純潔：

> 余既滋蘭之九畹兮，又樹蕙之百畝。畦留夷與揭車兮，雜杜衡與芳芷。

又用臭草或蕭艾比喻變節者或壞人：

> 蘭芷變而不芳兮，荃蕙化而爲茅。何昔日之芳草兮，今直爲此蕭艾也！

通過比喻和對比，對良莠、美惡，就有了更鮮明更具體的認識，從而引起人們強烈的愛與憎。更重要的是作者用鮮花香草比喻詩中之抒情主人公。如《離騷》説：

> 扈江離與辟芷兮，紉秋蘭以爲佩。……
> 擥木根以結茝兮，貫薜荔之落蕊；矯菌桂以紉蕙兮，索胡繩之纚纚。……
> 制芰荷以爲衣兮，集芙蓉以爲裳。……

把江離、辟芷、秋蘭、木根結茝、菌桂紉蕙以及荷衣蓉裳等，都用來象徵詩人自己高尚、堅貞之品格,而且表示:"余幼好此奇服兮,年既老而不衰。"(《涉江》)這就把詩人之形象升華、提高了。

屈原還用人走之實際道路,比喻人們遵循之政治方向、品德行爲等。在《離騷》中他把古人之美德懿行説成是"遵道而得路",把奸佞排斥忠良之行爲斥責爲"路幽昧以險隘"。認爲楚王之改弦易張是"悔遁而有他",認爲堅持自己之政治理想是"乘騏驥以馳騁兮,來吾導夫先路也",要"奔走先後"及"前王之踵武"等等。由於作者廣泛地運用比興手法,因此把政治性很强之内容,包蘊於豐富、鮮明和個性突出之形象之中,産生言簡而意賅、言有盡而意無窮之藝術效果。淮南王劉安在《離騷傳叙》中説:

> 其文約,其辭微,其志潔,其行廉,其稱文小而其旨極大,舉類邇而見義遠。

這是對屈原作品比興手法之卓異成就之高度概括。

(三)形式和語言

屈原作品之文學形式比《詩經》有很大之改革和發展。《詩經》之形式是整齊、劃一、典重的,而屈原作品則在此基礎上形成一種新鮮、生動、自由、長短不齊之《騷》體。這種句法參差錯落、靈活多變之新詩歌形式,是屈原在我國文學史上之首創。

這種創造,是建立在對民間文學學習之基礎之上的,是吸收了民間文學之營養而完成的。例如他對寓言形式之采用。這種形式在《詩經》中已經出現了,如《豳風·鴟鴞》云:"鴟鴞鴟鴞,既取我子,無毀我室。恩斯勤斯,鬻子之閔斯!"作者託禽鳥之口來抒發自己被强暴者掠奪之苦。到春秋戰國時期這種形式便逐漸發達起來,《莊子》、《韓非子》、《吕氏春秋》等先秦諸子著作中都廣泛地運用了。他們都以簡短之形式,概括有深刻意義之政治内容。像《吕

氏春秋》卷十五《察今》中"涉灘循表"、"刻舟求劍"，即是對那些
政治上之頑固派和保守派之諷刺。值得注意者是《呂氏春秋》之
作者在記叙這兩個故事之後，指出："荆國之爲政，有似於此。"這
就和屈原之作品更接近了。莊子更是對這種寓言形式有深刻認識
之作家。他在《寓言》篇中説：

> 寓言十九，重言十七。……寓言十九，藉外論之。親父不
> 爲其子媒，親父譽之，不若非其父者也。非吾罪也，人之罪也。
> 與己同則應，不與己同則反，同於己爲是之，異於己爲非之。
> 重言十七，所以已言也，是爲耆艾。年先矣，而無經緯本末，以
> 期年耆者，是非先也。人而無以先人，無人道也。人而無人
> 道，是之爲陳人。

在這裏，他特別强調寓言和重言對文學著述之重要性。他自己即
以寓言擅長，在其著作中保存了許多言近旨遠之故事。至於重言，
據郭慶藩《集釋》説："重，當爲直容切，《廣韻》：'重，複也。'莊生
之文注焉而不窮，引焉而不竭者也。"應當是一種含義深遠，爲人們
喜聞樂見之古言古語。聯繫到楚國之實際來看，其中之一即"讔
語"。《呂氏春秋》卷十八《重言》篇記載："荆莊王立三年，不聽
（政）而好讔，成公賈入諫。王曰：'不穀禁諫者，今子諫何故？'對
曰：'臣非敢諫也，願與王讔也。'王曰：'胡不設不穀矣？'對曰：'有
鳥止於南方之阜，三年不動，不飛，不鳴，是何鳥也？'王射（猜）之，
曰：'有鳥止於南方之阜，其三年不動，將以定志意也；其不飛，將以
長羽翼也；其不鳴，將以覽民則也。是鳥雖無飛，飛將冲天；雖無
鳴，鳴將駭人。'"這種讔語實際上是寓言之一個流派，不過情節較簡
單，近乎後代之所謂"謎語"。屈原受時代文化思潮之影響，在自
己之創作過程中，也運用了這種文學形式。如他自寓爲鳥，《九

章·抽思》説：

> 有鳥自南兮，來集漢北。好姱佳麗兮，牉獨處此異域。既
> 惇獨而不群兮，又無良媒在其側。

又《離騷》説：

> 鷙鳥之不群兮，自前世而固然。何方圜之能周兮，夫孰異
> 道而相安？

把自己高潔的不與世俗同流合污的品性通過鷙鳥之卓異不群之形式表現出來。又如他在《橘頌》中以橘自寓，把橘樹之特質與自己之性格統一起來。又如《離騷》中關於神游一段描寫，極像《莊子·逍遥游》中之鯤鵬自北冥運於南冥之景象。即如《離騷》中求女一段，也借以寓自己對聖君賢臣之追求。此外，如把鳥獸草木人格化之描寫，也莫不帶有寓言之特點。寓言是一種最古老之叙事詩，它本來是以諷刺、嘲笑社會黑暗爲職能的，而屈原除了繼承它貶斥社會醜惡之職能外，還主要用來體現自己之思想，表達自己對理想之追求，這是屈原對這種文學形式之發展。

屈原以前楚地流行之民歌在句法上都参差不齊，並且采用兮字在句中或句尾。這種形式今天保存者比較早的是《越人歌》（《説苑》卷十一《善説》），稍後之《徐人歌》（《新序》卷七《節士》），更後之《接輿歌》（《論語》卷九《微子》）以及和屈原時代極其接近之《滄浪歌》（《孟子》卷七《離婁上》）等。應當特別注意者是《越人歌》，這是鄂君子皙在河中泛舟，蕩槳之越人唱的歌，鄂君不懂，請人用楚語譯出：

> 今夕何夕兮，搴洲中流。今日何日兮，得與王子同舟。蒙
> 羞被好兮，不訾詬耻。心幾頑而不絕兮，得知王子。山有木兮

木有枝,心悦君兮君不知。

這首歌無論在句法上和內容上都很像屈原之《九歌》,應是屈原《九歌》之前身。《九歌》本是楚國當時流行之一組巫歌。這組巫歌之句法可能與《越人歌》有淵源關係,屈原便以此爲基礎,加工、創作了自己之《九歌》。《天問》在形式上和《莊子‧天運》篇所載之人巫問答很接近,《天運》篇云:

> 天其運乎?地其處乎?日月其爭於所乎?孰主張是?孰維綱是?孰居無事推而行是?意者其有機緘而不得已邪?意者其運轉而不能自止邪?雲者爲雨乎?雨者爲雲乎?孰隆施是?孰居無事淫樂而勸是?風起北方,一西一東,有上彷徨,孰噓吸是?孰居無事而披拂是?敢問何故?

屈原很顯然是受這種形式之影響並采用這種形式而寫成《天問》的。《招魂》則有民間祭祀之禮俗爲根據,《禮記》卷七《禮運》篇記載:

> 夫禮之初,始諸飲食。其燔黍捭豚,污尊而抔飲,蕢桴而土鼓,猶若可以致其敬於鬼神。及其死也,升屋而號,告曰:"皋!某復。"然後飯腥而苴孰。

這是原始社會流傳下來之禮俗,《招魂》之寫成,與這種民間禮俗有密切關係。至於《離騷》,從立意和語調看,都很像荀子之《成相》篇。《成相》開篇云:

> 請成相,世之殃,愚闇愚闇墮賢良。人主無賢,如瞽無相何倀倀!請布基,慎聖人,愚而自專事不治。主忌苟勝,群臣莫諫必逢災。

《離騷》中之"悔相道之不察兮,延佇乎吾將返。回朕車以復路兮,及行迷之未遠", 實際上即是"如瞽無相何倀倀"之意。可見屈原是吸取了這類民間文學形式而創作《離騷》的。

屈原是學習了楚地之民間文學形式, 他不受任何固定句法之限制, 縱情地抒發自己之思想感情。和《詩經》語言之整齊勻稱相反, 他力求參差錯落, 於整齊中求變化。如《詩經》中之《豳風・東山》: "鸛鳴于垤, 婦歎于室。"《小雅・鶴鳴》: "鶴鳴于九皋, 聲聞于野。"《小雅・何人斯》: "不愧于人, 不畏于天。"《鄘風・桑中》: "期我乎桑中, 要我乎上宫, 送我乎淇之上矣。"或連用"于"字或連用"乎"字, 排比整齊, 搭配勻稱。但屈原之作品卻相反, 在《離騷》中凡可以"于"字連用之處, 都變成"于"、"乎", 即上句用"于", 下句用"乎"。如:

> 朝發軔于蒼梧兮, 夕余至乎縣圃。……
> 飲余馬于咸池兮, 總余轡乎扶桑。……
> 夕歸次于窮石兮, 朝濯髮乎洧盤。……
> 覽相觀于四極兮, 周流乎天余乃下。……
> 朝發軔于天津兮, 夕余至乎西極。……

這種"于""乎"換用之句法, 在《詩經》中是絕對沒有的。這種變化不僅使文氣舒卷自如, 而且使節奏更加抑揚頓挫。

當然, 這種自由之新詩形式不是完全沒有格式可尋的, 不是沒有特點的。首先它比民歌之詞藻華美多了, 並且更講究對偶。其作品出現了很多詞采繽紛、對偶工巧之句式。若加以區分, 其中有所謂"言對", 如《離騷》:

> 朝飲木蘭之墜露兮, 夕餐秋菊之落英。
> 製芰荷以爲衣兮, 集芙蓉以爲裳。

又如《九歌・湘君》:

> 采薜荔兮水中，搴芙蓉兮木末。
> 心不同兮媒勞，思不甚兮輕絶。

又如《九歌·湘夫人》：

> 麋何食兮庭中，蛟何爲兮水裔？
> 捐余袂兮江中，遺余褋兮醴浦。

又如《九歌·大司命》：

> 令飄風兮先驅，使凍雨兮灑塵。

這種所謂“言對”，如劉勰在《文心雕龍》卷七《麗辭》篇所説：“言對爲美，貴在精巧。”即要求詞采華美，對偶工巧。屈原賦之許多句子正是如此。又有所謂“事對”者，如《離騷》：

> 吕望之鼓刀兮，遭周文而得舉。
> 甯戚之謳歌兮，齊桓聞以該輔。

這種所謂“事對”，如劉勰所説是指上句和下句所用之典故相對。又有所謂“當句對”者，如《九歌·東皇太一》：

> 蕙肴蒸兮蘭藉，奠桂酒兮椒漿。

這種所謂“當句對”，如洪邁所説是“一句中自成對偶”（《容齋隨筆》）。儘管屈原在詞藻上追求華麗，講究對偶，但運用起來卻從容自如，毫不拘束。

其次，屈原之作品比民歌更善於鋪叙，講究鋪張揚厲，這一特點比較突出地表現在《招魂》之結構上。《招魂》描寫楚國之豪富歡樂，宫室是：

> 高堂邃宇，檻層軒些。層臺累榭，臨高山些。……

陳設是：

　　砥室翠翹,挂曲瓊些。翡翠珠被,爛齊光些。……

飲食是:

　　腼鱉炮羔,有柘漿些。鵠酸臇鳧,煎鴻鶬些。……

女樂是:

　　陳鐘按鼓,造新歌些。涉江采菱,發揚荷些。……

歌舞是:

　　二八齊容,起鄭舞些。衽若交竿,撫案下些。……

博奕是:

　　分曹並進,遒相迫些。成梟而牟,呼五白些。……

從各個方面描寫,富麗堂皇,極盡鋪陳之能事。

　　此外,屈原之作品多用聯綿字。聯綿字之運用,在《詩經》中已很普遍,屈原則繼承了這種語言形式,在自己作品中比較多地采用了。如《離騷》中之"耿介"、"謇謇"、"冉冉"、"鬱邑"、"岌岌"、"芳菲菲"、"歔欷"、"逍遙"、"相羊"、"周流"、"啾啾"等,《悲回風》中之"穆眇眇"、"莽芒芒"、"邈蔓蔓"、"縹綿綿"、"愁悄悄"、"翩冥冥"等,《抽思》中之"憂憂"、"憯憯"、"營營"等,《懷沙》中之"莽莽"、"杳杳"等。或雙聲,或疊韻,或重言,錯雜相間,可以增強詩歌之節奏感和音調美。

　　屈原在作品中吸收了大量的楚地方言。宋黃伯思《翼騷序》云:"屈宋諸騷皆書楚語,作楚聲。"(陳振孫《直齋書録解題》引)并且還舉"些、只、羌、誶、謇、紛、佗、儃"作楚語之例子,舉"頓挫悲壯,或韻或否"作楚聲之例子。這些都是非常正確的。但除此之外,屈原作品中之汩、搴、馮、邅、班、莽、豙、耿、靈、兮等,也都是楚地方言。屈原采用這些楚地方言,增强了詩歌之形象性和生動性。以"兮"字爲例,作者有時將其置於句尾,有時將其置於句中,有時隔句用,有時每句用,促成句式之變化多端,適合於各種不同情緒和語氣之表達。如《九歌》中之"兮"字,就都置於句中並且每句都用。像《東皇太一》:

> 吉日兮辰良,穆將愉兮上皇。撫長劍兮玉珥,璆鏘鳴兮琳琅。

這種用法使各句之語氣緩慢而勻平,十分合乎隆重莊嚴之祭祀儀典之氣氛。《離騷》中之"兮"字,則是置於句尾並且隔句用,像:

> 帝高陽之苗裔兮,朕皇考曰伯庸。攝提貞于孟陬兮,惟庚寅吾以降。皇覽揆余初度兮,肇錫余以嘉名;名余曰正則兮,字余曰靈均。

這樣就合乎感嘆抒憤之語氣。《天問》根本不用"兮"字,而且基本上是四字句,四句一組,像:

> 遂古之初,誰傳道之? 上下未形,何由考之? 冥昭瞢闇,誰能極之? 馮翼惟像,何以識之?

這八句是兩層意思,節奏迫促,言辭徑直,合乎提出問題,進行質詢之激昂語氣。至於《招魂》是"兮"字和"些"字並用,其中序文和亂辭用"兮"字,招魂詞用"些"字,像:

> 朕幼清以廉潔兮,身服義而未沬;主此盛德兮,牽於俗而蕪穢。上無所考此盛德兮,長離殃而愁苦。……巫陽……乃下招曰:"魂兮歸來! 去君之恒幹,何爲四方些? 舍君之樂處,而離彼不祥些! ……

"些"字是楚地巫術中專用之語尾詞,這裏直接采用,可以表達舉行這種禮俗時之神態。作者對楚地方言之運用十分巧妙,能够傳神狀貌,加强句式之表達力。

這些楚地方言,經過屈原之鑄鍊能够形成爲描寫不同對象之不同風格,或優美如《九歌》,或雄渾如《離騷》,或瑰麗如《天問》,或神奇如《招魂》,或雋秀如《九章》,豐富多樣。作者通過各種形式、風格之語言,或吟,或詠,或歌,或誦,抒寫着自己各種不同之思想情緒,完成了風采獨具之詩篇!

屈原作品之"沾溉後世"是極深遠的,班固《離騷序》云:

> 其文弘博麗雅,爲辭賦宗,後世莫不斟酌其英華,則象其從容。自宋玉、唐勒、景差之徒,漢興,枚乘、司馬相如、劉向、揚雄,騁極文辭,好而悲之,自謂不能及也。

宋玉、唐勒、景差等作家,即在他直接影響下產生的。又《文心雕龍》卷一《辨騷》云:

> 自《九懷》以下,遽躡其跡,而屈宋逸步,莫之能追。故其叙情怨,則鬱伊而易感;述離居,則愴怏而難懷;論山水,則循聲而得貌;言節候,則披文而見時。是以枚、賈追風以入麗,馬、揚沿波而得奇,其衣被詞人,非一代也。

這又是講其對漢代辭賦家之影響。要之,其澤及後代者既長且廣。

第八節　屈原辭賦之遺流

屈原辭賦之外,還有一部分非屈原所作,但與屈原的辭賦、屈原的思想、生活有密切關係之作品,這就是《遠游》、《卜居》和《漁父》,可稱作屈原辭賦之遺流。這部分作品雖然非屈原所作,但在辭賦發展的過程中仍有重要地位。

《遠游》應是西漢人之作。清吳汝綸《古文辭類纂評點·遠游》説:"此篇殆後人仿《大人賦》託爲之,其文體格平緩,不類屈子。世乃謂相如襲此爲之,非也。辭賦家展轉沿襲,蓋始於子雲、孟堅。若太史公所録相如篇數,皆其所創爲。武帝讀《大人賦》,飄飄有凌雲之意。若屈子已有其詞,則武帝聞之熟矣。……若夫神仙修煉之説,服丹度世之悱,起於燕齊方士,而盛於漢武之代。屈子何由預聞之?雖《莊子》所載廣成告黄帝之言,吾亦以爲後人羼入也。"吳汝綸不但認爲《遠游》非屈原所作,而且認爲司馬相如《大人賦》亦非襲此之作,只認爲應作於神仙家思想極盛之漢代。其作者應是誰呢?譚介甫對此作了推論,他在《屈賦新編》下集《遠游》第八説:"這個有道家思想寫《遠游》的人究竟是誰呢?因爲漢朝有道思想的人很多,然總有一個最適合於寫《遠游》作品的人;而最適合的人,我認爲殆莫過於班嗣。《漢書·叙傳》言班嗣'家有賜書……雖修儒學,然貴老、嚴之術。桓生欲借其書,嗣報曰:"若夫嚴子者,絶聖棄智,修生保真,清虚澹泊,歸之自然,獨師友造化而不爲世俗所役者也。漁釣於一壑,則萬物不奸其志,棲遲於一丘,則天下不易其樂。不絓聖人之網,不嗅驕君之餌,蕩然肆志。談者不得而名焉,故可貴也。今吾子已貫仁義之羈絆,繫名聲之韁鎖,伏周、孔之軌躅,馳顔、閔之極摯,既繫戀於世教矣;何用大道爲自眩曜?……故不進。"嗣之行己持論如此'。按班嗣的持論很和《遠游》所説的相同,不過此爲七章長文,彼爲報友短札,裏面所引掌故,所用詞藻,頗有些差異罷了。"譚介甫之考證極其精細,可供我們參考。仔細閱讀《遠游》全文,乃截《離騷》"吾將遠逝以自疏"以下諸章敷衍而成,而文詞涉及《九章》、《九歌》、《天問》者很多。可見作者對屈原之辭賦是十分熟悉的。

《遠游》全篇可分爲兩部分，而以"順凱風以從游兮，至南巢而一息"爲分界綫。前一部分是一篇總序，後一部分才寫遠游。從其序文中，我們可以洞察詩人之寫作意圖和作品之意義。其序文云：

> 悲時俗之迫阨兮，願輕舉而遠游。質菲薄而無因兮，焉託乘而上浮？遭沈濁而污穢兮，獨鬱結其誰語！夜耿耿而不寐兮，魂煢煢而至曙。惟天地之無窮兮，哀人生之長勤。往者余弗及兮，來者吾不聞。步徙倚而遙思兮，怊惝怳而永懷。意荒忽而流蕩兮，心愁悽而增悲。神倏忽而不反兮，形枯槁而獨留。内惟省以端操兮，求正氣之所由。

> 漠虛靜以恬愉兮，澹無爲而自得。聞赤松之清塵兮，願承風乎遺則。貴真人之休德兮，美往世之登仙。與化去而不見兮，名聲著而日延。奇傅説之託辰星兮，羨韓衆之得一。形穆穆以浸遠兮，離人群而遁逸。因氣變而遂曾舉兮，忽神奔而鬼怪。時髣髴以遥見兮，精皎皎以往來。絶氛埃而淑尤兮，終不反其故都。免衆患而不懼兮，世莫知其所如。

> 恐天時之代序兮，耀靈曄而西征。微霜降而下淪兮，悼芳草之先零。聊仿佯而逍遥兮，永歷年而無成！誰可與玩斯遺芳兮？長向風而舒情。高陽邈以遠兮，余將焉所程？

首先提出遠游的原因是姦佞迫阨，賢良斥逐，國事日非，莫可告訴，所以才"願輕舉而遠游"。説明遠游乃時勢所迫。其次表示藉遠游以解脱煩惱。他端操守，求正氣，羨慕真人之美德、行跡，與造化俱隱等，則是由於可以"免衆患而不懼"。其三是感慨時序變遷，自己年既老而無所成就。對國家不能有所作爲，"高陽邈以遠兮，余將焉所爲"，祖先邈遠，自己無可效法。總之，現實沉濁而污穢,自己的才能無法施展,爲了解脱,才"逃遁"到天上。這就是遠游之意圖,説明《遠游》並非遁逸之章,而是借遠游以寄意。

自"載營魄而登霞兮,掩浮雲而上征"以下,便是寫遠游之境。先游天庭,然後游東、西、南、北方。徧歷天地四方,窈冥寂闃之界,至於"超無爲以至清兮,與太初而爲鄰",終與清淨自然同化。

綜觀《遠游》之作,詩人確是在追求一種恬愉、自得的境界,所謂"漠虛靜以恬愉兮,澹無爲而自得",但細循詩脈,則含有一種内在的憤激之情。如"時俗迫阨"、"鬱結誰語"、"愁悽增悲"、"高陽既遠"、"免衆患"、"軒轅不可攀"、"嘉炎德"、"寂寞無人"等,即是憤激情感之迸發,是詩人一生坎坷而無可奈何之悲憤。孫鑛云:"往者勿及,來者勿聞,一篇本旨,託游仙以寄意耳。"(引自明蔣之翹《七十二家評楚辭》卷五《遠游》)意謂過去了的我已不能追及,將要來的我也不能聽見,所以深爲悔恨。孫鑛認爲是一篇之主題,可謂得其要領。

《遠游》之構思奇特,辭采瑰麗,結構有序,雖多采用屈原賦之辭語、章法,然仍自成篇什,堪稱佳構,是後代游仙詩之祖。郭璞《游仙詩》即源於此。方東樹《昭昧詹言》卷一《通論五古》云:"景純《游仙》,本屈子《遠游》之旨,而撮其意,遂成此製。"其中除了他認爲《遠游》爲屈原之作不可取外,其他的看法是正確的。不僅郭璞,後代寫游仙詩之詩人,莫不取法之。

《卜居》和《漁父》並非屈原所作,而是後人"假託成文"。這種假託之根據,即《離騷》中之"索藑茅以筳篿兮,命靈氛爲余占之","欲從靈氛之吉占兮,心猶豫而狐疑"。而《卜居》中則有"余有所疑,願因先生決之"之描寫。然而假託者爲誰?已不可考。郭沫若在《屈原賦今譯》中推論説:"可能是深知屈原生活和思想的楚人的作品。"則較爲可取。從用韻上看,《卜居》以"長""明""通"相

叶,《漁父》以"移""波""醨"相叶,都是先秦古韻,可以證明是先
秦的作品。

《卜居》,王逸《楚辭章句》說:"卜己居世何所宜行。"即問卜自
己對現實應該采取甚麼態度才合宜。其内容則表現了屈原的頑强
鬥志和不信天命、不信卜筮的精神,與《離騷》、《天問》所表現的思
想還是一致的。如:

> 屈原既放,三年不得復見。竭知盡忠,而蔽障於讒,心煩
> 慮亂,不知所從。乃往見太卜鄭詹尹曰:"余有所疑,願因先生
> 決之。"詹尹乃端策拂龜,曰:"君將何以教之?"

> 屈原曰:"吾寧悃悃欵欵朴以忠乎?將送往勞來斯無窮
> 乎?寧誅鋤草茅以力耕乎?將游大人以成名乎?寧正言不諱
> 以危身乎?將從俗富貴以媮生乎?寧超然高舉以保真乎?將
> 哫訾栗斯,喔咿儒兒,以事婦人乎?寧廉潔正直以自清乎?將
> 突梯滑稽,如脂如韋,以潔楹乎?寧昂昂若千里之駒乎?將氾
> 氾若水中之鳧乎?與波上下,偷以全吾軀乎?寧與騏驥亢軛
> 乎?將隨駑馬之跡乎?寧與黄鵠比翼乎?將與雞鶩爭食
> 乎?——此孰吉孰凶?何去何從?世溷濁而不清:蟬翼爲重,
> 千鈞爲輕;黄鐘毁棄,瓦釜雷鳴;讒人高張,賢士無名。吁嗟默
> 默兮,誰知吾之廉貞!"

> 詹尹乃釋策而謝,曰:"夫尺有所短,寸有所長;物有所不
> 足,智有所不明;數有所不逮,神有所不通。用君之心,行君之
> 意,龜策誠不能知此事。"

全篇以問答形式出之。其問卜之詞,以一連串"寧"字和一連串
"將"字,一正一反將内心之猶豫淋灕盡致地表現出來。但是,屈
原忠而見放,以死自矢,並非不知所從,其所以託問卜而訴諸鬼神,

乃憤激之辭。

《漁父》和《卜居》一樣，是楚人悼念屈原之作。父，楚地對老年之尊稱。《方言》卷六：“凡尊老……南楚謂之父。”漁父，即捕魚的老人。這裏實際上是一個隱者的形象。戰國時期，戰爭頻仍，社會動亂，因此便出現了一些佯狂翫世、逃避鬥爭、以保全自己性命的隱遁人物。這類人物楚國最多。如孔子游楚時遇見的接輿、長沮、桀溺，荀況《堯問》中之繒丘之封人，韓非《解老》中之詹何，《呂氏春秋·異寶》中之江上丈人，《韓詩外傳》中之北郭先生等，都是楚人。漁父便是這類人物的代表。本篇通過屈原與漁父的對話，表現了兩種不同思想觀點的對立和屈原堅貞不屈之意志。如：

> 屈原既放，游於江潭，行吟澤畔，顏色憔悴，形容枯槁。漁父見而問之曰：“子非三閭大夫歟？何故至於斯？”
>
> 屈原曰：“舉世皆濁我獨清，衆人皆醉我獨醒，是以見放。”漁父曰：“聖人不凝滯於物，而能與世推移。世人皆濁，何不淈其泥而揚其波？衆人皆醉，何不餔其糟而歠其醨？何故深思高舉，自令放爲？”屈原曰：“吾聞之：新沐者必彈冠，新浴者必振衣，安能以身之察察，受物之汶汶者乎？寧赴湘流，葬於江魚之腹中。安能以皓皓之白，而蒙世俗之塵埃乎？”
>
> 漁父莞爾而笑，鼓枻而去。乃歌曰：“滄浪之水清兮，可以濯吾纓；滄浪之水濁兮，可以濯吾足！”遂去，不復與言。

本篇也采用問答的形式，表現了屈原之孤獨、寂寥和舉世無可與語之人的悲痛。“舉世皆濁我獨清，衆人皆醉我獨醒”顯示出其一生之行狀。漁父勸其從俗，他答以“寧赴湘流，葬於江魚之腹中”，寧死不屈，意志急切，聲情俱痛。對這段文字，孫鑛評云：“撰語俱奇陗直切，在楚《騷》中最爲明快。”（引自明蔣之翹《七十二家評楚辭》卷五《漁父》)是抓住了本篇文章之特點。

　　《卜居》、《漁父》在形式上有共同性,即問答方式之靈活,句法之參差錯落,用韻之隨便等,像是一種散文詩。這是對屈原作品的發展,而對漢賦的產生也有很大影響。沈德潛《說詩晬語》卷上云:"《卜居》、《漁父》兩篇,設爲問答,以顯己意,《客難》、《解嘲》之所從出也。詞義顯然,《楚辭》中之變體。"可以說它是從楚騷到漢賦之過渡形式。

第九節　　宋玉之辭賦

　　宋玉是屈原之後的一位重要辭賦家,是屈原之直接繼承者。自古以來即屈宋並稱,如《文心雕龍》卷九《時序》云:"屈平聯藻於日月,宋玉交采於風雲。"便將宋玉與屈原置於同等重要的地位。儘管今天看來,宋玉之成就不如屈原高,但仍不失爲大家。

　　關於宋玉之生平事蹟,史籍記載很少,其最早者有如下諸條:《史記》卷八十四《屈原賈生列傳》篇末附云:

　　　　屈原既死之後,楚有宋玉、唐勒、景差之徒者,皆好辭而以賦見稱。然皆祖屈原之從容辭令,終莫敢直諫。

《漢書》卷三十《藝文志·詩賦略》云:

　　　　宋玉,賦十六篇,楚人,與唐勒並時,在屈原後也。

《楚辭章句》卷八《九辯章句》云:

　　　　《九辯》者,楚大夫宋玉之所作也。……宋玉者,屈原弟子也。閔惜其師,忠而放逐,故作《九辯》以述其志。

此外,《韓詩外傳》卷七、《新序》卷一《雜事一》與卷五《雜事五》、《襄陽耆舊傳》卷一（《太平御覽》卷三九九《人事部》四〇引）、《宋玉集·序》（《北堂書鈔》卷三十三"薑桂因地"條引）等都有記載。但從史料意義看，這些記載有不同程度的傳說軼聞成分，不如上三條之價值高。但上三條之記載也有分歧，司馬遷認爲宋玉之時代在"屈原既死之後"，班固也説"與唐勒並時，在屈原後也"，而王逸則認爲"屈原弟子"。怎樣解釋呢？我們認爲司馬遷、班固是嚴肅的歷史家，他們之記載必有所據，且司馬遷早於王逸約二百年，上距屈原之時代不過百年，對這段史實應比王逸更清楚。所以，司馬遷、班固之記載是可信的。其具體時代雖不可考，但據王逸説他曾做過"楚大夫"，假定他頃襄王初年生，二十歲做官，他爲官之時代當在頃襄王二十七、八年之際。頃襄王在位三十六年，其後即考烈王、幽王和最後之負芻。那麼，我們可以大概推斷他生活在頃襄王九年（公元前二九〇年）到楚王負芻五年（公元前二二三年）之間。他爲官"事楚襄王而不見察，意氣不得，形於顏色"（《新序·雜事五》），多遭挫折，終於"失職"（《九辯》），因而寫詩述懷。晚年處境困窘，生活無着，"無衣裘以御冬兮，恐溘死而不得見乎陽春"（《九辯》），窮愁潦倒，不知所終。他之生平、思想和遭際與屈原有相似之處，他有理想有抱負，由於被讒見疏而不得施展，因此哀傷、憤慨和不平。他的辭賦即其哀傷、憤慨、不平情緒之表露。

　　宋玉之辭賦，據《漢書·藝文志》記載是十六篇。現在流傳者有《楚辭》中之《九辯》、《招魂》，《文選》中之《風賦》、《高唐賦》、《神女賦》、《登徒子好色賦》、《對楚王問》和《古文苑》中之《笛賦》、《大言賦》、《小言賦》、《諷賦》、《釣賦》、《舞賦》凡十三篇，與《漢書·藝文志》所載篇數不合。這其中還有一些僞作。其中可以確定爲宋玉作者有《九辯》，這自東漢王逸、南宋朱熹到清代王夫之都持這種看法，雖然洪興祖、焦竑認爲屈原所作，但理由不充分,並不能推翻這自古相傳之定論。又《風賦》等四篇,被蕭統作爲宋玉之作收入《文選》中,《文心雕龍》對這幾篇也作爲宋玉之作提到過。可見當時社會上已公認這數篇是出於宋玉之手筆。在沒有新證據之前,我們應當尊重傳統的看法。至於《古文苑》中之《笛賦》有"宋意將送荆卿於易水之上,得其雌焉"之語。蓋荆軻刺秦王在秦王政二十年(公元前二二七年),此時宋玉已不在世,他怎能預知身後之事呢? 顯係後人僞託。《舞賦》是摘鈔東漢傅毅《舞賦》而成,《諷賦》又全是鈔襲《登徒子好色賦》之作,《釣賦》則是《風賦》结構、文風之摹擬。《大言賦》、《小言賦》内容貧乏,文筆簡陋,也不像宋玉所作。要之,《古文苑》中之六篇,與《文選》所載宋玉諸賦之風格迥異,有的則是游戲文字,根本不可能是宋玉的作品,當是東漢魏晉人所虛擬。至於《招魂》,據司馬遷《史記·屈原列傳》其作者爲屈原,這在前文已經論及。如此,則宋玉之辭賦,今天保存者僅六篇,其他十篇已經亡佚了。

　　《九辯》是宋玉的代表作。"辯",王逸《楚辭章句》說:"辯者,變也。"《周禮》卷六《春官宗伯下·大司樂》鄭注:"變,猶更也,樂成則更奏也。"所以"變"或"辯",猶如唐宋樂曲之所謂"遍"。王夫之《楚辭通釋》說:"辯,猶遍也,一闋謂之一遍。"九辯,應是反復多遍演奏之樂曲。這是宋玉的一篇抒情長詩,是他自述生平之作,是他由於"失職"而作的"不平"之鳴。其内容主要是抒發他爲堅持其政治理想和不同流俗之性格,而遭到權貴之猜忌,終於被讒見疏,因此對楚國之政治腐敗、國君昏庸、權姦當政、賢良斥逐之社會現象有更清醒的認識,對自己所處之黑暗現實感到痛心疾首。然而他又無力改變這種現狀,仍把希望寄託在楚王身上,希望楚王終能悔悟,改弦易張,勵精圖治,自己期待着終有一天能如呂尚、寧戚之僥倖得遇明主。但是昏庸愚昧之楚王執迷不悟,他的理想也就破滅了,於是發出"生不逢時"之感嘆。通篇作品委婉曲折表現了對君王忠誠之詞和怨苦之情,表現了對國家興亡之憂慮。其中最動人者是對秋色秋景之描寫,以秋色秋景寄託自己之哀怨和對楚國社會敗亡景象之悲傷:

> 悲哉秋之爲氣也! 蕭瑟兮草木摇落而變衰。憭慄兮若在遠行;登山臨水兮送將歸。泬寥兮天高而氣清;寂寥兮收潦而水清。憯悽增欷兮薄寒之中人;愴怳懭悢兮去故而就新;坎廩兮貧士失職而志不平;廓落兮羈旅而無友生;惆悵兮而私自憐。燕翩翩其辭歸兮,蟬寂漠而無聲;雁廱廱而南游兮,鷗雞啁哳而悲鳴。獨申旦而不寐兮,哀蟋蟀之宵征。時亹亹而過中兮,蹇淹留而無成。

秋天自然界發生特有的變化:秋氣則金風蕭瑟,寒氣逼人;秋物則燕子南飛,鴻雁和鳴;秋聲則寒蟬寂寞無聲,鷗雞啁哳悲啼。在這種悽愴悲涼之氣氛中,失職而離家遠行之人,惆悵失意,不知所歸,留滯異鄉,冷落孤獨,心中自有一種憤懣和不平。夜聞蟋蟀之聲,悽楚而不能入睡,深感光陰荏苒,年事過半,自己卻一事無成。此情此景,人何以堪! 這種對秋情秋景之描寫,誠可謂沁人心脾。又如:

> 皇天平分四時兮,竊獨悲此廩秋。白露既下百草兮,奄離披此梧楸。去白日之昭昭兮,襲長夜之悠悠。離芳藹之方壯兮,余萎約而悲愁。秋既先戒以白露兮,冬又申之以嚴霜。收恢臺之孟夏兮,然欲傺而沈藏。葉菸邑而無色兮,枝煩挐而交橫;顏淫溢而將罷兮,柯彷彿而萎黃;萷櫹槮之可哀兮,形銷鑠而瘀傷。惟其紛糅而將落兮,恨其失時而無當。擥騑轡而下節兮,聊逍遥以相伴。歲忽忽而遒盡兮,恐余壽之弗將。悼余

生之不時兮,逢此世之佅攘。澹容與而獨倚兮,蟋蟀鳴此西堂。

心怵惕而震蕩兮,何所憂之多方!仰明月而太息兮,步列星而極明。

白露零預示秋季已至,嚴霜降警戒寒冬來臨。敗葉失色而無姿,亂枝紛雜而交錯,樹幹乾枯而萎黃,樹杪孤直而上聳。由這些凋殘景象,聯想到自己命運乖蹇,喪失了大好時光。而且日月易逝,自己之生命也不會太長,又遭逢此等亂世,不勝痛悼。獨自月夜漫步,心潮起伏,百感交集,一切心事,只有訴諸明月而已。這段描寫,不但抒發了其身世之感,而且抒發了時代之情。朱熹《楚辭集注》卷六云:「秋者,一歲之運,盛極而衰,蕭殺寒凉,陰氣用事,草木零落,百物凋悴之時,有似叔世危邦,主昏政亂,賢智屏絀,奸凶得志,民貧財匱,不復振起之象。是以忠臣志士,遭讒放逐者,感事興懷,尤切悲歎也。」即説明秋色由盛變衰,日漸凋零,觸目蕭條之景象,正是楚國社會政治之投影。如此,則宋玉借秋景抒情,由失職不遇擴展到憂國傷時了。

基於這種憂國傷時之思想,宋玉進一步抨擊了楚國政治腐敗、奸佞當權、諂諛進用、良臣斥逐之現象:

猛犬狺狺而迎吠兮,關梁閉而不通。……何時俗之工巧兮,背繩墨而改錯!卻騏驥而不乘兮,策駑駘而取路。當世豈無騏驥兮,誠莫之能善御。見執轡者非其人兮,故駬跳而遠去。

雖然處境艱難,但他自矢決不隨波逐流,而要學習前代詩人之風,保持高尚之節操:

處濁世而顯榮兮,非余心所樂。與其無義而有名兮,甯窮

> 處而守高。食不媮而爲飽兮，衣不苟而爲温；竊慕詩人之遺風
> 兮，願託志乎素餐。

但是，他始終關心國運民瘼，擔心群小營私，會導致國家之
危亡：

> 衆踥蹀而日進兮，美超遠而逾邁。農夫輟耕而容與兮，恐
> 田野之蕪穢。事緜緜而多私兮，竊悼後之危敗。

最後還是把個人之哀愁與國家之命運聯繫在一起。《九辯》是一
曲悲憤深沉之哀歌，其所抒發者自然是"貧士失職而不平"的感
慨，但這種感慨也包含着對時代之深切感受，寄寓着對國事之
隱憂。

《九辯》之基調是"悲秋"，其全篇所抒寫之内容，都通過"悲
秋"這一基調表現出來。這種"悲秋"之思緒，在屈原作品中已經
出現了，如《湘夫人》云："嫋嫋兮秋風，洞庭波兮木葉下。"又《抽
思》云："悲秋風之動容兮，何回極之浮浮。"宋玉對此作了很大發
展，即不但錘鍊了某些繪聲繪色之名句，而且大段地描寫秋景秋
情，以抒發其悲秋之情懷。這類例子開卷即是，不必枚舉。魯迅
《漢文學史綱要》云："《九辯》……雖馳神逞想，不如《離騷》，而悽
怨之情，實爲獨絶。"所謂"悽怨"之情，即指其"悲秋"之思，也説明
其在這方面之獨創性。

《九辯》在運用語言上更爲自由、靈活。它繼承了《離騷》之句
法，而有所變化。孫鑛即説："《九辯》已變屈子文法，加以參差錯
落而峻急之氣。"(《七十二家批評楚辭集注》引)這種"參差錯落"，我
以爲即散文化。《九辯》比《離騷》明顯具有散文化傾向，如開篇
"悲哉秋之爲氣也"，直以散文句法入詩，以此領起全篇，其後句法
長短相間，文氣緩急相諧，都有散文之韻味。但是並不影響其節奏

感和音樂美,相反更呈現出一種樸素自然之韻律。和《離騷》相同,宋玉也運用了許多雙聲疊韻字,如"憭慄"、"慘悽"、"愴怳"、"廓落"、"惆悵"、"從容"等,和《離騷》不同者,他用了更多的疊字。顧炎武《日知錄》卷二十一《詩用疊字》云:"宋玉《九辯》:'乘精氣之搏搏兮,鶩諸神之湛湛。驂白霓之習習兮,歷群靈之豐豐。左朱雀之茇茇兮,右蒼龍之躍躍。屬雷師之闐闐兮,通飛廉之衙衙。前輕輬之鏘鏘兮,後輜乘之從從。載雲旗之委蛇兮,扈屯騎之容容。'連用十一疊字。後人辭賦,亦罕及之者。"這些疊字之運用,使詩歌鏗鏘有力,形成了一種磊落不平的慷慨之音。而這正是宋玉真正的思想情緒之所在。

　　《九辯》是後代詩人感時傷懷作品之祖。

　　《風賦》是一篇詠物之作,但含有諷諫意義。作品通過宋玉答楚襄王問,說明作爲自然現象之風,因其吹動時憑藉之物不同,其風氣也就不同。他把風分成雄風和雌風兩種,雄風即"大王之風",雌風即"庶人之風"。這兩種風各依其情狀,給人以不同之感受。其大王之風云:

> 故其清涼雄風,則飄舉升降,乘凌高城,入于深宮,邸華葉而振氣。徘徊於桂椒之間,翱翔於激水之上。將擊芙蓉之精,獵蕙草,離秦衡,概新夷,被黄楊,回穴衝陵,蕭條衆芳。然後倘佯中庭,北上玉堂,躋于羅帷,經于洞房,乃得爲大王之風也。故其風中人狀,直憯悽惏慄,清涼增欷,清清泠泠,愈病析酲,發明耳目,寧體便人,此所謂大王之雄風也。

這種風春天吹拂到深宮内苑,使百草滋生,群芳爭艷。秋季回旋至巖穴之間,又使奇花凋零,異卉枯萎。其颯然吹至人身上,令人心神清爽,耳目聰明,百病皆除,安心寧體。因此楚襄王贊嘆曰:"快

哉此風!"其庶人之風云:

> 夫庶人之風,塨然起於窮巷之間,堀堁揚塵,勃鬱煩冤,衝
> 孔襲門,動沙堁,吹死灰,駭溷濁,揚腐餘,邪薄入甕牖,至於室
> 廬。故其風中人狀,直憯淒鬱邑,毆溫致濕,中心慘怛,生病造
> 熱,中脣爲胗,得目爲蔑,啗齰嗽獲,死生不卒。此所謂庶人之
> 雌風也。

這種風起於冷僻小巷,揚起灰塵,攪起污垢,穿過簡陋的窗户,到達
室内。其吹至人身上,令人心煩氣悶,百病並發,死不了,也活不
成,痛苦至極。宋玉明顯是以雄與雌風之不同,揭示楚王與庶民貴
賤之對立現象,借以諷喻楚王,使其警悟。這不但表現出其卓越的
藝術構思,而且表現出其對社會階級對立關係之深刻認識。宋玉
自稱"貧士",而且"無衣裘以御冬",有凍死之虞。這可能是他從
窮困生活體驗中得來。

《高唐賦》與《神女賦》是前後連續之姊妹篇,都是寫楚王夢遇
巫山高唐神女之事。不過前者寫的是楚懷王,描述懷王夢遇神女
之美,游高唐之勝境,而以鋪陳景物風光爲主;後者寫的是楚襄王,
描述襄王夢遇神女之情態,神女儀表莊重,不可凌犯等,而以寫神
女之美爲主,神女以禮自防終結。如《高唐賦》描寫高唐景物奇
觀,最引人入勝:

> 惟高唐之大體兮,殊無物類之可儀比。巫山赫其無疇兮,
> 道互折而曾累。登巉巖而下望兮,臨大阺之稸水。遇天雨而
> 新霽兮,觀百谷之俱集。濞洶洶其無聲兮,潰淡淡而並入。滂
> 洋洋而四施兮,蓊湛湛而弗止。長風至而波起兮,若麗山之孤
> 畝。勢薄岸而相擊兮,隘交引而卻會。崒中怒而特高兮,若浮
> 海而望碣石。礫磝磝而相摩兮,嶵震天之礚礚。巨石溺溺之

瀺灂兮，沫潼潼而高厲。水澹澹而盤紆兮，洪波淫淫之溶㴘。奔揚踊而相擊兮，雲興聲之霈霈。猛獸驚而跳駭兮，妄奔走而馳邁。虎豹豺兕，失氣恐喙。雕鶚鷹鷂，飛揚伏竄，股戰脅息，安敢妄摯？於是水蟲盡暴，乘渚之陽；黿鼉鱣鮪，交積縱橫，振鱗奮翼，蜲蜲蜿蜿，中阪遥望。

高唐之大，無可比擬，雨後新晴，百川匯集，登高遠望，水石相激，白浪澎湃，聲振天際。猛獸因而奔逃，虎豹因而失氣，鷙鳥因而竄伏，魚鱉因而驚恐。把高唐氣勢之磅礴，境界之險要，繪聲繪色地表現出來。之後，又摹寫萬木繁茂，芳草叢生，風聲悠揚，衆鳥和鳴。自然界之景物都栩栩如生，聲態並作。又如《神女賦》描寫神女之美貌、儀表、神態，更引人遐想：

夫何神女之姣麗兮，含陰陽之渥飾。被華藻之可好兮，若翡翠之奮翼。其象無雙，其美無極。毛嬙鄣袂，不足程式；西施掩面，比之無色。……貌豐盈以莊姝兮，苞溫潤之玉顏；眸子炯其精朗兮，瞭多美而可觀；眉聯娟以蛾揚兮，朱唇的其若丹；素質幹之醲實兮，志解泰而體閑。既姽嫿於幽靜兮，又婆娑乎人間。宜高殿以廣意兮，翼放縱而綽寬。動霧縠以徐步兮，拂墀聲之珊珊。望余帷而延視兮，若流波之將瀾。奮長袖以正衽兮，立躑躅而不安。澹清靜其愔嬺兮，性沈詳而不煩。時容與以微動兮，志未可乎得原。意似近而既遠兮，若將來而復旋。褰余幬而請御兮，願盡心之惓惓。懷貞亮之絜清兮，卒與我兮相難。陳嘉辭而云對兮，吐芬芳其若蘭。精交接以來往兮，心凱康以樂歡。神獨亨而未結兮，魂煢煢以無端。含然諾其不分兮，喟揚音而哀歎。顙薄怒以自持兮，曾不可乎犯干。

神女容光焕發，溫其如玉，體態閒雅，神情柔順。其形象恍恍惚惚，若即若離，若隱若現，含情脈脈，蘊意綿綿，飄然而來，倏然而逝，美麗而不可親，薄怒而不可犯。從各方面描繪神女之美貌多姿，可慕而不可狎。文筆委婉曲折，狀貌傳神，恰如其分。但是，作者這些對高唐奇觀之描寫和對巫山神女之臨摹，其用意並非要引導楚王去游高唐、去追求淫樂，而是有所寄託的。洪邁《容齋隨筆·三筆》卷三即説：“宋玉《高唐》、《神女》二賦，其爲寓言託興甚明。予嘗即其詞而味其旨，蓋所謂發乎情，止乎禮義，真得詩人風化之本。前賦云：‘楚襄王望高唐之上有雲氣，問玉曰：“此何氣也？”對曰：“所謂朝雲者也。昔者先王嘗游高唐，夢見一婦人，曰：妾巫山之女也，願薦枕席。王因幸之。”’後賦云：‘襄王既使玉賦高唐之事，其夜王寢，夢與神女遇，復命玉賦之。’若如所言，則是王父子皆與此女荒淫，殆近於聚麀之醜矣。然其賦，雖篇首極道神女之美麗，至其中則云：‘澹清靜其愔嫕兮，性沈詳而不煩。意似近而若遠兮，若將來而復旋。褰余幬而請御兮，願盡心之惓惓。懷貞亮之潔清兮，卒與我乎相難。頩薄怒以自持兮，曾不可乎犯干。歡情未接，將辭而去。遷延引身，不可親附。願假須臾，神女稱遽。闇然而暝，忽不知處。’既則神女但與懷王交御，雖見夢於襄，而未嘗及亂也。玉之意可謂正矣。”洪邁從一個方面論述這兩篇賦興寄之含義。但是，我們認爲其重要者不在此，而在於對楚王之諷諫。前一篇是諷勸楚王如其與神女交會，不如用賢人輔政。這一題旨在篇末明確地顯示出來：“蓋發蒙，往自會，思萬方，憂國害，開賢聖，輔不逮。九竅通鬱，精神察滯，延年益壽千萬歲。”指出任用賢才，即能神清氣爽，福利無窮。後一篇是諷刺楚王之追求淫樂，這於其篇末也表現得很明顯：“徊腸傷氣，顛倒失據。闇然而暝，忽不知處。情獨私懷，誰者可語。惆悵垂涕，求之至曙。”寫楚王柔腸寸斷，心神顛倒，滿腔衷情,無可告訴! 作爲君王,對一個女子如此迷戀,豈不可卑!
這是不着貶詞之貶。

　　《登徒子好色賦》也是一篇名作。寫登徒子在楚襄王面前詆
毁宋玉好色,襄王責問宋玉,宋玉則以楚國最美之女子"東家之
子""登牆窺臣三年,至今未許也"爲例,説明自己並不好色,同時
反戈一擊,以登徒子"其妻蓬頭攣耳,齞脣歷齒,旁行踽僂,又疥且
痔,登徒子悦之,使有五子"爲例,説明登徒子不管女子醜陋疲病到
何種程度,都愛之不勝,好色者恰恰是登徒子。儘管宋玉所據以説
明登徒子好色之理由並不充分,但他是爲了證明登徒子見了女子
就愛,也還是有作用的。在宋玉反駁登徒子對自己的詆毁時,秦章
華大夫插話講了一段對美色之態度,而這正是作者所首肯的。章
華大夫説:

　　　　此郊之姝,華色含光,體美容冶,不待飾裝。臣觀其麗者,
　　因稱《詩》曰:"遵大路兮攬子袪。"贈以芳華辭甚妙。於是處
　　子悦若有望而不來,忽若有來而不見,意密體疏,俯仰異觀,含
　　喜微笑,竊視流眄。復稱詩曰:"寤春風兮發鮮榮,絜齋俟兮惠
　　音聲,贈我如此兮不如無生。"因遷延而辭避。蓋徒以微辭相
　　感動,精神相依憑,目欲其顏,心顧其義,揚詩守禮,終不過差,
　　故足稱也。

對美女只用含蓄之詩句傾訴衷情,精神上相愛慕,發揚詩教,遵守
禮義,無任何越軌之行爲。章華大夫這種與美女相愛而能始終守
禮之態度,比宋玉面對美女窺牆三年而不動心更勝一籌。作者稱
贊章華大夫這種發乎情止乎禮之行爲,其用心是甚麼?《文選》李
善注云:"此賦假以爲辭,諷於淫也。"可謂一語破的。宋玉不爲美
女所動,章華大夫愛而守禮,楚襄王作爲一國之主更應當專心國

事,不爲美色所亂了。這就是本篇之題旨。

《對楚王問》不同於以上諸篇,是一篇賦,但不押韻。其内容主要寫宋玉回答楚襄王對"其有遺行與"之問。他反駁"士民衆庶"對自己之誹謗和攻擊,猶如反駁登徒子詆毀其好色然。不過其反駁方式不同,對登徒子他直接申斥之,對"士民衆庶"他采取比喻之方法,以民俗歌謠與高雅樂曲、鳳凰與鷃雀、大鯤與小鯢相比,說明"曲高和寡",世俗之人不可能瞭解賢能之士的高尚志向。最後正面申述:

> 夫聖人瑰意琦行,超然獨處,夫世俗之民,又安知臣之所爲哉?

標榜自己之高志特行,貶斥朝廷佞臣之平庸無知。宋玉是以賦體之排比手法抒發自己之高尚情操的。這種文學形式,劉熙載《藝概》卷一《文概》云"用辭賦之駢麗以爲文者,起於宋玉《對楚王問》",即說明其在文體發展中之地位。

宋玉之辭賦與屈原之辭賦相比,在描寫手法上有顯著地發展。其一,更加刻意形容,如《高唐賦》描寫高唐之景物云:

> 榛林鬱盛,萉華覆蓋;雙椅垂房,糾枝還會;徙靡澹淡,隨波闇藹;東西施翼,猗狔豐沛;綠葉紫裹,丹莖白蒂。纖條悲鳴,聲似竽籟;清濁相和,五變四會。感心動耳,回腸傷氣;孤子寡婦,寒心酸鼻;長吏隳官,賢士失志,愁思無已,歎息垂淚。

作者云"曾不可殫形",即傾筆難書,極盡刻畫形容之能事。又如《登徒子好色賦》形容東家之子之美云:"增之一分則太長,減之一分則太短;著粉則太白,施朱則太赤。"亦爲此等手法典型之事例。其二,運用比喻,已不像屈原辭賦那樣具有象徵意義,而是實際意義的比喻。如《神女賦》比喻神女:"其始來也,耀乎若白日初出照屋梁;其少進也,皎若明月舒其光。"又如《登徒子好色賦》比喻美女之美:"眉如翠羽,肌如白雪,腰如束素,齒如含貝。"這種比喻增强了描寫對象之鮮明性、生動性。《詩經·衛風·碩人》比喻莊姜之美云:"手如柔荑,膚如凝脂,領如蝤蠐,齒如瓠犀,螓首蛾眉。"很明顯,宋玉所運用之比喻手法是源於此,而又有很大發展。

從總體上看,宋玉之辭賦與屈原之辭賦相比,是更追求形式之華麗。內容上雖然也含有諷諭之意,但不如屈原之作飽和着豐富、真摯之情感,司馬遷所謂"皆祖屈原之從容辭令,終莫敢直諫",即道出它這方面之缺點。由於宋玉更注重形式之華麗,便開啓了漢賦創作之先路。《文心雕龍》卷八《夸飾》云:"自宋玉、景差,夸飾始盛。"又其卷十《才略》云:"相如好書,師範屈宋。"陳第《屈宋古音義》卷三評《高唐賦》云:"蓋楚辭之變體,漢賦之權輿也。《子虛》、《上林》實踵此而發揮暢大之耳。"都説明宋玉之辭賦上承楚辭下開漢賦形式之作用。漢賦之正統派作家如司馬相如、王褒、揚雄等都受其直接影響。其具體影響羅列如下:

《高唐賦》→司馬相如之《上林》、《子虛》→班固之《兩都》、張衡之《西京》、《東京》、《南都》→其他之京都大賦。

《九辯》→王褒之《九懷》→劉向之《九歎》→王逸之《九思》等。

《神女賦》→張衡之《定情賦》(此賦僅存殘文,見《藝文類聚》卷十八)→蔡邕之《檢逸賦》(此賦亦僅存殘文,見《北堂書鈔》卷一百十)→曹植之《洛神賦》→陶淵明之《閒情賦》。

《登徒子好色賦》→某人之《諷賦》。

《風賦》→賈誼之《鵩鳥賦》→禰衡之《鸚鵡賦》→謝惠連之《雪賦》以及其他人之詠物賦等。

可見宋玉之辭賦影響於漢賦者，遠遠超過了屈原。這是由於宋玉辭賦偏重文彩所促成的。

和宋玉同時之辭賦家還有景差和唐勒。景差也寫作景瑳。據《小言賦》說：“楚襄王既登陽雲之臺，令諸大夫景差、唐勒、宋玉等並造《大言賦》。”由此可知他在楚襄王時做過大夫。楚有昭、屈、景三族，他應屬景族之後裔，出身於楚國貴族。其他身世不詳。其作品不甚可考。據王逸《大招序》說：

> 《大招》者，屈原之所作也。或曰景差，疑不能明也。

王逸在此最早提出有人認爲《大招》是景差所作，但疑不能明。《漢書·藝文志·詩賦略》又不載景差之賦，這就愈疑而不能明瞭。但自宋代朱熹便明確主張《大招》爲景差所作，其《楚辭集注》卷七《大招序》云：

> 《大招》不知何人所作，或曰屈原，或曰景差，自王逸時已不能明矣。……今以宋玉《大小言賦》考之，則凡差語皆平淡醇古，意亦深靖閑退，不爲詞人墨客浮夸豔逸之態，然後乃知此篇決爲差作無疑也。

證之《大招》中之文辭，朱熹的看法是正確的。明李卓吾《李氏焚書》卷五云：“同時景差亦有《大招》之辭。”也認爲《大招》是景差所作。清王夫之《楚辭通釋》卷十也以“景差之說爲長”。王闓運在其《楚辭釋》中持同樣看法。然則我們把《大招》看作景差之作品大概沒有甚麼問題。

《大招》究係招誰？歷來主要有三種說法，即屈原自招其生魂、屈原招懷王、景差招屈原。細味《大招》原文，應以景差招屈原爲是。王夫之《楚辭通釋》卷十云：“昭、屈、景爲楚三族，屈子舊所掌理，（景差）受教而知深。哀其誓死，而欲招之，宜矣。”所講很近情理。這篇招魂詞在結構上皆摹擬屈原之《招魂》，先寫四方之險惡，後寫楚國生活之美好，以呼喚魂靈之歸來。如其篇末云：

> 田邑千畛，人阜昌只。美冒衆流，德澤章只。先威後文，善美明只。魂乎歸徠！賞罰當只。名聲若日，照四海只。德譽配天，萬民理只。北至幽陵，南交趾只。西薄羊腸，東窮海只。魂乎歸徠！尚賢士只。發政獻行，禁苛暴只。舉傑壓陛，誅譏罷只。直贏在位，近禹麾只。豪傑執政，流澤施只。魂乎歸徠！國家爲只。

極力描寫楚國政治之廉潔，親親仁民，用賢退不肖，疆土廣大，國威大振，等等。與《招魂》所寫大不相同，此應即所謂“大”。文字平實古樸，不竟逐夸飾。如寫音樂之美，歌舞之盛云：

> 代秦鄭衛，鳴竽張只。伏戲《駕辯》，楚《勞商》只。謳和《揚阿》，趙簫倡只。魂乎歸徠！定空桑只。二八接舞，投詩賦只。叩鍾調磬，娛人亂只。四上競氣，極聲變只。魂乎歸徠！聽歌譔只。

此等文字質直自然，如同口述。清吳汝綸評之云：“文字古質，而義則視《招魂》爲儉，奇麗亦少遜之。殆依仿《招魂》而爲之者。”（《古文辭類纂評點·大招》）所見極是。從文體發展看，此文上承《招魂》，下啓枚乘之《七發》、東方朔之《七諫》以及其後帶“七”字之詩賦等。

　　唐勒，據《漢書·藝文志·詩賦略》記載他有賦四篇。並注云：“楚人。”又他也曾做過頃襄王時之大夫。但他的辭賦全部亡佚，已無從論述了。

第十節　荀子之賦

　　荀子不但在散文寫作上有成就,而且是賦的創立者。在我國文學史上他是第一位創作以"賦"名篇的作家,"賦"作爲一種文體,是從他的創作開始的。

一、賦之定義與淵源

　　甚麽叫"賦"？這個定義很難下,古人從不同的角度作了解釋,未見得全面。我們試從訓詁、體裁、聲調三方面加以考察。先從訓詁方面考察。《詩經·大雅·蒸民》:"明命使賦。"《傳》云:

　　　　賦,布也。

又《詩經·小雅·小旻》:"敷于下土。"《傳》云:

　　　　敷,布也。

"賦"與"敷"同聲,而且意義也相同。所以《管子》卷二十二《山權數》:"賦籍藏龜。"房玄齡注云:

　　　　賦,敷也。

那麽,"賦"訓"敷",也即"布"之意。劉勰便據此給"賦"下了個界説,他在《文心雕龍》卷二《詮賦》篇云:

　　　　賦者,鋪也;鋪采摛文,體物寫志也。

又鍾嶸《詩品序》亦云:

　　　　直書其事,寓言寫物,賦也。

所以,從字義上講,"賦"就是鋪陳直説。這是"賦"的特質。

　　我們再從體裁方面考察。荀子之賦有"佹詩"兩篇,皆見於荀子的文集,其中一篇證之《戰國策》卷五《楚策》,爲荀子在趙國《遺春申君賦》,此賦鮑彪注云:"即佹詩,文小異。"可見"賦"就是"佹詩",但"佹詩"又是甚麼呢? 按"佹"字本義爲"旁出"。那麼,"佹詩"即從《詩》中旁支出來的文體了,也可以說是《詩》之別派。《文選》卷一班固《兩都賦序》引或曰:

> 賦者,古詩之流也。

又《顏氏家訓》卷四《文章》篇亦云:

> 歌、詠、賦、頌,生於《詩》者也。

可見"佹詩"是源於《詩》的了。具體到荀子,《漢書》卷三十《藝文志·詩賦略》云:

> 大儒孫卿及楚臣屈原,離讒憂國,皆作賦以風,咸有惻隱古詩之義。

直接說明荀子之賦與《詩》之繼承關係了。那麼,"賦"這種文體,從《詩》的角度看,它是"佹詩",從"賦"的角度看,它又是賦。它應當是《詩》與"賦"之間的一種文學形式。所以,荀子的賦在句法上有似《詩三百篇》中之《雅》,在文體上是從《詩三百篇》演變爲"佹詩",再從"佹詩"演變爲"賦"。

　　我們進一步從聲調方面考察。《漢書》卷三十《藝文志·詩賦略》云:

> 不歌而誦謂之賦。

這是說"歌"與"誦"在聲調上是有區別的。又《國語》卷一《周語上》邵公云:

> 故天子聽政，使公卿至於列士獻詩。……瞍賦矇誦。

這又説明"賦"與"誦"在聲調上也不同。那麽"歌""誦""賦"三者的關係如何？按"誦"通"頌"。如《孟子》卷十《萬章下》云：

> 頌其詩，讀其書，不知其人，可乎？是以論其世也。

這裏的"頌"即同"誦"。至於"誦"的聲調究竟怎樣？我們可以從古籍中考見其大概。《周禮·春官·大司樂》："以樂語教國子（貴族子弟），興、道、諷、誦、言、語。"鄭玄注云：

> 倍（同背）文曰諷，以聲節之曰誦。

可見"誦"有其特殊聲調。又漢元帝時，後宮美人皆能誦《洞簫賦》，很好聽，可以使皇帝消愁。也説明"誦"有特殊的聲調。"賦"也自有其聲調，但與"誦"可能很接近，或幾乎相同。如《左傳》所載諸侯、卿、大夫交接臨國而賦詩，也可以稱作誦詩。又屈原之《橘頌》、王褒之《洞簫頌》、李思之《孝景皇帝頌》等，《漢書·藝文志》都將其歸於"賦"類之内，亦可以説明"誦"與"賦"在聲調上爲二而一的關係了。"歌"與"賦"之聲調則不同，有明顯的差別。但《漢志·詩賦略》著録"趙幽王賦一篇"，而《漢書》卷三十八《趙幽王傳》則作"歌"。可見"歌"與"賦"也有相近之處。一篇賦若用"歌"調歌之，便是一首歌；同樣，一首歌若用"賦"調賦之，便是一篇賦。總之，從音節方面看，"歌""誦""賦"三者各有其聲調，而"誦"與"賦"之聲調最相近，"歌"則與彼不同。所謂"不歌而誦謂之賦"，即説明"歌"與"誦""賦"之不同和"誦"與"賦"之相近了。

　　綜合以上論述，我們對"賦"的認識是：就字義而言，是鋪張揚厲；就體製而言，是從《詩》演變來的；就音節而言，是與"誦"的聲調很相似；它以新的形式出現於戰國文壇。

二、荀子之賦

　　據《漢書》卷三十《藝文志·詩賦略》著録孫卿賦十篇。今本《荀子》載有賦五篇，即《禮》、《知》、《雲》、《蠶》、《箴》（針）。賦篇中又有"佹詩"兩篇，則其賦已有七篇。另有《成相辭》一篇，凡三首。《成相辭》在《漢志·詩賦略》中被視爲賦。我們若將此三首之每一首看作一篇，則荀子之賦十篇，可算完整地保存下來了。

　　東周時期有用廋辭（謎語）測驗君臣之智力者，到了戰國更有所謂隱語（謎語）出現。荀子大概於其晚年用賦的聲調寫廋辭或隱語，完成了五篇詠物賦。這五篇詠物賦之結構基本相同，每一篇分三段，第一段以四言爲主，用陳述句，第二段用散文疑問句，第三段亦以四言爲主的陳述句，基本上通篇用韻，並全爲隱語，最後揭出謎底。如《禮》賦云：

> 爰有大物，非絲非帛，文理成章。非日非月，爲天下明。生者以壽，死者以葬，城郭以固，三軍以强。粹而王，駁而伯，無一焉而亡。臣愚不識，敢請之王。王曰：此夫文而不采者與？簡然易知而致有理者與？君子所敬而小人所不者與？性不得則若禽獸，性得之則甚雅似者與？匹夫隆之則爲聖人，諸侯隆之則一四海者與？致明而約，甚順而體，請歸之禮。禮。

這類賦之内容枯燥，情感貧乏。他是根據《詩經》"體物寫志"之精神，通過對事物之具體描寫，以表達其儒學教義的。但其"佹詩"二章，在表現手法和思想内容上卻稍勝一籌，即抒情性比較濃並對現實給予一定的抨擊。如云：

> 天下不治，請陳佹詩：天地易位，四時易鄉。列星殞墜，旦暮晦盲。幽晦登昭，日月下藏。公正無私，反見從横；志愛公

利,重樓疏堂;無私罪人,憼革貳兵。道德純備,讒口將將。仁
人紲約,敖暴擅强,天下幽險,恐失世英。螭龍爲蝘蜓,鴟梟爲
鳳皇。比干見刳,孔子拘匡。昭昭乎其知之明也,鬱鬱乎其遇
時之不祥也,拂乎其欲禮義之大行也,闇乎天下之晦盲也。晧
天不復,憂無疆也。千歲必反,古之常也。弟子勉學,天不忘
也。聖人共手,時幾將矣,與愚以疑,願聞反辭。

　　其小歌也,念彼遠方,何其塞矣。仁人紲約,暴人衍矣。
忠臣危殆,讒人服矣。

對楚國政治上的是非不明、賢愚倒置、姦佞當權、良能斥逐的昏暗
腐敗現象作了比較深刻的揭露和批判,並抒發了自己鬱鬱不平
之氣。

　　《成相辭》是一篇非詩非文之作,《漢書·藝文志》有《成相雜
辭》十一篇列於"雜賦"類,説明漢人視其爲賦。所謂"相",清俞樾
《諸子平議》卷十五謂即《禮記·曲禮》"春不相"之"相"。鄭玄
注:"相,謂送杵聲。"他認爲"蓋古人於勞役之事,必有歌謳以相勸
勉,亦舉大木者呼'邪許'之比,其樂曲即謂之相。"簡言之,即春米
時之送杵聲,是一種勞動歌。荀子便采用了這種樂歌之曲調創作
了歌辭。《成相辭》之篇幅很長,可分爲三篇,每一篇之首句爲
"請成相"。每一篇中五句成一章,第一、二句三言,多無韻,第三
句七言有韻,第四句四言,亦多無韻,末句七言必有韻。其第一
篇之第十一章有"春申道綴(輟)基畢輸"的話,當寫於公元前二
三八年春申君被殺,荀子"知道不行,發憤著書"之時。又第二篇
之末章有云:"觀往事,以自戒,治亂是非亦可識,□□□□,託於
'成相'以喻意。"看來全篇文意已經結束,後面的第三篇之十二章
可能是後作的。如其第一篇云:

請成相,世之殃,愚闇愚闇墮賢良。人主無賢,如瞽無相何倀倀!

請布基,慎聖人,愚而自專事不治。主忌苟勝,群臣莫諫必逢災。

論臣過,反其施,尊主安國尚賢義。拒諫飾非,愚而上同國必禍。

曷謂罷,國多私,比周還主黨與施。遠賢近讒,忠臣蔽塞主勢移。

曷謂賢,明君臣,上能尊主愛下民。主誠聽之,天下爲一海內賓。

主之孽,讒人達,賢能遁逃國乃蹙。愚以重愚,闇以重闇成爲桀。

世之災,妬賢能,飛廉知政任惡來。卑其志意,大其園囿高其臺。

……

全篇二十二章,從當世之亂敘述起,先說明致亂之原因,後提出治理之方法。句法簡截,音調短促,通過重疊吟誦把自己的政治見解表述得淋灕酣暢。第二篇也是二十二章,借對古代聖王事蹟之敘述,以說明上世之所以興;借對古代暴君事蹟之敘述,以說明季世之所以衰。第三篇十二章,主要陳述如何治國之方法,集中表現了他的法術思想。很明顯,他是以這種說唱形式宣傳他的政治主張的。他所宣傳的政治主張,在其文集各篇中都可以得到印證。所以《成相辭》可以說是他的思想的綱領式總結。

總起來看,荀子之賦的特點有二,其一具有濃厚的宣教意味,其二表現了豐富的創造力。因爲宣教意味濃厚,所以感情淡薄,文學價值不高;因爲創造力豐富,所以能在繼承《詩經》句法結構和采用民歌形式的基礎上，創造新的文學樣式。

荀子之後，到了秦朝，也有詩賦之類作品産生。《漢書·藝文志》著録"秦時雜賦九篇"。《文心雕龍》卷二《詮賦》亦云："秦世不文，頗有雜賦。"然而此九篇賦皆已亡佚，其原形不可得見。我們推測，它應當類乎荀子之賦篇，或者更接近漢賦，是荀賦到漢賦的過渡形式。至於秦代之詩，據《史記》卷六《秦始皇本紀》記載："三十六年……始皇不樂，使博士爲《仙真人詩》，及行所游天下，傳令樂人謌弦之。"劉勰本此，在《文心雕龍》卷二《明詩》中亦云："秦皇滅典，亦造《仙詩》。"但《仙真人詩》也已亡佚，可以推想，這應當是出於秦始皇入海求仙，入山求藥，追慕長生不死的仙境生活，而命博士作仙人詩，令樂師歌誦之。其内容可能與司馬相如《大人賦》相似，主要是歌功頌德。

綜合以上的分析，我們可以得出以下的認識：楚辭與荀子之賦皆源於《詩經》，從《詩經》發展到漢賦，經過兩條路：一條是北方荀況之賦，其來源爲"佹詩"；一條是南方屈原之楚辭，其來源爲"九歌"；進一步發展到漢代，由于政治上的統一，南北文學也統一起來，成爲漢賦。

辭賦體之出現，標誌着文學與經學、史學、哲學分途，標誌着文學作爲一種獨立的形式在向前發展，其趨勢是向上的而非衰落的。這一點，葛洪的看法是正確的，他在《抱朴子》卷三十《鈞世》篇説：

> 且夫《尚書》者，政事之集也，然未若近代之優文詔策軍書奏議之清富贍麗也；《毛詩》者，華彩之辭也，然不及《上林》、《羽獵》"二京""三都"之汪濊博富也。

葛洪是從文學進化的觀點看問題的，所以能真正總覽文學發展之大勢。

　　戰國時期文學成就是多方面的。思想領域十分活躍,出現了百家爭鳴的局面;文學領域也鬱鬱然極其繁榮,出現了各種不同風格的散文和韻文。其在文學史上的地位,章學誠在《文史通義》内篇一《詩教上》有公允的評價:

　　　　周衰文弊,六藝道息,而諸子爭鳴。蓋至戰國而文章之變盡,至戰國而著述之事專,至戰國而後世之文體備。故論文於戰國,而升降盛衰之故可知也。

戰國文章之多變化,著述之趨向專題,文體之齊備,正是當時文學的特點,其地位之重要,在於"論文於戰國,而升降盛衰之故可知也"。